사상신서 · 셋째권

대승기신론직해

- 마명보살조론 -

학담 | 과해

큰수레

차 례

해 제 / 올바른 『대승기신론』 읽기를 위해
    1. 나와 『대승기신론(大乘起信論)』· 17
    2. 『기신론』의 교판(教判) · 21
    3. 『기신론』에서 수행의 지위 점차 · 25
    4. 다시 희망의 수행관을 생각하며 · 33

제1부 우리말 옮김과 영역 · 37

  ○ 이끄는 글 · 38
  ○ 진제역 우리말 옮김과 영역 · 43

제2부 대승기신론 직해 · 185

    ○ 목숨 다해 삼보께 돌아가리〔歸命偈 : 序分〕
    ○ 마하야나의 크나큰 길을 가리〔行摩訶衍道 : 正宗分〕
    ○ 널리 세상에 회향하리〔流通分〕

○ 목숨 다해 삼보께 돌아가리〔歸命偈 : 序分〕· 187

○ 마하야나의 크나큰 길을 가리〔行摩訶衍道 : 正宗分〕· 195

  □ 논이 말할 바를 바로 보임〔正示所說〕· 197

□ 논의 종지를 다섯 가름으로 보임 · 201

제1장 논을 짓는 까닭을 보인 가름〔因緣分〕· 203

  1. 논을 짓는 까닭을 여덟 가지로 보임〔示八種因緣〕· 204

  2. 논 짓는 까닭을 문답으로 다시 보임〔問答再明因緣〕· 209

제2장 뜻 세우는 가름〔立義分〕· 213

  I. 앞을 맺어 뒤를 냄〔結前生後〕· 214

  II. 뜻 세움을 바로 나타냄〔正彰立義〕· 215

   1. 법 자체와 법의 뜻을 보임 · 215

   2. 법 자체와 법의 뜻을 나누어 보임 · 217

    1) 법을 보임〔示法〕· 217
    2) 뜻을 보임〔示義〕· 219
     (1) 세 가지 큼을 보임〔三大義〕· 219
     (2) 두 가지 실어 나름을 보임〔二運轉義〕· 222

제3장 풀이하는 가름〔解釋分〕· 225

I. 앞을 맺어 뒤를 냄〔結前生後〕· 226

II. 바로 밝혀 풀이함〔正明解釋〕· 227

  ○ 풀이함에 세 가지가 있음을 보임〔示解釋中有三種〕· 228

  ○ 세 가지 풀이를 보임〔示三種解釋〕· 230

```
제1절 바른 뜻을 나타내 보임〔顯示正義〕
제2절 잘못된 집착을 상대해 다스림〔對治邪執〕
제3절 보살이 도에 발심하여 나아가는 모습을 분별함
     〔分別發趣道相〕
```

제1절 바른 뜻을 나타내 보임〔顯示正義〕· 230

```
제1항 움직임과 고요함이 하나가 아님을 밝힘〔明動靜不一〕
제2항 움직임과 고요함이 다르지 않음을 드러냄〔顯動靜不異〕
```

제1항 움직임과 고요함이 하나가 아님을 밝힘〔明靜不一〕· 231

□ 두 문이 서로 떨어지지 않음을 말함〔示二門不相離〕· 232
□ 두 문을 나누어 보임〔別示二門〕· 235

```
제1목 한마음의 참되고 한결같은 문〔心眞如門〕
제2목 한마음의 나고 사라지는 문〔心生滅門〕
```

제1목 한마음의 참되고 한결같은 문〔心眞如門〕· 236

 1. 말을 떠난 진여〔離言眞如〕· 236
  1) 마음의 진여가 법계 법문의 바탕이 됨을 밝힘〔明心眞如是法界法
     門體〕· 236
  2) 마음의 진여는 보낼 것이 없고 세울 것이 없음을 밝힘〔明心眞如
     是不遣不立〕· 239
  3) 진여에 들어가는 방법을 물음〔問隨順能入眞如之法〕· 241

2. 말을 의지하는 진여〔依言眞如〕· 243
　1) 공함과 공하지 않음의 두 뜻이 있음을 보임〔示眞如有二種義〕· 243
　2) 공함과 공하지 않음의 뜻을 나누어 보임〔別示空不空義〕· 244
　　⑴ 공함의 뜻〔所言空義〕· 244
　　⑵ 공하지 않음의 뜻〔所言不空義〕· 246

제2목 한마음의 나고 사라지는 문〔心生滅門〕· 248

○ 나고 사라지는 마음의 법을 풀이함〔釋心生滅法〕
○ 나고 사라지는 문 가운데 나타낸 바 뜻의 큼을 풀이함
　〔釋生滅門中所顯義大〕

○ 나고 사라지는 마음의 법을 풀이함〔釋心生滅法〕· 249

첫째단, 물듦과 깨끗함이 나고 사라짐을 밝힘〔明染淨生滅〕
둘째단, 물듦과 깨끗함이 서로 도와 끼치어 익히어 연기함을 밝힘
　〔辨染淨相資〕

첫째단, 물듦과 깨끗함이 나고 사라짐을 밝힘〔明染淨生滅〕· 250

1. 나고 사라지는 마음의 법을 풀이함〔釋心生滅法〕
2. 나고 사라지는 인연을 풀이함〔釋生滅因緣〕
3. 나고 사라지는 모습을 다시 풀이함〔更釋生滅相〕

1. 나고 사라지는 마음의 법을 풀이함〔釋生滅心法〕· 251
　1) 아뢰야식의 뜻을 보임〔示阿梨耶識義〕· 252

2) 아뢰야의 두 가지 깨침의 뜻을 따로 풀이함〔別解阿梨耶二覺〕·253
 ⑴ 아뢰야에 두 가지 깨침의 뜻이 있음을 보임·253
 ⑵ 깨침과 못 깨침의 뜻을 자세히 말함〔廣說覺不覺義〕·255
  ○ 깨침의 뜻을 가려보임〔辨覺義〕·255
   ① 본디 깨침과 새로 깨침을 간략히 말함〔略述本始二覺〕·255
   ② 본디 깨침과 새로 깨침을 널리 밝힘〔廣明本始二覺〕·258
    가. 새로 깨침을 밝힘〔明始覺〕·258
     가) 새로 깨침의 인과를 보임〔示始覺因果〕·258
     나) 새로 깨침이 본디 깨침과 다르지 않음을 보임〔示始覺本覺不異〕·264
    나. 본디 깨침을 밝힘〔明本覺〕·266
     가) 물듦을 따르는 본디 깨침을 밝힘〔明隨染本覺〕·267
      ㈎ 물듦을 따르는 본디 깨침의 두 가지 모습을 밝힘〔明隨染本覺二相〕·267
      ㈏ 두 가지 모습을 나누어 풀이함〔別釋本覺二種相〕·268
       ㉠ 지혜의 깨끗한 모습〔智淨相〕·268
       ㉡ 생각할 수 없고 말할 수 없는 업의 모습〔不思議業相〕·272
     나) 성품이 깨끗한 본디 깨침을 밝힘〔明性淨本覺〕·273
  ○ 못 깨침의 뜻을 가려 보임〔辨不覺義〕·277
   ① 못 깨침의 바탕을 밝힘〔明不覺體〕·277
   ② 못 깨침이 연기하는 모습을 밝힘〔明不覺緣起相〕·280
    가. 못 깨침의 세 가지 가는 모습〔三細相〕·280
    나. 여섯 가지 거친 모습〔六麤相〕·283
    다. 지말의 물듦을 맺어 무명의 뿌리에 돌아감〔結末歸本〕·287
 3) 물듦과 깨끗함의 같고 다른 모습을 밝힘〔明染淨同異相〕·288
  ⑴ 깨침과 못 깨침에 두 모습이 있음을 보임〔示覺與不覺有二相〕·288
  ⑵ 같은 모습과 다른 모습을 자세히 가려 보임〔廣辨同異〕·289

2. 나고 사라지는 인연을 풀이함〔釋生滅因緣〕· 292
 1) 나고 사라지는 인연의 뜻을 밝힘 · 293
  ⑴ 나고 사라지는 인연을 전체적으로 보임〔總標因緣義〕· 293
  ⑵ 나고 사라지는 인연을 나누어 풀이함〔別釋因緣義〕· 294
   ① 의지하는 바 마음을 풀이함〔釋所依心〕· 295
   ② 뜻의 구름을 밝힘〔明意轉相〕· 296
   가. 뜻의 다섯 가지 구름을 풀이함〔釋五種意轉〕· 296
   나. 온갖 법이 마음인 뜻을 밝힘〔明三界唯心義〕· 300
   ③ 뜻의 식이 구르는 모습을 밝힘〔明意識轉相〕· 303
 2) 의지하는 바 인연의 바탕을 드러냄〔顯所依因緣之體〕· 305
  ⑴ 무명의 연기가 진여 떠나지 않음을 간략히 밝힘〔略明無明緣起不離眞性〕· 305
  ⑵ 널리 무명이 연기하는 차별된 모습을 밝힘〔廣明無明緣起差別相〕· 308
   ① 연기의 바탕과 모습을 드러냄〔顯無明緣起體相〕· 308
   가. 진여법계가 무명의 바탕임을 보임〔示眞如卽無明體〕· 308
   나. 여섯 가지 물든 마음이 연기하는 모습을 밝힘〔明染心緣起相〕· 309
   ② 무명이 연기하는 모습을 다시 밝힘〔更明無明緣起相〕· 313
   가. 닦아 끊음을 잡아 무명의 뜻을 다시 밝힘〔約修斷更明無明義〕· 313
   나. 서로 응함과 서로 응하지 않음의 뜻을 가려 보임〔辨示染心相應義與不相應義〕· 314
   다. 번뇌의 장애와 지혜의 장애를 가려 보임〔辨示煩惱碍與智〕· 316
3. 나고 사라지는 모습을 다시 풀이함〔更釋生滅相〕· 319
 1) 두 가지 나고 사라지는 모습을 보임〔示二種生滅相〕· 320
 2) 인연에 의해 나고 사라짐을 보임〔示生滅相依因緣〕· 321
 3) 사라짐과 사라지지 않음의 뜻을 묻고 답함〔問答心滅及不滅義〕· 323

둘째단, 물듦과 깨끗함이 서로 도와 끼치어 익히어 연기함을 밝힘〔辨染淨相資〕· 326

---
1. 네 가지 법이 서로 끼치어 익히는 뜻을 보임〔示四種法熏習義〕
2. 물듦과 깨끗함이 서로 끼치어 익히는 뜻을 널리 풀이함
   〔廣釋染淨熏習〕
3. 물듦과 깨끗함의 다함과 다하지 않음의 뜻을 밝힘
   〔明染淨盡不盡〕
---

1. 네 가지 법이 서로 끼치어 익히는 뜻을 보임〔示四種法熏習義〕· 327
2. 물듦과 깨끗함이 서로 끼치어 익히는 뜻을 널리 풀이함〔廣釋染淨熏習〕· 330
 1) 비유로써 서로 끼치어 익힘을 전체적으로 말함〔以喩總說〕· 331
 2) 서로 끼치어 익힘을 나누어 풀이함〔別釋互熏〕· 333
  ⑴ 물듦이 끼치어 익힘〔染熏〕· 333
   ① 물듦의 두 가지 끼치어 익힘을 간략히 갈함〔略述〕· 333
   ② 두 가지 끼치어 익힘을 자세히 밝힘〔廣說〕· 335
    가. 망녕된 경계가 끼치어 익힘〔妄境界熏習 : 資熏〕· 335
    나. 망녕된 마음이 끼치어 익침〔妄心熏習 : 資熏〕· 337
    다. 무명이 끼치어 익힘〔無明熏習 : 習熏〕· 338
  ⑵ 깨끗함이 끼치어 익힘〔淨熏〕· 339
   ① 끼치어 익힘의 뜻을 물음〔問淨熏義〕· 339
   ② 끼치어 익힘의 뜻을 답함〔答淨熏義〕· 340
    가. 끼치어 익힘의 뜻을 간략히 말함〔略說〕· 340
     가) 끼치어 익힘을 바로 밝힘〔正明熏習〕· 340
     나) 끼치어 익힘의 공능을 보임〔辨其功能〕· 341

나. 끼치어 익힘의 뜻을 널리 말함〔廣說〕· 344
　　　　가) 망녕된 마음이 진여를 끼치어 익힘〔妄心熏習〕· 344
　　　　나) 진여가 끼치어 익힘〔眞如熏習〕· 346
　　　　　㈎ 두 가지 끼치어 익힘을 보임 · 346
　　　　　㈏ 두 가지를 나누어 보임〔辨二種熏習〕· 347
　　　　　　ㄱ. 진여의 바탕과 모습이 끼치어 익힘〔體相熏習〕· 348
　　　　　　　ㄱ) 끼치어 익힘의 뜻을 바로 보임〔正顯體相熏習義〕· 348
　　　　　　　ㄴ) 문답으로 의심을 없애줌〔以問答除疑〕· 349
　　　　　　ㄴ. 작용이 끼치어 익힘〔用熏習〕· 354
　　　　　　ㄷ. 바탕과 작용을 합해 밝힘〔體用合明〕· 359
　3. 물듦과 깨끗함의 다함과 다하지 않음의 뜻을 밝힘〔明染淨盡不盡〕· 363
　　1) 물든 법을 밝힘〔明染法〕· 364
　　2) 깨끗한 법을 밝힘〔明淨法〕· 364

○ 나고 사라지는 문 가운데 나타낸 바 뜻의 큼을 풀이함〔釋生滅門中所顯義大〕· 366

첫째단, 바탕과 모습의 두 가지 큼을 풀이함〔釋體相二大〕· 367
1. 진여의 바탕과 모습을 보임〔總辨體相〕· 368
2. 두 가지 큼의 뜻을 나누어 풀이함〔別釋二大義〕· 369
　1) 바탕이 큰 뜻을 밝힘〔明體大義〕· 369
　2) 모습이 큰 뜻을 풀이함〔釋相大義〕· 370
　　⑴ 성품의 덕을 바로 밝힘〔正明性德〕· 370
　　⑵ 묻고 답함으로 진여에 공덕 갖춘 뜻을 거듭 밝힘〔問答重辨〕· 373

둘째단, 작용이 큼을 따로 풀이함〔別解用大〕· 378
1. 작용이 큼을 전체적으로 밝힘〔總明用大〕· 379

2. 진여의 작용을 나누어 풀이함〔別釋用〕· 383
   1) 일 분별하는 식과 업의 식을 잡아 진여의 작용을 바로 드러냄
      〔直顯其用〕· 383
   2) 분별을 거듭 받아 밝힘〔重牒分別〕· 387
   3) 문답으로 의심을 풀어줌〔問答釋疑〕· 389

 제2항 움직임과 고요함이 다르지 않음을 드러냄〔顯動靜不異〕· 393
  1. 움직임과 고요함이 둘 없는 문을 나타냄〔直示動靜不二〕· 394
  2. 둘 아닌 뜻을 풀이함〔釋動靜不二義〕· 396
  3. 비유로 둘 없음을 밝힘〔以喩明法〕· 399
  4. 진여문에 들어가는 법을 모두어 말함〔總說得入眞如門法〕· 401

제2절 잘못된 집착을 상대해 다스림〔對治邪執〕· 403
 제1항 집착의 본바탕에 나아가 전체적으로 밝힘〔就本總標〕· 404
 제2항 장애 다스림을 나누어 밝힘〔別明障治〕· 406
  1. 집착을 상대해 다스려 떠나게 함〔對治離〕· 407
   1) 두 가지 집착의 이름을 보임〔示二種我見名〕· 407
   2) 두 가지 집착을 나누어 보임 · 408
    (1) 개체에 실체가 있다는 견해〔人我見〕· 408
      ① 전체적으로 보임〔總標〕· 408
      ② 나누어 풀이함〔別解〕· 409
       가. 허공이 법신의 바탕이라 집착함〔執虛空爲法身體〕· 410
       나. 법의 바탕이 오직 공하다고 집착함〔執法體唯是空〕· 412
       다. 여래장의 덕이 물질과 마음의 모습과 같다고 집착함〔執如來
         藏同色心〕· 413

라. 여래장이 나고 사라짐의 법을 갖춤이라 집착함〔執如來藏具生
          死等法〕· 415
       마. 여래의 열반에 마쳐 다함이 있다 집착함〔執如來涅槃有所
          終〕· 417
    (2) 법에 실체가 있다는 견해〔法我〕· 419
  2. 집착을 끝내 떠남〔究竟離〕· 421

제3절 보살이 도에 발심하여 나아가는 모습을 분별함〔分別發趣道相〕· 423

제1항 발심의 뜻을 전체적으로 나타냄〔總標大意〕· 424

제2항 따로 열어 풀이함〔別開解說〕· 426

  1. 세 가지 발심의 이름을 보임〔列名〕· 427
  2. 세 가지 발심의 모습을 가려 보임〔辨相〕· 429
   1) 바른 믿음 이루어 발심함〔信成就發心〕· 429
    (1) 발심의 지위와 행 · 429
    (2) 발심의 모습〔發心相〕· 433
      ① 세 가지 마음 냄을 보임〔示三種發心〕· 434
      ② 갖가지 방편행을 닦아 진여법에 들어감을 보임〔示修習方便行
         而入眞如法〕· 435
      ③ 네 가지 방편을 말함〔說四種方便〕· 438
    (3) 발심의 이익〔發心利益〕· 442
   2) 바른 앎과 행으로 발심함〔解行發心〕· 445
    (1) 앎과 행의 발심이 더욱 빼어남을 전체적으로 보임〔總標發心〕· 446
    (2) 육바라밀행의 뛰어남을 밝힘〔明六度行勝〕· 447
   3) 법신을 증득하여 발심함〔證發心〕· 449
    (1) 발심의 바탕을 밝힘〔明發心體〕· 449
      ① 지위와 행의 바탕을 밝힘〔明地位與行體〕· 450

② 뛰어난 작용을 밝힘〔明勝用〕· 451
 ⑵ 발심의 모습을 밝힘〔明發心相〕· 454
 ⑶ 발심하여 이루는 덕〔成滿之德〕· 456
  ① 뛰어난 덕을 바로 드러냄〔正顯勝德〕· 456
  ② 묻고 답해 의심을 없애줌〔問答除疑〕· 457
   가. 일체종지를 묻고 답함 · 457
   나. 부사의한 업을 묻고 답함 · 460

제4장 수행과 믿음의 가름〔修行信心分〕· 463

제1절 사람에 나아가 믿음과 수행의 뜻을 나타냄〔就人標意〕· 464

제2절 법을 잡아 널리 밝힘〔約法廣辨〕· 466

제1항 두 가지 물음을 일으킴〔興起二問〕· 467

제2항 믿음과 수행 두 가지를 답해 보임〔答修行信心〕· 469

 1. 믿음의 마음을 밝힘〔明信心〕· 470
 2. 수행을 밝힘〔明修行〕· 473
  1) 수행의 다섯 문을 열어 보임〔示修行五門〕· 473
  2) 다섯 문을 널리 말함〔廣辨五門修行〕· 474
   ⑴ 간략히 네 가지 행을 밝힘〔略明四行〕· 475
    ① 보시의 문〔施門〕· 475
    ② 지계의 문〔戒門〕· 477
    ③ 인욕의 문〔忍門〕· 479
    ④ 정진의 문〔進門〕· 480
   ⑵ 지관의 문을 널리 말함〔止觀廣說〕· 484
    ① 지관을 간략히 밝힘〔略明止觀〕· 484

② 지관을 널리 말함〔廣說止觀〕· 489
　가. 그침을 밝힘〔明止〕· 489
　　가) 그침 닦는 방법〔修止方法〕· 489
　　　㈎ 좌선의 닦음을 보임〔示修習坐禪〕· 490
　　　㈏ 경계를 거치어 닦는 법을 보임〔示對境歷緣修〕· 494
　　나) 그침의 뛰어난 공능을 드러냄〔顯止勝能〕· 496
　　다) 그침의 마장을 밝힘〔辨止之魔事〕· 497
　　　㈎ 마라의 일과 대치법을 간략히 밝힘〔略明魔事〕· 497
　　　㈏ 마라의 일을 자세히 밝힘〔廣說魔事〕· 500
　　　　a. 습기의 마〔習氣魔〕· 500
　　　　b. 번뇌의 마〔煩惱魔〕· 502
　　　　c. 탐욕의 마〔欲魔〕· 503
　　라) 삿됨과 바름 가려 그침의 바른 길을 보임〔辨邪正而示止之正路〕· 505
　　　㈎ 삿됨과 바름을 가림〔辨邪正〕· 505
　　　㈏ 진여삼매로써만 여래의 종성에 들 수 있음을 보임〔示眞如三昧得入如來種〕· 507
　　마) 이익을 보여 닦도록 권함〔示益勸修〕· 508
　나. 살핌을 밝힘〔明觀〕· 511
　　가) 살핌 닦는 뜻을 밝힘〔明修觀意〕· 511
　　나) 살핌의 모습을 보임〔辨觀相〕· 512
　　　㈎ 연기적인 법의 모습을 살핌〔法相觀〕· 512
　　　㈏ 자비관(慈悲觀) · 515
　　　㈐ 대원관(大願觀) · 516
　　　㈑ 정진관(精進觀) · 518
　　　㈒ 살핌 닦음을 다시 맺어 보임〔結示修觀〕· 519
　다. 그침과 살핌 함께 지음을 밝힘〔明止觀雙運〕· 520

제3절 물러섬을 막는 방편을 보임〔顯防退方便〕· 525

　제1항 물러서려는 이를 들어 정토의 방편을 이끔〔以欲退之人引淨土方便〕· 526

　제2항 물러섬 막는 방편을 밝힘〔明防退之法〕· 529

제5장 이익을 보여 닦도록 권하는 가름〔勸修利益分〕· 535

　제1절 앞의 말을 전체적으로 맺음〔總結前說〕· 536

　제2절 믿음의 이익과 비방의 죄를 밝힘〔明信行益及謗毀罪〕· 538

　　제1항 믿어 행함의 큰 이익을 보임〔示信行利益〕· 539

　　제2항 헐뜯음의 죄를 들어보임〔擧謗毀罪重〕· 543

　제3절 닦아 배우기를 맺어 권함〔結勸修學〕· 545

○ 널리 세상에 회향하리〔流通分〕· 549

　　유통하는 게〔流通偈〕· 550

찾아보기 · 553

□ 해 제

올바른 『대승기신론』 읽기를 위해

1. 나와 『대승기신론(大乘起信論)』

　체계적인 교학연찬이 별로 강조되지 않는 요즈음 한국불교 수행풍토 속에서도 『기신론』은 『능엄경』, 『원각경』, 『금강경』과 함께 강원의 교과 과목으로 오래도록 전승되어옴으로써 승가대중에게 널리 알려진 불전이다. 그러나 강원의 전통 경학공부 과정을 거치지 않고 바로 좌선생활에 뛰어들었던 필자는 출가 이후 상당 기간 『기신론』을 접하지 못했다. 1979년 필자는 만덕산 백련사 선원에서 1년이 넘는 칩거 정진을 뒤로 하고 동화사 금당선원에서 여름 안거에 들어갔다. 백련사 정진 도중 얻은 병으로 거의 사경에 헤맬 정도로 앓으면서 정진을 계속하던 중 필자는 걸망에 복사해 넣고 다니던 『천태수습지관좌선법요(天台修習止觀坐禪法要)』를 읽게 되었다. 『천태소지관』의 열람은 이른바 조사선 종장들의 어록을 통해 오직 화두 살핌을 통해 향상일로(向上一路)만을 추구했던 필자에게 비로소 발 밑을 되돌아볼〔照顧脚下〕새로운 전기를 마련해준다.
　몸의 병 다스림〔治病〕을 깨달음을 구현해가는데 기본과정으로 설정한 천태의 수행관은 몸을 도외시하고 소소영영처(昭昭靈靈處)를 발명하려는 기성의 수행풍토 속에서 다만 몸이 관행의 토대일 뿐 아니라 관행의 능동적 주체〔能觀智〕이자 실천적 대상〔所觀境〕임을 분명히 드러내주었다.
　조사선에서 정혜등지(定慧等持)는 천태에서 지관쌍운(止觀雙運), 지관구행(止觀俱行)으로 표시된다. 이처럼 선의 종지〔禪宗〕를 '지관구행'으로 제시한 천태의 입장과 '생각 없음〔無念〕'으로 제시한 혜능의 종지는 모두 『대승기신론』에 수행관의 기본골격이 제시되어 있으니, 천태는 바로 『기신론』을 분명히 인용하여 지관구행을 천명한다.

　금당선원에서 『소지관』의 열람은 필자로 하여금 선종을 종파주의와 법통주의의 틀 안에 가두려는 많은 선류(禪流)들의 생각에 대해 반성할 계기를 마련해 주었다. 그 뒤 필자는 산중 좌선생활 중 겪은 80년 역사의 충격에 대한 심각한 자기고민을 거친 뒤, 1982년 겨울 오대산 월정사에서 화엄좌주(華嚴座主) 탄허선사의 강사(講肆)에서 『치문』에서 『능엄경』까지 강원의 교과과정을 열람할 기회를 가졌다.

　탄허선사의 『기신론』 강설을 듣는 도중 필자는 원효(元曉)의 『기신론소』 가운데 '본디 깨침〔本覺〕과 못 깨침〔不覺〕과 새로 깨침〔始覺〕에 모두 자성이 없다'는 구절에서 『기신론』의 종지가 이 한 구절을 떠나지 않음을 분명히 알아차렸으며, 『기신론』의 종지가 근본불교 고집멸도(苦集滅道) 사제법의 대승적 재구성임을 가슴 깊이 받아들이게 되었다. 그리고 원효가 '제7식은 대승의근(大乘意根)이다'라고 한 대목에서 근본불교의 십이처·십팔계설과 유식·여래장을 하나로 꿰뚫게 되었다. 그리하여 언젠가는 근본불교의 원천적인 교설로 유식·여래장을 통일적으로 해석하리라는 원력을 세웠다.

　1984년 겨울 나는 당시 나를 사로잡고 있었던 인식론적 실천적 문제의식의 해결을 위해 무등산 규봉암 토굴에 들어갔다. 그때 '이 무엇고'를 묻는 나의 화두 물음의 근저에는 늘 나와 저 고통받는 역사현실, 아는 마음과 알려지는 대상의 본질적인 관계성에 관한 인식론적인 물음이 꿈틀거렸다. 격동하는 역사현실이 나의 인식론적 물음의 결판처를 당대 역사고뇌의 집결처였던 무등의 산마루로 선택하게 하였다. 낮에는 남악혜사선사(南嶽慧思禪師)의 『대승지관(大乘止觀)』을 번역하고 밤에는 장좌불와로 정진하던 중 어느 휘영청 달 밝은 날 무등(無等)에서 저 멀리 월출

(月出)의 산그림자를 대하면서 나는 만법유식(萬法唯識)과 저 천태가 주장하는 만법유색(萬法唯色)의 종지가 둘 아님을 홀연히 발명(發明)하였다. 그 뒤 십여년의 나의 집필작업은 무등의 발명처에 기초한다. 그때 번역하였던 남악혜사의 『대승지관』 또한 『기신론』의 심식설(心識說)을 기초로 『기신론』의 종지와 동일하게 지관구행(止觀俱行)을 제창하고 있었다.

90년대 들어 한국불교는 가야산 해인사 쪽에서 보조선류(普照禪流)를 향해 던진 돈오돈수(頓悟頓修)와 돈오점수(頓悟漸修)의 격렬한 논쟁이 전개되고 있었다.

나는 그 논쟁을 지켜보면서 돈오돈수론이 의지하고 있는 구경각(究竟覺)과 지위점차설이 『대승기신론』에 기초하고 있으며, 그 주장의 독단화에는 『기신론』의 종지와 지위점차설에 대한 왜곡된 이해가 함께 하고 있음을 보았다.

『기신론』에서 깨달음의 점차적 향상의 과정과 지위 점차의 설정은 중생의 집착에 상응해서 세워졌을 뿐, 실체적 과정과 지위를 말하고 있는 것이 아니다. 중생의 망집에 끊어야 할 번뇌의 덩어리가 없으므로 닦는 수행에도 실로 닦아감이 없는 것이니, 『기신론』의 구경각은 닦고 닦아 미세망념 끊고 새로 얻는 깨달음의 세계가 아니다. 수행의 지위 점차는 지금 일어나는 앎 활동이 연기이므로 바로 앎에 앎 없음을 모르는 망집의 과정을 앎 없는 앎의 과정으로 돌려놓는 실천의 모습을 인과론적으로 기술한 것일 뿐이다. 그러므로 무명에서 구경각으로의 비약은 무명을 끊고 구경각에 들어감이 아니라 진여법계인 무명이 진여법계로서의 자기본질을 실현함인 것이니, 한 법도 끊지 않고 한 법도 얻음이 없는 것이다. '구경각'과 구경각을 구현한 '여래'는 망념에 본래 나는 첫 모습이 없어서〔念無初相〕 망념이 곧 진여임을 철저히 보아 남음이 없는 자리에 붙인 거짓 이름이다. 그러므로 구경각은 초월적인 깨달음의 영역이 아니라 다시 법이 이루어지고 법이 사라지는〔成法破法〕 현실법 자체에 복귀하는 것이다.

　망념을 끊고 구경각을 얻음이란 생각 끊고 생각 없음에 돌아가고 모습 없애고 공함에 돌아가려는 이승의 길일 뿐, 마하야나의 크나큰 실천의 길이 아니며 연기론의 기본입장이 될 수 없다.

　지금 주창되고 있는 돈오돈수설에는 단계적인 수행의 향상을 통해 끝내 미세망념을 끊고 구경각을 얻어야 한다는 차제적 수증주의(修證主義)와 계급과 차제를 뛰어넘는 돈수(頓修)의 두 입장이 왜곡되게 결합되어 있다. 이러한 주장을 접하면 중생은 늘 깨달음 밖에 서 있으므로 못 깨침의 절망과 열등의식(退屈心)에서 벗어날 길이 없는 것이며, 선정을 통해 어떤 얻음을 내세우는 이들은 실로 얻을 것이 없는 곳에서 얻음을 내세워 스스로 뻐기고 중생에게 군림하는 우월주의에 빠져 중생에 대한 헌신의 삶을 포기하게 될 것〔增上慢〕이다.

　그러나 『기신론』은 중생의 망념〔不覺〕이 나되 남이 없어서 망념이 진여인 망념임을 밝히므로 깨달음을 지향하는 수행자는 이미 본디 깨침〔本覺〕에 발을 대고 본디 깨침의 자기 공덕을 새롭게 확인하고 새롭게 발현함으로 새로 깨침〔始覺〕을 이루므로 새로 깨침에도 머물 모습을 보지 않고 역사회향·중생회향을 감행할 수 있는 것이다.

　나의 『기신론』 읽기와 우리말 옮김은 이러한 나의 『기신론』을 통한 인식의 전환에 관한 기록이며, 『기신론』을 통해 내가 느낀 문제의식과 그에 대한 주체적 응답의 기록이다. 그리고 이 『기신론』 우리말 옮김은 나의 인식론적 전환에 큰 스승이 되었던 원효(元曉)·혜사(慧思)·천태(天台)의 법은(法恩)에 대한 은혜 갚음의 성격을 띠고 있다. 그러므로 이 책은 본격적인 원효의 『기신론소』 읽기와 우리말 옮기기의 기초작업에 해당한다. 또한 이 작업은 법계회향은 늘 중생회향·역사회향과 동시에 이루어져야 한다는 나의 원력의 표현이기도 하다.

2.『기신론』의 교판(教判)

교판이란 중국불교에서 한 종파의 중심 경전을 지표로 불타의 전체 경전을 통일적인 체계로 이해하는 방식이다. 인도 불전을 경전 편집의 역사성을 고려하지 않은 채 불타의 일대교설로 보고 분류하는 교판사상은 불전의 사상사적 위치를 평면적으로 구성한 것이라 할 수 있다.『기신론』은『능가경』,『승만경』 계열의 경전이 주장하는 여래장(如來藏)을 논의 중심과제로 해명한다.『기신론』이 인도불교사상사에서 중관(中觀)·유식(唯識) 이후 중관의 반야공(般若空)과 유식의 유식연기(唯識緣起)를 다시 종합하는 논리적 형식을 지니고 있으므로『기신론』은 유식불교 이후에 유식불교의 편향에 대한 비판적이며 보완적 시각으로 편집된 것으로 보아야 한다.

『기신론』의 저자는 마명(馬鳴)보살로 되어 있다『기신론』의 사상사적 위치로 본 저술의 연대 추정과 선종에서 서천 28조의 위치배정에는 상응하지 않음이 있으나, 28조 가운데 한 분인 마명과『기신론』의 저자는 같은 분인 것으로 오래도록 믿어져왔다. 원효의『기신론별기』는『기신론』이 중관·유식 양대 사상조류의 편향을 동시에 넘어서고 그를 보완하는 논임을 다음과 같이 보인다.

> 그 논의 내용은 세우지 않는 바가 없고, 깨뜨리지 않는 바가 없다. 저『중관론』과『십이문론』등과 같아서는 여러 집착을 두루 깨뜨리고 또한 깨뜨림마저 깨뜨리되 능히 깨뜨림과 깨뜨린 바를 도로 인정하지 않으니, 이는 보내되 두루하지 않은 논이라 말할 수 있다.
> 『유가론』과『섭대승론』등은 깊고 얕음을 통해 세워서 법문을 가리되 스스로 세운 바 법을 융통해 버리지 않으니, 이는 주되 빼앗지 않는 논이라 할 수 있다.
> 지금 이 논은 이미 슬기롭고 이미 어질며 또한 깊기도 또한 넓어서 세우지 않음이 없되 스스로 버리고 깨뜨리지 않는 바가 없되 도로 인정

한다. 그런데 도로 인정한다는 것은 저 보내는 것이 보냄이 지극해져서
두루 세움을 말하고, 스스로 보낸다는 것은 이 주는 것이 줌을 사무쳐
다해 빼앗는 것을 밝히니, 이것을 여러 논의 조종이고 뭇 다툼을 다스리
는 주인이라 말한다.

其爲論也 無所不立 無所不破 如中觀論十二門論等 徧破諸執 亦破於破
而不還許能破所破 是謂往而不徧論也 其瑜伽論攝大乘等 通立深淺判於法
門 而不融遣自所立法 是謂與而不奪論也 今此論者 旣智旣仁 亦玄亦博 無
不立而自遣 無不破而還許 而還許者 顯彼往者往極而徧立 而自遣者 明此
與者窮與而奪 是謂諸論之祖宗 羣諍之評主也

중관과 유식에 대한 원효의 평가는 중관은 깨뜨리되 세우지 못하고,
유식은 세우되 깨뜨리지 못한 논이라는 것이다. 그러나『중론』의 깨뜨림
과 보냄도 있음이 공하므로 실로 있음을 깨뜨리되 그 있음을 없애지 않
고 있음을 있음 아닌 참모습으로 세워내는 것이다. 그러므로 원효의 평
가운데 깨뜨리되 세우지 못한다 함은『중론』자체의 뜻이라기보다는『중
론』의 깨뜨림 없는 깨뜨림이 다만 깨뜨림이 되는 새로운 편향을 지적함
이다.

유식의 세움도 유식연기를 세워 말하되 다시 그 식의 무자성〔識無自
性〕을 말하므로 세우되 실로는 세움이 없이 있음을 공한 있음으로 밝히
는 것이다. 그러므로 유식을 주되 빼앗지 못한 논이라는 원효의 평은 유
식 자체의 뜻이라기보다는 유식의 세움이 세움 없는 세움인 줄 모르는
새로운 편향을 지적함이다.『기신론』은 중관과 유식에 붙은 편향을 동시
에 부정하여 중관의 깨뜨림과 유식의 세움이 둘 아님을 밝힌다. 그러므
로『기신론』은 중관의 깨뜨리되 세움과 유식의 세우되 깨뜨림을 동시에
종합하여 깨뜨림과 세움을 동시에 부정하고 긍정하여〔雙遮破立 雙照破
立〕세우고 깨뜨림을 자재하게 굴리는 논〔破立自在〕이라 정의할 수 있
다.

이런『기신론』의 통일적 회통적 입장이 중국불교에서 천태의 지관쌍

운(止觀雙運)·일심삼관(一心三觀)의 수행관으로 나타나고, 현수법장의 화엄교학(華嚴敎學)으로 전개되며, 원효의 화쟁(和諍)적 불교이론의 기초가 된 것이라 생각할 수 있다.

이제 다시 천태 오중현의〔名體宗用敎〕로 『대승기신론』의 대의와 그 교판적 입장을 점검해보자. 『대승기신론(大乘起信論)』의 제목을 풀이함〔釋名〕으로써 오중현의의 기본내용을 개괄적으로 살펴본다면, '대승에 믿음을 일으키는 논'이라는 제목 속에 논의 종체(宗體)와 실천의 효용〔用〕이 모두 표시된다. 이 논은 삶의 참모습 자체〔體〕인 마하야나의 크나큰 실천의 길〔宗〕에 믿음을 내지 못하는 이들에게 믿음을 내도록 해서 해탈의 길에 이끌어들임을 실천적 지향〔用〕으로 삼는다.

마하야나(mahāyāna)란 존재의 실상이자 존재의 실상 그대로를 현실에서 구현해가는 실천의 수레를 나타낸다. 곧 마하야나란 두 가지 문을 갖춘 한마음 자체〔體〕이자 한마음의 크나큰 바탕과 모습, 작용을 온전히 실현하는 실천의 수레〔宗〕를 나타낸다. 곧 이 실천의 수레가 삶의 실상에 갖추어진 세 가지 큰〔三大〕 공덕을 온전히 현실의 지평에 드러내 해탈의 땅에 이끌고 가므로 크나큰 수레〔大乘〕라 한다.

온갖 붇다가 이 진리의 수레를 타고 해탈의 땅에 이미 이르렀고, 지금 셀 수 없는 보디사트바가 이 진리의 수레를 타고 해탈의 땅에 이르니, 온갖 중생 또한 마땅히 이 수레를 타고 저 언덕에 이르러야 하는 것이다. 온갖 중생은 이 진리의 수레에 이미 타고 있되 스스로 그런 실상을 등지므로 나고 죽음의 굴레와 질곡 속에서 부자유의 삶을 사는 것이니, 크나큰 진리의 수레가 드러내고 있는 바 한마음이 곧 '하나인 법계의 크나큰 총상으로서 법문의 바탕〔一法界大總相法門體〕'이 되는 것이다.

대승에 믿음을 일으킴이란 곧 이 한마음의 참모습이 바로 마하야나의 실천임을 모르는 중생에게 마하야나에 믿음을 일으켜 크나큰 해탈의 길에 나아가도록 하기 위함인 것이다.

또 마하야나라 하는 것은 소승의 작은 수레와 소승의 치우친 세계관과 수행관을 상대해서 마하야나라 한 것이다. 이는 이 논(論)이 존재에 대한 실체적 집착[我執]은 극복했으나, 존재를 이루는 법에 대한 집착[法執]을 일으키는 치우친 수행자들의 집착을 깨기 위하는 논임을 말한다. 그리고 온갖 법이 오직 식[萬法唯識]이라는 말을 듣고 다시 식을 집착해 주관관념론적 편향에 떨어진 이들의 치우친 세계관을 치유하기 위한 논임을 말한다. 구경의 깨달음이란 마음이 나는 첫 모습이 없음을 바로 보아 마음에서 마음 떠남[於念離念]이다. 그러므로 이 논은 생각 끊고 공함으로 증득을 삼는 기성 수행계를 비판하기 위함임을 알 수 있다.

논(論)이란 불타의 말씀[經]이나 율장[律]이 아니고 당시 치우친 세계관과 수행관을 비판해서 불타의 뜻을 당시 시대의 언어로 다시 천명한 논장임을 말한다.

『기신론』은 짤막하고 압축된 문장으로 구성되어 있다. 그러나 『기신론』은 불교사상사에서 중관·유식 양대 사상조류를 동시에 종합하는 거대한 사상적 과제를 짊어지고 편집된 논장이다. 이에 천태는 『기신론』의 수행관에 의거하여 앞대에 일찍이 듣지 못했던 지관명정[止觀明靜 前代未聞]의 선관을 제시하여 찬란한 실천수행의 금자탑을 쌓았으며, 현수법장은 『기신론』으로 유식과 중관 계열 사상작업을 종합하여 화엄종교(華嚴宗敎)를 수립하였다. 그리고 원효는 『기신론』의 회통적인 교관과 실천관을 토대로 화쟁적 회통불교(會通佛敎)를 건립하였다.

과거 사상사에서 실천적 경험은 오늘 이 시대 사상의 위기 속에서도 위기 극복의 계기를 제공한다. 『기신론』의 비판하되 크게 완성하고 깨뜨리되 크게 살리는 교관적 입장은 오늘날 다만 비판할 뿐 완성해주지 못하고 다만 깨뜨릴 뿐 살리지 못하는 풍토에 새로운 대안을 제시해준다. 그리하여 과거를 비판하되 과거에 대한 비판을 통해 과거를 창조적으로 계승하여 새 것을 만들어내지 못하는 현실에 큰 경종을 울려준다. 또 중관·유식의 두 사상 조류를 여래장의 바다에 크게 거두어 종합한 『기신론』의 회통적 입장은 오늘날에도 경전 사이에 각기 달리 나타난 형식논리의 차이를 뛰어넘어 실천의 통일성을 이룰 수 있는 이론의 기초를 줄 것이다. 그러므로 오늘날에도 『기신론』의 올바른 읽기와 회통정신의 올바른 실천이야말로 서로 하나될 수 없는 것처럼 보이는 유심론(唯心論)과 실상론(實相論), 차제적(次第的) 수행과 돈오적(頓悟的) 수행관의 다툼 속에 화쟁의 원융무애한 활로를 열어줄 것이다.

3. 『기신론』에서 수행의 지위 점차

선가의 일부에서는 『기신론』에서 보이고 있는 바 미세한 망념을 멀리 떠난 구경각에서 마음의 성품을 보아 마음이 늘 머뭄을 얻는다는 구절에 의거하여, '구경각이 견성이다'라고 말하면 선종(禪宗)이고, '초발심주에서 바른 지혜를 이룬다고 말하면 교종(敎宗)이다'라고 말한다. 이와 같은 주장의 차이는 초발심주를 수행 주체가 어떻게 보느냐 하는 전제의 차이에서 비롯된 것이다. 구체적인 실천과정에서 배타적일 수 없는 선(禪)과 교(敎)를 같지 않은 것으로 판별하는 것도 중국 종파불교의 주장을 절대화함에서 연유한 것이다. 종파마다 달리 제출된 교판적 주장들은 주장의 전제를 살펴서 그 이론이 고찰되어야 하는 것이니, 주장이 주장 자체로 절대화되어서는 안 된다. 오히려 조사어록이 되었든 경전이 되었든 그 가르침의 뜻을 올바로 실천하여 무념(無念)을 현실경험의 지평 속에서 구현하는 것이 교(敎)를 통해 선의 종지〔禪宗〕를 체득한 자라고 하여야 할 것이다.

위에서 보인 바처럼 형식논리에 따라 선종과 교종을 나누는 견해의 극단화된 입장은, 구경각만이 견성이므로 『화엄경』에서 보이고 있는 십지(十地)보살도 견성하지 못한 자이고, 오직 조사관을 뚫은 조사만이 견성했다고 주장한다.

물론 『기신론』의 지위점차설을 받아 선종의 많은 조사들이 지위 점차의 모습이 남아 있는 십지보살은 견성하지 못했음을 다음과 같이 말한다.

> 십지의 여러 성인이 법 설함은 구름 같고 비처럼 한다 해도 성품 보는 것은 마치 비단 가리개를 두고 봄과 같다.
>
> 十地諸賢 說法如雲如雨 見性如隔羅縠
>
> 汾州 『전등록(傳燈錄)』 28

또 말한다.

> 마치 눈 밝은 사람이 얇은 비단을 가려두고 모습을 보는 것처럼 구경지의 보살도 온갖 경계에 대해 또한 그렇다.
> 마치 눈 밝은 사람이 가리는 바가 없이 뭇 모습을 보는 것처럼 여래도 온갖 경계에 대해 또한 그렇다.
> 마치 눈 밝은 사람이 어둑어둑함 가운데 뭇 모습을 보는 것처럼 구경지 보살도 또한 그러하며, 눈 밝은 사람이 온갖 어둠을 떠나 뭇 모습을 보는 것처럼 여래도 또한 그렇다.
>
> 如明眼人 隔於輕縠 覩色像 究竟地菩薩 於一切境 亦爾 如明眼人 無所障隔 覩衆色像 如來於一切境 亦爾 如明眼人 於微闇中 覩見衆色 究竟地菩薩 亦爾 如明眼人 離一切闇 覩見衆色 如來亦爾
>
> 『유가론(瑜伽論)』 50[1]

위와 같은 선문 조사의 어록과 『유가론』의 법문은 그 언어적 표현도 아주 닮아 있으면서 십지위의 보살이라도 아직 닦음의 자취가 있고 차제의 모습이 있는 한 구경의 깨달음이 아니라는 같은 주장을 하고 있다. 이러한 주장을 접할 때 우리는 위에서처럼 부정적인 뜻으로 사용된 십지보살의 뜻과 『영가집』과 천태 『마하지관』에서 보인 바 원돈문의 '두렷한 지위〔圓位〕'에서는 한 지위에 들면 온갖 지위에 들고 한 지위에 머물면 온갖 지위에 머문다는 뜻이 서로 같은 것인가 되물어 보아야 한다. 십지보

---

1) 분주의 법어와 『유가론』: 『선문정로평석』 p.16 재인용

살도 구경각이 아니라는 이러한 주장은 『기신론』에서 '무명업식의 물듦은 보살의 지위가 다함을 의지하여 여래의 지위에 들어가서 떠날 수 있기 때문이다〔八者根本業不相應染 菩薩盡地 得入如來地 能離故〕'라고 한 뜻을 받은 것이다. 무명을 다하고 법계를 사무쳐 다함은 오직 여래의 지위에서만 가능하다는 주장은 위에서 인용한 곳뿐만 아니고 『기신론』의 여러 곳에 기술되어 있다. 또 이러한 뜻에 대해 『법화경』「방편품」에서도 '모든 법의 참된 모습은 오직 부처님과 부처님이라야만 사무쳐 다할 수 있다〔唯佛與佛 乃能窮盡 諸法實相〕'고 말한다.

구경각에 이를 때만 무명을 다할 수 있다는 『기신론』의 법문과 지위점차의 뜻은 어떻게 이해해야 할까.

그리고 『화엄경』 자체에 나타난 십지보살의 해탈경계와 '선문(禪門)'에서 '십지보살도 견성하지 못했다'고 주장할 때 그 십지보살은 같은 것인가.

이는 결코 같지 않다. 비록 십지보살이라는 같은 용어를 쓰더라도 경론마다 법을 쓰는 조사마다 그리고 법을 듣는 사람과 듣는 사람의 병통에 따라 그 내용은 결코 하나로 정해지지 않기 때문이다. 불교의 모든 언교는 스스로 그러한 절대적 내용을 담는 것이 아니라 모든 중생의 병통에 따라 시설되어 병통이 지양되면 함께 지양된다. 이런 줄 모르고 언교의 형식논리만을 집착하여 진리의 실천적 발현과 보살행의 역동성을 나타내는 지위점차의 언어2)를 실체적인 계급과 차제를 나타냄으로 받아들

---

2) 지위점차의 뜻 : 십주(十住)·십행(十行)·십회향(十廻向)·십지(十地)·등각(等覺)·묘각(妙覺)의 지위를 연기문(緣起門)에서 보면 십신으로 인해 십주의 지혜가 있고, 십주의 지혜로 인해 십행이 있고, 나아가 십지가 있다고 말할 수 있다. 이를 연기이므로 공한 진여문에서 보면 지위 점차의 모습이 공한 것이고 모두 진여의 연기가 되는 것이다. 이를 가유문(假有門)에서 보면 지위의 차별, 함이 없는 법으로써 차별됨이라 차별 없는 차별이니, 차별 속에 평등이 있고 평등 속에 차별이 있어 낱낱 지위가 서로 하나되고 서로 들어간다고 할 수 있다. 이를 중도문(中道門)에서 보면 낱낱 지위는 모두 법계의 자기발현이라 한 지위 속에 온갖 지위가 있고 한 마음 속에 온갖 마음이 있는 것이다.

이게 되면 구경의 깨달음은 단계적 지위를 넘어 있는 절대의 경지, 역사 속에 새롭게 복귀될 수 없는 정체된 장으로 굳어지게 될 것이다.

이런 이해를 바로잡기 위해 우리는 『기신론』과 『법화경』 등에서 '오직 여래만이 무명을 다할 수 있다' 하고, '여래만이 모든 법의 실상을 사무쳐 다할 수 있다'는 말의 내용을 점검해볼 필요가 있다. 이른바 무명의 본질은 무엇인가. 그것은 세계를 경험하는 앎 활동 속에서 능히 앎에 실로 앎이 없고 알려지는 바 모습에 모습 없는 실상을 등지고, 능히 앎에 아는 자를 세우고 알려지는 모습에 모습을 세우는 왜곡된 삶활동을 말한다.

곧 실로 남이 없이 나고 실로 사라짐이 없이 사라지는 삶 활동의 본질을 등지고, 실로 남을 보고 실로 사라짐을 봄으로써 삶은 진여인 삶 활동을 무명인 삶 활동으로 움직이는 것이다. 『기신론』에서 아뢰야식의 미세 망념이 움직인다는 것은 구체적인 경험활동에서 거친 번뇌가 사라졌으나 자아와 세계에 대한 실재의식이 남아 있음을 뜻한다. 그러므로 미세한 생각을 떠남이란 생각을 끊고 무념에 나아감이 아니라 능히 아는 자와 알려지는 바 모습에 자기 모습 없음을 바로 보는 것을 말한다. 곧 번뇌 속에 있는 중생이라 할지도 그 생각이 본래 생각 없는 것〔理卽, 本覺〕이므로 무념(無念)은 생각 끊고 얻는 것이 아니라 생각이 원래 생각 없음을 바로 아는 데 있다.

그러면 '십지위(十地位)의 보살도 무명을 다하지 못하고 오직 여래만이 다했다'는 뜻은 무엇인가. 진리는 스스로 있는 진리가 아니고 사람인 진리이고 사람의 행위인 진리이다. 그러므로 경전은 법계의 실상을 실상의 완전한 인격적 구현자인 여래를 잡아 보이고 있으니, 진리〔理〕와 진리를 살피는 지혜〔智〕, 법계와 법계를 깨친 여래가 둘 없음을 『금강경』은 '온갖 모습 떠난 것은 곧 여러 부처님이라고 한다〔離一切相卽名諸佛〕'고 말하며, 화엄에서는 '온갖 법이 나지 않고 온갖 법은 사라지지 않으니, 이와 같이 바로 이해한다면 부처님이 항상 현전하리라〔一切法不生 一切法不滅 若能如是解 諸佛常現前〕'고 말한다. 이 뜻을 『기신론』은 '마음 바탕이 생각 떠난 것을 여래의 평등한 법신이다〔心體離念 卽是如來平等法身〕'라고 말한다.

그렇다면 십지위(十地位)에서도 무명을 끊지 못했다는 뜻은 무엇인가. 끊어야 할 무명은 실로 남이 없는 곳에서 남을 본 왜곡된 활동이니, 설사 남이 있다고 집착해도 실로 나되 남이 없는 것이다. 곧 저 무명도 실로 허깨비 같아 곧 진여인 것이니, 무명이 실로 남이 없음을 바로 보면 무명이 곧 법계인 것이다. 그런데 무명의 활동이 원래 온 곳이 없는 줄 모르고 닦음의 모습을 일으켜 차제적으로 닦아가면 아무리 차제의 꼭대기에 이르더라도 무명이 다함이 되지 못한 것이다.

『기신론』에서 십지(十地)의 이름은 끊을 바 번뇌를 끊어가는 닦음 있는 행의 가장 강화된 활동상을 나타낸 말이니, 무명이 본래 온 곳이 없는 곳을 사무칠 때 십지라는 능히 끊음의 자취도 다하는 것이다. 곧 닦아감의 모습과 닦음의 지위가 남아 있으면 그것이 아무리 높은 경계라 하더라도 그것은 끊을 바가 있음을 반증하는 것이니, 끊을 바가 본래 없음을 바로 깨친 보디가 아닌 것이다. 『기신론』은 이 뜻을 '보살의 지위가 다해 방편이 만족해질 때 한 생각이 법계에 상응하여 마음이 첫 일어남을 깨달아 마음에 일어나는 첫 모습이 없어서 미세한 망념을 떠나 마음의 성품을 본다'고 말한 것이다. 십지도 견성 못했다는 뜻은 생각이 생각 없는 생각으로 지양됨은 닦아감이 닦음 없는 닦음으로 지양됨과 같다는 뜻을 그렇게 보인 것이니, 무념(無念)이 십지보살의 경지를 넘어서 있다는 뜻이 아니다.

곧 『기신론』은 못 깨침〔不覺〕과 새로 깨침〔始覺〕과 본디 깨침〔本覺〕의 무자성을 말한다. 이미 끊을 바 무명이 자성이 없으므로 닦아감도 또한 자성이 없다. 그러므로 생각에 생각 없음을 바로 앎은 바로 닦아감이 닦음 없는 닦음으로 전환됨이며, 닦음이 법성 그대로 닦음이 되고 법성 진여의 자기활동이 됨이다.

『기신론』에 나타난 차제적 수행과정의 법문도 중생의 근기〔爲人悉

壇], 중생의 병[對治悉壇], 세상의 일반적 풍토[世界悉壇], 진리 자체 [第一義悉壇]에 따라 다음 네 가지로 볼 수 있으니, 한 측면만으로 해석하면 『기신론』의 뜻을 왜곡할 수 있다.

첫째, 인과적 과정[緣起門]으로 봄이다. 이는 무명이 본래 공하지만 무명이 연기하는 현실의 고통과 질곡이 없지 않는 곳에서 무명의 나고 머물고 달라지고 사라진 모습을 살펴서 차츰 지혜의 힘을 강화하여 끝내 본래 남이 없음을 깨닫는 것이니, 못 깨침[不覺]으로부터 비슷한 깨침 [相似覺], 나름대로의 깨침[隨分覺], 맨 끝의 깨침[究竟覺]으로 향상해 감이다.

둘째, 본래 공함[空門]에서 봄이다. 이는 끊을 바 무명과 고통이 본래 공하여 본디 깨침을 떠나지 않으므로 닦아감의 차제가 설 수 없는 것이다. 이 뜻을 『기신론』은 '무명의 나고 사라지는 네 가지 모습이 때를 같이하여 모두 스스로 서 있음이 없어서 본래 평등하여 같은 한 깨침이기 때문이다'라고 한다.

셋째, 무명이 본래 공한 줄 알았으나 현실에서 고통의 연기함이 또한 한량 없으므로 닦음 없는 닦음을 버리지 않고, 여러 선근을 모아 중생을 이롭게 함이다.

『기신론』은 이렇게 말한다.

> 행의 근본이 되는 방편[行根本方便]이다. 이는 곧 온갖 법의 자기 성품에 남이 없음을 살펴 허망한 견해를 떠나 나고 죽음에 머물지 않고, 온갖 법이 인연이 어울려 합해 업의 과보 잃지 않음을 살펴 크나큰 자비를 일으키며, 여러 복덕을 닦아 중생을 거두어 교화하여 니르바나에 머물지 않음이니, 법의 성품이 머뭄 없음[法性無住]을 따르기 때문이다.

> 行根本方便 謂觀一切法自性無生 離於妄見 不住生死 觀一切法因緣和合業果不失 起於大悲 修諸福德 攝化衆生 不住涅槃 以隨順法性無住故

넷째 끊을 바 번뇌가 곧 진여이고 얻을 바 깨달음이 이미 주체화되어

있음을 깨달아 깨달음인 닦음, 진여인 작용을 내되 작용도 또한 적멸함
이다. 이때 온갖 행은 곧 진여법계가 되어 다함 없게 되니, 『기신론』은
이렇게 말한다.

> 거듭 허망한 집착을 끝내 떠남이란 물든 법과 깨끗한 법이 모두 다
> 서로 마주해 있어서 스스로의 모습을 이루 말할 수 없음을 마땅히 앎이
> 다. 그러므로 온갖 법은 본래부터 물질도 아니고 마음도 아니며, 지혜가
> 아니고 앎도 아니며, 있음도 아니고 없음도 아니라 끝내 모습을 이루
> 말할 수 없다.
> 그런데도 그렇다는 말이 있는 것은 여래가 좋은 방편을 세워 짐짓 말
> 로써 중생을 이끌어 줌인 줄 알아야 한다. 그 뜻은 모두 생각을 떠나 진
> 여에 돌아가기 위함이니, 온갖 법을 생각하여 마음이 나고 사라지게 하
> 면 진실한 지혜에 들어가지 못하기 때문이다.

> 復次究竟離妄執者 當知染法淨法皆悉相待 無有自相可說 是故一切法
> 從本已來 非色非心 非智非識 非有非無 畢竟不可說相 而有言說者 當知如
> 來善巧方便 假以言說引導衆生 其旨趣者 皆爲離念歸於眞如 以念一切法
> 令心生滅不入實智故

위와 같은 고찰을 통해 우리는 『기신론』에서 보살의 지위가 다해야 구
경의 깨달음이 된다는 뜻은 '번뇌 끊는 행'과 '끊을 바 번뇌의 실체성'이
모두 지양된 곳이 깨달음이라는 뜻을 중생의 망집을 상대해 인과적 과정
을 잡아 보인 것임을 살펴 보았다. 생각이 본래 생각 아닌 무념처(無念
處) 곧 진여문(眞如門)에서 보면 끊을 바 번뇌가 본래 공하므로 번뇌 끊
는 행 또한 닦는 모습이 없어 닦는 행이 진여법계행이 되는 것이다.

그렇다면 화엄에서 십주·십행·십회향·십지의 지위는 무엇인가.
화엄에서 실천행자는 진리에 대한 바른 믿음이 이루어질 때, 끊을 번뇌
가 본래 공한 곳에 발을 대고 실천의 첫 발을 내디디게 된다. 그러므로
그는 첫 발을 내디딜 때 구경의 깨달음이 이미 거기 있다. 화엄에서처럼
원돈문(圓頓門)에서 수행자는 실천의 첫 발을 내디딜 때 법계진리에 발

을 대고 진리 자체인 행 아닌 행으로 법계를 실현한다.

비록 인과적 과정으로 십주·십행·십회향·십지의 과정을 기술한다 해도 화엄에서 원인은 결과를 떠나지 않는 원인 아닌 원인이고, 결과는 원인을 떠나지 않는 결과 아닌 결과이다. 그러므로 원인의 행에서 구경의 과덕이 함께 하고, 구경의 과덕을 이룰 때에도 한 법도 얻음이 없이 늘 인과적 현실과 중생의 현실에 복귀한다.

화엄에서 보살행에 관한 과정적 기술은 구경의 깨달음을 향한 단계적 차제적 접근이 아니라 중생의 깨달음을 향한 실천을 깨달음의 자기발현으로 보여주는 과정성이며, 보살의 행이 행 아닌 곳이 바로 법계진리처임을 나타낸다.

『화엄경』은 이렇게 말한다.

> 왜 그런가. 처음 깨달음의 마음을 낸 보살이 곧 부처이기 때문에 모두 삼세의 여러 여래와 같고, 또한 삼세의 부처님의 경계와 같으며, 모두 삼세의 부처님의 바른 법과 같아, 여래의 한 몸이 한량없는 몸 됨을 얻고, 삼세의 온갖 부처님의 평등한 지혜를 얻으니, 교화되는 중생도 모두 다 평등하다.
>
> 何以故 此初發心菩薩 卽是佛故 悉與三世諸如來等 亦與三世佛境界等 悉與三世佛正法等 得如來一身無量身 三世諸佛平等智慧 所化衆生 皆悉平等

이와 같이 『기신론』의 깨달음에 관한 인과적 과정의 언어, 화엄의 과정의 언어를 살피고 보면, 『기신론』의 구경각을 차제적인 것으로 파악하여 '구경각이 견성'이라 하면 선종(禪宗)이고, '초발심이 곧 바른 깨침이다'라고 말하면 교가(敎家)라고 주장하는 말이 교판의 차이점을 교조화한 주장이며, 불교언어 용법의 연기성을 보지 못한 주장임을 알 수 있다.

선(禪)의 무념(無念)은 화두를 들어 닦고 닦아 미세망념을 끊고 얻는 경지가 아니라 마음에 마음 없음을 바로 믿어 [十信] 마음이 본래 남이 없음을 사무쳐 진리의 자리〔初發心住〕에 바로 섬인 것이다. 그리하여 생각을 생각 아닌 생각으로 쓰고 행을 행함 없는 행함으로 써서〔十行〕 낱낱 행이 법계가 되게 하고, 낱낱 행이 중생과 함께 하는 행이 되게 하여〔十廻向〕 본래 갖춘 법계의 진리를 나의 삶 속에 온전히 드러냄〔十地〕에 무념(無念)의 종지가 있다. 인과적 언어는 곧 법계진리가 현실인과 속에 살아 움직이는 진리며 행위로써 현전하는 진리며 구경의 깨침이 현실역사 속에 발현됨을 나타내는 것이다.

그러므로 남악혜사선사는 참된 돈오돈수(頓悟頓修)의 가풍이란 진리의 첫걸음이 곧 무념처이고 진여문이며 진리의 첫걸음이 곧 끝걸음이라 보디사트바의 낱낱 행이 온통 법계 자체의 행이 되는 마하야나의 길임을 이렇게 말한다.

> 저 『대품반야경』 「만행품」의 말과 같이 초발심으로부터 불도를 이룰 때까지 한 몸, 한 마음, 한 지혜이지만, 중생을 교화하려 하므로 만 가지 행의 이름이 차별되어 달라진 것이다.

> 如萬行中說 從初發心至成佛道 一身一心一智慧 欲爲教化衆生故 萬行各字差別異

4. 다시 희망의 수행관을 생각하며

『기신론』에서 수행의 차제는 중생의 망집을 상대해서 세워진 이름이다. 그러므로 끊을 바 번뇌와 무명이 본래 온 곳이 없고 자체 모습이 없다면, 닦아가는 모습의 차제적 표현도 세울 곳이 없게 된다. 인과적 과정은 연기이므로 공하다. 『기신론』은 인과적 과정의 언어를 보이지만 과정이 과정 아닌 과정이므로 실로는 차제가 없이 바로 나의 삶을 진여법계인 삶으로 전환해주는 가르침이다.

그러므로 『기신론』은 말한다.

만약 마음에 생각 없음을 살펴 알 수 있으면 곧 진여의 문에 따라 들어갈 수 있다.

若能觀察知心無念 卽得隨順入眞如門故

이때 마음에 생각 없음을 살펴 바로 생각에서 생각을 떠나면 생각 없음에서도 생각 없음을 떠나게 된다. 그러므로 생각 없음을 살피는 자는 진여의 공함에도 머뭄 없이 바른 수행, 창조적 지식과 더불어 사는 뭇 삶들을 안락케 하는 해탈의 행을 지음 없이 짓게 된다.

'생각함〔念〕'이라고 하는 중생의 삶 활동에서 바로 생각 없음〔無念〕을 살피는 무념선(無念禪)은 중생의 온갖 물듦과 번뇌, 질곡과 장애 가운데서 그 장애와 질곡이 실로 있는 장애와 질곡이 아닌 본래 청정함과 본래 해탈처에 서서 현실의 해탈을 구현하는 실천관이다.

무념선은 첫걸음에 이미 희망과 생명의 다함없는 원천인 여래장의 땅에 서서 현실역사를 지혜와 선정의 힘으로 장엄하는 실천의 길이다. 그러므로 이제 『기신론』의 실천관을 왜곡하여 무념(無念)과 깨달음〔覺〕을 관조적 신비의 장으로 세워 그 깨달음의 신비를 환상적으로 추구하게 하는 비연기론적 수행관은 새롭게 반성되어야 한다. 그리하여 분출하는 시대대중의 요구와 역사의 질곡과 고뇌 앞에 불교의 선(禪)이 크나큰 안락과 희망의 대안으로 제시되어야 한다.

번뇌 속에 있는 중생을 언제나 깨달음 밖에 세워놓고 중생으로 하여금 깨달음을 아득히 쳐다보며 수행 전문가에게 공양이나 바치게 하는 이기적이고 비창조적인 수행관은 이제 철저히 반성되어야 한다. 그리하여 온갖 중생을 이미 깨쳐있는 진리 바다〔法性眞如海〕, 진여법계(眞如法界)에 발을 대고 해탈의 길을 가는 깨달음의 찬란한 주체로서 세워주어야 한다. 고통 속에 있는 중생이 본래적인 해탈의 땅에 서서 현실의 고난과 질곡을 새로운 해탈현실로 돌려내는 사회적 실천을 우리는 각운동(覺運動)이라 이름한다. 각운동의 자기 주체인 중생은 깨달음의 바다에 이미 서 있으므로 현실의 좌절과 절망 속에 절망하지 않으며, 절망의 심연 속에 있는 희망의 생명수를 퍼올림으로써 현실의 고난과 장애를 모두의 행복과 해탈로 전변시켜낸다.

각운동의 자기 주체인 중생은 막힘 없고 걸림 없는 법계〔無障碍法界〕에 이미 서 있으므로 현실의 분단과 질곡에 갇히거나 상처받지 않고 역사 속의 나누어짐과 다툼을 능동적으로 극복하여 하나됨과 어우러짐의 공동체를 구현해간다.

각운동이 지금 못 깨침의 절망 속에서 못나고 물들고 찌그러진 삶을 사는 우리 이웃들에게 '범부는 범부이되 마음이 큰 범부〔大心凡夫〕'의 이름을 줄 것이며, 각운동이 중생에게 '중생은 중생이되 깨달음을 이미 짊어지고〔荷擔菩提〕 역사의 어둠을 끝없는 희망의 불길로 밝혀가는 자, 보디사트바(Bodhisattva)'의 이름을 줄 것이다.

제 1 부

우리말 옮김과 영역

진제 역 『기신론』의 우리말 옮김과 1967년 미국 Columbia 대학 출판부에서 발간된 Yoshito S. Hakeda 번역의 영역을 수록한다.

문단의 가름은 본 『기신론직해』의 편제에 따랐으며, 주요 술어의 영역과 한역(漢譯)을 대조하여 하단에 주로 처리하였다.

☐ 이끄는 글
☐ 진제 역 우리말 옮김과 영역

   ○ 목숨 다해 삼보께 돌아가리〔歸命偈 : 序分〕
   ○ 마하야나의 크나큰 길을 가리〔行摩訶衍道 : 正宗分〕
   ○ 널리 세상에 회향하리〔流通分〕

□ 이끄는 글

연기론의 언어와 실재론의 언어

　불전의 영문 번역의 사례를 소개하기 위해 Yoshito S. Hakeda 역본 영역『대승기신론(大乘起信論)』을 우리말 번역과 대조하여 수록한다. 산스끄리트의 원전이 없고 진제 역본과 실차난타 역본의 한문본만 가지고『대승기신론』이라는 난해한 불전을 영어로 옮긴 노고와 공로는 높이 치하할만하다.

　그러나 어떤 번역도 완결된 번역은 없다. 번역이란 보다 나은 다른 언어로의 생명력 있는 전환을 위해 잘못된 옮김을 바로 잡아가야 하며, 원전의 보다 나은 번역을 위해 끊임없는 점검이 요청된다. 번역도 한 곳에 머물러 있어서는 안되며,『기신론』자체가 드러내 보이는 존재의 실상과 삶의 지혜에 복귀하는 인식노력과 함께 산스끄리트 원어, 한문 번역, 영어개념 사이의 언어학적 점검이 필요하다.

　그러므로 번역하는 일의 근저에 인식론적 실천적 긴장이 함께 할 때 좋은 번역은 이루어질 수 있다. Yoshito S. Hakeda 역본의 영어번역을 보면 가장 큰 문제는 불교용어의 연기론적 이해의 결핍을 들 수 있다. 불교의 연기론은 세계를 경험성과 선험성, 현실의 영역과 초월의 영역을 양분하는 세계관, 존재를 어떤 원리적 제1원인에서 출발시키는 형이상학적 세계관을 거부하는 세계관이다. 그러므로 불교의 모든 용어는 세계관 그대로 연기론적 개념으로 이해되고 쓰여져야 한다.

　본 영역본은 불전 영역의 주요한 성과로 인정될 수는 있겠지만, 많은 부분 연기론의 용어를 실재론적 이분법적 세계관의 언어로 번역하는 잘못을 범하고 있다. 주요개념들을 예로 들어 살펴보자.

　법성(法性)이란 단어는 한문 불교권에서조차 오해되고 있는 바처럼 현실을 초월한 절대적인 실재가 아니다. 법성은 현실법이 연기한 것이므로 공함을 존재의 새로운 자기전개의 기반으로 해석한 개념으로서 연기되고 있는 현실존재가 곧 공함〔諸法卽空〕을 적극적 능동적 개념으로 돌이킨 뜻이다.

영역의 'the Reality'는 실재 본성에 가까운 개념으로서 『기신론』에서 법성이라는 용어를 통해 부정하려는 바 법집(法執)에 해당하는 뜻이다.

불종(佛種)이란 뜻도 나타내는 바는 깨달음(bodhi)이 인연(因緣)을 통해 생성되어 나옴을 보이기 위해 보디의 열매에 대한 씨앗의 뜻으로 쓴 것인데, 불종을 'the lineage of the Buddhas'라고 해서 혈통 계보의 뜻으로 번역하면 논주가 보이고자 하는 연기적 진리의 실현이 드러나지 않는다.

세간법(世間法)과 출세간법(出世間法)도 세간의 법이 있고 그것 너머에 세간을 초월한 법이 있다는 뜻이 아니다. 오직 있는 것은 오온·십이처·십팔계로 기술된 세간법이 있을 뿐이다. 출세간법이란 세간법이 연기인 줄 모르고 그것을 실로 있음으로 탐착함으로써 세간법의 참모습이 실로 있음이 아님을 보이는 법일 뿐이다. 그러므로 출세간법은 세간을 초월한 법이 아니라 세간의 실로 있음을 넘어서는 법이니, 세간법이 연기된 존재가 실로 없지 않음을 나타내는〔明法非無〕 범주라면, 출세간법은 연기된 존재가 실로 있지 않음을 나타내는〔顯法非有〕 범주이다.

그런데 세간법을 'being of the phenomenal world'라 옮기고, 출세간법을 'being of the transcendental world'라 옮기면, 현상과 현상 너머의 초월적인 영역으로 세계를 양분하는 언어적 분위기를 읽는 이에게 강하게 심어줄 수 있다.

하나인 법계〔一法界〕라는 뜻에서도 여기서 하나〔一〕는 서구적인 세계관에서 오직 하나〔唯一〕를 나타내는 뜻이 아니라, 온갖 현실법의 차별된 모습이 실체가 없기 때문에 차별법이 평등 속의 차별임을 보이기 위한 개념으로 하나는 다름〔異〕과 서로 응하는 개념이다. 영역에서 'one world of Reality'는 유일한 실재의 뜻으로 해석될 수 있기 때문에『기신론』의 일법계(一法界)와는 거리가 먼 번역이라 하지 않을 수 없다.

영역에서 가장 크게 문제가 될 수 있는 번역술어는 아마 마음〔心〕과 식(識)일 것이다.

우리말의 마음도 보편성과 역동성의 뜻이 드러나지 않는 정체되고 주관화된 개념으로 쓰여지고 있기 때문에 필자도『기신론』의 심(心)을 마음이라 번역하면서도 '앎 활동의 총체적 장' 등으로 그 개념을 보완하고자 노력하였다.

불교의 식(識 : vijñāna)은 주관 속의 의식(consciousness)이 아니라 주관과 객관, 고요함과 움직임, 개체와 전체의 뜻이 함께 하고 있는 역동적 연기적 개념이다. 서구의 의식성(consciousness)은 여기 주관이 있고 의식성의 대상은 의식 밖에 있는 것으로 사용되는 개념이다. 그에 비해 식(vijñāna)은 앎 활동이 드러날 때 인식 주체와 인식 대상은 앎 활동 안에 지금 아는 자〔見分〕와 알려지는 것〔相分〕으로 움직이므로 앎〔識〕과 생각〔念〕은 세계의 보편성을 떠나지 않는 앎이며, 앎에는 앎의 실체가 없는〔識無自性〕 앎 아닌 앎이다.

그러므로 심(心)과 식(識)은 지금 단계에서는 산스끄리트 원어를 그대로 쓰고 그것을 영어로 부연설명하는 것이 옳으리라 본다.

『기신론』의 용어 가운데 또 많이 오해되고 있는 개념이 체(體)·상(相)·용(用)이다. 상(相)은 심식(心識)의 활동이 연기되어 일어남을 잡아 온갖 법의 연기적 성취를 모습〔相〕이라 이름지었고, 체(體)는 온갖 법의 연기적 성취가 연기이므로 공하여 온갖 모습을 얻을 것이 없고 막힘이 없고 걸림이 없음을 뜻한 것이니, 모습의 모습 없음이 체(體)이다. 그리고 용(用)이란 모습이 모습 없되 모습 없음도 없음〔相而無相 無相而無無相〕을 존재의 새로운 자기생성의 작용으로 기술한 개념이다.

그러므로 영어번역에서 체대(體大)를 'the greatness of the essence'라고 하여 본질·본성으로 옮기고, 상대(相大)를 'the greatness of the attributes'라고 하여 속성의 뜻으로 옮기고, 용대(用大)를 'the greatness of the influences'라고 하여 영향·작용의 뜻으로 옮기면, 체(體)·상(相)·용(用)이 서로 떨어지지 않고 서로가 서로를 이루어주어 중도를 이루는 연기적 언어개념이 드러나지 않는다.

『기신론』의 무념(無念)은 생각 너머 생각 없음의 경지와도 다르고 생각 끊고 얻는 생각 없음의 경지와도 다르다. 생각과 식이 연기이므로 공함이 무념(無念)이니, 생각에서 생각 없음〔於念無念〕이 무념의 바른 뜻이다. 그러므로 무념을 'beyond thought'라 번역하면 생각 너머 생각 없음의 영역으로 오해할 소지가 많다.

『기신론』에서 지관(止觀) 또한 핵심적인 실천개념이다. 지(止)는 우리말로 그침〔止〕이라 옮기지만, 이 그침은 생각을 일시적으로 정지하는 개념이나 살핌〔觀〕을 떠난 그침이 아니다. 오히려 그침〔止〕은 생각이 생각 아님〔念卽非念〕을 알아 생각을 그침이라 살핌인 그침〔卽觀之止〕인 것이다. 『기신론』의 그침은 육바라밀행에서 선정 곧 디야나(dhyāna)의 개념과 동일한 것이며, 디야나는 보시·지계·인욕·정진·반야와 서로 거두는〔相攝〕 역동적 선정이다.

영역에서처럼 지관을 'cessation and clear observation'이라고 옮기면 그침이 잠정적 정지의 뜻으로 오해될 수 있으며, 바라밀행으로서의 역동적 휴식의 뜻이 드러나지 않는다. 지관은 사마타(śamatha)와 비파사나(vipaśyanā)로 그대로 두고 그것의 연기적 의미를 부연하는 것이 옳을 것이며, 사마타와 비파사나에 상응한 용어선택에 노력을 기울여가야 할 것이다.

이와 같이 영역에서 번역의 문제점을 지적하는 것은 번역자의 공로를 평가절하하기 위함이 아니다. 오히려 보다 나은 불전 영역을 위해 기존의 성과를 반성적으로 점검함인 것이다.

중국에서도 『반야심경』의 한역이 구마라집에서부터 시호(施護) 번역까지 거의 800년의 세월이 걸리도록 여러 차례 번역의 성과를 축적하고 기존의 성과를 재검토하여 새로운 번역을 감행하였다. 그러면서도 라집의 기존 번역의 틀을 깨뜨리지 않고 그 번역의 치우침이나 모자람을 채워왔던 것이다.

영역 또한 앞의 성과를 인정하되 그 오류까지 지적하지 않으면 영어권의 많은 대중과 세계 시민들이 영어불전을 접하여 비연기론적 언어를 통해 불교 세계관의 왜곡된 이해에 빠지고 말 것이다.

불전에 담긴 연기적 세계관은 연기적 언어로서만 해명되고, 글을 읽는 이와 보는 이가 연기적 시각과 세계관을 가질 때만 비로소 바르게 조망되고 자기화될 수 있는 것이다.

□ 진제역 우리말 옮김과 영역

목숨 다해 삼보께 돌아가리〔歸命偈 : 序分, Invocation〕

온누리에서 가장 뛰어난 업으로
앎이 없이 온갖 것 두루 아시며
그 몸은 걸림없이 자재하시사
이 세상 건져주시는 크게 자비한 이와
그 몸의 모습 없는 참모습과
법의 성품3)인 진여의 바다4)와
한량없는 공덕의 창고와
진리대로 실답게 수행하는 이들께
목숨 다해 돌아가 의지하오나니
중생으로 하여금 의심을 없애고
잘못된 집착을 모두 버리게 하여
대승에 바른 믿음을 일으켜
부처 씨앗5) 끊기지 않도록 하려고
이 논을 지어서 보이나이다.

I take refuge in [the *Buddha*,] the greatly Compassionate One, the Savior of the world, omnipotent, omnipresent, omniscient, of most excellent deeds in all the ten directi-

---

3) 法性: the Reality
4) 眞如海: the sea of Suchness
5) 佛種: the lineage of the Buddhas

ons;

And in [the *Dharma*,] the manifestation of his Essence, the Reality, the sea of Suchness, the boundless storehouse of excellent;

[And in the *Sangha*, whose members] truly devote themselves to the practice,

May all sentient beings be made to discard their doubts, to cast aside their evil attachments, and to give rise to the correct faith in the Mahayana, that the lineage of the Buddhas may not be brocken off.

마하야나의 크나큰 길을 가리〔行摩訶衍道:正宗分〕
〔The Contents of the Discourse〕

논이 말할 바를 바로 보임〔正示所說〕

논해 말한다. 법이 있어 마하야나에 믿음의 뿌리를 잘 일으킬 수 있다. 그러므로 마땅히 말하는 것이다.

논하여 말함에 다섯 가지 가름이 있으니, 어떤 것이 다섯인가.

첫째, 짓는 까닭을 보인 가름〔因緣分〕이요,

둘째, 뜻을 세우는 가름〔立義分〕이며,

셋째, 풀이하는 가름〔解釋分〕이고,

넷째, 수행과 믿음의 가름〔修行信心分〕이며,

다섯째, 닦도록 권하는 가름〔勸修利益分〕6)이다.

There is a teaching (dharma) which can awaken in us the root of faith in the Mahayana, and it should therefore be explained. The explanation is divided into five parts. They are (1) the Reasons for Writing; (2) the Outline; (3) the Interpretation; (4) on Faith and Practice; (5) the Encouragement of Practice and the Benefits Thereof.

---

6) 勸修利益分: the Encouragement of Practice and the Benefits Thereof

논의 종지를 다섯 가름으로 보임

제1장 논을 짓는 까닭을 보인 가름〔因緣分〕
〔Part I The Reasons for Writing〕

1. 논을 짓는 까닭을 여덟 가지로 보임〔示八種因緣〕

처음 논을 짓는 까닭을 보인 가름을 말한다.

묻는다. 무슨 까닭이 있어 이 논을 짓는가.

답한다. 이 까닭에 여덟 가지가 있으니 어떤 것이 여덟인가.

첫째, 까닭을 모두어 보인 모습〔因緣總相〕이니, 이른바 중생으로 하여금 온갖 괴로움을 떠나 구경의 즐거움을 얻도록 하려 함이지 세간의 이름과 이익 우러름을 구함이 아니기 때문이다.

둘째, 여래의 뿌리가 되는 뜻을 풀이하여 여러 중생으로 하여금 바르게 알고 잘못되지 않도록 하기 때문이다.

셋째, 착한 뿌리가 무르익은 중생으로 하여금 마하야나의 법을 맡아 견디어 그 믿음을 물리지 않도록 하기 때문이다.

넷째, 착한 뿌리가 아주 작은 중생으로 하여금 믿는 마음을 닦아 익히도록 하기 때문이다.

다섯째, 방편을 보여서 나쁜 업의 장애를 녹이고 믿음의 마음을 잘 보살펴 어리석음과 으시댐을 멀리 떠나 삿된 그물에서 벗어나도록 하기 때문이다.

여섯째, 그침과 살핌7) 함께 닦아 익힘〔修習止觀〕을 보여 범부와 이

---

7) 止觀: Cessation 〔of illusions〕 and clear observation (śamatha and vipaśyanā)

승의 마음의 허물을 상대해 다스리려 하기 때문이다.

일곱째, 오로지 생각해 부르는 방편을 보여 부처님 앞에 가서 태어나 반드시 믿는 마음을 물러지 않도록 하기 때문이다.

여덟째, 이익됨을 보여 닦아 행함을 권하려 하기 때문이다.

이와 같은 여러 까닭이 있으므로 이 논을 짓는다.

Someone may ask the reasons why I was led to write this treatise. I reply: there are eight reasons.

The first and the main reason is to cause men to free themselves from all sufferings and to gain the final bliss; it is not that I desire worldly fame, material profit, or respect and honor.

The second reason is that I wish to interpret the fundamental meaning [of the teachings] of the Tathāgata so that men may understand them correctly and not be mistaken about them.

The third reason is to enable those whose capacity for goodness has attained maturity to keep firm hold upon an unretrogressive faith in the teachings of Mahayana.

The fourth reason is to encourage those whose capacity for goodness is still to cultivate the faithful mind.

The fifth reason is to show them expedient means (*upayā*) by which they may wipe away the hindrance of evil karma, guard their minds well, free themselves from stupidity and arrogance, and escape from the net of geresy.

The sixth reason is to reveal to them the practice [of two

methods of meditation), cessation [of illusions] and clear observation (*śamatha* and *vipaśyanā*; Ch., *chih-kuan*), so that oreinary men and the followers of Hinayana may cure their minds of error.

The seventh reason is to explain to them the expedient means of single-minded meditation (*smiti*) so that they may be born in the presence of the Buddha and keep their minds fixed in an unretrogressive faith.

The eighth reason is to point out to them the advantages [of studying this treatise] and to encourage them to make an effort [to attain enlightenment]. These are the reasons for which I write this treatise.

2. 논 짓는 까닭을 문답으로 다시 보임〔問答再明因緣〕

묻는다. 수트라 가운데 이 법이 갖춰 있는데, 왜 반드시 거듭 설해야 하는가.

답한다. 수트라 가운데도 비록 이 법이 있지만 중생의 근기와 행이 같지 않아 받아 아는 연(緣)이 다르기 때문이다.

곧 여래가 세상에 계실 때에는 중생의 근기는 날카롭고 법을 말할 수 있는 사람은 몸과 마음의 업이 빼어나 두렷한 음성으로 한 번 연설하면 다른 무리들이 같이 알므로 곧 반드시 논을 지을 필요가 없었다.

그러나 여래가 열반하신 뒤에는 어떤 때는 중생이 스스로의 힘으로 널리 들어서 앎을 취하는 자가 있기도 하고, 어떤 때는 중생이 스스로의 힘으로 적게 듣고도 많이 아는 자가 있기도 하며, 어떤 때는 중생이 스스로의 마음의 힘이 없어서 널리 논함으로 인해 앎을 얻는 자가 있기도 하며, 어떤 때는 스스로 중생이 거듭 널리 논함과 글이 많음을 번거롭게 여기고 모두어 지님〔總持〕을 마음에 즐겨해서 적은 글로 많은 뜻 거두어야 알 수 있는 자가 있기도 하다.

이와 같이 모두어 지님으로 아는 자가 있으므로 이 논은 여래의 넓고 크고 깊은 법과 끝없는 뜻을 모두어 거두려 한다. 그러므로 마땅히 이 논을 말하는 것이다.

Question: What need is there to repeat the explanation of the teaching when it is presented in detail in the sutras?

Answer: Though this teaching is presented in the sutras, the capacity and the deeds of men today are no longer the same, nor are the conditions of their acceptance and comprehension. That is to say, in the days when the Tathāgata was in the world, people were of high aptitude and the Preacher excelled in his form, mind, and deeds, so that once he had preached with his perfect voice, different types of people all equally understood; hence, there was no need for this kind of discourse. But after the passing away of the Tathāgata, there were some who were able by their own power to listen extensively to others and to reach understanding; there were some who by their own power could listen to very little and yet understand much; there were some who, without any mental power or their own, depended upon the extensive discourses of others to obtain understanding; and naturally there were some who looked upon the wordiness of extensive discourses as troublesome, and who sought after what was comprehensive, terse, and yet contained much meaning, and then were able to understand it. Thus, this discourse is designed to embrace, in a general way, the limitless meaning of the vast and profound teaching of the Tathāgata. This discourse, therefore, should be presented.

제2장 뜻 세우는 가름〔立義分〕
〔Part 2 Outline〕

I. 앞을 맺어 뒤를 냄〔結前生後〕

이미 까닭을 보인 가름〔因緣分〕을 말하였으니, 다음으로 뜻 세우는 가름〔立義分〕을 말하겠다.

The reasons for writing have been explained. Next the outline will be given.

II. 뜻 세움을 바로 나타냄〔正彰立義〕

1. 법 자체와 법의 뜻을 보임

마하야나란 모두어 말하면 두 가지가 있으니 어떤 것이 둘인가. 첫째는 법〔존재 자체〕[8]이고, 둘째는 뜻〔존재의 실상을 표현하는 범주의 내용〕[9]이다.

Generally speaking, Mahayana is to be expounded from two points of view. One is the principle and the other is the significance.

2. 법 자체와 법의 뜻을 나누어 보임

1) 법을 보임〔示法〕

말한 바 법이란 곧 중생의 마음이니, 이 마음이 온갖 세간·출세간

---

[8] 法: the principle
[9] 義: the significance

의 법10)을 거둔다.

이 마음을 의지하여 마하야나의 뜻을 나타내 보이니, 왜 그런가. 이 마음의 진여의 모습11)이 곧 마하야나의 바탕을 보이기 때문이며, 이 마음의 나고 사라지는 인연의 모습이 마하야나 자체의 모습과 작용을 보이기 때문이다.

The principle is "the Mind of the sentient being." This Mind includes in itself all states of being of the phenomenal world and the transcendental world. On the basis of this Mind, the meaning of Mahayana may be unfolded. Why? Because the absoulte aspect of this Mind represents the essence(*svabhāva*) of Mahayana; and the phenomenal aspect of this Mind indicates the esscence, attributes (*lakshana*), and influence (*kriyā*) of Mahayana itself.

2) 뜻을 보임〔示義〕

(1) 세 가지 큼을 보임〔三大義〕

말한 바 뜻이란 곧 세 가지가 있으니, 어떤 것이 셋인가.

첫째는 바탕이 큼12)이니, 온갖 법의 진여가 평등하여 늘어나고 줄어들지 않기 때문이다.

둘째는 모습이 큼13)이니, 여래장이 한량없는 성품의 공덕을 갖추고

---

10) 世間法과 出世間法: being of the phenomenal world and the transcendental world
11) 是心眞如相: the absoulte aspect of this Mind
12) 體大: the greatness of the essence
13) 相大: the greatness of the attributes

있기 때문이다.
　셋째는 쓰임이 큼14)이니, 온갖 세간·출세간의 좋은 인과를 낼 수 있기 때문이다.

　Of the significance [of the adjective *mahā* (great) in the compound, *Mahāyāna*], there are three aspects: (1) the "greatness" of the essence, for all phenomena (dharma) are identical with Suchness and are neither increasing nor decreasing; (2) the "greatness" of the attributes, for the *Tathāgata-garbha* is endowed with numberless excellent qualities; (3) the "greatness" of the influences, for the influences [of Suchness] give rise to the good causes and effects in this and in the other world alike.

(2) 두 가지 실어 나름을 보임〔二運轉義〕

　(마하야나란) 온갖 여러 부처님들이 본래 타신 바이기 때문이고, 온갖 보살들이 모두 이 법의 수레를 타고 여래의 땅에 이르기 때문이다.

　[The significance of the term *yāna* (vehicle) in the compound, *Mahāyāna*. The term *yāna* is introduced] because all Enlightened Ones (Buddhas) have ridden [on this vehicle], and all Enlightened Ones-to-be (Bodhisattva), being led by this principle, will reach the stage of Tathāgata.

---

14) 用大: the greatness of the influences

제3장 풀이하는 가름〔解釋分〕
〔PART 3 Interpretation〕

I. 앞을 맺어 뒤를 냄〔結前生後〕

이미 뜻 세우는 가름〔立義分〕을 말하였으니, 다음으로 풀이하는 가름〔解釋分〕을 말하겠다.

The part on outline has been given; next the part on interpretation 〔of the principle of Mahayana〕 will be given.

II. 바로 밝혀 풀이함〔正明解釋〕

ㅇ 풀이함에 세 가지가 있음을 보임〔示解釋中三種〕

풀이하는 가름에도 세 가지가 있으니, 어떤 것이 셋인가.

첫째는 바른 뜻을 나타내 보임〔顯示正義〕이요, 둘째는 삿된 집착을 상대해 다스림〔對治邪執〕이며, 셋째 도에 나아가는 모습을 분별함〔分別發趣道相〕이다.

It consists of three chapters: (1) Revelation of the True Meaning; (2) Correction of Evil Attachments; (3) Analysis of the Types of Aspiration for Enlightenment.

○ 세 가지 풀이를 보임〔示三種解釋〕

제1절 바른 뜻을 나타내 보임〔顯示正義〕
〔CHAPTER ONE Revelation of True Meaning〕

제1항 움직임과 고요함이 하나가 아님〔動靜不一〕
〔I. One Mind and Its Two Aspects〕

□ 두 문이 서로 떨어지지 않음을 말함〔示二門不相離〕

바른 뜻을 나타내 보임이란, 한마음의 법을 의지하여 두 가지 문이 있음이다. 어떤 것이 둘인가. 첫째 마음의 참되고 한결같은 문〔心眞如門〕15)이고, 둘째 마음의 나고 사라지는 문〔心生滅門〕16)이다.

이 두 가지 문이 모두 각기 온갖 법을 다 거두니, 이 뜻은 무엇인가. 이 두 가지 문이 서로 떨어지지 않기 때문이다.

The revelation of the true meaning 〔of the principle of Mahayana can be achieved〕 by 〔unfolding the doctrine〕 that the principle of One Mind has two aspects. One is the aspect of Mind in terms of the Absolute (*tathatā*; Suchness), and the other is the aspect of Mind in terms of phenomena (samsara; birth and death). Each of these two aspects embraces all states of existence. Why? Because these two aspects are mutually inclusive.

---

15) 心眞如: the Mind in terms of the Absolute
16) 心生滅: the Mind in terms of phenomena

□ 두 문을 나누어 보임〔別示二門〕

제1목 한마음의 참되고 한결같은 문〔心眞如門〕
〔A. The Mind in Terms of the Absolute〕

1. 말을 떠난 진여〔離言眞如〕

1) 마음의 진여가 법계 법문의 바탕이 됨을 밝힘〔明心眞如是法界法門體〕

마음의 참되고 한결같은 문〔心眞如門〕이란 곧 하나인 법계17)의 크나큰 총상이 되는 법문의 바탕이니, 이른바 마음의 성품이 생기지 않고 사라지지 않음이다. 온갖 모든 법이 오직 허망한 생각을 의지하여 차별이 있으니, 만약 마음의 생각을 떠나면 곧 온갖 경계의 차별된 모습이 없다.

그러므로 온갖 법은 본래부터 말의 모습을 떠났고 이름의 모습을 떠났으며, 마음의 분별하는 모습을 떠나 끝내 모습 다해 평등하여 변해 달라짐이 없으며, 깨뜨릴 수 없어서 오직 한마음이므로 참되고 한결같음〔眞如〕이라 이름한다.

The Mind in terms of the Absolute is the one World of Reality (*dharmadhātu*) and the essence of all phases of existence in their totality.

That which is called "the essential nature of the Mind" is unborn and is imperishable. It is only through illusions that all things come to be differential. If one is freed from illusions, then to him there will be no appearances

---

17) 一法界: the one World of Reality (*dharmadhātu*)

(*lakshana*) of objects [regarded as absolutely independent existences]; therefore all things from the beginning transcend all forms of verbalization, description, and conceptualization and are, in the final analysis, undifferentiated, free from alteration, and indestructible. They are only of the One Mind; hence the name Suchness.

2) 마음의 진여는 보낼 것이 없고 세울 것이 없음을 밝힘[明心眞如是不遣不立]

온갖 말은 거짓 이름이라 실다움이 없어서 다만 허망한 생각을 따를 뿐 얻을 수가 없으므로 참되고 한결같음이라 말하는 것도 또한 모습 있음이 없다. 곧 말의 지극함은 말을 인해 말을 보내지만, 이 참되고 한결같은 바탕은 보낼 것이 없으니, 온갖 법이 모두 다 참되기 때문이다. 또한 세울 것이 없으니 온갖 법은 모두 같이 한결같기 때문이다.

마땅히 알라. 온갖 법은 이루 말할 수 없고 생각할 수 없으므로 참되고 한결같음이라 한다.

All explanations by words are provisional and without validity, for they are merely used in accordance with illusions and are incapable [of denoting Suchness]. The term Suchness likewise has no attributes [which can be verbally specified]. The term Suchness is, so to speck, the limit of verbalization wherein a word is used to put an end to words. But the essence of Suchness itself cannot be put al end to, for all things [in their Absolute aspect] are real; nor is there anything which needs ot be pointed out as real, for all things are epually in the state of Suchness. It should be understood that all things are incapable of being verbally explained of thought of; hence, the name Suchness.

3) 진여에 들어가는 방법을 물음〔問隨順能入眞如之法〕

묻는다. 만약 이러한 뜻이라면 여러 중생들은 어떻게 참되고 한결같음에 따라서 들어갈 수 있는가.

답한다. 만약 온갖 법을 비록 말하지만 능히 말함과 말하는 바가 없고, 온갖 법을 비록 생각하지만 능히 생각함과 생각하는 바가 없는 줄 알면, 이것을 참되고 한결같음을 따름이라 하니, 만약 생각을 떠나면 들어감이라 한다.

Qustion: If such is the meaning (of the principle of Mahayana), how is it possible for men to conform themselves to and enter into it?

Answer: If they understand that, concerning all things, though they are spoken of, there is niether that which speaks, nor that which can be spoken of, and though they are thought of, there is neither that which thinks, nor that which can be thought of, then they are said to have conformed to it. And when they are freed from their thoughts, they are said to have entered into it.

2. 말을 의지하는 진여〔依言眞如〕

1) 공함과 공하지 않음의 두 뜻이 있음을 보임

다시 참되고 한결같음〔眞如〕은 말에 의지하여 분별하면 두 가지 뜻이 있으니, 어떤 것이 둘인가.

첫째 실다웁게 공함이니, 끝내 참됨을 드러내기 때문이다.

둘째 실다웁게 공하지 않음이니, 스스로의 바탕에 샘이 없는 성품의 공덕〔無漏性功德〕을 갖추고 있기 때문이다.

Next, Suchness has two aspects if predicated in words. One is that it is truly empty (śūnya), for [this aspect] can, in the final sense, reveal what is real. The other is that it is truly nonempty (a-śūnya), for its essence itself is endowed with undefiled and excellent qualities.

2) 공함과 공하지 않음의 뜻

(1) 공함의 뜻〔所言空義, Truly Empty〕

말한 바 공함〔所言空者〕이란 본래부터 온갖 물든 법이 서로 응하지 않기 때문이다. 이는 곧 온갖 법의 차별된 모습을 떠남이니 허망한 생각이 없기 때문이다.

마땅히 알라. 참되고 한결같은 성품은 모습 있음이 아니고, 모습 없음이 아니며, 모습 있음 아님도 아니고 모습 없음 아님도 아니며, 모습 있기도 하고 없기도 함도 아니며, 같은 모습도 아니고 다른 모습도 아니며, 같은 모습 아님도 아니고, 다른 모습 아님도 아니며, 같기도 하고 다르기도 한 모습도 아니다.

나아가 모두어 말하면 온갖 중생이 허망한 생각이 있음을 의지해 생각 생각 분별하여 모두 서로 응하지 않기 때문에 공을 말하지만, 만약 허망한 생각을 떠나면 실로 공하다 할 것도 없는 것이다.

〔Suchness is empty〕 because from the beginning it has never been related to any defiled states of existence, it is free from all marks of individual distinction of things, and it has nothing to do with thoughts conceived by a deluded mind.

It should be understood that the essential nature of Suchness is neither with marks nor marks nor without marks; neither not with marks nor not without marks; nor is it both with and without marks simultaneously; it is neither with a single mark nor with different marks; neither not with a single mark nor not with different marks; nor is it both with a single and with different marks simultaneously.

In short, since all unenlightened men discriminate with their deluded minds from moment to moment, they are alienated 〔from Suchness〕; hence, the definition "empty"; but once they are free from their deluded minds, they will find that there is nothing to be negated.

(2) 공하지 않음의 뜻〔所言不空義, Truly Nonempty〕

말한 바 공하지 않음〔所言不空者〕이란 이미 법의 참모습이 공하여 허망함이 없음을 드러냈기 때문이다. 이는 곧 참마음이라 늘 변하지 않고, 깨끗한 법이 가득히 갖춰 있으므로 공하지 않다고 한다. 또한 모습 취할 것도 없으니, 허망한 생각을 떠난 경계라 오직 깨친 지혜가 서로 응하기 때문이다.

Since it has been made clear that the essence of all

things is empty, i.e., devoid of illusions, the true Mind is eternal, permanent, immutable, pure, and self-sufficient; therefore, it is called "nonempty". And also there is no trace of particular marks to be noted in it, as it is the sphere that transcends thoughts and is in harmony with enlightenment alone.

제2목 한마음의 나고 사라지는 문〔心生滅門〕
〔B. The Mind in Terms of Phenomena〕

나고 사라지는 법을 풀이함〔釋心生滅法〕

첫째단, 나고 사라짐을 풀이함 가운데 물듦과 깨끗함이 나고 사라짐을 밝힘〔明染淨生滅〕

1. 나고 사라지는 법을 풀이함〔釋生滅心法〕

1) 아뢰야식의 뜻을 보임〔示阿梨耶識義, The Storehouse Consciousness〕

마음이 나고 사라짐〔心生滅〕이란 여래장을 의지하기 때문에 나고 사라지는 마음이 있음이니, 이른바 나지 않고 사라지지 않음이 나고 사라짐과 어울려 합해 같음도 아니고 다름도 아님을 아뢰야식18)이라 한다.

The Mind as phenomena (samsara) is grounded on the *Tathagata-garbha*. What is called the Storehouse Consciousness is that in which "neither birth nor death (nirvana)" diffuses harmoniously with "birth and death (samsara)," and yet in which both are neither identical nor different.

2) 아뢰야의 두 가지 깨침의 뜻을 따로 풀이함〔別解阿梨耶二覺〕

(1) 아뢰야에 두 가지 깨침의 뜻이 있음을 보임

이 식19)에는 두 가지 뜻이 있어 온갖 법을 거둘 수 있고 온갖 법을

---

18) 아뢰야식(阿梨耶識): the Storehouse Consciousness (ālaya-vijñāna)
19) 識: the Consciousness (vijñāna)

낼 수 있으니, 어떤 것이 둘인가. 첫째 깨침의 뜻과 못 깨침의 뜻이다.

This Consciousness has two aspects which embrace all states of existence and create all states of existence. They are: (1) the aspect of enlightenment, and (2) the aspect of nonenlightenment.

(2) 깨침과 못 깨침의 뜻을 자세히 말함〔廣說覺不覺義〕

○ 깨침의 뜻을 가려 보임〔辨覺義, The Aspect of Enlightenment〕

① 본디 깨침과 새로 깨침을 간략히 말함〔略述本始二覺〕

말한 바 깨침의 뜻이란 곧 마음 바탕이 생각 떠남이니, 생각 떠난 모습이란 허공계와 평등하여 두루하지 않은 바가 없으니 법계의 하나인 모습이다. 곧 이것이 여래의 평등한 법신이니, 이 법신을 의지하므로 본디 깨침〔本覺〕20)을 말한다.

왜 그런가. 본디 깨침의 뜻이란 새로 깨침〔始覺〕21)의 뜻을 상대하여 말한 것이니, 새로 깨침이란 곧 본디 깨침과 같기 때문이다.

새로 깨침의 뜻은 본디 깨침을 의지하므로 못 깨침이 있고, 못 깨침을 의지하므로 새로 깨침 있음을 말한다.

(1) *Original Enlightenment* The essence of Mind is free from thoughts. The characteristic of that which is free from thoughts is analogous to that of the sphere of empty space that pervades everywhere. The one 〔without any second, i.e., the absolute〕 aspect of the World of Reality

---

20) 本覺: the Original Enlightenment
21) 始覺: the Process of Actualization of Enlightenment

(dharma-dhātu) is none other than the undifferentiated Dharmakaya, the "Essence-body" of the Tathāgata. [Since the essence of Mind is] grounded on the Dharmakaya, it is to be called the original enlightenment. Why? Because "original enlightenment" indicates [the essence of Mind (*a priori*)] in contradistinction to [the essence of Mind in] the process of actualization of enlightenment; the process of actualization of enlightenment is none other than [the process of integrating] the identity with the original enlightenment.

(2) *The Process of Actualization of Enlightenment*
Grounded on the original enlightenment is nonenlightenment. And because of nonenlightenment, the process of actualization of enlightenment can be spoken of.

② 본디 깨침과 새로 깨침을 널리 밝힘〔廣明本始二覺〕

가. 새로 깨침을 밝힘〔明始覺〕

가) 새로 깨침의 인과를 보임〔示始覺因果〕

마음의 근원22)을 깨치므로 마쳐 다한 깨침〔究竟覺〕이라 말하고, 마음의 근원을 깨치지 못하므로 마쳐 다한 깨침이 아니라 한다.

이 뜻은 무엇인가. 저 범부라면 앞 생각이 악함 일으킴을 깨달아 알므로 뒷 생각을 그치어 일어나지 않게 하니, 비록 깨달음이라고 하지만 곧 이것은 '못 깨침〔不覺〕'이기 때문이다.

이승의 살피는 지혜와 처음 바른 뜻 낸 보살 등이라면 생각이 달라

---

22) 心源: the fountainhead of Mind

짐을 깨달아 생각에 달라지는 모습이 없어서 거친 분별로 집착하는 모습을 버리므로 '비슷한 깨침〔相似覺〕'이라 한다.

법신보살 등이라면 생각이 머묾을 깨달아 생각에 머무는 모습이 없어서 분별하는 거친 생각의 모습을 떠나므로 '나름대로 깨침〔隨分覺〕'이라 한다.

보살의 닦아가는 지위가 다함이라면, 방편을 가득 채우고 법계에 하나되고 법계에 서로 응해 마음이 처음 일어남을 깨쳐 마음에 나는 첫 모습이 없어 미세한 생각을 멀리 떠나기 때문에, 마음의 성품을 보아 마음이 곧 늘 머무는 것을 '마쳐 다한 깨침〔究竟覺〕'이라 한다.

Now, to be [fully] enlightened to the fountainhead of Mind is called the final enlightenment and not to be enlightened to the fountainhead of Mind, nonfinal enlightenment.

What is the meaning of this? An ordinary man becomes aware that his former thoughts were wrong; then he is able to stop (*nirodha*) such thoughts from arising again. Although this sometimes may also be called enlightenment, [properly it is not enlightenment at all] because it is not enlightenment [that reaches the fountainhead of Mind].

The followers of Hinayana, who have some insight, and those Bodhisattvas who have just been initiated become aware of the changing state (*anyathātva*) of thoughts and are free from thoughts which are subject to change [such as the existence of a permanent self (atman), etc.]. Since they have forsaken the fudimentary attachments derived from unwarranted speculation (*vikalpa*), [their experience] is called enlightenment in appearance.

Bodhisattvas [who have come to the realization] of Dharmakaya become aware of the [temporarily] abiding state (*sthiti*) of thoughts and are not arrested by them. Since they are free from their rudimentary [false] thoughts derived from the speculation [that the components of the world are real, their experience] is called approximate enlightenment.

Those Bodhisattvas who have completed the stages of Bodhisattva and who have fulfilled the expedient means [needs to bring forth the original enlightenment to the fullest extent] will experience the oneness [with Suchness] in an instant; they will become aware of how the inceptions of [the deluded thoughts of] the mind arise (*jāti*), and will be free from the rise of any [deluded] thought. Since they are far away even from subtle [deluded] thoughts, they are able to have an insight into the original nature of Mind. [The realization] that Mind is eternal is called the final enlightenment.

나) 새로 깨침[始覺]이 본디 깨침과 다르지 않음을 보임

그러므로 수다라에서는 만약 중생이 생각 없음[無念]23)을 살필 수 있는 자는 곧 부처님의 지혜에로 향함이 된다고 말한다.

---

23) 無念: beyond thoughts

또 마음이 일어남이란 처음 나는 모습 알 것이 없음에 처음 나는 모습 안다고 말한 것이니, 이는 곧 생각 없음을 말한 것이다.

그러므로 온갖 중생은 깨침이라 이름하지 못하니, 본래부터 생각 생각 서로 이어 일찍이 생각을 떠나지 못하기 때문에 비롯 없는 무명이라 말한다.

만약 생각 없음을 얻는 자는 곧 마음의 모습이 나고 머물고 달라지고 사라짐을 아니, 생각 없어 평등하기 때문이다.

그러므로 실로 새로 깨침의 달라짐이 없으니, 네 가지 모습이 때를 같이하되 모두 스스로 서 있는 모습이 없어 본래 평등하여 같은 한 깨침이기 때문이다.

It is, therefore, said in a sutra that if there is a man who is able to perceive that which is beyond thoughts he is advancing toward the Buddha wisdom.

Thought it is said that there is [an inception of] the rising of [deluded] thoughts in the mind, there is no inception as such that can be known [as being independent of the essence of Mind]. And yet to say that the inception [of the rising of deluded thoughts] is known means that it is known as [existing on the ground of] that which is beyond thoughts[i.e., the essence of Mind]. Accordingly, all ordinary people are said not to be enlightened because they have had a continuous stream of [deluded] thoughts and have never been freed from their thoughts; therefore, they are said to be in a beginningless ignorance. If a man gains [insight into] that which is free from thoughts, then he knows how those [thoughts] which characterize the mind [i.e., deluded thoughts] arise, abide, change, and cease to be, for he is identical with that which is free from thoughts. But, in reality, no enlightenment, because the four states [of rising, abiding, etc.] exist simultaneously and each of them is not self-existent; they are originally of one and the same enlightenment [in that they are taking place on the ground of original enlightenment, as its phenomenal aspects].

나. 본디 깨침을 밝힘〔明本覺〕

가) 물듦을 따르는 본디 깨침을 밝힘〔明隨染本覺〕

㈎ 물듦을 따르는 본디 깨침의 두 가지 모습을 밝힘〔明隨染本覺二相〕

거듭 다시 본디 깨침이 물든 분별을 따름은 두 가지 모습을 내지만 저 본디 깨침과 서로 떠나지 않는다.

어떤 것이 두 가지인가.

첫째, 지혜의 깨끗한 모습〔智淨相〕이요, 둘째 생각할 수 없고 말할 수 없는 업의 모습〔不思議業相〕이다.

And, again, original enlightenment, when analyzed in relation to the defiled state[in the phenomenal order], presents itself as having two attributes. One is the "Purity of Wisdom" and the other is the "Suprarational Functions."

㈏ 두 가지 모습을 나누어 풀이함〔別釋本覺二種相〕

㉮ 지혜의 깨끗한 모습〔智淨相〕

지혜의 깨끗한 모습이란 법의 힘으로 끼쳐 익힘을 의지하여 실답게 닦아 행해 방편을 가득 채우기 때문이고, 어울려 합한 앎〔和合識〕의 모습을 깨뜨려 서로 이어지는 마음의 모습을 없애고 법신(法身)을 드러내 지혜가 맑고 깨끗하기 때문이다.

이 뜻은 무엇인가.

온갖 마음 알음알이의 모습〔心識之相〕은 모두 무명이고, 무명의 모습은 깨달음의 성품을 떠나지 않아 이루 무너뜨릴 수 있지도 않고 이루 무너뜨릴 수 없지도 않기 때문이다.

이는 마치 큰 바다물이 바람으로 인해 물결이 움직여 물의 모습과 바람의 모습이 서로 떠나지 않으나, 물은 움직이는 성품이 아님과 같다. 만약 바람이 그치어 사라지면 움직이는 모습이 곧 사라지나 물의 젖는 성품은 무너지지 않기 때문이다.

이와 같이 중생이 스스로의 성품의 깨끗한 마음은 무명의 바람으로 인해 움직여 마음과 무명이 모두 형상이 없어 서로 떠나지 않지만 마음은 움직이는 성품이 아니다.

만약 무명이 사라지면 서로 이어짐이 곧 사라지나 지혜의 성품은 무너지지 않기 때문이다.

(a) Purity of Wisdom. By virtue of the permeation (vāsanā, perfuming) of the influence of dharma 〔i.e., the essence of Mind or original enlightenment〕, a man comes to truly discipline himself and fulfills all expedient means 〔of unfolding enlightenment〕; as a result, he breaks through the compound consciousness 〔i.e., the Storehouse

Consciousness that contains both enlightenment and nonenlightenment], puts an end to the manifestation of the stream of [deluded] mind, and manifests the Dharma-kaya [i.e., the essence of Mind], for his wisdom (*prajñā*) becomes genuine and pure.

What is the meaning of this? All modes (*lakshana*) of mind and consciousness [under the state of nonenlightenment] are [the products of] ignorance. Ignorance does not exist apart from enlightenment; therefore, it cannot be destroyed [because one cannot destroy something which does not really exist], and yet it cannot not be destroyed [in so far as it remains]. This is like the relationship that exists between the water of the ocean [i.e., enlightenment] and its waves [i.e., modes of mind] stirred by the wind [i.e., ignorance]. Water and wind are inseparable; but water is not mobile by nature, and if the wind stops the movement ceases.

But the wet nature remains undestroyed. Likewise, man's Mind, pure in its own nature, is stirred by the wind of ignorance. Both Mind and ignorance have no particular forms of their own and they are inseparable. Yet Mind is not mobile by nature, and if ignorance ecases, then the continuity [of deluded activities] ceases. But the essential nature of wisdom [i.e., the essence of Mind, like the wet nature of the water] remains undestroyed.

㉴ 생각할 수 없고 말할 수 없는 업의 모습〔不思議業相〕

생각할 수 없고 말할 수 없는 업의 모습이란 깨끗한 지혜의 모습을 의지하여 온갖 빼어나고 묘한 경계를 지을 수 있음이니, 이른바 한량없는 공덕의 모습이 늘 끊어짐이 없이 중생의 근기를 따라 스스로 서로 응해 갖가지로 이익 얻음을 보기 때문이다.

(b) Suprarational Functions. [He who has fully uncovered the original enlightenment] is capable of creating all manner of excellent conditions because his wisdom is pure. The manifestation of his numberless excellent qualities is incessant; accommodating himself to the capacity of other men he responds spontaneously, reveals himself in manifold ways, and benefits them.

나) 성품이 깨끗한 본디 깨침을 밝힘[明性淨本覺]

거듭 다시 깨달음 자체의 모습은 네 가지 큰 뜻이 있어서 허공으로 더불어 평등하여 마치 맑은 거울과 같다. 어떤 것이 넷인가.

첫째, 실다웁게 공함의 거울이다. 온갖 마음과 경계의 모습을 멀리 떠나 이루 드러낼 법이 없으니, 비추어 살피는 뜻이 아니기 때문이다.

둘째, 바른 원인이 끼치어 익힘의 거울이니, 곧 실다웁게 공하지 않음이다. 온갖 세간 경계가 모두 그 가운데 나타나 나가지도 않고 들어오지도 않으며, 없어지지도 않고 무너지지도 않아서 늘 머무는 한마음이니, 온갖 법이 곧 진실한 성품이기 때문이다.

또 온갖 물든 법이 물들일 수 없는 바이니, 지혜의 바탕이 움직이지 않아 샘이 없는 공덕을 갖추어 중생을 끼치어 주기 때문이다.

셋째는 법이 장애를 벗어나 있는 거울이니, 곧 공하지 않은 법이 번뇌의 장애와 지혜의 장애를 벗어나고 어울려 합한 모습[和合相]을 떠나 깨끗하여 맑고 밝기 때문이다.

넷째는 수행의 조건[緣]이 끼치어 익힘의 거울이니, 곧 수행법을 의지하여 벗어나기 때문이며, 중생의 마음을 두루 비추어 선근을 닦도록 하여 생각을 따라 보여주기 때문이다.

(3) *The Characteristics of the Essence of Enlightenment*

The characteristics of the essence of enlightenment have four great significances that are identical with those of empty space or that are analogous to those of a bright mirror.

First, [the essence of enlightenment is like] a mirror which is really empty [of images]. It is free from all marks of objects of the mind and it has nothing to reveal in itself, for it does not reflect any images.

Second, [it is, as it were] a mirror, influencing (*vāsanā*) [all men to advance toward enlightenment], serving as the primary cause [of their attaining enlightenment]. That is to say, it is truly nonempty; appearing in it are all the objects of the world which neither go out nor come in; which are neither lost nor destroyed. It is eternally abiding One Mind. [All things appear in it] because all things are real. And none of the defiled things are able to defile it, for the essence of wisdom [i.e., original enlightenment] is unaffected [by defilements], being furnished with an unsoiled quality and influencing all men [to advance toward enlightenment].

Third, [it is like] a mirror which is free from [defiled] objects [reflected in it]. This can be said because the nonempty state [of original enlightenment] is genuine, pure, and bright, being free from hindrances both affectional and intellectual, and transcending characteristics of that which is compounded [i.e., the Storehouse Consciousness].

Fourth, [it is like] a mirror influences [a man to cultivate his capacity for goodness], serving as a coordinating cause [to encourage him in his endeavors]. Because [the essence of enlightenment] is free from [defiled] objects, it universally illumines the mind of man and induces him to cultivate his capacity for goodness, presenting itself in accordance with his desires [as a mirror presents his appearance].

○ 못 깨침의 뜻을 가려 보임〔辨不覺義, The Aspect of Nonenlightenment〕

① 못 깨침의 바탕을 밝힘〔明不覺體〕

말한 바 못 깨침의 뜻이란 곧 참되고 한결같은 법이 하나임을 실답게 알지 못하고, 깨닫지 못한 마음이 일어나 허망한 생각이 있으나, 생각에 자기 모습이 없어서 본디 깨침〔本覺〕을 떠나지 않음이다.

이는 마치 헤매는 사람이 잘못된 방위를 의지하고 헤매이나, 만약 그 방위를 떠나면 헤맴이 없음과 같다. 중생도 또한 그러하여 깨달음을 의지하므로 헤매니, 만약 깨달음의 성품이 없다면 못 깨침도 없는 것이다.

 못 깨친 헛된 생각이 있기 때문에 이름과 뜻을 알 수 있어서 참된 깨침을 말해 주는 것이니, 만약 못 깨친 마음을 떠나면 참된 깨침의 자기 모습도 말할 것이 없는 것이다.

Because of not truly realizing oneness with Suchness, there emerges an unenlightened mind and, consequently, its thoughts. These thoughts do not have any validity to be substantiated; therefore, they are not independent of the original enlightenment. It is like the case of a man who has lost his way: he is confused because of [his wrong sense of] direction. If he is freed from [the notion of] direction altogether, then there will be no such thing as going astray. It is the same with men: because of [the notion of] enlightenment, they are confused. But if they are freed from [the fixed notion of] enlightenment. Because [there are men] of unenlightened, deluded mind, for them we speak of true enlightenment, knowing well what this [ralative] term stands for. Independent of the unenlightened mind, there are no independent marks of true enlightenment itself that can be discussed.

② 못 깨침이 연기하는 모습을 밝힘〔明不覺緣起相〕

가. 못 깨침의 세 가지 가는 모습〔三細相〕

 거듭 못 깨침을 의지하므로 세 가지 모습을 내, 저 못 깨침과 서로 응하여 서로 떨어지지 않는다. 어떤 것이 셋인가.

첫째 무명 업의 모습[無明業相]이니, 못 깨침을 의지하기 때문에 마음이 움직임을 업이라 하나, 깨치면 움직이지 않는다. 움직이면 괴로움이 있으니, 결과는 원인을 떠나지 않기 때문이다.

둘째 능히 보는 모습[能見相]이니, 움직임을 의지하므로 능히 경계를 실로 보나, 움직이지 않으면 실로 봄이 없다.

셋째 경계의 모습[境界相]이니, 능히 실로 봄을 의지하므로 경계가 허망하게 나타나나, 실로 봄을 떠나면 실다운 경계가 없다.

Because of its nonenlightened state, [the deluded mind] produces three aspects which are bound to nonenlightenment and are inseparable from it.

First is the activity of ignorance. The agitation of mind because of its nonenlightened state is called cativity. When enlightened, it is unagitated. When it is agitated, anxiety (*duḥkha*) follows, for the result [i.e., anxiety] is not independent of the cause [i.e., the agitation contingent upon ignorance].

Second is the perceiving subject. Because of the agitation [that breaks the original unity with Suchness], there appears the perceiving subject. When unagitated, [the mind] is free from perceiving.

Third is the world of objects. Because of the perceiving subject, the world of objects erroneously appears. Apart from the perceiving, there will be no world of objects.

나. 여섯 가지 거친 모습[六麤相]

경계의 조건〔緣〕이 있기 때문에 거듭 여섯 가지 모습을 내니, 어떤 것이 여섯인가.

첫째 따져 아는 모습〔智相〕이니, 경계를 의지하여 마음에 분별을 일으켜 사랑하거나 사랑하지 않기 때문이다.

둘째 서로 잇는 모습〔相續相〕이니, 따져 아는 모습을 의지하므로 괴롭고 즐겁다는 느낌을 내고 마음에 생각을 일으켜 서로 응해 끊어지지 않기 때문이다.

셋째 잡아 취하는 모습〔執取相〕이니, 서로 잇는 모습을 의지해 경계를 분별해 생각하며 괴로움과 즐거움을 머물러 지녀서 마음에 집착을 내기 때문이다.

넷째 이름을 헤아리는 모습〔計名字相〕이니, 허망하게 잡아 취함을 의지하여 거짓 이름 지어진 말의 모습을 분별하기 때문이다.

다섯째 업을 일으키는 모습〔起業相〕이니, 이름에 의지하여 이름을 찾아 집착하여 갖가지 업을 짓기 때문이다.

여섯째 업에 묶여 괴로움 받는 모습〔業繫苦相〕이니, 업을 의지해 그 갚음을 받아 자재하지 못하기 때문이다.

Conditioned by the 〔incorrectly conceived〕 world of objects, 〔the deluded mind〕 produces six aspects.

First is the aspect of the 〔discriminating〕 intellect. Depending on the 〔erroneously conceived〕 world of objects, the mind develops the discrimination between liking and disliking.

Second is the aspect of continuity. By virtue of 〔the discriminating function of〕 the intellect, the mind produces an awareness of pleasure and pain 〔with regard to things] in the world of objects. The mind, developing [deluded] thoughts and being bound to them, will continue uninterrupted.

Third is the aspect of attachment. Because of the continuity [of deluded thoughts], the mind, superimposing its deluded thoughts on the world of objects and holding fast to [the discriminations of liking and disliking] develops attachments [to what it likes].

Fourth is the aspect of the speculation (*vikalpa*) on names and letters [i.e., concepts]. On the basis of erroneous attachments, [the deluded mind] analyzes words which are provisional [and therefore devoid of validity].

Fifth is the aspect of giving rise to [evil] karma. Relying on names and letters [i.e., concepts which have no validity, the deluded mind] investigates names and words and becomes attached to them, and creates manifold types of evil karma.

Sixth is the aspect of anxiety of attached to the [effects of evil] karma. Because of the [law of] karma, the deluded mind suffers the effects and will not be free.

다. 지말의 물듦을 맺어 무명의 뿌리에 돌아감〔結末歸本〕

마땅히 알라. 무명이 온갖 물든 법을 내니, 온갖 물든 법은 모두 못 깨친 모습이기 때문이다.

It should be understood that ignorance is able to proruce all types of defiled states; all defiled states are aspects of nonenlightenment.

3) 물듦과 깨끗함의 같고 다른 모습을 밝힘〔明染淨同異相〕
〔The Relationships between Enlightenment and Nonenlightenment〕

(1) 깨침과 못 깨침에 두 모습이 있음을 보임〔示覺與不覺有二相〕

거듭 다시 깨침과 못 깨침에는 두 가지 모습이 있으니, 어떤 것이 둘인가. 첫째는 같은 모습〔同相〕이고, 둘째는 다른 모습〔異相〕이다.

Two relationships exist between the enlightened and nonenlightened states. They are "identity" and "nonidentity."

(2) 같은 모습과 다른 모습을 자세히 가려 보임〔廣辨同異〕

같은 모습이란 비유하면 갖가지 기와 그릇이 모두 가는 티끌의 모습임과 같아서, 이와 같이 샘이 없는 지혜와 무명과 허깨비같은 업이 모두 참되고 한결같은 성품의 모습〔眞如性相〕과 같기 때문이다.

그러므로 수다라 가운데서 이 뜻을 의지하여 이렇게 말한다.

"온갖 중생이 본래 늘 머물러 열반에 들어가고, 보리의 법은 닦을 수 있는 모습이 아니고 지을 수 있는 모습이 아니라 끝내 모습 다해 얻음이 없으며, 또한 물질의 모습 볼 것이 없다. 그런데도 물질의 모습을 보는 것은 오직 이 물든 업의 허깨비같은 작용을 따라 짓는 바이지, 이 지혜인 물질〔지혜로 살피는 바 지혜인 물질〕의 실로 공하지 않은 모습은 아니니, 지혜인 모습은 볼 것이 없기 때문이다.

다른 모습〔異相〕이라 말한 것은 갖가지 그릇이 각기 같지 않음과 같아, 이와 같이 샘이 없는 지혜와 무명이 물듦을 따라 허깨비같이 차별되고 성품이 물들어서 허깨비처럼 차별되기 때문이다."

(1) *Identity* Just as pieces of various kinds of pottery are of the same nature in that they are made of clay, so the various magic-like manifestations (*māyā*) of both enlightenment (*anāsrava* : nondefilement) and nonenlightenment (*avidyā*) are aspects of the same essence, Suchness. For this reason, it is said in a sutra that "all sentient beings intrinsically abide in eternity and are entered into nirvana. The state of enlightenment is not something that is to be acquired by practice of to be created. In the end, it is unobtainable [for it is given from the beginning]." Also it has no corporeal aspect that can be perceived as such. Any corporeal aspects [such as the marks of the Buddha] that are visible are magic-like products [of Suchness manifested] in accordance with [the mentality of men in] defilement. It is not, however, that these corporeal aspects [which result from the suprarational functions] of wisdom are of the nature of nonemptiness [i. e., substantial]; for wisdom has no aspects that can be perceived.

(2) *Nonidentity* Just as various pieces of pottery differ from each other, so differences exist between the state of enlightenment and that of nonenlightenment, and between the magic-like manifestations [of Suchness manifested] in accordance with [the mentality of men in] defilement, and those [of men of ignorance] who are defiled [i.e., blinded]

as to the essential nature [of Suchness].

2. 나고 사라지는 인연을 풀이함〔釋生滅因緣〕
〔The Cause and Conditions of Man's Being in Samsara〕

1) 나고 사라지는 인연의 뜻을 밝힘

(1) 나고 사라지는 인연을 전체적으로 보임〔總標因緣義〕

거듭 다시 나고 사라지는 인연이란 이른바 중생이 마음과 뜻과 뜻의 알음을 의지하여 구르기 때문이다.

That a man is in samsara results from the fact that his mind (*manas*) and consciousness (*vijñāna*) develop on the ground of the Storehouse Consciousness (*citta*).

(2) 나고 사라지는 인연을 나누어 풀이함〔別釋因緣義〕

① 의지하는 바 마음을 풀이함〔釋所依心〕

이 뜻은 무엇인가. 아뢰야식을 의지하여 무명이 있음을 말하기 때문이다.

This means that because fo [the aspect of nonenlightenment of] the Storehouse Consciousness, he is said to be in possession of ignorance [and thus is bound to remain in samsara].

② 뜻의 구름을 밝힘〔明意轉相, Mind〕

가. 뜻의 다섯 가지 구름을 풀이함〔釋五種意轉〕

못 깨침이 일어나 능히 보고 능히 경계를 드러내서 경계를 취해 생각을 일으켜서 서로 이어가므로 뜻이라고 말한다.

이 뜻에 거듭 다섯 가지 이름이 있으니, 어떤 것이 다섯인가.

첫째, 업의 식〔業識〕이라 이름하니 곧 무명의 힘으로 못 깨친 마음이 움직이기 때문이다.

둘째, 구르는 식〔轉識〕이라 이름하니 움직이는 마음을 의지하여 능히 모습을 볼 수 있기 때문이다.

셋째, 드러내는 식〔現識〕이라 이름하니 이른바 온갖 경계를 드러낼 수 있음이 마치 밝은 거울이 빛깔 모습을 드러냄과 같음이다.

드러내는 식도 또한 그러하여 그 다섯 가지 경계의 티끌이 마주해 이르름을 따라 곧 드러내 앞과 뒤가 없으니, 온갖 때에 저절로 일으켜〔任運而起〕늘 앞에 있기 때문이다.

넷째, 따져 아는 식〔智識〕이라 이름하니 곧 물들고 깨끗한 여러 차별된 법을 분별하기 때문이다.

다섯째, 서로 잇는 식〔相續識〕이라 이름하니, 생각이 서로 응해 끊어지지 않기 때문이다. 또 지난 한량없는 세상의 착하고 악한 업을 머물러 지니어 잃지 않도록 하기 때문이고, 다시 현재와 미래의 괴로움과 즐거움 등의 갚음을 무르익도록 하여 어긋나지 않도록 하기 때문이며, 현재의 이미 지난 일들을 갑자기 생각나게 하고 아직 오지 않은 일들을 문득 헛되이 생각하도록 하기 때문이다.

〔The mentality〕 which emerges in the state of nonenlightenment, which 〔incorrectly〕 perceives and reproduecs 〔the world of objects〕 and, conceiving that the 〔repuoduced〕 world of objects is real, continues to develop 〔deluded〕

thoughts, is what we define as mind.

This mind has five different names.

The first is called the "activating mind," for, without being aware of it, it breaks the equilibrium of mind by the force of ignorance.

The second is called the "evolving mind," for it emerges contingent upon the agitated mind as [the subject] that perceives [incorrectly].

The third is called the "reproducing mind," for it reproduces the entire world of objects as a bright mirror reproduces all material images. When confronted with the objects of the five senses, it reproduces them at once. It arises spontaneously at all times and exists forever [reproducing the world of objects] in front [of the subject].

The fourth is called the "analytical mind," for it differentiates what is defiled and what is undefiled.

The fifth is called the "continuing mind," for it is united with [deluded] thoughts and continues uninterrupted. It retains the entire karma, good and bad, accumulated in the immeasurable lives of the past, and does not permit any loss. It is also capable of bringing the results of the pain, pleasure, etc., of the present and the future to maturity; in doing so, it makes no mistakes. It can cause one to recollect suddenly the things of the present and the past and to have sudden and unexpected fantasies of the things to come.

나. 온갖 법이 마음인 뜻을 밝힘〔明三界唯心義〕

그러므로 삼계는 헛되고 거짓이라 오직 마음이 지은 바이니, 마음을 떠나면 여섯 가지 티끌 경계가 없는 것이다.

이 뜻은 무엇인가. 온갖 법이 모두 마음을 따라 일어나 허망한 마음으로 생겨난다. 온갖 분별은 스스로의 마음을 분별함이라 마음은 마음을 보지 못하니, 모습을 얻을 것이 없는 것이다.

마땅히 알라. 세간의 온갖 경계는 모두 중생의 무명의 망녕된 마음을 의지하여 머물러 지니게 된다.

그러므로 온갖 법은 거울 가운데 모습이 바탕을 얻을 수 없는 것과 같이 오직 마음이라 헛되고 망녕된 것이니, 마음이 생기면 갖가지 법이 생기고 마음이 사라지면 갖가지 법이 사라지기 때문이다.

The triple world, therefore, is unreal and is of mind only. Apart from it there are no objects of the five senses and of the mind. What does this mean? Since all things are, without exception, developed from the mind and produced under the condition of deluded thoughts, all differentiations are no other than the differentiations of one's mind itself. [Yet] the mind cannot perceive the mind itself; the mind has no marks of its own [that can be ascertained as a substantial entity as such]. It should be understood that [the conception of] the entire world of objects can be held only on the basis of man's deluded mind of ignornace. All things, therefore, are just like the images in a mirror which are devoid of any objectivity that one can get hold of; they are of the mind only and are unreal. When the [deluded] mind comes into being, then various conceptions (dharma) come to be; and when the [deluded] mind ceases to be, then these various conceptions cease to be.

③ 뜻의 알음이 구르는 모습을 밝힘〔明意識轉相, Consciousness〕

거듭 다시 뜻의 알음〔意識〕24)이라 말하는 것은 곧 이 서로 이어지는 식〔相續識〕이 여러 범부의 집착이 더욱 깊어짐을 의지하여 나와 내 것을 헤아려 갖가지 허망한 집착으로 일을 따라 경계를 취해〔隨事攀緣〕여섯 가지 티끌 경계를 분별하므로 뜻의 식이라 이름한다.

또한 '나누는 식〔分離識〕'이라 하고 또 거듭 '일을 분별하는 식〔分別事識〕'이라 하니, 이 식이 잘못된 견해의 번뇌〔見煩惱〕와 애착의 번뇌〔愛煩惱〕를 의지하여 더욱 늘려 키우는 뜻이 되기 때문이다.

What is called "consciousness(vijñāna)" is the "continuing mind." Because of their deep-rooted attachment, ordinary men imagine that I and Mine are real and cling to them in their illusions. As soon as objects are presented, this consciousness rests on them and discriminates the objects of the five senses and of the mind. This is called "vijñāna[i.e., the differentiating consciousness]" or the "separating consciousness." Or, again, it is called the "object-discriminating consciousness." [The propensity for discrimination of] this consciousness will be intensified by both [the intellectual] defilement of indulgence in passion.

---

24) 意識: the Consciousness (vijñāna)

2) 의지하는 바 인연의 바탕을 드러냄〔顯所依因緣之體〕

(1) 무명의 연기가 진여 떠나지 않음을 간략히 밝힘〔略明無明緣起不離 眞性〕

무명이 끼치어 익힘을 의지하여 일어난 바 식(識)은 범부가 알 수 있는 것이 아니며, 또한 이승의 지혜로도 깨닫는 바가 아니다.

곧 보살이 첫 바른 믿음으로 좇아 보리의 마음을 내 살핌을 의지하여서 법신을 깨달으면 조금쯤 알게 되나 보살의 맨 끝의 지위에 이른다 해도 다 알 수 없으며, 오직 부처님이라야 사무쳐 알 수 있는 것이다.

왜 그런가. 이 마음이 본래로부터 그 스스로의 성품이 깨끗하고 맑지만 무명이 있고, 무명의 물들인 바가 되므로 그 물든 마음이 있게 되고, 비록 물든 마음이 있으나 늘 그대로 변하지 않기 때문이다.

그러므로 이 뜻은 오직 부처님만이 알 수 있는 것이다.

That the [deluded mind and] consciousness arise from the permeation of ignorance is something that ordinary men cannot understand. The followers of the Hinayana, with their wisdom, likewise fail to realize this. Those Bodhisattvas who, having advanced from their first stage of correct faith by setting the mind [upon enlightenment] through practicing contemplation, have come to realize the Dharmakaya, can partially comprehend this. Yet even those who have reached the final stage of Bodhisattvahood cannot fully comprehend this; only the Enlightened Ones have thorough comprehension of it. Why? The Mind, though pure in its self nature from the beginning, is accompanied by ignorance. Being defiled by ignorance, a defiled [state of] Mind comes into being. But, though defiled, the Mind itself is eternal and immutable. Only the Enlightened Ones are able to understand what this means.

(2) 널리 무명이 연기하는 차별된 모습을 밝힘〔廣明無明緣起差別相〕

① 연기의 바탕과 모습을 드러냄〔顯無明緣起體相〕

가. 진여법계가 무명의 바탕임을 보임〔示眞如卽無明體〕

이른바 마음의 성품은 늘 생각이 없으므로 변하지 않음이라 이름한다. 하나인 법계를 통달하지 못하므로 마음이 법계와 서로 응하지 못하여 갑자기 생각이 일어나면 무명이라 이름한다.

What is called the essential nature of Mind is always beyond thoughts. It is, therefore, defined as "immutable." When the one World of Reality is yet to be realized, the Mind [is mutable and] is not in perfect unity [with Suchness]. Suddenly, [a deluded] thought areises; [this state] is called ignorance.

나. 여섯 가지 물든 마음이 연기하는 모습을 밝힘〔明染心緣起相, Defiled States of Mind〕

물든 마음이란 여섯 가지가 있으니, 어떤 것이 여섯인가.

첫째 집착해 취함의 서로 응하는 물듦〔執相應染〕이니, 이승의 해탈과 '믿음으로 서로 응한 지위'를 의지하여 멀리 떠나기 때문이다.

둘째 끊어지지 않음의 서로 응하는 물듦〔不斷相應染〕이니, 믿음으로 서로 응한 지위를 의지하여 방편을 닦아 배워 점점 버릴 수 있게 되어 깨끗한 마음의 지위를 얻고서야 끝내 떠나기 때문이다.

셋째 분별하는 지혜의 서로 응하는 물듦〔分別智相應染〕이니, 계 갖춘 지위를 의지하여 점점 떠나 나아가 모습 없는 방편의 지위에 이르러서 끝내 떠나기 때문이다.

넷째 모습 드러냄의 서로 응하지 않는 물듦〔現色不相應染〕이니, 물질이 자재한 지위에서 떠날 수 있기 때문이다.

다섯째 능히 보는 마음의 서로 응하지 않는 물듦〔能見心不相應染〕이니, 마음이 자재한 지위에서 떠날 수 있기 때문이다.

여섯째, 근본업의 서로 응하지 않는 물듦〔根本業不相應染〕이니, 보살의 지위가 다함을 의지하여 여래의 지위에 들어가서 떠날 수 있기 때문이다.

Six kinds of defiled states of mind [conditioned by ignorance] can be identified.

The first is the defilement united with attachment [to atman], from which those who have attained liberation in Hinayana and those [Bodhisattvas] at the "stage of establishment of faith" are free.

The second is the defilement united with the "continuing mind," from which those who are at the "stage of establishment of faith" and who are practicing expedient means [to attain enlightenment] can gradually free themselves and free themselves completely at the "stage of pure-heartedness."

The third is the defilement united with the discriminating "analytical mind," from which those at the "stage of observing precepts" being to be liberated and finally are liberated completely when they arrive at the "stage of expedient means without any trace."

The fourth is the [subtle] defilement disunited from the represented world of objects, from which those at the "stage of freedom from world of objects" can be freed.

The fifth is the [subtler] defilement disunited from the "[evolving] mind that perceives" [i.e., the defilement existing prior to the act of perceiving], from which those at the "stage of freedom from [evolving] mind" are freed.

The sixth [and most subtle] is the defilement disunited from the basic "activating mind," from which those Bodhisattvas who have passed the final stage and have gone into the "stage of Tathāgatahood" are freed.

② 무명이 연기하는 모습을 다시 밝힘[更明無明緣起相, Comments on the Terms Used in the Foregoing Discussion]

가. 닦아 끊음을 잡아 무명의 뜻을 다시 밝힘[約修斷更明無明義]

하나인 법계의 뜻을 사무쳐 알지 못함이란 믿음으로 서로 응하는 지위를 좇아 살피고 끊음을 배워서 깨끗한 마음의 지위에 들어가 깜냥을 따라 벗어남을 얻고 나아가 여래의 지위에 이르러야 끝내 떠날 수 있기 때문이다.

On [the expression] "the one World of Reality is yet to be realized." From this state those [Bodhisattvas] who have advanced from the "stage of the establishment of faith" to the "stage of pure-heartedness," after having completed and severed [their deluded thoughts], will be more and more liberated as they advance. and when they reach the "stage of Tathāgatahood," they will be completely liberated.

　나. 서로 응함과 서로 응하지 않음의 뜻을 가려 보임〔辨示染心相應義與不相應義〕

　서로 응하는 뜻이라 함은 곧 마음〔心〕과 마음으로 생각하는 법〔心所法〕이 다르나 물듦과 깨끗함의 차별을 의지하여 능히 아는 모습〔知相〕과 알려지는 바의 모습〔緣相〕이 같기 때문이다.

　서로 응하지 않음의 뜻이란 곧 마음과 못 깨침이 늘 따로 다름이 없어서 능히 아는 모습과 알려지는 바의 모습이 같지 않기 때문이다.

On "united." By the word "united" [appearing in the first three defilements] is meant that though difference [i.e., duality] exists between the mind (subject) and the datum of the mind (object), there is a simultaneous relation between them in that when the subject is defiled the object is also defiled, and when the subject is purified the object is also purified.

　다. 번뇌의 장애와 지혜의 장애를 가려 보임〔辨示煩惱碍與智碍〕

　또 물든 마음의 뜻이란 번뇌의 장애를 말하니, 진여인 근본 지혜를 가로막을 수 있기 때문이다.

무명의 뜻이란 지혜의 장애를 말하니, 세간의 스스로 그러한 업의 지혜를 가로막을 수 있기 때문이다.

이 뜻은 무엇인가. 물든 마음을 의지하여 능히 보고 능히 경계를 드러내 허망하게 경계를 취해 평등한 성품을 어기기 때문이며, 온갖 법이 늘 고요하여 일어나는 모습이 없는데 무명의 못 깨침으로 허망하게 법에 어긋나기 때문이며, 세간 온갖 경계를 따라 갖가지로 알지 못하기 때문이다.

On "disunited." By the word "disunited" is meant that [the second three subtle and fundamental defilements are the aspects of] nonenlightenment on the part of the mind existing prior to the differentiation [into the subject and object relationship]; therefore, a simultaneous relation between the subject and object is not as yet established.

On the "defiled state of mind." It is called "the hindrance originating from defilements," for it obstructs any fundamental insight into Suchness.

On "ignorance." Ignorance is called the "hindrance originating from misconceptions of objects," for it obstructs the wisdom that functions spontaneously in the world.

Because of the defiled [state of] mind, there emerges the subject that perceives [incorrectly; i.e., the evolving mind] and that which reproduces [the reproducing mind] and thus one erroneously predicates the world of objects and causes oneself to deviate from the undifferentiated state [of Suchness]. Though all things are always in quiescence and devoid to ignorance, one erroneously strays from the dharma [i.e., Suchness]; thus one fails to obtain the wisdom that functions spontaneously by adapting oneself to all circumstances in the world.

3. 나고 사라지는 모습을 다시 풀이함[更釋生滅相]
[The Characteristics of Beings in Samsara]

1) 두 가지 나고 사라지는 모습을 보임[示二種生滅相]

거듭 다시 일어나고 사라지는 모습을 분별함이란 두 가지가 있으니, 어떤 것이 둘인가.

첫째 거침이니 마음과 서로 응하기 때문이고, 둘째 가늚이니 마음과 서로 응하지 않기 때문이다.

또 거침 가운데 거침은 범부의 경계요, 거침 가운데 가늚과 가늚 가운데 거침은 보살의 경계며, 가늚 가운데 가늚은 불타의 경계이다.

In analyzing the characteristics of beings in samsara, two categories may be distinguished. The one is "crude," for [those who belong to this category are] united with the [crude activities of the defiled] mind; the other is "subtle," for [those who belong to this category are] disunited from the [subtle activities of the defiled] mind. [Again, each category may in turn be subdivided into the cruder and the subtler]. The cruder of the crude belongs to the range of mental activity of ordinary men; the subtler of the crude and the cruder of the subtle belong to that of Bodhisattvas; and the subtler of the subtle belongs to that of Buddhas.

2) 인연에 의해 나고 사라짐을 보임〔示生滅相依因緣〕

이 두 가지 일어나고 사라짐은 무명이 끼치어 익힘에 의해 있는 것이니, 이른바 원인〔因〕에 의함과 조건〔緣〕에 의함이다.

원인에 의함이란 깨치지 못한 뜻이기 때문이고, 조건에 의함이란 망녕되이 경계를 짓는 뜻이기 때문이다.

만약 원인이 사라지면 곧 조건이 사라지니, 원인이 사라지므로 서로 응하지 않는 마음이 사라지고 조건이 사라지므로 서로 응하는 마음이 사라진다.

These two categories of beings in the phenomenal order come about because of the permeation of ignorance; that is to say, they come about because of the primary cause and the coordinating causes. By the primary cause, "nonenlighenment" is meant; and by the coordinating causes, "the erroneously represented world of objects."

When the primary cause ceases to be, then the coordinating causes will cease to be. Because of the cessation of the primary cause, the mind disunited [from the represented world of objects, etc.] will cease to be; and because of the cessation of the coordinating causes, the mind united [with the attachment to atman, etc.] will cease to be.

3) 사라짐과 사라지지 않음의 뜻을 묻고 답함〔問答心滅及不滅義〕

묻는다. 만약 마음이 사라지는 것이라면 어떻게 서로 잇겠는가. 만약 서로 잇는 것이라면 어떻게 끝내 사라짐을 말하는가.

답한다. 말한 바 사라짐이란 오직 마음의 모습이 사라짐이지 마음의 바탕이 사라지는 것이 아니다.

마치 바람이 물을 의지해 움직이는 모습이 있는 것과 같으니, 만약 물이 사라진다면 곧 바람의 모습이 끊어져 의지해 그칠 바가 없겠지만 물이 사라지지 않으므로 바람의 모습이 서로 이어지는 것이다.

오직 바람이 사라지므로 움직이는 모습이 따라 없어지나 물이 사라지는 것은 아니다.

무명도 또한 그러하여 마음의 바탕을 의지하여 움직이니, 만약 마음의 바탕이 사라지면 곧 중생도 끊어져 의지해 그칠 바가 없게 된다. 마음 바탕이 사라지지 않으므로 마음이 서로 이어질 수 있으니, 오직 어리석음이 사라지므로 마음의 모습이 따라 사라지나 마음의 지혜는 사라지지 않는다.

Question: If the mind ceases to be, what will become of its continuity? If there is continuity of mind, how can you explain its final cessation?

Answer: What we speak of as "cessation" is the cessation of the marks of [the deluded] mind cnly and not the cessation of its essence. It is like the case of the wind which, following the surface of the water, leaves the marks of its movement. If the water should cease to be, then the marks of the wind would be nullified and the wind would have no support [on which to display its movement]. But since the water does not cease to be, the marks of the wind may continue. Because only the wind ceases, the marks of its movement cease accordingly. This is not the cessation of water. So it is with ignorance; on the ground of the essence of Mind there is movement. If the essence of Mind were to cease, then people would be nullified and they would have no support. But since the essence does not cease to be, the marks of the [stupidity of the] mind cease accordingly. It is not that the wisdom [i.e., the essence] of Mind ceases.

둘째단, 나고 사라짐을 풀이함 가운데 물듦과 깨끗함이 서로 도와 연기함을 밝힘〔辨染淨相資〕

1. 네 가지 법이 서로 끼치어 익히는 뜻을 보임〔示四種法熏習義〕

거듭 다시 네 가지 법의 끼치어 익히는 뜻이 있으므로 물든 법과 깨끗한 법이 일어나 끊어져 사라지지 않으니 어떤 것이 넷인가.

첫째는 깨끗한 법이니 진여라고 이름한다.

둘째는 온갖 물듦의 씨앗〔一切染因〕이니 무명이라고 이름한다.

셋째는 망녕된 마음이니 업식(業識)이라고 이름한다.

넷째는 망녕된 경계이니 이른바 여섯 가지 티끌 경계〔六塵〕25)이다.

Because of the four kinds of permeation, the defiled states and pure state emerges and continue uninterrupted. They are (1) the pure state, which is called Suchness; (2) the cause of all defilements, which is called ignorance; (3) the deluded mind, which is called "activating mind"; (4) the erroneously conceived external world, which is called the "objects of the five senses and of mind."

2. 물듦과 깨끗함이 서로 끼치어 익히는 뜻을 널리 풀이함〔廣釋染淨熏習〕

1) 비유로써 서로 끼치어 익힘을 전체적으로 말함〔以喻總說〕

끼치어 익힘의 뜻이란 세간의 옷이 실로 냄새가 없다가 어떤 사람이 냄새를 끼치어 풍겨주므로 곧 그 냄새 기운이 있는 것과 같다.

---

25) 六塵: the objects of the five senses and of mind

이것도 또한 이와 같아 진여의 깨끗한 법이 실로 물듦이 없다가 다만 무명이 끼치어 익히므로 물든 모습이 있게 되고, 무명의 물든 법이 실로는 깨끗한 업이 없다가 진여가 끼치어 익히므로 곧 깨끗한 작용이 있게 된다.

The meaning of permeation. Clothes in the world certainly have no scent in themselves, but if man permeates them with perfumes, then they come to have a scent. It is just the same with the case we are speaking of. The pure state of Suchness certainly has no defilement, but if it is permeated by ignorance, then the marks of defilement appear on it. The defiled state of ignorance is indeed devoid of any purifying force, but if it is permeated by Suchness, then it will come to have a purifying influence.

2) 서로 끼치어 익힘을 나누어 풀이함〔別釋互熏〕

(1) 물듦이 끼치어 익힘〔染熏, Permeation of Ignorance〕

① 물듦의 두 가지 끼치어 익힘을 간략히 말함〔略述〕

어떻게 끼치어 익힘이 물든 법을 일으켜 끊어지지 않는가.

이른바 진여법을 의지하기 때문에 무명이 있게 되고, 무명이라는 물든 법의 씨앗이 있으므로 곧 진여를 끼치어 익히게 되며, 끼치어 익히므로 망녕된 마음〔妄心〕이 있게 되고, 망녕된 마음이 있으므로 무명을 끼치어 익히게 된다.

진여의 법을 사무쳐 알지 못하므로 못 깨친 생각이 일어나 망녕된 경계를 드러내고 망녕된 경계라는 물든 법의 조건이 있으므로 곧 망녕된 마음을 끼치어 익히어 그 생각으로 하여금 집착하도록 하여 갖가지 업을 짓게 해 온갖 몸과 마음 등의 괴로움을 받도록 한다.

How does the permeation [of ignorance] give rise to the defiled state and continue uninterrupted? It may be said that, on the ground of Suchness [i.e., the original enlightenment], ignorance [i.e., nonenlightenment] appears. Ignorance, the primary cause of the defiled state, permeates into Suchness. Because of this permeation a deluded mind results. Because of the deluded mind, [deluded thoughts further] permeate into ignorance. While the principle of Suchness is yet to be realized, [the deluded mind], developing thoughts [fashioned in the state] of nonenlightenment, predicates erroneously conceived objects of the senses and the mind. These erroneously conceived objects of the senses and the mind, the coordinating causes in [bringing about] the defiled state, permeate into the deluded mind and cause the deluded mind to attach itself to its thoughts, to create various [evil] karma, and to undergo all kinds of physical and mental suffering.

② 두 가지 끼치어 익힘을 자세히 밝힘〔廣說〕

가. 망녕된 경계가 끼치어 익힘〔妄境界熏習 : 資熏〕

이 망녕된 경계의 끼치어 익히는 뜻은 곧 두 가지가 있으니, 어떤 것이 둘인가.

첫째는 생각을 늘리어 키워 끼치어 익힘이고, 둘째는 집착을 늘리어 키워 끼치어 익힘이다.

The permeation of the erroneously conceived objects of the senses and the mind is of two kinds. One is the permeation which accelerates [deluded] thoughts, and the other is the permeation which accelerates attachments.

나. 망녕된 마음이 끼치어 익침〔妄心熏習 : 資熏〕

망녕된 마음이 끼치어 익히는 뜻〔妄心熏習義〕에 두 가지가 있으니, 어떤 것이 둘인가.

첫째는 업식의 뿌리가 끼치어 익힘이니, 아라한 벽지불과 온갖 보살의 법에 묶인 나고 사라짐의 괴로움을 받을 수 있기 때문이다.

둘째 일을 분별하는 식을 늘려 키워서 끼치어 익힘이니, 범부의 업에 묶인 괴로움을 받을 수 있기 때문이다.

The permeation of the deluded mind is of two kinds. One is the basic permeation by the "activation mind," which causes Arhats, Pratyeka-buddhas, and all Bodhisattvas to undergo the suffering of samsara, and the other is the permeation which accelerates [the activities of] the "object-discriminating consciousness" and which marks ordinary men suffer from the bondage of their karma.

다. 무명이 끼치어 익힘〔無明熏習 : 習熏〕

무명이 끼치어 익히는 뜻〔無明熏習義〕에 두 가지가 있으니, 어떤 것이 둘인가.

첫째 근본무명이 끼치어 익힘이니, 업식의 뜻을 이룰 수 있기 때문이고, 둘째 일으킨 바 견해와 애착이 끼치어 익힘이니, 일을 분별하는 식의 뜻을 이룰 수 있기 때문이다.

The permeations of ignorance are of two kinds. One is the basic permeation, since it can put into operation the "activating mind," and the other is the permeation that develops perverse views and attachments, since it can put into operation the "object-discriminating consciousness."

(2) 깨끗함이 끼치어 익힘〔淨熏, Permeation of Suchness〕

① 끼치어 익힘의 뜻을 물음〔問淨熏義〕

어떻게 끼치어 익혀서 깨끗한 법을 일으켜 끊어지지 않게 하는가.

How does the permeation [of Suchness] give rise to the pure state and continue uninterrupted?

② 끼치어 익힘의 뜻을 답함〔答淨熏義〕

가. 끼치어 익힘의 뜻을 간략히 말함〔略說〕

가) 끼치어 익힘을 바로 밝힘〔正明熏習〕

이른바 진여법이 있으므로 무명을 끼치어 익힐 수 있고, 끼치어 익히는 인연의 힘 때문에 곧 망녕된 마음으로 하여금 나고 죽는 괴로움을 싫어하고 니르바나를 즐겨 구하게 한다.

이 망녕된 마음에 나고 죽음을 싫어하고 니르바나를 구하는 인연이 있으므로 곧 진여를 끼치어 익힌다.

It may be said that there is the principle of Suchness, and it can permeate into ignorance. Through the force of this permeation, [Suchness] causes the deluded mind to loathe the suffering of samsara and to aspire for nirvana. Because this mind, though still deluded, is [now] possessed with loathing and aspiration, it permeates into Suchness [in that it induces Suchness to manifest itself].

나) 끼치어 익힘의 공능을 보임[辨其功能]

자기 성품을 스스로 믿고 마음이 허망하게 움직이나 앞의 경계 없음을 알아서 멀리 떠나는 법을 닦아서 실답게 앞의 경계 없음을 알므로 갖가지 방편으로 따라 닦는 행[隨順行]을 일으켜 취하지도 않고 생각하지도 않게 된다.

나아가 오래고 멀리 끼쳐 익히는 힘 때문에 무명이 곧 사라지고, 무명이 사라지므로 마음에 일어남이 없게 되고, 마음이 일어남이 없으므로 경계가 따라 사라진다. 원인과 조건이 모두 사라지므로 마음의 모습[心相 : 六染]이 다하므로 니르바나를 얻어 '스스로 그러한 업을 이룸'이라 이름한다.

Thus a man comes to believe in his essential nature, to know that what exists is the erroneous activity of the mind and that the world of objects in front of him is nonexistent, and to practice teaching to free himself [from the erroneously conceived world of objects]. He knows what is really so - that there is no world of objects in front of him - and therefore with various devices he practices courses by which to conform [himself to Suchness]. He will not attach himself to anything nor give rise to any [deluded] thoughts. Through the force of this permeation [of Suchness] over a long period of time, his ignorance ceases. Because of the cessation of ignorance, there will be no more rising of the [deluded activies of mind], the world of objects [as previously conceived] ceases to be; because of the cessation of both the primary cause (ignorance) and the coordinating causes (objects), the marks of the [defiled] mind will all be nullified. This is called "gaining nirvana and accomplishing spontaneous acts."

나. 끼치어 익힘의 뜻을 널리 말함〔廣說〕

가) 망녕된 마음이 진여를 끼치어 익힘〔妄心熏習〕

망녕된 마음이 끼치어 익히는 뜻에 두 가지가 있으니 어떤 것이 둘인가.

첫째는 일을 분별하는 식〔分別事識〕이 끼치어 익힘이니, 여러 범부와 이승의 사람들이 나고 죽는 괴로움을 싫어하고 자기 힘으로 할 수 있는 바를 따라 점점 위없는 도에 나아가기 때문이다.

둘째 뜻이 끼치어 익힘〔意熏習〕이니, 여러 보살이 바른 마음을 내 용맹하게 빨리 니르바나에 나아가기 때문이다.

The permeation [of Suchness] into the deluded mind is

of two kinds. The first is the permeation into the "object-discriminating consciousness." [Because of this permeation], ordinary men and the Hinayanists come to loathe the suffering of samsara, and thereupon each, according to his capacity, gradually advances toward the highest enlightenment (Ch., *tao*). The second is the permeation into mind. [Because of this permeation], Bodhisattvas advances to nirvana rapidly and with aspiration and fortitude.

나) 진여가 끼치어 익힘〔眞如熏習〕

(가) 두 가지 끼치어 익힘을 보임

진여가 끼치어 익히는 뜻에 두 가지가 있으니, 어떤 것이 둘인가.

첫째는 스스로의 바탕과 모습이 끼치어 익힘이요, 둘째는 작용이 끼치어 익힘이다.

Two kinds of permeation of Suchness [into ignorance] can be identified. The first is the "permeation through manifestation of the essence [of Suchness], and the second is "the permeation through [external] influences."

(나) 두 가지를 나누어 보임〔辨二種熏習〕

ㄱ. 진여의 바탕과 모습이 끼치어 익힘〔體相熏習〕

ㄱ) 끼치어 익힘의 뜻을 바로 보임〔正顯體相熏習義〕

스스로의 바탕과 모습이 끼치어 익힘이란 비롯없는 옛날로부터 샘이 없는 법을 갖추고 이루 생각할 수 없고 말할 수 없는 업을 갖추어 경계의 성품을 지으니, 이 두 가지 뜻을 의지해 늘 끼치어 익힘이다.

이렇게 끼치는 힘이 있으므로 중생으로 하여금 나고 죽음의 괴로움을 싫어하고 니르바나를 즐겨 구하게 하며, 자기 몸에 진여법이 있음을 믿어 마음을 내 닦아 행하도록 한다.

(1) *Permeation through Manifestation of the Essence of Suchness* [The essence of Suchness] is, from the beginningless beginning, endowed with the "perfect state of purity." It is provided with suprarational functions and the nature of manifesting itself. Because of these two reasons it permeates perpetually [into ignorance]. Through the force of [this permeation] it induces a man to loathe the suffering of samsara, to seek bliss in nirvana, and, believing that he has the principle of Suchness within himself, to make up his mind to exert himself.

ㄴ) 문답으로 의심을 없애줌〔以問答除疑〕

묻는다. 만약 이와 같은 뜻이라면 온갖 중생이 다 진여가 있어 같이 모두 끼치어 익혀야 하는데, 왜 믿음이 있고 믿음이 없어서 한량없이 앞뒤로 차별되는가.

모두 마땅히 한 때에 진여법이 있음을 스스로 알아 부지런히 방편을 닦아 같이 니르바나에 들어가야 할 것이다.

답한다. 진여는 본래 하나이지만 한량없고 끝없는 무명이 있어서 본래로부터 자성이 차별되어 두텁고 엷음이 같지 않기 때문이다. 강그아 강 모래수를 넘는 상번뇌가 무명을 의지하여 차별을 일으키며, 아견의 번뇌와 애욕에 물든 번뇌가 무명을 의지하여 차별을 일으켜 이와 같은 온갖 번뇌가 무명을 의지하여 일으킨 바가 앞뒤로 한량없이 차별되니, 오직 여래만이 알 수 있기 때문이다.

또 여러 부처님의 법에는 원인이 있고 조건이 있으니, 원인과 조건이 갖추어져야 이루어질 수 있는 것이다.

이는 마치 나무 가운데 불의 성질〔火性〕이 불의 바른 원인〔正因〕이지만, 만약 사람이 알지 못해 불을 내는 방편을 빌지 않으면 스스로 나무를 태운다는 것은 있을 수 없는 것과 같다.

중생도 또한 그러하여 비록 바른 원인의 끼치어 익히는 힘이 있지만 만약 여러 부처님과 보살, 선지식[26] 등을 만나 뵙고 그를 실천의 조건으로 하지 않는다면, 스스로 번뇌를 끊고 니르바나에 들어갈 수 있음이란 있을 수가 없는 것이다.

만약 비록 밖의 조건의 힘이 있지만 안의 깨끗한 법으로 끼치어 익히는 힘이 없는 이라면, 또한 끝내 나고 죽는 괴로움을 싫어하고 니르바나를 즐겨 구할 수 없는 것이다.

만약 원인과 조건이 갖춰진 이라면 이른바 스스로 끼치어 익히는 힘이 있고 또 여러 부처님 보살 등이 자비로 보살펴 주므로 괴로움을 싫어하는 마음을 일으키고 니르바나가 있음을 믿어 착한 뿌리를 닦아 익힐 수 있다. 착한 뿌리를 닦아 무르익으므로 여러 부처님과 보살이 보여주고 가르치고 이롭게 하고 기쁘게 함을 만나 니르바나의 길에 나아가 향할 수 있게 된다.

Question: If this is so, then all sentient beings are

---

26) 善知識: the good spiritual friends

endowed with Suchness and are equally permeated by it. Why is it that there are infinite varieties of believers and nonbelievers, and that there are some who believe sooner and some later? All of them should, knowing that they are endowed with the principle of Suchness, at once make an effort utilizing expedient means and should all equally attain nirvana.

Answer: Though Suchness is originally one, yet there are immeasurable and infinite [shades of] ignorance. From the very beginning ignorance is, because of its nature, characterized by diversity, and its degree of intensity is not uniform. Defilements, more numerous than the sands of the Ganges, come into being because of [the differences in intensity of] ignorance, and exist in manifold ways; defilement, such as the belief in the existence of atman and the indulgence in passion, develop because of ignorance and exist in different ways. All these defilements are brought about by ignorance, in an infinitely diversified manner in time. The Tathāgatas alone know all about this.

In Buddhism there is [a teaching concerning] the primary cause and the coordinating causes. When the primary cause and the coordinating causes are sufficiently provided, there will be the perfection [of a result]. It is like the case of wood: though it possesses a [latent] fire nature which is the primary cause of its burning, it cannot be made to burn by itself unless men understand the situation and resort to means [of actualizing fire out of wood by kindling it). In the same way a man, though he is in possession of the correct primary cause, (Suchness with) permeation force, cannot put an end to his defilements by himself alone and enter nirvana unless he is provided with coordinating causes, i.e., his encounters with the Buddhas, Bodhisattvas, or good spiritual friends. Even though coordinating causes from without may be sufficiently provided, if the pure principle (i.e., Suchness) within is lacking in the force of permeation, then a man cannot ultimately loathe the suffering of samsara and seek bliss in nirvana. However, if both the primary and the coordinating causes are sufficiently provided, then because of his possession of the force of permeation (of Suchness from within) and the compassionate protection of the Buddhas and Bodhisattvas (from without), he is able to develop a loathing for suffering, to believe that nirvana is real, and to cultivate his capacity for goodness. And when his cultivation of the capacity for goodness matures, he will as a result meet the Buddhas and Bodhisattvas and will be instructed, taught, benefited, and given joy, and then he will be able advance on the path to nirvana.

ㄴ. 작용이 끼치어 익힘〔用熏習〕

작용이 끼치어 익힘이란 곧 중생의 바깥 조건〔外緣〕의 힘이다. 이와 같은 바깥 조건에는 한량없는 뜻이 있으나 간략히 말하면 두 가지가 있으니, 어떤 것이 둘인가. 첫째는 차별의 조건이요, 둘째는 평등의 조건이다.

 차별의 조건이란 이 사람이 여러 부처님과 보살 등을 의지하여 처음 바른 뜻을 내 비로소 도를 구함으로부터 나아가 부처 얻음에 이르도록 그 가운데 다음 같음을 보거나 생각함이다. 곧 여러 부처님과 보살 등이 때로 권속, 부모, 여러 친척이 되거나 때로 심부름꾼이 되거나 아는 벗, 원수 집이 되기도 하며, 때로 네 가지 거두는 법을 일으키고 나아가 온갖 짓는 바와 한량없는 행을 일으키기도 하니, 큰 자비를 일으켜 끼치어 익히는 힘으로 중생으로 하여금 착한 뿌리를 늘려 키워 보거나 듣거나 이익을 얻게 할 수 있기 때문이다.

 이 조건에 두 가지가 있으니 어떤 것이 둘인가. 첫째 가까운 조건이니 빨리 건넘을 얻기 때문이고, 둘째 먼 조건이니 오래고 먼 시간에 건넘을 얻기 때문이다.

 이 가깝고 먼 두 가지 조건은 분별하면 다시 두 가지가 있으니, 어떤 것이 둘인가. 첫째는 행을 키워 늘리는 조건〔增長行緣〕이요, 둘째는 도를 받는 조건〔受道緣〕이다.

 평등한 조건이란 온갖 여러 부처님과 보살이 모두 온갖 중생을 건져 벗어나게 함을 원하여 스스로 그러한 끼치어 익힘〔自然熏習〕을 늘 버리지 않아 한 바탕의 지혜의 힘〔同體智力〕 때문에 마땅히 보고 들어야 함을 따라 업 지음을 나툼이니, 이른바 중생이 삼매를 의지하여 평등하게 여러 부처님을 볼 수 있기 때문이다.

 (2) *Permeation through Influences.* This is the force from without affecting men by providing coordinating causes. Such external coordinating causes have an infinite number of meanings. Briefly, they may be explained under two

categories: namely, the specific and the general coordinating causes.

(a) The Specific Coordinating Causes. A man, from the time when he first aspires to seek enlightenment until he becomes an Enlightened One, sees or meditates on the Buddhas and Bodhisattvas [as they manifest themselves to him]; sometimes they appear as his family members, parents, or relatives, sometimes as servants, sometimes as close friends, or sometimes as enemies. Through all kinds of deeds and incalculable performances, such as the practice of the four acts of loving-kindness, etc., they exercise the force of permeation created by their great compassion, and are thus able to cause sentient beings to strengthen their capacity for goodness and are able to benefit them as they see or hear [about their needs]. This [specific] coordinating cause is of two kinds. One is immediate and enables a man to obtain deliverance quickly; and the other is remote and enables a man to obtain deliverance after a long time. The immediate and remote causes are again of two kinds: the causes which strengthen a man in his practices [of expedient means to help others], and those which enable him to obtain enlightenment. (Ch., *tao*)

(b) The General Coordinating Causes. The Buddhas and Boddhisattvas all desire to liberate all men, spontaneously permeating them [which their spiritual influences] and never forsaking them. Through the power of the wisdom which is one [with Suchness], they manifest activites in response to [the needs of men] as they see and hear them. [Because of this indiscriminately permeating cause], men are all equally able, by means of concentration (samadhi), to see the Buddhas.

　ㄷ. 바탕과 작용을 합해 밝힘〔體用合明〕

　이 바탕과 작용이 끼치어 익힘을 분별하면 다시 두 가지가 있으니, 어떤 것이 둘인가.

　첫째 아직 서로 응하지 않음〔未相應〕이다. 곧 범부와 이승, 처음 바른 뜻 낸 보살 등이 뜻〔意〕과 뜻의 식〔意識〕으로 끼치어 익혀 믿음의 힘을 의지하므로 닦아 행할 수 있되 아직 분별없는 마음이 바탕과 서로 응함을 얻지 못하기 때문이며, 자재한 업으로 닦아 행함이 작용과 서로 응함을 얻지 못하기 때문이다.

　둘째 이미 서로 응함〔已相應〕이다. 곧 법신보살의 분별없는 마음이 모든 부처님의 지혜의 작용과 서로 응함을 얻음이니, 오직 법의 힘을 의지하여 스스로 그렇게 닦아 행해 진여를 끼치어 익혀 무명을 없앴기 때문이다.

This permeation through the influence of the wisdom whose essence is one [with Suchness] is also divided into two categories [according to the types of recipients].

　The one is yet to be united [with Suchness]. Ordinary men, the Hinayanists, and those Boddhisattvas who have just been initiated devote themselves to religious practices on the strength of their faith, being permeated by

Suchness through their mind and consciousness. Not having obtained the indiscriminate mind, however, they are yet to be united with the essence [of Suchness], and not having obtained [the perfection of] the discipline of free acts, they are yet to be united with the influence [of Suchness].

The other is the already united [with Suchness]: Bodhisattvas who realize Dharmakaya have obtained undiscriminating mind [and are united with the essence of the Buddhas; they, having obtained free acts,] are united with the influence of the wisdom of the Buddhas. They singly devote themselves with spontaneity to their religious disciplines, on the strength of Suchness within; permeating into Suchness [so that Suchness will reclaim itself], they destroy ignorance.

3. 물듦과 깨끗함의 다함과 다하지 않음의 뜻을 밝힘〔明染淨盡不盡〕

1) 물든 법을 밝힘〔明染法〕

거듭 다시 물든 법은 비롯없는 옛날부터 끼치어 익힘이 끊어지지 않으니, 부처의 지위를 얻은 뒤라사 끊어짐이 있게 된다.

Again, the defiled principle (dharma), from the beginningless beginning, continues perpetually to permeate until it perishes by the attainment of Buddhahood.

2) 깨끗한 법을 밝힘〔明淨法〕

깨끗한 법의 끼치어 익힘은 곧 미래가 다하도록 끊어짐이 없다. 이 뜻은 무엇인가. 진여의 법이 늘 끼치어 익히기 때문이며, 허망한 마음이 사라지면 법신이 드러나 '작용의 끼치어 익힘'을 일으키기 때문에 끊어짐이 없는 것이다.

But the permeation of the pure principle has no interruption and no ending. The reason is that the principle of Suchness is always permeating; therefore, when the deluded mind ceases to be, the Dhrmakaya [i.e., Suchness, original enlightenment] will be manifest and will give rise to the permeation of the influence [of Suchness], and thus there will be no ending to it.

나고 사라지는 문 가운데 세 가지 큰 뜻을 밝힘〔明生滅門中三大義〕

첫째단, 바탕과 모습의 두 가지 큼을 풀이함〔釋體相二大〕

1. 진여의 바탕과 모습을 보임〔總辨體相〕

〔The Essence Itself and the Attributes of Suchness, or The Meanings of Mahā〕

다시 진여 스스로의 바탕과 모습은 다음과 같다.

2. 두 가지 큼의 뜻을 나누어 풀이함〔別釋二大義〕

1) 바탕이 큰 뜻을 밝힘〔明體大義, The Greatness of the Essence of Suchness〕

온갖 범부, 성문, 연각, 보살과 여러 부처님에게 늘어나거나 줄어듦이 없으며, 과거에 생겨남도 아니고 미래에 사라짐도 아니어서 끝내 늘 항상하다.

〔The essence of Suchness〕 knows no increase or decrease in ordinary men, the Hinayanists, the Bodhisattvas, of the Buddhas. It was not brought into existence in the beginning nor will it cease to be at the end of time; it is eternal through and through.

2) 모습이 큰 뜻을 풀이함〔釋相大義, The Greatness of the Attributes of Suchness〕

(1) 성품의 덕을 바로 밝힘〔正明性德〕

본래로부터 스스로의 성품이 온갖 공덕을 갖추었으니, 이른바 자체에 큰 지혜 광명의 뜻이 있기 때문이고, 법계를 두루 비추는 뜻이 있기 때문이며, 진실하게 아는 뜻이 있기 때문이고, 자성의 청정한 마음의 뜻이 있기 때문이며, 항상하고 즐겁고 참된 나이고 깨끗한 뜻이 있기 때문이고, 청량하며 변하지 않고 자재한 뜻이 있기 때문이다.

이와 같이 강그아강 모래 수보다 많은 떠나지 않고 끊어지지 않고 달라지지 않는 부사의 불법을 갖추고, 나아가 줄어들지 않는 뜻을 갖추기 때문에 여래장이라 이름하고 여래의 법신이라 이름한다.

From the beginning, Suchness in its nature is fully provided will all excellent qualities; namely, it is endowed with the light of great wisdom, [the qualities of] illuminating the entire universe, of true cognition and mind pure in its selfnature; of eternity, bliss, Self, and purity; of refreshing coolness, immutability, and freedom. It is endowed with [these excellent qualities] which outnumber the sands of the Ganges, which are not independent of, disjointed from, of different from [the essence of Suchness], and which are suprarational [attributes of] Buddhahood. Since it is endowed completely with all these, and is not lacking anything, it is called the *Tathāgata-garbha* [when latent] and also the Dharamakaya of the Tathāgata.

(2) 묻고 답함으로 진여에 공덕 갖춘 뜻을 거듭 밝힘〔問答重辨〕

묻는다. 위에서 진여의 그 바탕〔體〕이 평등하여 온갖 모습을 떠났다고 말했는데, 왜 거듭 바탕에 이와 같은 갖가지 공덕이 있다고 말하는가.

답한다. 비록 실로 이러한 여러 공덕의 뜻이 있지만, 차별의 모습이 없이 평등하여 같은 한 맛이며 오직 하나의 참되고 한결같음이다.

이 뜻은 무엇인가. 분별이 없고 분별의 모습을 떠났기 때문에 둘이 없다.

거듭 무슨 뜻으로 차별을 말하게 되는가. 업식의 나고 사라지는 모습을 의지하여 차별을 보이니, 이것을 어떻게 보이는가. 온갖 법이 본래 오직 마음이라 실로 생각할 것이 없는데, 허망한 마음이 있어 깨닫지 못해 생각을 일으켜 여러 경계를 보기 때문에 무명을 말하나, 마음의 성품은 일어나지 않으니 곧 이 큰 지혜 광명의 뜻이기 때문이다.

만약 마음이 봄을 일으키면 곧 보지 못하는 모습이 있게 되나, 마음의 성품이 봄을 여의면 곧 이것이 법계를 두루 비추는 뜻이기 때문이다.

만약 마음이 움직임이 있으면 참으로 앎이 아니라 자기 성품의 깨끗함이 없어서 항상함이 아니고 즐거움이 아니며, 참된 나가 아니고 깨끗함이 아니라 번뇌이며 변해 달라짐이니, 이것이 곧 자재하지 못함이다.

나아가 강그아강 모래수를 넘는 허망하고 물든 뜻이 갖춰 있게 되니, 이런 뜻을 상대하므로 마음의 성품이 움직임이 없으면 강그아강 모래 수를 넘는 여러 깨끗한 공덕의 모습을 나타내 보임이 있는 것이다.

만약 마음에 일어남이 있으면 다시 생각할 것이 있는 앞의 법을 보게 되니 곧 줄어듦이 있는 것이다.

이와 같은 깨끗한 법의 한량없는 공덕이란 곧 이 하나인 마음에 다시 생각할 바가 없음이다. 그러므로 한량없는 공덕을 원만히 갖추니, 이를 법신인 여래장이라 이름한다.

Question: It was explained before that the essence of Suchness is undifferentiated and devoid of all characteristics. Why is it, then, that you have described its essence as having these various excellent qualities?

Answer: Though it has, in reality, all these excellent qualities, it does not have any characteristics of differentiation; it retains its identity and is of one flavor; Suchness is solely one.

Question: What does this mean?

Answer: Since it is devoid of individuation, it is free from the characteristics of individuation; thus, it is one without any second.

Question: Then how can you speak of differentiation [i.e., the plurality of the characteristics of Suchness]?

Answer: In [contrast to] the characteristics of the phenomena of the "activating mind" [the characteristics of Suchness can] be inferred.

Question: How can they be inferred?

Answer: All things are originally of the mind only; they in fact transcend thoughts. Nevertheless, the deluded mind, in nonenlughtenment, gives rise to [irrlevant] thoughts and predicates the world of objects. This being the case, we define [this mentality] as "the state of being destitute of wisdom (*avidyā*: ignorance)." The essential nature of Mind is immutable [in that it does not give rise to any deluded thoughts, and, therefore, is the very opposite of ignorance]; hence, [it is spoken of as having the characteristic of] "the light of great wisdom."

When there is a particular perceiving act of the mind, objects [other than the objects being perceived] will remain unperceived. The essential nature of Mind is free from any partial perceiving; hence, [Suchness is spoken of as having the characteristic of] "illuminating the entire universe."

When the mind is in motion [stirred by ignorance], it is characterized by illusions and defilements, outnumbering the sands of the Ganges, such as lack of true cognition, absence of self-nature, impermanence, blisslessness, impurity, fever, anxiety, deterioration, mutation, and lack of freedom. By contrast to this, the essential nature of Mind, however, is motionless [i.e., undisturbed by ignorance]; therefore, it can be inferred that it must have various pure and excellent qualities, outnumbering the sands of the Ganges. But if the mind gives rise to [irrelevant thoughts] and further predicates the world of objects, it will continue to lack [these qualities]. All these numberless excellent qualities of the pure principle are none other than those of One Mind, and there is nothing to be sought after anew by thought. Thus, that which is fully endowed with them is called the Dharmakaya [when manifested] and the Tathāgata-*garbha* [when latent].

둘째단, 작용이 큼을 따로 풀이함〔別解用大〕

1. 작용이 큼을 전체적으로 밝힘〔總明用大〕
〔The Greatness of the Influences of Suchness〕

다시 진여의 작용이란 이른바 여러 부처님 여래께서 본래 닦음의 지위에 있을 때, 큰 자비를 발해 여러 바라밀행을 닦아 중생을 거두어 교화하고 큰 서원을 세워 중생계를 모두 건지려 함이다. 이는 또한 겁의 수를 한정하지 않고 미래가 다하도록 온갖 중생을 자기 몸처럼 돌보기 때문이나 또한 중생의 모습을 취하지 않음이다.

이는 무슨 뜻인가. 곧 온갖 중생과 자기 몸의 진여가 평등하여 다름이 없는 줄 실답게 알기 때문이다.

이와 같은 크나큰 방편의 지혜가 있으므로 무명을 없애고 본래의 법신을 보아 스스로 부사의한 업과 갖가지 작용이 있게 되나, 곧 참되고 한결같음과 평등하여 온갖 곳에 두루하니 또한 작용의 모습도 얻을 것이 없다.

왜 그런가. 곧 여러 부처님 여래께선 오직 법신인 지혜의 몸이시며 제일의제27)라 세속제의 모습 있는 경계가 없어서 베풀어 지음을 떠났기 때문이다.

다만 중생이 보고 들어 이익 얻음을 따라 작용을 말한 것이다.

The Buddha-Tathāgatas, while in the stages of Bodhisattvahood, exercised great compassion, practiced *pāramitās*, and accepted and transformed sentient beings. They took

---

27) 第一義諦: the absolute truth, which transcends the world where the relative truth operates

great vows, desiring to liberate all sentient beings through countless aeons until the end of future time, for they regarded all sentient beings as they regarded themselves. And yet, they never regarded them as [separate] sentient beings. Why? Because they truly knew that all sentient beings and they themselves were identical in Suchness and that there could be no distinction between them.

Because they possessed such great wisdom [which could be applied] to expedient means [in quest of enlightenment], they extinguished their ignorance and perceived the original Dharmakaya. Spontaneously performing incomprehensible activities, exercising manifold influences, they pervade everywhere in their identity with Suchness. Nevertheless, they reveal no marks of their influences that can be traced as such. Why? Because the Buddha-Tathāgatas are no other than the Dharmakaya itself, and the embodiment of wisdom. [They belong to the realm of] the absolute truth, which transcends the world where the relative truth operates. They are free that sentient beings receive benefit through seeing or hearing about them, their influences [i.e., of Suchness] can be spoken of [in relative terms].

2. 진여의 작용을 나누어 풀이함〔別釋用〕

1) 일 분별하는 식과 업의 식을 잡아 진여의 작용을 바로 드러냄 〔直顯其用〕

이 작용에는 두 가지가 있으니 어떤 것이 둘인가.

첫째 일을 분별하는 식을 의지하여 범부와 이승의 마음이 보는 바이니, 응신(應身)28)이라고 이름한다.

이는 굴리는 식[轉識]이 나타냄을 알지 못하여 밖에서 모습이 옴을 보아 물질의 모습을 취함이니 사무쳐 알지 못하기 때문이다.

둘째 업식을 의지함이니 곧 여러 보살이 처음 바른 뜻을 냄으로부터 보살의 맨 끝의 지위에 이르도록 마음으로 보는 바로서 보신(報身)29)이라 이름한다.

그 몸에는 한량없는 물질이 있고 물질에는 한량없는 모습이 있으며, 모습에는 한량없는 좋음이 있다. 머무는 바 의보의 결과에도 또한 한량없는 갖가지 꾸밈이 있어서 나타내 보이는 바를 따라 곧 끝이 없으며 마치어 다할 수 없어서 나뉜 모습을 떠났으며, 그 응한 바를 따라 늘 머물러 지닐 수 있어서 허물어지지 않고 사라지지 않는다. 이와 같은 공덕이 모두 여러 파라미타 등의 샘이 없는 실천이 끼쳐 익힘과 이루 생각할 수 없고 말할 수 없는 끼쳐 익힘의 이룬 바를 인하여 한량없이 즐거운 모습을 갖추므로 보신이라 이름한다.

The influences [of Suchness] are of two kinds. The first is that which is conceived by the mind of ordinary men and the followers of Hinayana [i.e., the influence of Suchness as reflected] in the "objects-discriminating consciousness." This is called [the influence of Suchness in the form of] the "Transformation-body" (Nirmanakaya). Because they

---

28) 應身: the Transformation-body (Nirmanakaya)
29) 報身: the Bliss-body (Sambhogakaya)

do not know that it is projected by the "evolving mind," they regard it as coming from without; they assume that it has a corporeal limitation because their understanding is limited.

The influence of that which is conceived by the mind of a Bodhisattva, from the first stage of aspiration to the highest stage, [i.e., the influence of Suchness as reflected] in the mentality which regards external objects as unreal. This is called [the influence of Suchness in the form of] the "Bliss-body" (Sambhogakaya). It has an infinite number of corporeal forms, each form has an infinite number of major marks, and each major mark has an infinite number of subtle marks. The land where it has its abode has innumerable adornments. It manifests itself without any bounds; [its manifestations are] inexhaustible and free from any limitations. It manifests itself in accordance with the needs [of sentient beings]; and yet it always firm without destroying or losing itself. These excellent qualities were perfected by the pure permeation acquired by the practice of *pāramitās* and the suprarational permeation [of Suchness]. Since the influence is endowed with infinite attributes of bliss, it is spoken of as the "Bliss-body."

2) 분별을 거듭 받아 밝힘〔重牒分別〕

또 범부의 보는 바란 곧 이 거친 물질이 여섯 갈래 길을 따라 각기 같지 않음을 보고, 갖가지 다른 삶의 부류들이 보신의 즐거운 모습 받지 않으므로 응신이라 말한다.

거듭 다시 처음 바른 뜻 낸 보살 등이 보는 바른 진여의 법을 깊이 믿으므로 조금쯤 법신을 보고, 저 물질의 모습이 꾸며짐 등의 일들이 옴이 없고 감이 없으며, 나뉘어짐을 떠나 오직 마음을 의지해 나타나 진여 떠나지 않음을 앎이다. 그러나 이 보살은 오히려 스스로 분별하니 아직 법신의 지위에 들어가지 못하기 때문이다.

만약 깨끗한 마음을 얻으면 보는 바가 미묘하여 그 작용이 더욱 빼어나 보살의 지위가 다함에 이르러서야 보는 것이 맨 끝에 이르게 된다.

만약 업식을 떠나면 보는 모습이 없게 되니, 여러 부처님의 법신은 저것과 이것의 모습이 서로 봄이 없기 때문이다.

What is seen by ordinary men is only the coarse corporeal forms (of the manifestation of Suchness). Depending upon where one is in the six transmigratory states, his vision of it will differ. (The visions of it conceived by) the unenlightened beings are not in a form of Bliss; this is the reason why it is called the "Transformation-body", (i.e., the body appearing in the likeness of the conceiver).

The Bodhisattvas in their first stage of aspiration and the others, because of their deep faith in Suchness, have a partial insight into (the nature of the influence of Suchness). They know that the things (of the Bliss-body), such as its corporeal forms, major marks, adornments, etc., do not come from without or go away, that they are free from limitations, and that they are envisioned by mind alone and are not independent of Suchness. These Bodhisattva, however, are not free from dualistic thinking, since they have yet to enter into the stage (where they gain complete realization) of the Dharmakaya. If they advance to the "stage of pure-heartedness," (the forms) they see will be subtler and the influences (of Suchness) will be more excellent than ever. When they leave the last stage of Bodhisattvahood, they will perfect their insight (into Suchness). When they become free from the "activating mind" they will be free from the perceiving (of duality). The Dharmakaya of the Buddhas knows no such thing as distinguishing this from that.

3) 문답으로 의심을 풀어줌〔問答釋疑〕

묻는다. 만약 여러 부처님의 법신이라면 물질의 모습을 떠난 것인데, 어떻게 물질의 모습을 나타낼 수 있는가.

답한다. 곧 이 법신이 물질의 모습 없는 바탕이므로 물질을 나타낼 수 있는 것이다. 이른바 본래부터 물질과 마음이 둘이 아니니, 물질의 성품이 곧 지혜이기 때문이며, 물질의 바탕이 모습이 없어서 지혜의 몸이라 이름하니 지혜의 성품이 곧 물질이기 때문이다.

법신이 온갖 곳에 두루한다고 이름한 것은 나타낸 바 물질이 나뉨이 없어서, 시방세계의 한량없는 보살과 한량없는 보신과 한량없는 꾸밈이 각각 차별되되 모두 나뉨이 없어서 서로 막아 걸리지 않음을 마음을 따라 나타내 보일 수 있기 때문이다.

이는 마음 알음알이의 분별로 알 수 있는 것이 아니니, 진여의 자재한 작용의 뜻이기 때문이다.

Question: It the Dharmakaya of th Buddhas is free from the manifestation of corporeal form, how can it appear in corporeal form?

Answer: Since the Dharmakaya is the essence of corporeal form, it is capable of appearing in corporeal form. The reason this is said is that from the beginning corporeal form and Mind have been nondual. Since the essential nature of corporeal form which has yet to be divided into tangible forms is called the "wisdom-body." Since the essential nature of wisdom is identical with corporeal form, [the essence of corporeal form which has yet to be divided into tangible forms] is called Dharmakaya pervading everywhere. Its manifested corporeal forms have no limitations. It can be freely manifested as an infinite number of Bodhisattvas, Buddhas of the Bliss-body, and adornments in the ten quarters of the universe. Each of them has neither limitation nor interference. All of these are incomprehensible to the dualistic thinking of the [deluded] mind and consciousness, for they result from the free influence of Suchness.

제2항 움직임과 고요함이 다르지 않음을 드러냄〔顯動靜不異〕
〔From Samsara to Nirvana〕

1. 움직임과 고요함이 둘 없는 문을 나타냄〔直示動靜不二〕

거듭 다시 나고 사라지는 문을 좇아 진여문에 들어감을 나타내 보인다.

Lastly, how to enter into the realm of Suchness from the realm of samsara will be revealed.

2. 둘 아닌 뜻을 풀이함〔釋動靜不二義〕

이른바 오음의 물질과 마음, 여섯 가지 티끌 경계에서 미루어 구해 보아도 끝내 생각이 없음이니, 마음에 모습이 없어서 시방에 구해 보아도 끝내 얻을 수 없는 것이다.

Examining the five components, we find that they may be reduced to matter (object) and mind (subject). The objects of the five senses and of the mind are in the final analysis beyond what they are thought to be. And the mind itself is devoid of any form or mark and is, therefore, unobtainable as such, no matter where one may seek it.

3. 비유로 둘 없음을 밝힘〔以喩明法〕

마치 사람이 헤매이므로 동쪽을 서쪽이라 하지만 실로는 뒤바뀌지 않음과 같다. 중생도 또한 그러하여 무명으로 헤매이므로 마음이 분별하는 생각이 되지만, 마음은 실로 움직이지 않는 것이다.

Just as a man, because he has lost his way, mistakes the east for the west, though the actual directions have not changed place, so people, because of their ignorance, assume Mind(Suchness) to be what they think it to be, though Mind in fact is unaffected [even if it is falsely predicated].

4. 진여문에 들어가는 법을 모두어 말함[總說得入眞如門法]

만약 마음에 생각이 없음을 살피어 알 수 있으던 곧 진여문에 따라 들어갈 수 있기 때문이다.

If a man is able to observe and understand that Mind is beyond what it is thought to be, then he will be able to conform to and enter the realm of Suchness.

제2절 잘못된 집착을 상대해 다스림〔對治邪執〕
[CHAPTER TWO The Correction of Evil Attachments]

제1항 집착의 본바탕에 나아가 전체적으로 밝힘〔就本總標〕

아견(我見)이 집착의 뿌리임을 보임

잘못된 집착을 상대해 다스림이란 온갖 잘못된 집착은 모두 실체가 있다는 견해〔我見〕를 의지하니, 만약 실체가 있다는 집착을 떠나면 곧 잘못된 집착이 없음이다.

All evil attachments originate from biased views; if a man is free from bias, he will be free from evil attachments.

제2항 장애 다스림을 나누어 밝힘〔別明障治〕

1. 집착을 상대해 다스려 떠나게 함〔對治離〕

1) 두 가지 집착의 이름을 보임〔示二種我見名〕

이 실체가 있다는 견해〔我見〕에는 두 가지가 있으니 어떤 것이 둘인가. 첫째 개체에 실체가 있다는 견해〔人我見〕이고, 둘째 법에 실체가 있다는 견해〔法我見〕이다.

There are two kinds of biased view: one is the biased vies held by those who are not free from the belief in atman [i.e., ordinary men]; the other is the biased view held by those who believe that the components of the world are real [i.e., the Hinayanists].

2) 두 가지 집착을 나누어 보임

(1) 개체에 실체가 있다는 견해〔人我見, The Biased Views Held by Ordinary Men〕

① 전체적으로 보임〔總標〕

개체에 실체가 있다는 견해란 여러 범부를 의지하여 다섯 가지가 있음을 말하니, 어떤 것이 다섯인가.

There are five kinds of biased views held by ordinary men which may be discussed.

② 나누어 풀이함〔別解〕

가. 허공이 법신의 바탕이라 집착함〔執虛空爲法身體〕

첫째 수다라에서 여래의 법신이 끝내 고요하여 허공과 같다고 말함을 듣고서 있다는 집착을 깨려고 허공 같음을 보인 것을 알지 못하므로 허공이 여래의 성품이라고 말함이다.

어떻게 상대해 다스리는가. 허공의 모습이 바로 허망한 법이라 바탕이 없어 실답지 않음을 밝힌다. 물질을 상대하므로 볼 모습이 있다고 하여 마음으로 하여금 나고 사라지게 하나, 온갖 물질의 법이 본래 이 마음이라 실로 바깥의 물질이 없으니, 만약 물질이 없다면 곧 허공의 모습도 없는 것이다.

이른바 온갖 경계는 오직 마음이라 망녕됨이 일어나므로 있게 되지만, 만약 마음이 망녕됨을 떠나면 곧 온갖 경계가 사라져 오직 하나인 참마음이 두루하지 않은 바가 없다. 이를 여래의 넓고 큰 성품이라 하고 지혜의 맨 끝의 뜻이라 하니, 허공의 모습과 같지 않기 때문이다.

Hearing that it is explained in the sutra that the Dharmakaya of the Tathāgata is, in the final analysis, quiescent, like empty space, ordinary men think that the nature of the Tathāgata is, indeed, the same as empty space, for they do not know [that the purpose of the sutra is] to uproot their adherence.

Question: How is this to be corrected?

Answer: [The way to correct this error is] to understand clearly that "empty space" is a delusive concept, the substance of which is nonexistent and unreal. It is merely predicated in relation to [its correlative] corporeal objects. If it is taken as a being [termed nonbeing, a negative being, then it should be discarded, because] it causes the mind to remain in samsara. In fact there are no external corporeal objects, because all objects are originally of the mind. And as long as there are no corporeal objects at all, "empty space" cannot be maintained. All objects are of the mind alone; but when illusions arise, [objects which are regarded as real] appear. When the mind is free from its deluded activities, then all objects [imagined as real] vanish of themselves. [What is real,] the one and true Mind, pervades everywhere. This is the final meaning of the Tathāgata's great and comprehensive wisdom. [The Dharmakaya is, indeed,] unlike "empty space."

나. 법의 바탕이 오직 공하다고 집착함[執法體唯是空]

둘째, 수다라에서 세간의 모든 법이 끝내 그 바탕이 공하고 나아가 니르바나의 진여의 법일지라도 또한 끝내 공하고 본래 스스로 공하여 온갖 모습을 떠났다 함을 듣고서 이것이 실로 있다는 집착을 깨기 위함을 알지 못하므로 곧 진여인 니르바나의 성품이 오직 공하다고 말함이다.

어떻게 상대해 다스리는가. 진여인 법신은 스스로의 바탕이 공하지 않음을 밝히니 한량없는 성품의 공덕을 갖추고 있기 때문이다.

Hearing that it is explained in the sutra that all things in the world, in the final analysis, are empty in their substance, and that nirvana or the principle of Suchness is also absolutely empty from the beginning and devoid of any characteristics, they, not knowing [that the purpose of the sutra is] to uproot their adherence think that the essential nature of Suchness or nirvana is simply empty.

Question: How is this to be corrected?

Answer: [The way to correct this error is] to make clear that Suchness of the Dharmakaya is not empty, but is endowed with numberless excellent qualities.

다. 여래장의 덕이 물질과 마음의 모습과 같다고 집착함〔執如來藏同色心〕

셋째, 수다라에서 여래장은 늘어남과 줄어듦이 없어서 바탕에 온갖 공덕의 법이 갖춰져 있다고 함을 듣고서 그 뜻을 알지 못하므로 곧 여래장에는 물질과 마음법 스스로의 모습의 차별이 있다고 말함이다.

어떻게 상대해 다스리는가. 오직 진여의 뜻을 의지하여 말하기 때문이며, 나고 사라지는 물듦의 뜻을 인해 차별을 말하기 때문이다.

Hearing that it is explained in the sutra that there is no increase of decrease in the *Tathāgata-garbha* and that it is provided in its essence with all excellent qualities, they, not being able to understand this, think that in the *Tathāgata-garbha* there is plurality of mind and matter.

Question: How is this to be corrected?

Answer: [They should be instructed that the statement in the sutra that "there is no increase of decrease in the *Tathāgata-garbha*"] is made only in accordance with the [absolute] aspect of Suchness, and [the statement that "it is provided with all excellent pualities"] is made in accordance with [the pluralistic outlook held by the defiled minds in] samsara.

라. 여래장이 나고 사라짐의 법을 갖춤이라 집착함〔執如來藏具生死等法〕

넷째, 수다라에서 온갖 세간의 나고 사라지는 물든 법이 모두 여래장을 의지하여 있어서 온갖 모든 법이 진여를 떠나지 않는다고 함을 듣고서 그 뜻을 알지 못하므로 곧 여래장 스스로의 바탕에 온갖 세간의 나고 사라짐 등의 법을 갖추고 있다고 말함이다.

어떻게 상대해 다스리는가. 여래장에는 본래로부터 오직 강그아강 모래수를 넘는 여러 깨끗한 공덕이 있어 떠나지 않고 끊어지지 않아서 진여의 뜻과 다르지 않기 때문이며, 강그아강 모래수를 넘는 등 번뇌의 물든 법은 오직 허망하게 있어서 그 성품은 스스로 본래 없어서 비롯없는 옛날로부터 일찍이 여래장과 서로 응하지 않기 때문이다.

만약 여래장의 바탕에 허망한 법이 있는데도 허망함을 깨달아 알도록 해서 길이 쉬게 한다고 하면 그럴 수가 없는 것이다.

Hearing that it is explained in the sutra that all defiled states of samsara in the world exist on the ground of the *Tathāgata-garbha* and that they are therefore not independent of Suchness, they, not understanding this, think that the *Tathāgata-garbha* literally contains in itself all the defiled states of samsara in the world.

Question: How is this to be corrected?

[In order to correct this error it should be understood that] the *Tathāgata-garbha*, from the beginning, contains only pure excellent qualities which, outnumbering the sands of the Ganges, are not independent of, served from, or different from Suchness; that the soiled states of defilement which, outnumbering the sands of the Ganges, merely exist in illusion; are, from the beginning, nonexistent; and from the beginningless beginning have been united with the *Tathāgata-garbha*. It has never happened that the *Tathāgata-garbha* contained deluded states in its essence and that it induced itself to realize [Suchness] in order to extinguish forever its deluded states.

마. 여래의 열반에 마쳐 다함이 있다 집착함〔執如來涅槃有所終盡〕

다섯째, 수다라에서 여래장을 의지하므로 나고 죽음이 있으며, 여래장을 의지하므로 니르바나를 얻는다고 함을 듣고서 그 뜻을 알지 못하므로 곧 중생에게 비롯함이 있고 비롯함을 보므로 거듭 여래가 얻은 바 열반은 마치어 다함이 있어서 다시 중생을 짓는다고 말함이다.

어떻게 상대해 다스리는가. 여래장에는 앞의 때가 없기 때문에 무명의 모습 또한 비롯함이 없는 것이다.

만약 삼계 밖에 다시 중생이 일어남이 있다고 말하면 곧 바로 외도경의 말이다. 또 여래장에는 뒤의 때가 없어서 여러 부처님이 얻은 바 니르바나가 이와 서로 응하니 곧 뒤의 때가 없기 때문이다.

Hearing that it is explained in the sutra that on the ground of the *Tathāgata-garbha* there is samsara as well as the attainment of nirvana, they, without understanding this, think that there is a beginning for sentient begins. Since they suppose a beginning, they suppose also that the nirvana attained by the Tathāgata has an end and that he will in turn become a sentient begin.

Question: How is this to be corrected?

Answer: [The way to correct this error is to explain that] the *Tathāgata-garbha* has no beginning, and that therefore ignorance has no beginning. If anyone asserts that sentient begins came into existence outside this triple world, he holds the view given in the scriptures of the heretics. Again, the *Tathāgata-garbha* does not have an end; and the nirvana attained by the Buddhas, being one with it, likewise has no end.

(2) 법에 실체가 있다는 견해〔法我, The Biased Views Held by the Hinayanists〕

법에 실체가 있다는 견해란 이승의 무딘 근기를 의지하므로 여래는 다만 개체에 나 없음을 말해주고 맨 끝의 뜻을 말하지 않으므로 오음의 나고 사라지는 법이 있음을 보아 나고 죽음을 두려워하며 허망하게 니르바나를 취함이다.

어떻게 상대해 다스리는가. 오음법 스스로의 성품이 나지 않으므로 곧 사라짐이 없어서 본래 니르바나이기 때문이다.

Because of their inferior capacity, the Tathāgata preached to the Hinayanists only the doctrine cf the nonexistence of atman and did not preach his doctrines in their entirety; as a result, the Hinayanists have come to believe that the five components, the constituents of samsaric existence, are real; begin terrified at the thought of begin subject to birth and death, they erroneously attach themselves to nirvana.
Question: How is this to be corrected?
Answer: [The way to correct this error is to make that] the five components are unborn in their essential nature and, therefore, are imperishable — that [what is made of the five components] is, from the beginning, in nirvana.

2. 집착을 끝내 떠남〔究竟離〕

거듭 허망한 집착을 끝내 떠남이란 물든 법과 깨끗한 법이 모두 다 서로 마주해 있어서 스스로의 모습을 이루 말할 수 없음을 마땅히 앎이다. 그러므로 온갖 법은 본래부터 물질도 아니고 마음도 아니며, 지혜가 아니고 알음도 아니며, 있음도 아니고 없음도 아니라 끝내 모습을 이루 말할 수 없다.

그런데도 그렇다는 말이 있는 것은 여래가 좋은 방편을 세워 짐짓 말로써 중생을 이끌어 줌인 줄 알아야 한다. 그 뜻은 모두 생각을 떠나 진여에 돌아가기 위함이니, 온갖 법을 생각하여 마음이 나고 사라지게 하면 진실한 지혜에 들어가지 못하기 때문이다.

Finally, in order to be completely free from erroneous attachments, one should know that both the defiled and the pure states are relative and have no particular marks of their own-begin that can be discussed. Thus, all things from the beginning are neither matter nor mind, neither wisdom nor consciousness, neither begin nor non-begin; they are ultimately inexplicable. And yet they are still spoken of. It should be understood that the Tathāgatas, applying their expedient means, make use of conventional speech in a provisional manner in order to guide people, so that they can be free from their deluded thoughts and can return to Suchness; for if anyone thinks of anything [as real and absolute in its own right], he causes his mind to be [trapped] in samsara and consequently he cannot enter [the state filled with] true insight [i.e., enlightenment].

제3절 보살이 도에 발심하여 나아가는 모습을 분별함〔分別發趣道相〕
〔CHAPTER THREE Analysis of the Types of Aspiration for Enlightenment, or The Meaning of Yāna〕

제1항 발심의 뜻을 전체적으로 나타냄〔總標大意〕

도에 발심하여 나아가는 모습을 분별함이란 곧 온갖 모든 부처님이 깨치신 바 도는 온갖 보살이 발심하고 수행하여 향해 나아가는 뜻이기 때문이다.

All Bodhisattvas aspire to the enlightenment (*bodhi*; Ch., *tao*) realized by all the Buddhas, disciplining themselves to this end, and advancing toward it.

제2항 따로 열어 풀이함〔別開解說〕

1. 세 가지 발심의 이름을 보임〔列名〕

발심을 간략히 말하면 세 가지가 있으니 어떤 것이 셋인가.
첫째, 바른 믿음 이루어 발심함〔信成就發心〕이요,
둘째, 바른 앎과 행으로 발심함〔解行發心〕이며,
셋째, 법신을 증득하여 발심함〔證發心〕이다.

Briefly, three types of aspiration for enlightenment can be distinguished. The first is the aspiration for enlightenment through the perfection of faith. The second is the aspiration for enlightenment through understanding and through deeds. The third is the aspiration for enlightenment through insight.

2. 세 가지 발심의 모습을 가려 보임〔辨相〕

1) 바른 믿음 이루어 발심함〔信成就發心, The Aspiration for Enlightenment through the Perfection of Faith〕

(1) 발심의 지위와 행

바른 믿음 이루어 발심함이란 어떤 지위를 의지해 어떤 행을 닦아서 바른 믿음을 이루어 발심할 수 있음인가.

이 사람은 아직 마음이 정해지지 않은 지위를 의지하여 법이 선근을 끼치어 익히는 힘으로 깊이 업의 과보를 믿고서 열 가지 착한 도를 행해 나고 죽는 괴로움을 싫어하고 위없는 깨달음을 구하고자 여러 부처님과 여러 보살들 뵐 때에 받들어 공양하여 믿는 마음을 닦아 행한다. 그리하여 일만 겁이 지나면 믿는 마음이 이루어지므로 여러 부처님과 보살이 발심하도록 하시니, 때로 큰 자비 때문에 능히 스스로 발심하고, 때로 바른 법이 사라지려 함을 인하여 그리고 법을 보살피는 인연 때문에 능히 스스로 발심하게 된다.

이와 같이 믿는 마음이 이루어져 발심하는 자는 바르게 뜻이 안정된 무리〔正定聚〕30)에 들어가 끝내 물러서지 않으므로 여래의 씨앗 가운데 머물러 불성의 바른 인〔佛性正因〕과 서로 응함이라 이름한다.

만약 중생이 있어서 착한 뿌리가 아주 작아 아득히 먼 옛날로부터 번뇌가 깊고 두터우면 비록 부처님을 만나 또한 공양할 수 있어도 사람과 하늘의 씨앗만 일으키거나 이승의 씨앗을 일으키거나 하며, 설사 대승을 구하는 자가 있더라도 뿌리가 안정되지 않아서 나아가다가 물러서곤 한다.

---

30) 正定聚: the group of the determined

때로 여러 부처님들을 공양함이 있으면 일만 겁을 아직 지내지 않고 그 가운데 좋은 조건을 만나 또한 발심함이 있게 되니, 이른바 부처님의 모습을 보고 그 마음을 내기도 하고, 때로 여러 승가 대중에게 공양함을 인해 그 마음을 내기도 하며, 때로 이승의 사람이 가르쳐 발심하도록 함을 인해 마음을 내기도 하며, 다른 사람이 마음 냄을 배우기도 하여 이와 같이 마음을 내는 것 등이 모두 다 정해지지 않았다.

그래서 나쁜 인연을 만나면 곧 물러나 잃어버려서 이승의 지위에 떨어지기도 한다.

Question: By whom and through what kind of discipline can faith be perfected so that the aspiration for enlightenment may be developed?

Answer: Among those who belong to the group of the undetermined, therr are some who, by virtue of their excellent capacity for goodness developed through permeation, believe in th [law of] retribution of karma and observe the ten precepts. They loathe the suffering of samsara and wish to seek the supreme enlightenment. Having been able to meet the Buddhas, they serve them, honor them, and practice the faith. Their faith will be perfected after ten thousand aeons. Their aspiration for enlightenment will be developed either through the instruction of the Buddhas and the Bodhisattvas, or because of their great compassion [toward their suffering fellow begins], of from their desire to preserve the good teaching from extinction. Those who are thus able to develop their aspiration through the perfection of faith will enter the group of the determined and will never retrogress. They are called the ones who are united with the correct cause [for enlightenment] and who abide among those who belong to the Tathāgata family.

There are, however, people [among those who belong to the group of the undetermined] whose capacity for goodness is slight and whose defilements, having accumulated from the far distant past, are deep-rooted. Though they may also meet the Buddhas and honor them, they will develop the potentiality merely to be born as men, as dwellers in heaven, or as followers of the Hinayana. Even if they should seek after the Mahayana, they would sometimes progress and sometimes regress because of the inconsistent nature of their capacity. And also there are some who honor the Buddhas and who, before ten thousand aeons have passed, will develop an aspiration because of some favorable circumstances. These circumstances may be the viewing of the Buddhas' corporeal forms, the honoring of monks, the receiving of instructions from the followers of the Hinayana, or the imitation of others' aspiration. But these types of aspiration are all inconsistent, for if the men who hold them meet with unfavorable circumstances, they will relapse and fall back into the stage of attainment of the followers of the Hinayana.

(2) 발심의 모습〔發心相〕

① 세 가지 마음 냄을 보임〔示三種發心〕

거듭 바른 믿음을 이루어 발심하는 사람은 어떤 마음을 내는가. 간략히 세 가지를 말할 수 있으니 어떤 것이 셋인가.

첫째, 곧은 마음〔直心〕이니 바르게 참되고 한결같은 법을 생각하기 때문이다.

둘째, 깊은 마음〔深心〕이니 즐거이 온갖 여러 착한 행을 모으기 때문이다.

셋째, 크나큰 사랑의 마음〔大悲心〕이니 온갖 중생의 괴로움을 빼내주려 하기 때문이다.

Now, in developing the aspiration for enlightenment through the perfection of faith, what kind of mind is to be cultivated? Briefly speaking, three kinds can be discussed. The first is the mind characterized by straightforwardness, for it correctly mediates on the principle of Suchness. The second is the mind of profoundness, for there is no limit to its joyful accumulation of all kinds of goodness. The third is the mind filled with great compassion, for it wishes to uproot the sufferings of all sentient begins.

② 갖가지 방편행을 닦아 진여법에 들어감을 보임
〔示修習方便行而入眞如法〕

묻는다. 위에서 법계는 한 모습이고 부처님의 몸에는 둘이 없다고 말했는데, 왜 오직 참되고 한결같음만 생각하지 않고 다시 여러 착한 행 배움을 구하도록 하는가.

답한다. 비유하면 큰 마니보배의 바탕이 밝고 깨끗하지만, 광석의 때가 있어서 사람이 비록 보배의 밝은 모습을 생각하지만 방편을 써서 갖가지로 갈고 다스리지 않으면 끝내 밝은 모습을 얻지 못하는 것과 같다. 이와 같이 중생의 참되고 한결같은 법의 바탕이 비어 깨끗하나, 한량없는 번뇌의 물든 때가 있어서 사람들이 비록 참되고 한결같음을 생각하지만, 방편을 써서 갖가지로 닦아 익히지 않으면 또한 깨끗함을 얻을 수 없다.

물든 때가 한량없고 끝이 없어 온갖 법에 두루하므로 온갖 착한 행을 닦아 상대하여 다스리는 것이다. 만약 사람이 온갖 착한 법을 닦아 행하면 스스로 참되고 한결같은 법에 돌아가게 되기 때문이다.

Question: Earlier it has been explained that the World of Reality is one, and that the essence of the Buddhas has no duality. Why is it that people do not mediate (of their own accord) on Suchness alone, but must learn to practice good deeds?

Answer: Just as a precious gem is bright and pure in its essence but is marred by impurities, (so is a man.) Even if he meditates on his precious nature, unless he polishes it in various way by expedient means, he will never be able to purify it. The principle of Suchness in men is absolutely pure in its essential nature, but is filled with immeasurable impurity of defilements. Even if a man meditates on Suchness, unless he makes an effort to be permeated by it in various ways by applying expedient means, he certainly cannot become pure. Since the state of impurity is limitless, pervading throughout all states of being, it is necessary to counteract and purify it by means of the practice of kinds of good deeds. If a man does so, he will naturally return to the principle of Suchness.

③ 네 가지 방편을 말함〔說四種方便〕

간략히 방편에 네 가지가 있음을 말하니 어떤 것이 넷인가.

첫째, 행의 근본이 되는 방편〔行根本方便〕이다. 이는 곧 온갖 법의 자기 성품에 남이 없음을 살펴 허망한 견해를 떠나 나고 죽음에 머물지 않고, 온갖 법이 인연이 어울려 합해 업의 과보 잃지 않음을 살펴 크나큰 자비를 일으키며, 여러 복덕을 닦아 중생을 거두어 교화하여 니르바나에 머물지 않음이니, 법의 성품31)이 머굼 없음〔法性無住〕을 따르기 때문이다.

둘째, 능히 그치는 방편〔能止方便〕이다. 이는 곧 잘못을 부끄러워하고 허물을 뉘우쳐 온갖 악한 법을 그쳐 자라나 늘지 않도록 함이니, 법의 성품이 여러 허물 떠났음〔法性離諸過〕을 따르기 때문이다.

셋째, 선근을 일으켜 늘려 키우는 방편〔發起善根增長方便〕이다. 이는 곧 삼보께 부지런히 공양하고 절하며 여러 부처님의 공덕을 찬탄하고 따라 기뻐하며 머물러 계시기를 청함이니, 삼보를 우러러 공경하는 맑고 두터운 마음 때문에 믿음이 잘 늘어나게 되면 위없는 도를 구하게 될 수 있다.

또 부처님과 법보와 승보의 거룩한 힘이 보살피신 바로 인해 업의 장애를 녹이고 선근이 물러나지 않으니, 법의 성품이 어리석음의 장애 떠났음〔法性離癡障〕을 따르기 때문이다.

넷째, 크나큰 원이 평등한 방편〔大願平等方便〕이다. 이는 곧 원을 발하여 미래가 다하도록 온갖 중생을 교화해 건져 나머지가 없게 하여

---

31) 法性: the essential nature of Reality

모두 나머지 없는 니르바나를 끝내 이루도록 함이니, 법의 성품이 끊어짐이 없음[法性無斷絶]을 따르기 때문이며, 법의 성품이 넓고 커 온갖 중생에게 두루하여 평등해 둘이 없어서 저것과 이것을 따로 생각하지 않으면 끝내 고요하기 때문이다.

As to the expedient means, there are, in short, four kinds:

The first is the fundamental means to be practiced. That is to say, a man is to mediate on the fact that all things in their essential nature are unborn, divorcing himself from deluded views so that he does not abide in samsara. [At the same time] he is to meditate on the fact that all things are [the products of] the union of the primary and coordinating causes, and that the effect of karma will never be lost. [Accordingly] he is to cultivate great compassion, practice meritorious deeds, and accpt and transform sentient beings equally without abiding in nirvana, for he is to conform himself to [the functions of] the essential nature of Reality (*dharmatā*) which knows no fixation.

The second is the means of stopping [evils]. The practice of developing a sense of shame and repentance can stop all evils and prevent them from growing, for one is to conform oneself to the faultlessness of the essential nature of Reality.

The third is the means of increasing the capacity for goodness that has already honor and pay homage to the

Three Treasures, and should praise, rejoice in, and beseech the Buddhas. Because of the sincerity of his love respect for the Three Treasures, his faith will be strengthened and he will be able to seek the unsurpassed enlightenment. Furthermore, being protected by the *Buddha*, the *Dharma*, and the *Sangha*, he will be able to wipe out the hindrances of evil karma. His capacity for goodness will not retrogress because he will be conforming himself to the essential nature of Reality, which is free from hindrances produced by stupidity.

The fourth is the means of the great vow of universal salvation. This is to take a vow that one will liberate all sentient beings, down to the last one, no matter how long it may take to cause them to attain the perfect nirvana, for one will be conforming oneself to the essential nature of Reality which is characterized by the absence of discontinuity. The essential nature of Reality is all-embracing, and pervades all sentient beings; it is everywhere the same and one without duality; it does not distinguish this from that, because it is, in the final analysis, in the state of quiescence.

(3) 발심의 이익〔發心利益〕

보살은 이 마음을 내므로 조금쯤 법신을 보게 되고, 법신을 보므로 그 원의 힘을 따라 여덟 가지를 나투어 중생을 이익되게 하니, 이른바 도솔천으로부터 물러나 태에 들고, 태에 머물다 태를 벗어나 집을 나와 도를 이루어 법의 바퀴를 굴리다 니르바나에 들어감이다.
　그러나 이 보살은 아직 법신이라 이름할 수 없으니, 그는 지나간 한량없는 세상으로부터 샘이 있는 업을 아직 끊어내지 못하고 그 태어난 바를 따라 작은 괴로움과 서로 응하기 때문이다. 그러나 또한 업에 묶이지는 않으니, 크나큰 원의 자재한 힘이 있기 때문이다.
　저 수다라 가운데서 때로 나쁜 갈래 길에 물러나 떨어짐이 있다고 설한 것은 그것이 실로 떨어짐이 아니라 다만 처음 배우는 보살로서 아직 바른 지위에 들어가지 못한 게으른 자들을 위해 두렵게 해서 그들을 용맹스럽도록 하려 하기 때문이다.
　또 이런 보살은 한번 바른 마음을 낸 뒤에는 겁내고 약한 마음을 멀리 떠나 끝내 이승의 지위에 떨어짐을 두려워 않게 된다.
　만약 한량없고 끝없는 아승지겁을 어려운 행을 부지런히 괴롭게 행해야 니르바나를 얻을 수 있다고 함을 듣고서도 또한 겁내어 약해지지 않으니, 온갖 법이 본래로부터 스스로 니르바나임을 알기 때문이다.

When a Bodhisattva develops this aspiration for enlightenment[through faith], he will be able, to a certain extent, to realize the Dharmakaya. Because of this realization of the Dharmakaya, and because he is led by the force of the vow [that he made to liberate all sentient beings], he is able to present eight types of manifestation of himself for the benefit of all sentient beings. These are: the descent from the Tushita heaven; the entrance into a human womb; the stay in the womb; the birth; the renunciation; the attainment of enlightenment; the turning of the wheel of the Dharma (doctrine); and the entrance into nirvana.

However, such a Bodhisattva cannot be said [to have perfectly realized] the Dharmakaya, for he has not yet completely destroyed the outflowing evil karma which has been accumulated from his numberless existences in the past. He must suffer some slight misery deriving from the state of his birth. However, this is due not to his being fettered by karman but to his freely made decision to carry out the great vow [of universal salvation in order to understand the suffering of others].

It is said in a sutra that there are some [Bodhisattva of this kind] who may regress and fall into evil states of existence, but this does not refer to a real regression. It says this merely in order to frighten and stir the heroism of the newly initiated Bodhisattvas who have not yet joined the group of the determined, and who may be indolent.

Furthermore, as soon as this aspiration has been aroused in the Bodhisattvas, they leave cowardice far behind them and are not afraid even of falling into the stage of the followers of the Hinayana. Even though they hear that they must suffer extreme hardship for innumerable aeons before they may attain nirvana, they do not feel any fear, for they believe and know that from the beginning all things are of themselves in nirvana.

2) 바른 앎과 행으로 발심함[解行發心, The Aspiration for Enlightenment through Understanting and Deeds]

(1) 앎과 행의 발심이 더욱 빼어남을 전체적으로 보임〔總標發心勝相〕

바른 앎과 행으로 발심함이란 더욱 빼어난 것임을 마땅히 알아야 한다. 이 보살이 처음 바른 믿음을 냄으로부터 첫째의 아승지겁이 다 차려 하기 때문이며, 참되고 한결같은 법 가운데 깊은 앎〔深解〕이 앞에 나타나, 닦는 바에 모습을 떠나기 때문이다.

It should be understood that this type of aspiration is even more excellent than the former. Because the Bodhisattvas 〔who cherish this aspiration〕 are those who are about to finish the first term of the incalculable aeons since the time when they first had the correct faith, they have come to have a profound understanding of the principle of Suchness and to entertain no attachment to their attainments obtained through disciple.

(2) 육바라밀행의 뛰어남을 밝힘〔明六度行勝〕

법의 성품 바탕에 아끼고 탐냄이 없음을 알므로 다나바라밀32)을 따라 닦아 행하고, 법의 성품에 물듦이 없어 다섯 가지 욕망의 허물 떠난 줄 알므로 시라바라밀33)을 따라 닦아 행하며, 법의 성품에 괴로움이 없고 성을 내 번뇌함이 없음을 알므로 찬제바라밀34)을 따라 닦아 행하고, 법의 성품에 몸과 마음의 모습이 없어 게으름 떠난 줄 알므로 비리야바라밀35)을 따라 닦아 행하며, 법의 성품이 늘 안정되어 바탕

---

32) 다나(보시)바라밀: the perfection of charity
33) 시라(지계)바라밀: the perfection of precepts
34) 찬제(인욕)바라밀: the perfection of forbearance
35) 비리야(정진)바라밀: the perfection of zeal

에 어지러움이 없음을 알므로 선나바라밀36)을 따라 닦아 행하고, 법의 성품의 바탕이 밝아 밝음 없음 떠난 줄 알므로 반야바라밀37)을 따라 닦아 행한다.

Knowing that the essential nature of Reality is free from covetousness, they, in conformity to it, devote themselves to the perfection of charity. Knowing that the essential nature of Reality is free from the defilements which originate from the desires of the five senses, they, in conformity to it, devote themselves to the perfection of precepts. Knowing that the essential nature of Reality is wighout suffering and free from anger and anxiety, they, in conformity to it, devote themselves to the perfection of forbearance. Knowing that the essential nature of Reality does not have any distinction of body and mind and is free from indolence, they, in conformity to it, devote themselves to the perfection of zeal. Knowing that the essential nature of Reality is always calm and free from confusion in its essence, they, in conformity to it, devote themselves to the perfection of meditation. Knowing that the essential nature of Reality is always characterized by gnosis and is free from ignorance, they, in conformity to it, devote themselves to the perfection of wisdom.

---

36) 선나(선정)바라밀: the perfection of meditation
37) 반야(지혜)바라밀: the perfection of wisdom

3) 법신을 증득하여 발심함〔證發心, The Aspiration for Enlightenment through Insight〕

(1) 발심의 바탕을 밝힘〔明發心體〕

① 지위와 행의 바탕을 밝힘〔明地位與行體〕

법신을 증득하여 발심함이란 깨끗한 마음의 지위〔淨心地〕로부터 나아가 보살의 맨끝의〔究竟〕 지위에 이르기까지 무슨 경계를 깨쳐 얻는 것인가. 이른바 참되고 한결같음〔眞如〕이니 능히 아는 식〔轉識〕을 의지하여 경계라고 말하지만, 이렇게 깨쳐 얻음이란 얻을 바 경계가 없고 오직 참되고 한결같은 지혜〔眞如智〕이므로 법신이라 이름한다.

〔As for the Bodhisattvas of this group, who range〕 from the "stage of pure-heartedness" to the "last stage of Bodhisattvahood," what object do they realize? They realize Suchness. We speak of it as an object because of the "evolving mind," but in fact there is no object in this realization 〔that can be stated in terms of a subject-object relationship〕. There is only the insight into Suchness 〔transcending both the seer and the seen〕; we call 〔this the experience of〕 the Dharmakaya.

② 뛰어난 작용을 밝힘〔明勝用〕

이 보살은 한 생각 사이에 시방의 나머지 없는 세계에 이르러 모든 부처님께 공양하고 법의 바퀴 굴려주길 청하니, 이는 오직 중생을 열어 이끌어 이익되게 하기 위함이지 문자를 의지함이 아니다.

때로는 지위를 떠나 빨리 바른 깨침 이룸을 보이니 겁 많고 약한 중생을 위하기 때문이고, 때로 '나는 한량없는 아승지겁에 마땅히 부처님의 도를 이룬다'고 말하니 게으른 중생을 위하기 때문이다.

이와 같이 셀 수 없는 방편을 보일 수 있음이 이루 생각할 수 없고 말할 수 없지만, 실로 보살은 종성과 근기가 평등하고 발심이 곧 평등하고 깨쳐 얻은 바도 또한 평등하여서 뛰어나 벗어나는 법이 없으니, 온갖 보살은 모두 세 아승지겁을 거치기 때문이다.

다만 중생 세계가 같지 않으며 보는 바와 듣는 바, 근기와 하고자 함과 성질이 다름을 따르므로 행하는 바를 보임에도 또한 다름이 있는 것이다.

The Bodhisattvas of this group can, in an instant of thought, go to all worlds of the universe, honour the Buddhas, and ask them to turn the wheel of the Dharma. In order to guide and benefit all men, they do not rely on words. Sometimes, for the sake of weak-willed men, they show how to attain perfect enlightenment quickly by skipping over the stages [of the Bodhisattva]. And sometimes, for the sake of indolent men, they say that men may attain enlightenment at the end of numberless aeons. Thus they can demonstrate innumerable expedient means and suprarational feats. But in reality all these Bodhisattvas are the same in that they are alike in their lineage, their capacity, their aspiration, and their realization [of Suchness]; therefore, there is no such thing as skipping over the stages, for all Bodhisattvas must pass through the three terms of innumerable aeons [before they can fully attain enlightenment). However, because of the differences in the various worlds of beings, and in the objects of seeing and hearing, as well as in the capacity, desires, and nature of the various beings, there are also different ways of teaching them what to practice.

(2) 발심의 모습을 밝힘〔明發心相〕

또 이 보살이 발심하는 모습은 세 가지 마음의 미세한 모습이 있으니 어떤 것이 세 가지인가.

첫째 참마음〔眞心〕이니 분별이 없기 때문이고, 둘째 방편의 마음〔方便心〕이니 스스로 두루 행해 중생을 이익되게 하기 때문이며, 셋째 업식의 마음〔業識心〕이니 미세하게 일어나고 사라지기 때문이다.

The characteristics of the aspiration for enlightenment entertained by a Bodhisattva belonging to this group can be identified in terms of the three subtle modes of mind. The first is the true mind, for it is free from (false intellectual) discrimination. The second is the mind (capable) of (applying) expedient means, for it pervades everywhere spontaneously and benefits sentient beings. The third is the mind (subject to the influence) of karma (operating) is subconsciousness, for it appears and disappears in the most subtle ways.

(3) 발심하여 이루는 덕〔成滿之德〕

① 뛰어난 덕을 바로 드러냄〔正顯勝德〕

또 이 보살은 공덕이 이루어져 가득해지면 색구경처에 온갖 세간 가운데 가장 높고 큰 몸을 보인다. 이는 곧 한 생각에 서로 응하는 지혜로써 무명이 단박 다하므로 이를 일체종지라 하니, 이 지혜에는 스스로 부사의한 업이 있어 시방에 나타나 중생을 이익되게 한다.

Again, a Bodhisattva of this group, when he brings his excellent qualities to perfection, manifests himself in the heaven of Akanishta as the highest physical being in the world. Through wisdom united with [original enlightenment of Suchness] in an instant of thought, he suddenly extinguishes ignorance. Then he is called [the one who has obtained] all-embracing knowledge. Performing suprarational acts spontaneously, he can manifest himself everywhere in the universe and benefit all sentient beings.

② 묻고 답해 의심을 없애줌〔問答除疑〕

가. 일체종지를 묻고 답함

묻는다. 허공이 끝이 없으므로 세계가 끝이 없고, 세계가 끝이 없으므로 중생이 끝없으며, 중생이 끝없으므로 마음이 행하는 차별도 또한 다시 끝이 없어서 이와 같은 경계가 이루 나눌 수 없고 알기 어렵고 풀기 어렵다.

만약 무명이 끊어지면 마음의 생각도 없는데, 어떻게 사무쳐 알아 일체종지라 이름할 수 있는가.

답한다. 온갖 경계는 본래 한마음이라 생각을 떠났는데, 중생이 망녕되이 경계를 보므로 마음에 나뉘어짐이 있게 되고, 망녕되이 생각을 일으켜 법의 성품에 하나되지 못하므로 뚜렷이 사무쳐 알 수 없는 것이다.

여러 부처님 여래는 보는 모습을 떠나 두루하지 않는 바가 없으니, 마음이 진실하기 때문이다. 곧 이것이 모든 법의 성품이니 스스로의 바탕이 온갖 망녕된 법을 드러내 비추고 큰 지혜가 한량없는 방편을 씀이 있어서 여러 중생이 응하는 바를 따라 앎을 얻어 갖가지 법의 뜻을 모두 열어 보일 수 있다. 그러므로 일체종지라 이름할 수 있다.

Question: Since space is infinite, worlds are infinite. Since worlds are infinite, beings are infinite. Since beings are infinite, the variety of their mentalities must also be infinite. The objects of the senses and the mind must therefore be limitless, and it is different to know and understand them all. If ignorance is destroyed, there will be no thoughts in the mind. How then can a comprehension [that has no content] be called "all-embracing knowledge"?

Answer: All objects are originally of One Mind and are beyond thought determination. Because unenlightened people perceive objects in their illusion, they impose limitations in their mind. Since they erroneously develop these thought determinations, which do not correspond to Reality (*dharmatā*), they are unable to reach any inclusive comprehension. The Buddha-Tathāgatas are free from all perverse views and thoughts [that block correct vision; therefore,] there are no corners into which their comprehension does not penetrate. Their Mind is true and real; therefore, it is no other than the essential nature of all things. [The Buddhas], because of their very nature, can shed light on all objects conceived in illusion. They are endowed with an influence of great wisdom [that functions as the application] of innumerable expedient means. Accommodating themselves to the capacity of understanding of various sentient beings, they can reveal to them the manifold meanings of the doctrine. This is the reason they may be called those who have "all-embracing knowledge."

나. 부사의한 업을 묻고 답함

또 묻는다. 만약 여러 부처님에게 스스로 그러한 업이 있어 온갖 곳에 나타나 중생을 이익되게 할 수 있는 것이라면, 온갖 중생은 그 몸을 보거나 신묘한 변화를 보거나 그 말씀을 듣거나 이익 얻지 못함이 없을 것이다. 그런데 왜 세간에서는 많이들 볼 수 없는가.

답한다. 여러 부처님 여래의 법신은 평등하여 온갖 곳에 두루해서 짓는 뜻이 없다. 그러므로 스스로 그러한 업이라 말한다. 다만 중생의 마음을 의지하여 나타나니 중생의 마음은 거울과 같다. 거울에 때가 있으면 빛깔 모습이 나타나지 않는데, 이와 같이 중생의 마음에 만약 때가 있으면 법신이 나타나지 않기 때문이다.

Question: If the Buddhas are able to perform spontaneous acts, to manifest themselves everywhere, and to benefit all sentient beings, then the sentient beings should all be able, by seeing their physical forms, by witnessing their miracles, or by hearing their preachings, to gain benefit. Why is it then that most people in this world have not been able to see the Buddhas?

Answer: The Dharmakaya of all the Buddhas, being one and the same everywhere, is omnipresent. Since the Buddhas are free from any fixation of though, their acts are said to be "spontaneous." They reveal themselves in accordance with the mentalities of all the various sentient beings. The mind of the sentient being is like a mirror. Just as a mirror cannot reflect images if it is coated with dirt, so the Dharmakaya cannot appear in the mind of the sentient being if it is coated with the dirt [of defilements].

제4장 수행과 믿음의 가름〔修行信心分〕
〔PART 4 On Faith and Practice〕

제1절 사람에 나아가 믿음과 수행의 뜻을 나타냄〔就人標意〕

이미 풀이한 가름을 말했으니, 다음에 수행과 믿는 마음의 가름을 말하겠다. 이 가운데서는 아직 뜻이 바르게 안정된 무리에 들지 못한 중생에 의지하므로 수행과 믿는 마음을 말하는 것이다.

Having already discussed interpretation, we will now present a discussion of faith and practice. This discussion is intended for those who have not yet joined the group of beings who are determined to attain enlightenment.

제2절 법을 잡아 널리 밝힘〔約法廣辨〕
제1항 두 가지 물음을 일으킴〔興起二問〕

어떤 것이 믿음의 마음이며 어떻게 수행하는가.

Question: What kind of faith 〔should a man have〕 and how should he practice it?

제2항 믿음과 수행 두 가지를 답해 보임〔答修行信心〕

1. 믿음의 마음을 밝힘〔明信心, On Four Faiths〕

간략히 믿음의 마음을 말하면 네 가지가 있으니, 어떤 것이 네 가지인가.

첫째, 근본을 믿음이니 이른바 참되고 한결같은 법을 즐거이 생각하기 때문이다.

둘째, 부처님께 한량없는 공덕이 있음을 믿음이니, 늘 부처님을 몸소 가까이 공양하고 공경하며 선근을 일으켜 일체지를 구하려 하기 때문이다.

셋째, 법에 크나큰 이익이 있음을 믿음이니, 늘 여러 바라밀 수행할 것을 생각하기 때문이다.

넷째, 승가는 바르게 수행하여 스스로를 이롭게 하고 남을 이롭게 한다고 믿음이니, 늘 여러 보살의 무리 가까이 모시기를 즐겨하여 실다운 행 배우기를 구하기 때문이다.

Answer: Briefly, there are four kinds of faith. The first is the faith in the *Ultimate Source*. Because [of this faith] a man comes to meditate with joy on the principle of Suchness. The second is the faith in the numberless excellent qualities of the *Buddhas*. Because [of this faith] a man comes to meditate on them always, to draw near to them in fellowship, to honor them, and to respect them, developing his capacity for goodness and seeking after the all-embracing knowledge. The third is the faith in the great benefits of the *Dharma* (Teaching). Because [of this faith] a man comes constantly to remember and practice various disciplines leading to enlightenment. The fourth is th faith in the *Sangha* (Buddhist Community) whose members are able to devote themselves to the practice of benefiting both themselves and others. Because [of this faith] a man comes to approach the assembly of Bodhisattvas constantly and with joy and to seek instruction from them in the correct practice.

2. 수행을 밝힘〔明修行, On Five Practices〕

1) 수행의 다섯 문을 열어 보임〔示修行五門〕

닦아 행함에 다섯 가지 문이 있어 이 믿음을 이룰 수 있으니 어떤 것이 다섯인가.

첫째 보시의 문이고, 둘째 지계의 문이며, 셋째 인욕의 문이고, 넷째 정진의 문이며, 다섯째 지관의 문이다.

There are five ways of practice which will enable a man to perfect his faith. They are the practices of charity, 〔observance of〕 precepts, patience, zeal, and cessation 〔of illusions〕 and clear observation.

2) 다섯 문을 널리 말함〔廣辨五門修行〕

(1) 간략히 네 가지 행을 밝힘〔略明四行〕

① 보시의 문〔施門〕

어떻게 보시의 문을 닦아 행하는가. 만약 온갖 찾아와 구하는 자를 보게 되면, 가지고 있는 재물을 힘을 따라 베풀어주어 스스로 아끼고 탐냄을 버려 그들을 기쁘게 한다. 만약 액난 속에서 두려워하고 내몰리는 것을 보면, 자기가 견디어 맡을 수 있는 힘을 따라 두려움 없는 마음을 베풀어준다. 그리고 만약 중생이 와서 법 구하는 자가 있으면, 자기가 알 수 있는 만큼 방편으로 그들을 위해 설해주되 마땅히 이름과 이익, 공경을 탐착해 구하지 않으니, 오직 스스로를 이익되게 하고 남 이익되게 함만을 생각하여 보리에 회향하기 때문이다.

Question: How should a man practice charity?
Answer: If he sees anyone coming to him begging, he should give him the wealth and other things in his possession in so far as he is able; thus, while freeing himself from greed and avarice, he causes the beggar to be joyful. Or, if he sees one who is in hardship, in fear, or in grave danger, he should give him freedom from fear in so far as he is able. If a man comes to seek instruction in the teaching, he should, according to his ability and understanding, explain it by the use of expedient means. In doing so, however, he should not expect any fame, material gain, of respect, but he should think only of benefiting himself and others alike and of extending the merit [that he gains from the practice of charity] toward the attainment of enlightenment.

② 지계의 문[戒門]

어떻게 지계의 문을 닦아 행하는가. 이른바 죽이지 않고 훔치지 않고 음행하지 않으며, 두 말 하지 않고 악한 말하지 않으며, 거짓말하지 않고 발린 말하지 않으며 탐냄과 질투, 거짓과 속임수, 아첨과 성냄, 삿된 견해를 멀리 떠남이다.

만약 출가한 이라면 번뇌를 꺾어 누르기 위하므로 또한 마땅히 시끄러움을 멀리 떠나 늘 고요한 곳에 있어 욕심 줄임과 만족할 줄 앎과 두타 등의 행을 닦아 익히고, 나아가 작은 죄일지라도 마음에 두려움을 내고 부끄러워하고 뉘우쳐, 여래께서 제정하신 금한 계를 가볍게 여기지 않아서 마땅히 남이 헐뜯고 싫어함을 막으며, 중생이 허망하게 죄와 허물 일으키지 않도록 하기 때문이다.

Question: How should he practice the [observance of] precepts?

Answer: He is not to kill, to steal, to commit adultery, to be double-tongued, to slander, to lie, or to utter exaggerated speech. He is to free himself from greed, jealousy, cheating, deceit, flattery, crookedness, anger, hatred, and perverse views. If he happens to be a monk [or nun] who has renounced family life, he should also, in order to cut off and suppress defilements, keep himself away from the hustle and bustle of the world and, always residing in solitude, should learn to be content with the least desire and should practice vigorous ascetic disciplines. He should be frightened and filled with awe by any slight fault and should feel shame and repent. He should not take lightly any of the Tathāgata's precepts. He should guard himself from slander and from showing dislike so as not to rouse people in their delusion to commit any offense or sin.

③ 인욕의 문[忍門]

어떻게 인욕의 문을 닦아 행하는가. 이른바 남이 괴롭힘을 마땅히 참아서 마음에 갚을 뜻을 품지 않으며, 또한 마땅히 이롭거나 손해 가거나 헐거나 기리거나 칭찬하거나 비방하거나 괴롭거나 즐거운 등의 법을 잘 참기 때문이다.

Question: How should he practice patience?
Answer: He should be patient with the vexatious acts of others and should not harbor thoughts of vengeance, and he should also be patient in matters of gain of loss, honor or dishonor, praise of blame, suffering or joy, etc.

④ 정진의 문〔進門〕

어떻게 정진의 문을 닦아 행하는가. 이른바 여러 가지 좋은 일에 마음이 게으르지 않아 뜻 세움이 굳고 강하며 겁내고 약함을 멀리 떠나, 마땅히 과거 오랜 옛날부터 온갖 몸과 마음의 큰 괴로움을 헛되이 받아 이익됨이 없었음을 생각함이다.

그러므로 마땅히 여러 공덕을 부지런히 닦아 스스로를 이롭게 하고 남을 이롭게 하여 뭇 괴로움을 멀리 떠나야 한다.

거듭 다시 만약 어떤 사람이 비록 믿는 마음을 닦는다 해도 앞 세상으로부터 여러 무거운 죄악의 장애가 있으므로 삿된 마와 여러 귀신의 괴롭히는 바가 되고, 때로 세간의 일거리에 갖가지로 얽히게 되며, 때로 병의 괴로움에 시달리는 바가 되어 이와 같은 등의 뭇 여러 가지 막힘과 걸림이 있게 된다.

그러므로 마땅히 용맹스럽게 부지런히 정진하여 낮과 밤, 여섯 때에 여러 부처님께 절하고 지성스런 마음으로 참회하며, 부처님과 선지식이 세상에 머물러 설법하시길 권해 청하고 좋은 공덕을 따라 기뻐하며, 보리에 회향하여 늘 쉬어 없애지 않아야 하니, 여러 장애를 없애고 착한 뿌리를 늘려 키울 수 있기 때문이다.

Question: How should he practice zeal?

Answer: He should not be sluggish in doing good, he should be firm in his resolution, and he should purge himself of cowardice. He should remember that from the far distant past he has been tormented in vain by all of the great sufferings of body and mind. Because of this he should diligently practice various meritorious acts, benefiting himself and others, and liberate himself quickly from suffering. Even if a man practices faith, because he is greatly hindered by the evil karma derived from the grave sins of previous lives, he may be troubled by the evil Tempter (Māra) and his demons, or entangled in all sorts of worldly affairs, of afflicted by the suffering of disease. There are a great many hindrances of this kind. He should, therefore, be courageous and zealous, and at the six four-hour intervals of the day and night should pay homage to the Buddhas, repent with sincere heart, beseech the Buddhas (for their guidance), rejoice in the happiness of others, and direct all the merits (thus acquired) to the attainment of enlightenment. If he never abandons these practices, he will be able to avoid the various hindrances as his capacity for goodness increases.

(2) 지관의 문을 널리 말함〔止觀廣說〕

① 지관을 간략히 밝힘〔略明止觀〕

어떻게 그침과 살핌의 문〔止觀〕을 닦아 행하는가.

말한 바 그침〔止〕이란 곧 온갖 경계의 모습을 그침이니, 사마타관의 뜻을 따르기 때문이다.

말한 바 살핌〔觀〕이란 인연으로 나고 사라지는 모습을 분별함이니, 비파사나관의 뜻을 따르기 때문이다.

어떻게 따르는가. 이 두 가지 뜻을 차츰 닦아 익히면 서로 떠나지 않아서 두 가지가 함께 앞에 나타나기 때문이다.

Question: How should he practice cessation and clear observation?

Answer: What is called "cessation" means to put a stop to all characteristics (*lakshana*) of the world [of sense objects and of the mind], because it means to follow the *śamatha* (tranquility) method of meditation. What is called "clear observation" means to perceive distinctly the characteristics of the causally conditioned phenomena (samsara), because it means to follow the *vipaśyanā* (discerning) method of meditation.

Question: How should he follow these?

Answer: He should step by step practice these two aspects and not separate one from the other, for only then will both be perfected.

② 지관을 널리 말함〔廣說止觀〕

가. 그침을 밝힘〔明止〕

가) 그침 닦는 방법〔修止方法, The Practice Cessation〕

(가) 좌선의 닦음을 보임〔示修習坐禪〕

만약 그침〔止〕을 닦는 이는 고요한 곳에 머물러 단정히 앉아 뜻을 바로 하여 기와 숨에 의지하지 않고, 모습과 빛깔에 의지하지 않으며, 허공에 의지하지 않고, 땅·물·불·바람에 의지하지 않으며, 나아가 보고 듣고 깨달아 앎에 의지하지 않는다. 온갖 여러 망상은 생각을 따라 모두 없애되 또한 없애는 생각마저 보낸다.

온갖 법이 본래 모습이 없으므로 생각 생각이 나지 않고 생각 생각이 사라지지 않으니, 또한 늘 마음을 따라 밖으로 경계를 생각하지 않은 뒤에 마음으로써 마음을 없앤다. 마음이 만약 내달려 흩어지면 마땅히 거두어 와 바른 생각에 머물러야 하며, 이 바른 생각이란 오직 마음일 뿐 바깥 경계가 없는 줄 마땅히 알아야 하나, 곧 다시 이 마음도 또한 자기 모습이 없어서 생각 생각을 얻을 수가 없는 것이다.

Should there be a man who desires to practice "cessation," he should stay in a quiet place and sit erect in an even temper. [His attention should be focused] neither on breathing nor on any form of color, nor on empty space, earth, water, fire, wind, nor even on what has been seen, heard, remembered, or cenceived. All thoughts, as soon as they are conjured up, are to be put away, for all things are essentially [in the state of] transcending thoughts, and are not to be created from moment to moment nor to be extinguished from moment to moment; [thus one is to conform to the essential nature of Reality (*dharmatā*) through this practice of cessation]. And it is not that he should first meditate on the objects of the sense in the external world and then negate them with his mind, the mind that has meditated on them. If the mind wanders away, it should be brought back and fixed in "correct thought" is [the thought that] whatever is, is mind only and that there is no exteranal world of objects [as conceived]; even this mind is devoid of any marks of its own [which would indicate its substantiality] and therefore is not substantially conceivable as such at any moment.

    (나) 경계를 거치어 닦는 법을 보임〔示對境歷緣修〕

만약 앉음으로부터 일어나 가고 오며 나아가고 그쳐 베풀어 짓는 바가 있어도, 온갖 때에 늘 방편임을 생각하여 따라 살펴서 오래 익혀 무르익으면 그 마음이 머물게 된다.

마음이 머물므로 차츰 매우 날카로와지면 참되고 한결같은 삼매〔眞如三昧〕에 따라 들어가 깊이 번뇌를 누르고, 믿는 마음이 늘어나고 자라나 물러섬이 없는 지위를 빨리 이루게 된다.

오직 의혹하고 믿지 않아 비방하며 무거운 죄업의 장애를 짓고 나라는 으시댐과 게으름에 빠진 이들은 제외하니, 이러한 사람들은 들어갈 수 없는 것이다.

Even if he arises from his sitting position and engages in other activities, such as going, coming, advancing, of standing still, he should at all times be mindful [of the application] of expedient means [of perfecting "cessation"], conform [to the immobile principle of the essential nature fo Reality], and observe and examine [the resulting experiences]. When this discipline is well mastered after a long period of practice, [the ideations of] his mind will be arrested. Because of this, his power of executing "cessation" will gradually be intensified and become highly effective, so that he will conform himself to, and be able to be absorbed into, the "concentration (samadhi) of Suchness." Then his defilements, deep though they may be, will be suppressed and his faith strengthened; he will quickly attain the state in which there will be no retrogression. But those who are skeptical, who lack faith, who speak ill [of the teaching of the Buddha], who have committed grave sins, who are hindered by their evil karma, or who are arrogant or indolent are to be excluded; these people are incapable of being absorbed into [the samadhi of Suchness].

나) 그침의 뛰어난 공능을 드러냄〔顯止勝能〕

거듭 이 삼매를 의지하므로 법계가 한 모습임을 바로 알게 되니, 곧 온갖 여러 부처님의 법신과 중생의 몸이 평등하여 둘 없으므로 이를 일행삼매(一行三昧)라 말한다. 참되고 한결같음〔眞如〕이 이 삼매의 근본임을 마땅히 알아야 하니, 사람이 닦아 행하면 차츰 한량없는 삼매를 내게 된다.

Next, as a result of this samadhi, a man realizes the oneness of the World of Reality (*dharmadhātu*), i.e., the sameness everywhere and nonduality of the Dharmakaya of all the Buddhas and the bodies of sentient beings. This is called "the samadhi of one movement." It should be understood that [the samadhi of] Suchness is the foundation of [all other] samadhi. If a man keeps practicing it, then he will gradually be able to develop countless other kinds of samadhi.

다) 그침의 마장을 밝힘〔辨止之魔事〕

㈎ 마라의 일과 대치법을 간략히 밝힘〔略明魔事〕

때로 어떤 중생이 있어 착한 뿌리의 힘이 없으면 곧 여러 마와 외도와 귀신의 어지럽히는 바가 된다. 만약 앉아 있음 가운데 모습을 나투어 두렵게 하거나, 때로 단정한 남녀 등의 모습을 나투면 마땅히 오직 마음인 경계인 줄 생각하라. 그러면 사라져 없어져 끝내 괴롭게 하지 못한다.

If there is a man who lacks the capacity for goodness, he will be confused by the evil Tempter, by heretics and by demons. Sometimes these beings will appear in dreadful forms while he is sitting in meditation, and at other times they will manifest themselves in the shapes of handsome men and women. [In such a case] he should meditate on [the principle of] "mind only," and then these objects will vanish and will not trouble him any longer.

㈏ 마라의 일을 자세히 밝힘〔廣說魔事〕

a. 습기의 마〔習氣魔〕

때로 하늘의 모습, 보살의 모습을 나투며 또한 여래의 모습이 상호를 갖추어짐을 지어서 다라니를 설하거나 보시·지계·인욕·정진·선정·지혜를 설하거나 하며, 때로 평등과 공함과 모습 없음과 바램 없는 해탈문을 설하고, 원수도 없고 친함도 없음, 원인이 없음과 결과가 없음, 끝내 공하여 고요함이 바로 참된 니르바나라고 설한다. 때로 사람으로 하여금 옛날의 목숨과 지나간 일을 알게 하고, 또한 아직 오지 않는 일을 알게 하며, 남의 마음 아는 지혜를 얻어 말재간이 걸림 없도록 하며, 중생으로 하여금 세간의 이름과 이익의 일을 탐착하도록 할 수 있다.

Sometimes they may appear as the images of heavenly beings or Bodhisattvas, and assume also the figure of the Tathāgata, furnished with all the major and minor marks; or they may expound the spells or preach charity, the precepts, patience, zeal, meditation, and wisdom; or they may discourse on how the true nirvana is the state of universal emptiness, of the nonexistence of characteristics, vows, hatreds, affection, causes, and effects; and of absolute nothingness. They may also teach him the knowledge of his own past and future states of existence, the method of reading other men's minds, and perfect mastery of speech, causing him to be covetous and attached to worldly fame and profit.

b. 번뇌의 마〔煩惱魔〕

또 사람으로 하여금 자주 화내고 자주 기뻐하도록 해 성품에 항상된 기준이 없도록 하며, 때로 너무 사랑함이 넘치도록 하며, 너무 잠이 많고 병치레가 많아서 그 마음을 게으르도록 하며, 때로 갑자기 정진에서 일어난 뒤에 곧바로 쉬어 그만두게 하며 못미더움을 내고, 많이 의심하고 많이 따지게 하며, 때로 본래의 뛰어난 행을 버리고 다시 뒤섞인 업을 닦도록 한다. 만약 세상의 일을 집착하면 갖가지로 끌려 얽히게 하며 또한 사람으로 하여금 여러 삼매를 얻도록 해 조금쯤 비슷하게 되나 모두 외도가 얻은 바라 참된 삼매가 아니다.

Or they may cause him to be frequently moved to joy and anger and thus to have unsteadiness of character, being at times very kind-hearted, very drowsy, very ill, or lazy-minded; or at other times becoming suddenly zealous, and then afterward lapsing into negligence; or developing a lack of faith, a great deal of doubt, and a great deal of anxiety; or abandoning his fundamental excellent practices [toward religious perfection] and devoting himself to miscellaneous religious acts, or being attached to worldly affairs which involve him in many ways; or sometimes they may cause him to experience a certain semblance of various kinds of samadhi, which are all the attainments of heretics and are not the true samadhi.

c. 탐욕의 마〔欲魔〕

때로 다시 사람으로 하여금 하루나 이틀, 사흘 나아가 이레가 되도록 선정에 머물러 선정 속에서 스스로 그러한 냄새의 아름다움과 먹을

거리를 얻어 몸과 마음이 즐거워져 배고프지 않고 목마르지도 않게 하여 사람으로 하여금 그 먹을거리에 애착하도록 한다. 때로 사람으로 하여금 먹음에 질서가 없도록 하여 많이 먹기도 하다 적게 먹기도 하며 얼굴빛이 변해 달라지게 한다.

이런 뜻 때문에 수행자는 늘 마땅히 지혜로 살피어 이런 마음으로 삿된 그물에 떨어지지 않게 해야 하며, 마땅히 바른 생각을 부지런히 하여 취하지 않고 붙잡지 않으면 곧 이런 업의 장애를 멀리 여윌 수 있다.

Or sometimes they may cause him to remain in samadhi for one, two, three, or up to seven days, feeling comfort in his body and joy in his mind, being neither hungry nor thirsty, partaking of natural, fragrant, and delicious drinks and foods, which induce him to increase his attachment to them; or at other times they may cause him to eat without any restraint, now a great deal, now only a little, so that the color of his face changes accordingly.

For these reasons, he who practices ["cessation"] should be discreet and observant, lest his mind fall into the net of evil [doctrine]. He should be diligent in abiding in "correct thought," neither grasping nor attaching himself to [anything]; if he does so, he will be able to keep himself far away from the hindrance of these evil influences.

라) 삿됨과 바름 가려 그침의 바른 길을 보임〔辨邪正而示止之正路〕

㈎ 삿됨과 바름을 가림〔辨邪正〕

외도에게 있는 바 삼매란 모두 나라는 견해와 나라는 애착과 나라는 으시댐의 마음을 떠나지 못한 줄 마땅히 알아야 하니, 세간을 탐착하여 이름과 이익을 공경하기 때문이다.

진여의 삼매란 보는 모습에도 머물지 않고 얻는 모습에도 머물지 않으며, 나아가 선정을 나온다 하더라도 또한 게으름 없어서 있는 바 번뇌가 점점 작아지고 엷어진다.

He should know that the samadhi of the heretics are not free from perverse views, craving, and arrogance, for the heretics are covetouslly attached to fame, profit, and the respect of the world. The samadhi of Suchness is the samadhi in which one is not arrested by the activity of viewing [a subject] nor by the experiencing of objects [in the midst of meditation]; even after concentration one will be neither indolent nor arrogant and one's defilements will gradually decrease.

(4) 진여삼매로써만 여래의 종성에 들 수 있음을 보임〔示眞如三昧得入如來種〕

만약 여러 범부가 이 삼매법을 닦지 않고서 여래의 종성에 들어간다는 것은 그럴 수가 없는 것이다. 세간의 여러 선삼매(禪三昧)를 닦으면 많이들 맛에 집착을 일으키고 나라는 견해에 의지해 외도와 같이 삼계에 묶이어 속하게 된다. 만약 선지식이 보살펴주는 바를 떠나면 외도의 견해를 일으키기 때문이다.

There has never been a case in which an ordinary man, without having practiced this samadhi, was still able to join the group that is entitled to become Tathāgatas.

Those who practice the various types of dhyana (meditation) and samadhi which are popular in the world will develop much attachment to their flavors and will be bound to the triple world because of their perverse view that atman is real. They are therefore the same as heretics, for as they depart from the protection of their good spiritual friends, they turn to heretical views.

마) 이익을 보여 닦도록 권함〔示益勸修〕

거듭 다시 부지런히 힘써 마음을 오로지 해 이 삼매를 닦는 이는 현재 세상에 마땅히 열 가지 이익을 얻을 것이니, 어떤 것이 열인가.
첫째 늘 시방 여러 부처님과 보살의 보살펴 생각해주시는 바가 되고, 둘째 여러 마와 나쁜 귀신들이 두렵게 할 수 있는 바가 되지 않으며, 셋째 아흔 다섯 가지 외도와 귀신이 어지럽힐 수 있는 바가 되지 않으며, 넷째 깊고 깊은 법 헐뜯음을 멀리 떠나 무거운 죄업의 장애가 점점 적어지고 엷어지며, 다섯째 온갖 의심과 여러 잘못된 살핌〔覺觀〕을 없애버리고, 여섯째 여러 여래의 경계에 믿음이 늘어나고 자라나며, 일곱째 걱정하여 뉘우침을 멀리 떠나 나고 죽음 가운데서 용맹하여 겁내지 않으며, 여덟째 그 마음이 부드럽게 어울려 뻐김과 으시댐을 버리어 남의 괴롭히는 바가 되지 않으며, 아홉째 비록 아직 선정을 얻지 못해도 온갖 때, 온갖 곳에서 번뇌를 덜어 줄일 수 있어서 세간을 즐겨하지 않으며, 열째 만약 삼매를 얻으면 바깥 경계와 온갖 음성이 놀라게 하는 바가 되지 않는다.

Next, he who practices this samadhi diligently and whole-heartedly will gain ten kinds of advantages in this life. First, he will always be protected by the Buddhas and the Bodhisattvas of the ten directions. Second, he will not be frightened by the Tempter and his evil demons. Third, he will not be deluded or confused by the ninety-five kinds of heretics and wicked spirits. Fourth, he will keep himself far away from slanders of the profound teaching [of the Buddha], and will gradually diminish the hindrances derived from grave sins. Fifth, he will destroy all doubts and wrong views on enlightenment. Sixth, his faith in the Realm of the Tathāgata will grow. Seventh, he will be free from sorrow and remorse and in the midst of samsara will be full of vigor and undaunted. Eighth, having a gentle heart and forsaking arrogance, he will not be vexed by others. Ninth, even if he has not yet experienced samadhi, he will be able to decrease his defilements in all places and at all times, and he will not take pleasure in the world. Tenth, if he experiences samadhi, he will not be startled by any should from without.

나. 살핌을 밝힘〔明觀, The Practice of Clear Observation〕

가) 살핌 닦는 뜻을 밝힘〔明修觀意〕

거듭 다시 만약 사람이 오직 그침만을 닦으면, 마음이 가라앉아 때로 게으름을 일으키고 여러 착한 일을 즐겨하지 않으며, 큰 자비를 멀리 떠나게 되므로 살핌〔觀〕을 닦는 것이다.

Now, if he practices "cessation" only, then his mind will be sunk [in self-complacency] and he will be slothful; he will not delight in performing good acts but will keep himself far away from the exercise of great compassion. It is, therefore, necessary to practice "clear observation" [as well].

나) 살핌의 모습을 보임〔辨觀相〕

㈎ 연기적인 법의 모습을 살핌〔法相觀〕

살핌을 닦아 익히는 이는 마땅히 온갖 세간의 함이 있는 법이 오래 머묾이 없이 잠깐 사이에 변해 무너지며, 온갖 마음의 행이 생각 생각 일어나고 사라지기 때문에 괴로움인 줄 살펴야 한다. 또한 마땅히 과거에 생각한 바 모든 법이 아득하고 아득하여 꿈같음을 살피고, 현재에 생각하는 바 모든 법이 번갯불과 같음을 살피며, 미래에 생각할 바 모든 법이 구름과 같아서 갑자기 일어남을 살피며, 마땅히 세간의 온갖 몸이 모두 다 깨끗하지 않아서 갖가지로 더러워 하나도 즐길만하지 못함을 살펴야 한다.

He who practices "clear observation" should observe that all conditioned phenomena in the world are unstationary and are subject to instantaneous transformation and destruction; that all activities of the mind arise and are extinguished from moment to moment; and that, therefore, all of these induce suffering. He should observe that all that had been conceived in the past was as hazy as a dream, that all that is being conceived in the present is like a flash of lightning, and that all that will be conceived in the future will be like clouds that rise up suddenly. He should also observe that the physical existences of all living beings in the world are impure and that among these various filthy things there is not a single one that can be sought after with joy.

(나) 자비관(慈悲觀)

이와 같이 온갖 중생이 비롯 없는 옛날로부터 모두 무명이 끼쳐 익히는 바 되므로 마음이 생기고 사라지도록 하여 이미 온갖 몸과 마음의 큰 괴로움을 받았고, 현재에 곧 한량없이 쫓겨 내몰림이 있으며, 미래에 괴로워할 바도 또한 분별할 수 없어서 버리기 어렵고 떠나기 어렵다. 그런데도 깨달아 알지 못하니, 중생의 이런 모습이 매우 슬퍼할 일임을 마땅히 살펴 생각해야 한다.

He should reflect in the following way: all living beings, from the beginningless beginning, because they are permeated by ignorance, have allowed their mind to remain in samsara; they have already suffered all the great miseries of the body and mind, they are at present under incalculable pressure and constraint, and their sufferings in the future will likewise be limitless. These sufferings are difficult to forsake, difficult to shake off, and yet these beings are unaware [that they are in such a state]; for this, they are greatly to be pitied.

㈑ 대원관(大願觀)

이렇게 사유하고서는 곧 마땅히 용맹스럽게 큰 서원을 이렇게 세워야 한다.

'바라건대 내 마음이 분별을 떠나도록 하므로 시방에 두루하여 온갖 여러 착한 공덕을 닦아 행해지이며, 미래제가 다하도록 한량없는 방편으로 온갖 괴로움 받는 중생을 건져 빼내 니르바나의 으뜸가는 진리의 뜻〔第一義〕그대로의 즐거움을 얻게 하여지이다.'

After reflecting in this way, he should pluck up his courage and make a great vow to this effect: may my mind be free from discriminations so that I may practice all of the various meritorious acts everywhere in the ten directions; may I, to the end of the future, by applying limitless expedient means, help all suffering sentient beings so that they may obtain the bliss of nirvana, the ultimate goal.

㈒ 정진관(精進觀)

이와 같은 원을 일으키므로 온갖 때와 온갖 곳에서 있는 바 뭇 착한 일들을 자기가 견뎌 할 수 있음을 따라 버리지 않고 닦아 배워 마음에 게으름이 없어야 한다.

Having made such a vow, he must, in accordance with his capacity and without faltering, practice every kind of good at all times and at all places and not be slothful in his mind.

㈒ 살핌 닦음을 다시 맺어 보임〔結示修觀〕

다만 앉아 있을 때 그침만을 오로지 생각함을 내놓고는 나머지 다른 온갖 곳에서 마땅히 해야 할 것과 하지 않아야 할 것을 모두 마땅히 살펴야 한다.

Except when he sits in concentration in the practice of "cessation," he should at all times reflect upon what should be done and what should not be done.

다. 그침과 살핌 함께 지음을 밝힘〔明止觀雙運〕

만약 가거나 머물거나 앉거나 눕거나 일어나거나 모두 마땅히 그침과 살핌을 함께 행해야 한다〔止觀俱行〕.

그것은 이른바 비록 모든 법의 자기 성품이 나지 않음을 생각하나, 다시 인과 연이 어울려 합해 선악의 업과 괴로움과 즐거움의 갚음이 잃어지거나 무너지지 않음을 생각하며, 비록 인연으로 난 선악의 업과 그 갚음을 생각하나 또한 그 성품을 얻을 수 없다고 생각하는 것이다.

만약 그침을 닦는 이라면 범부가 세간에 머물러 집착함을 상대해 다스리고, 이승의 겁내고 약한 견해를 버릴 수 있으며, 만약 살핌을 닦는 이라면 이승의 큰 자비를 일으키지 않는 못나고 뒤쳐진 마음의 허물을 상대해 다스리고, 범부가 선근 닦지 않음을 멀리 여의게 된다.

이런 뜻 때문에 이 그침과 살핌의 두 문은 함께 서로 도와 이루어 서로 떨어지지 않는 것이니, 만약 그침과 살핌을 갖추지 않으면 보리의 길에 들어갈 수 없다.

Whether walking, standing, sitting, lying, or rising, he

should practice both "cessation" and "clear observation" side by side. That is to say, he is to meditate upon the fact that things are unborn in their essential nature; but at the same time he is to meditate upon the fact that good and evil karma, produced by the combination of the primary cause and the coordinating causes, and the retributions [of karma] in terms of pleasure, pain, etc., are neither lost nor destroyed. Though he is to meditate on the retribution of good and evil karma produced by the primary and coordinating causes [i.e., he is to practice "clear observation"], he is also to meditate on the fact that the essential nature [of things] is unobtainable [by intellectual analysis.] The practice of "cessation" will enable ordinary men to cure themselves of their attachments to the world, and will enable the followers of the Hinayana to forsake their views, which derive from cowardice. The practice of "clear observation" will cure the followers of the Hinayana of the fault of having narrow and inferior minds which bring forth no great compassion, and will free ordinary men from their failure to cultivate the capacity for goodness. For these reasons, both "cessation" and "clear observation" are complementary and inseparable. If the two are not practiced together, then one cannot enter the path to enlightenment.

제3절 물러섬을 막는 방편을 보임〔顯防退方便〕

1. 물러서려는 이를 들어 정토의 방편을 이끎〔以欲退之人引淨土方便〕

거듭 다시 어떤 중생이 처음 이 법을 배우면서 바른 믿음을 구하려고 하나 그 마음이 겁내고 약해서 이 사바세계에 머물면서 늘 여러 부처님을 만나 뵙고 몸소 공양받들 수 없음을 스스로 두려워하여 믿음의 마음을 이루기 어렵다고 말하면 그는 뜻이 물러서려는 자이다.

Next, suppose there is a man who learns this teaching for the first time and wishes to seek the correct faith but lacks courage and strength. Because he lives in this world of suffering, he fears that he will not always be able to meet the Buddhas and honor them personally, and that, faith being difficult to perfect, he will be inclined to fall back.

2. 물러섬 막는 방편을 밝힘〔明防退之法〕

이런 이에게는 여래에게 빼어난 방편이 있어 그 믿음의 마음을 거두어 보살펴 줌을 마땅히 알아야 한다.

곧 뜻을 오로지 해 부처님을 생각하는 인연으로 원을 따라 다른 곳의 부처님의 땅에 태어나 늘 부처님을 뵈어 길이 나쁜 길을 떠나게 되는 것이다. 이는 수다라에서 만약 사람이 서방극락세계 아미타불을 오로지 생각해 닦은 바 착한 뿌리를 돌이켜 향하고 그 세계에 태어남을 구해 바라면 곧 가서 태어남을 얻게 되고 늘 부처님을 뵙기 때문에 끝내 물러섬이 없다고 말함과 같다.

만약 그 부처님의 참되고 한결같은 법신을 살펴 늘 부지런히 닦아 익히면 끝내 태어남을 얻게 되니 바른 선정에 머물기 때문이다.

He should know that the Tathāgatas have an excellent expedient means by which they can protect his faith: that is, through the strength of wholehearted meditation on the Buddha, he will in fulfillment of his wishes be able to be born in the Buddhaland beyond, to see the Buddha always, and to be forever separated from the evil states of existence. It is as the sutra says: "If a man meditates wholly on Amitābha Buddha in the world of the Western Paradise and wishes to be born in that world, directing all the goodness he has cultivated [toward that goal], then he will be born there. Because he will see the Buddha at all times, he will never fall back. If he meditates on the Dharmakaya, the Suchness of the Buddha, and with diligence keeps practicing [the meditation], he will be able to be born there in the end because he abides in the correct samadhi.

제5장 이익을 보여 닦도록 권하는 가름〔勸修利益分〕
〔PART 5 Encouragement of Practice and the Benefits Thereof〕

1. 앞의 말을 전체적으로 맺음〔總結前說〕

이미 닦아 행함과 믿음의 가름〔修行信心分〕을 말했으니, 다음 닦는 이익을 보여 권하는 가름을 말하겠다.

이와 같은 마하야나는 여러 부처님의 비밀한 말씀의 창고이니, 나는 이미 모두 설했다.

As has already been explained in the preceding sections the Mahayana is the secret treasury of the Buddhas.

2. 믿음의 이익과 비방의 죄를 밝힘〔明信行益及謗毁罪〕

1) 믿어 행함의 큰 이익을 보임〔示信行利益〕

만약 중생이 있어 여래의 깊고 깊은 경계에 바른 믿음을 내 헐뜯음을 멀리 떠나 대승의 길에 들어서고자 하면, 마땅히 이 논을 지니어 생각하여 닦아 익히면 끝내 위없는 도에 이를 수 있을 것이다.

만약 이 사람이 이 법을 듣고서는 겁내고 약함을 내지 않으면, 이 사람은 반드시 부처의 씨앗을 이어서 반드시 여러 부처님이 성불언약 주시는 바가 됨을 마땅히 알아야 한다.

가령 어떤 사람이 삼천대천세계 가운데 가득한 중생을 교화하여 열 가지 착한 일을 행하게 해도 어떤 사람이 한나절 무렵 이 법을 바르게 생각함만 같지 않으니, 이 법 생각한 공덕은 앞의 착한 일한 공덕을 넘어 이루 비유할 수 없다.

거듭 다시 어떤 사람이 이 논을 받아지니고 살피어 닦아 행함이 하루 낮 하루 밤만 되어도 있는 바 공덕은 한량없고 끝이 없어 이루 말할 수 없다.

가령 시방의 온갖 여러 부처님이 각기 한량없고 끝이 없는 아승지겁에 그 공덕을 기린다 해도 또한 다할 수가 없으니, 왜 그런가.

곧 법성의 공덕이 다함이 없기 때문이니 이 사람의 공덕도 또한 다시 이와 같아 끝이 없다.

Should there be a man who wishes to obtain correct faith in the profound Realm of the Tathāgata and to enter the path of Mahayana, putting far away from himself any slandering [of the teaching of Buddha], he should lay hold of this treatise, deliberate on it, and practice it; in the end he will be able reach the unsurpassed enlightenment.

If a man, after having heard this teaching, does not feel any fear or weakness, it should be known that such a man is certain to carry on the lineage of the Buddha and to receive the prediction of the Buddha that he will obtain enlightenment. Even if a man were able to reform all living beings throughout all the systems in the universe and to induce them to practice the ten precepts, he still would not be superior to a man who reflects correctly upon this teaching even for the time spent on a single meal, for the excellent qualities which the latter is able to obtain are unspeakably superior to those which the former may obtain.

If a man takes hold of this treatise and reflects on and practices [the teachings given in it] only for one day and one night, the excellent qualities he will gain will be boundless and indescribable. Even if all the Buddhas of the ten directions were to praise these excellent qualities for incalculagly long periods of time, they could never reach the end of their praise, for the excellent qualities of the Reality (*dharmatā*) are infinite and the excellent qualities gained by this man will accordingly by boundless.

2) 헐뜯음의 죄를 들어보임〔擧謗毀罪重〕

그 어떤 중생이 있어 이 논 가운데 헐뜯고 믿지 않으면 얻은 바 죄의 갚음으로 한량없는 겁을 지나도록 크나큰 괴로움을 받게 된다.

그러므로 중생은 다만 마땅히 우러러 믿고 허물어뜨려 헐뜯어서 안 되니, 깊이 스스로를 해치고 또한 다른 사람을 해쳐 온갖 삼보의 씨앗을 끊어버리기 때문이다. 그리고 온갖 여래께서 모두 이 법을 의지하여 니르바나를 얻기 때문이며, 온갖 보살이 이를 인해 닦아 행해 부처님의 지혜에 들어갈 수 있기 때문이다.

If, however, there is a man who slanders and does not believe in this treatise, for an incalculable number of aeons he will undergo immense suffering for his fault. Therefore all people should reverently believe in it and not slander it, [for slander and lack of faith] will gravely injure oneself as well as others and will lead to the destruction of the lineage of the Three Treasures.

Through this teaching all Tathāgatas have gained nirvana, and through the practice of it all Bodhisattvas have obtained Buddha-wisdom.

3. 닦아 배우기를 맺어 권함[結勸修學]

지난 옛날의 보살이 이미 이 법을 의지해 깨끗한 믿음을 이루었고, 현재의 보살도 지금 이 법을 의지해 깨끗한 믿음을 이루며, 아직 오지 않은 뒷날의 보살도 이 법을 의지해 깨끗한 믿음 이룰 것임을 마땅히 알아야 한다. 그러므로 중생은 마땅히 부지런히 닦아 배워야 한다.

It should be known that it was by means of this teaching that the Bodhisattvas in the past were able to perfect their pure faith; that it is by means of this teaching that the Bodhisattvas of the present are perfecting their pure faith; and that it is by means of this teaching that the Bodhisattvas of the future will perfect their pure faith. Therefore men should diligently study and practice it.

널리 세상에 회향하리〔流通分〕

유통하는 게〔流通偈〕

부처님의 깊고 깊으며 넓고 큰 뜻을
내가 이제 뜻을 따라 모두 말했네.
이 공덕을 법성처럼 회향하나니
널리 중생계가 이익되어지이다.

Profound and comprehensive are the great principles of the Buddha,
Which I have now summarized as faithfully as possible.
May whatever excellent qualities I have gained from this endeavor
In accordance with Reality be extended for the benefit of all beings.

제 2 부
대승기신론직해

□ 목숨 다해 삼보께 돌아가리
□ 마하야나의 크나큰 길을 가리
□ 널리 세상에 회향하리

목숨 다해 삼보께 돌아가리 [歸命三寶]

　불·법·승 삼보는 중생의 삶과 이 세간의 생겨남이 없고 사라짐이 없는 참모습이자 진리의 역사적 구현이다. 그러므로 진리의 인격적 실현인 불타와 불타의 언어적 실천과 불타의 참된 가르침대로 진리의 길을 가는 승가 공동체는 중생이 장애와 곤란의 삶 속에서 의지해야 할 나룻배와 같고, 혼돈과 미망의 소용돌이 속에서 항해 나아갈 삶의 푯대와 같다.
　그러므로 논주는 이제 마하야나의 크나큰 길을 열어 중생에게 해탈의 활로를 열기 전에 먼저 스스로 삼보께 귀의하고, 뭇 삶들을 삼보께 돌아가게 함으로써 뭇 삶들로 하여금 삼보를 새로운 자기 해탈의 모습으로 구현해가도록 가르친다.
　삼보는 고통과 질곡 속에서 해탈의 길을 가는 중생이 마땅히 돌아가야 할 의지처이자 지향점이며, 물듦과 고통 속에 있되 이미 그러한 삶의 본질적인 청정성이자 해탈의 모습인 것이다.

목숨 다해 삼보께 돌아가리 [歸命偈 : 序分]

온누리에서 가장 뛰어난 업으로
앎이 없이 온갖 것 두루 아시며
그 몸은 걸림없이 자재하시사
이 세상 건져주시는 크게 자비한 이와
그 몸의 모습 없는 참모습과
법의 성품인 진여의 바다와
한량없는 공덕의 창고와
진리대로 실답게 수행하는 이들께
목숨 다해 돌아가 의지하옵나니
중생으로 하여금 의심을 없애고
잘못된 집착을 모두 버리게 하여
대승에 바른 믿음을 일으켜
부처 씨앗 끊기지 않도록 하려고
이 논을 지어서 보이나이다.

歸命盡十方　最勝業徧知
色無礙自在　救世大悲者
及彼身體相　法性眞如海
無量功德藏　如實修行等
爲欲令衆生　除疑捨邪執
起大乘正信　佛種不斷故

해 설

 논(論)을 지어 경의 뜻을 풀이하고 붇다의 가르침을 다시 펴는 것은 끝내 붇다가 깨쳐 보이신 바 진리의 세계에 돌아가기 위함이다. 그러므로 논을 지어 말하기 전에 먼저 법계의 진리를 깨치신 붇다〔佛〕와 붇다가 깨친 진리〔法〕와 그 진리의 세계에 깨쳐 들기 위해 수행하여 세간의 복밭이 되는 승가대중〔僧〕에게 목숨 들어 돌아간다.
 법계를 깨친 붇다〔佛〕와, 붇다가 깨쳐 들어간 법계와 그 법계의 언어적 표현인 가르침〔法〕, 가르침 따라 법계의 진리를 닦아 행하는 승가〔僧〕는 셋으로 그 이름이 분별된다. 그러나 능히 깨침〔能覺〕은 깨치는 바〔所覺〕를 떠나지 않고, 능히 닦음〔能修〕은 닦아지는 바〔所修〕를 떠나지 않으므로 불·법·승 삼보의 바탕에는 세 가지 모습이 없다.
 삼보는 진리의 자기 모습이자 진리의 역사적 실현이다. 그러므로 삼보는 고통바다에 헤매는 중생이 돌아가 의지하는 곳이고 늘 기다려 바라보는 곳이자 중생의 자기 가능태이며 이미 그러한 중생의 자기본질이다.
 이제 논을 지어 경의 뜻을 말하기 전에 삼보에 목숨 들어 돌아가는 것은 바로 논의 뜻을 모든 중생과 함께 하여 진리의 길에 더불어 나아가기 위함이다.
 이 게송은 뜻으로 보면 두 부분으로 나뉜다. 곧 '진리대로 실답게 수행하는 이들께 목숨 다해 돌아가 의지하옵나니〔如實修行等〕' 까지는 삼보께 귀의하는 노래이고, 그 뒷부분에서는 이 논을 짓는 뜻을 밝히고 있다.
 앞의 삼보에 귀의하는 게송의 풀이에 대해서는 『기신론』 해석의 두 기둥인 원효(元曉)와 법장(法藏)의 입장이 조금 다르다. 원효는 '가장 뛰어난 업으로'부터 '크게 자비한 이와'까지를 불보로 보고, '그 몸의 모습 없는 참모습과'부터 '진여의 바다와'까지를 법보로 보며, '한량없는 공덕의 창고와'에서부터 '진리대로 실답게 수행하는 이들께'까지를 승보로 본다.
 법장의 풀이에서 앞의 불보는 원효와 같다. 그러나 법장은 '한량없는 공덕의 창고'까지를 법보에 붙이고, '진리대로 실답게 수행하는 이들'만

승보로 본다.

  원효는 한량없는 공덕의 창고인 여래장이 상가(saṅgha)가 닦아가는 바이자 온갖 수행이 일어나는 곳임을 들어 이 두 구절을 묶어 상가로 보고 있는데, 실차난타의 번역에 '한량없는 공덕의 창고〔無量功德藏〕'를 '한량없는 공덕의 창고 닦는 상가〔無量功德僧〕'라고 옮기고 있음을 보아 원효의 풀이가 기신론주(起信論主) 마명(馬鳴)의 뜻에 가깝다 할 것이다.

  목숨 들어 돌아감〔歸命〕은 수행자가 지금 뒤틀리고 닫혀진 삶을 돌이켜 삼보로 표현된 걸림 없고 막힘 없는 법계〔無障碍法界〕에 돌아감이다. 중생은 지금 지혜의 눈을 뜨지 못하므로 물들어짐이 있고 더러움이 있는 이 몸〔身〕을 집착하고, 실로 나고 사라짐이 없는 곳에서 죽음을 보아 지금 살아있는 이 목숨〔命〕을 애착하며, 늘어남이 있고 줄어듦이 있는 물질세계에 갇혀 내가 가진 바 물질〔財〕을 집착하여 놓지 않으려 한다.

  삼보께 돌아감이란 지금껏 꾸려왔던 낡은 삶의 방식을 한꺼번에 놓아버리는 일이며, 뺏기지 않고 잃어버리지 않으려고 꽁꽁 붙들어 쥐고 있는 것을 한 생각에 내려놓음으로써 한 법도 뺏길 것이 없고 잃어버릴 것이 없는 공덕의 땅에 곧 바로 들어섬이다. 이제 '삼보께 돌아감'을 통해 중생의 삶은 보디사트바의 삶으로 돌이켜지며, 중생은 물듦과 깨끗해짐이 없는 법의 몸〔法身〕과 나고 죽음이 없는 지혜의 목숨〔慧命〕과 늘어나고 줄어듦이 없는 법의 재물〔法財〕을 갖추어 쓰게 된다.38)

  '온누리에서'란 돌아가는 바 삼보의 세계가 온갖 곳에 막힘 없고 온갖 때에 다함없는 해탈의 경계임을 나타낸다. 왜 그런가. 붇다는 주관〔根〕과 객관〔境〕의 닫혀진 틀을 깨뜨리고 시간과 공간의 실체를 넘어섬으로써 주관과 객관, 시간과 공간에 자재한 분이기 때문이며, 진여법계에는

---

38) 법신(法身), 혜명(慧命), 법재(法財) : 『반야심경』에서 '이 법의 공한 모습은 생겨나지도 않고 사라지지도 않으며, 더럽혀지지도 않고 깨끗해지지도 않으며, 늘어남도 아니고 줄어듦도 아니다'라는 구절의 뜻을 불구부정(不垢不淨)은 법의 몸〔法身〕에 불생불멸(不生不滅)은 지혜의 목숨〔慧命〕에 부증불감(不增不減)은 법의 재물〔法財〕에 연결하여 해석하였다.

여기와 저기, 생겨남과 사라짐의 모습이 공하기 때문이다.
  '가장 뛰어난 업'이란 붇다가 진리를 관조하는 자가 아니라 자신의 일상의 삶을 진리인 삶으로 전화시킨 분이며, 진리란 '해탈된 삶'으로 검증되며 '행위'와 '실천'으로 드러나는 것임을 보인다.
  '앎이 없이 온갖 것 두루 앎'이란 붇다의 뜻의 업〔意業〕이 앎〔知〕과 알지 못함〔不知〕에 가림이 없고 막힘이 없음을 나타낸다. 곧 중생은 앎에 아는 바가 있으므로 모르는 바가 그를 장애하는 자이며, 치우친 수행자〔二乘〕는 앎이 끊어진 곳을 구경처로 삼기 때문에 앎의 능동적 생산에 장애를 일으키는 자이며, 바깥 길을 걷는 자들〔外道〕은 그 생각이 삿되므로 아는 바와 보는 바가 또한 삿된 경계를 이룬다. 그에 비해 붇다는 앎에 실로 아는 자〔能知〕와 아는 바〔所知〕가 없음을 통달하여 앎에 앎이 없으므로 모름에 모르는 바가 없다〔知而無知 故無知而無所不知〕. 그러므로 붇다를 '두루 온갖 것을 아는 자'라 하는 것이다.
  다음 '그 몸은 걸림 없이 자재하시사'라 함은 붇다는 몸이 몸 아님을 통달하였으므로 그 몸의 업이 모든 막힘과 걸림을 뛰어넘었음을 나타내니, 이는 붇다의 몸의 업〔身業〕이 모습에서 모습 떠난 법계의 활동 자체가 됨을 말한다.
  다음 '이 세상 건져 주시는 크게 자비한 이'라 함은 지혜의 생명이며 진리의 몸인 붇다가 온갖 곳, 온갖 때에 끝없는 언어적 실천을 일으키며〔轉法輪〕 끝없는 방편을 지어 중생을 괴로움의 바다에서 건져내 주심을 말한다.
  '그 몸의 모습 없는 참모습과 법의 성품인 진여의 바다'라 함은 능히 깨친 붇다와 깨친 바 진여법계가 둘이 아님을 보여 중생으로 하여금 여래 자체인 법계에 돌아가게 함이다. 곧 앞의 몸의 참모습이란 붇다의 몸이 법성 진여 자체인 몸임을 말하고, 뒤의 '법의 성품인 진여의 바다'란 진리가 붇다의 법의 몸 자체임을 나타낸다.
  진리는 결코 주체의 삶 밖에 관조되는 대상으로 주어지지 않는다. 오히려 진리는 지금 쓰고 있는 한 생각이 실로 남이 없으며〔無生〕굴리고 있는 이 몸이 머뭄 없음〔無住〕을 체달할 때 나의 삶 자체로 주어지는 것이다. 그러므로 붇다의 몸 밖에 진여 법계가 없고 진여 법계 밖에 나의 삶이 없는 것이다.

다음 '한량없는 공덕의 창고'란 수행자가 닦는 바 여래장의 한량없는 공덕의 세계니, 진여법계(眞如法界)가 공하되 모든 존재와 행위의 능동적 산실이 됨을 나타낸다. 뒤의 '진리대로 실답게 수행하는 이들'이란 여래장인 대승에 믿음을 일으켜 마하야나(mahāyāna)의 길을 닦는 수행자를 나타낸다.

여래장은 믿음의 마음을 낸 수행자가 닦는 바로 표현되지만 도리어 닦는 주체의 삶의 실상이며, 중생의 발심(發心)과 수행(修行)이 일어나는 곳이니, 중생의 수행이 실은 진여인 여래장 자체의 끼치어 익히는 힘인 것이다. 곧 수행자가 번뇌를 끊고 얻으려 하는 여래장이 실은 번뇌의 공한 실상이라 한량없는 공덕의 창고가 이미 중생의 삶 속에 갖춰져 있으므로 닦아가되 실로 닦아감이 없음〔修而無修 : 全修卽性〕을 사무쳐 알 때 닦음을 온통 여래장의 온전한 자기활동〔全性起修〕으로 정립할 수 있는 것이다.

이처럼 삼보께 귀의함은 삼보를 대상으로서만 우러르는 길이 아니라 뭇 삶들과 더불어 삼보인 진여 법계에 돌아감이다. 이에 논주는 먼저 스스로 진여 법계인 삼보께 귀의함으로써 이 논을 짓는 뜻이 온갖 중생으로 더불어 삼보께 돌아가기 위함이며 삼보의 뜻을 역사 속에 길이 전승하기 위함임을 귀의의 노래 다음에 말하고 있다.

논은 스스로 '대승에 바른 믿음 일으켜 부처의 씨앗을 끊지 않기 위해' 이 논을 짓는다고 말한다. 이는 무슨 뜻인가. 중생은 중생이 아니라 중생의 자기본질이 한량없는 공덕 갖춘 여래장이다. 그러나 여래장에 숨겨진 부처의 씨앗은 씨앗을 드러내 살리는 법의 조건〔緣〕을 따라 일어나기 때문에 붇다와 여러 선지식은 한량없는 비유와 언사, 방편인연으로 중생을 해탈의 땅에 이끌어들인다. 깨달음의 세계는 인연이 아니지만 인연으로 깨달음의 세계에 들어가며, 법의 인연을 통해서만 허탈경계에 들어가지만 해탈경계에는 인연의 모습이 없다.

그렇다면 어떻게 해야 인연을 떠나지 않되 인연을 취함도 없이 나의 여래장의 생명의 터전에 부처의 씨앗을 살려 일으켜 지혜의 등불을 영겁토록 역사 속에 이어져가게 함으로써 삼보의 은혜를 참으로 갚는 자가 될 것인가. 나의 삶 밖에 한 법이라도 따로 구하는 생각의 자취를 끊어야 비로소 참으로 삼보에 귀의하고 영겁에 다함없는 공덕의 땅에 돌아감인가. 그러나 한걸음 더 나아가 설사 열반보다 더 나은 것이 있어도 그것을 도리어 꿈처럼 보아야 할 것이니, 저 선문(禪門)에서 가섭은 정법안장(正法眼藏)이 자신의 일상의 수용처인 줄 모르고 진리의 문 밖에 서성이는 아난에게 '문 앞의 찰간을 꺾어버려라〔倒却門前刹着〕'39)라고 가르치고 있다.

다시 옛 사람은 문 앞의 찰간을 꺾어버리라고 한 가섭의 뜻을 '천년의 그림자 없는 나무〔千年無影樹〕요, 오늘 지금 바닥 없는 신발〔今時沒底靴〕'이라 했으니, 이는 한 법도 구할 바 없을 때 영겁에 다함없는 공덕을 쓰되 그 쓰고 쓰는 활동마저 끝내 공적함을 말한 것인가. 한번 눈을 대고 살펴야 할 것〔着眼看〕이다.

【실차난타역】

온누리에서 크나큰 이익 널리 짓고

---

39) 문 앞의 찰간을 꺾어버려라 : 정법안장이 오직 가섭에게만 전해졌다는 선종의 주장을 뒷받침하기 위해 세워진 법문이지만, 이 법문은 진리에 대한 모든 환상적 추구를 깨는 중요한 가르침이 들어있다. 『선문염송(禪門拈頌)』은 이렇게 이 법문을 보인다.
  아난이 가섭에게 물었다.
  "세존이 금란가사를 전함 밖에 무슨 법을 따로 전했습니까.
  가섭이 '아난이여' 부르니, 아난이 '예' 대답했다. 이에 가섭이 말했다.
  "문 앞의 찰간을 꺾어버려라."

지혜는 한량없이 자재하시사
이 세상 건져 보살피는 거룩한 이와
그 몸의 모습 없는 모습의 바다와
나 없는 진리의 뜻 보인 말씀의 법과
끝없는 공덕의 창고 닦는 상가
바른 깨달음 부지런히 구하는 이들께
목숨 다해 돌아가 의지하옵나니
중생으로 하여금 의심을 없애고
잘못된 집착을 모두 버리게 하여
대승에 바른 믿음을 일으켜
부처 씨앗 끊기지 않도록 하려고
이 논을 지어서 보이나이다.

歸命盡十方　普作大饒益
智無限自在　救護世間尊
及彼體相海　無我句義法
無邊德藏僧　勤求正覺者
爲欲令衆生　除疑去邪執
起信紹佛種　故我造此論

마하야나의 크나큰 길을 가리〔行摩訶衍道:正宗分〕

　　마하야나에 믿음을 일으키게 하는 논〔大乘起信論〕이라는 이 논서의 이름〔名〕 가운데 마하야나〔大乘〕는 고통과 미망 속의 중생이 돌아가야 할 삶의 실상〔體〕이자 실상 그대로 나와 뭇 삶들을 함께 해탈시키는 크나큰 실천의 수레〔宗〕이다. 그러므로 이 논이 종지로 하는 대승의 법 자체는 두 가지 문〔二門〕을 갖춘 한마음〔一心〕이라면, 한마음의 세 가지 뜻〔三大〕을 온전히 드러내는 한마음 그대로의 실천이 대승인 종(宗)이다.

　　믿음〔信〕과 행(行)은 소외와 고통 속에 있는 중생이 한마음의 실상에 돌아가는 대승의 현실적인 발현이며, 논(論)은 바로 이와 같은 존재의 실상과 이와 같은 마하야나의 크나큰 실천행을 드러내는 문자반야이다.

　　『기신론』의 문자반야는 오온·십이처·십팔계의 모든 법이 있되 있음 아님을 밝히는 중관(中觀)과, 오온·십이처·십팔계의 모든 법이 없되 없음 아님을 앎 활동을 잡아 밝히는 유식(唯識)을 한 마음의 두 가지 문으로 거두어 들인다. 그러므로 본 『기신론』은 곧 중도실상을 치우침 없이 바로 밝히는 대승의 종극의 가르침〔敎〕인 것이다.

『기신론』의 본론은 인연분(因緣分), 입의분(立義分), 해석분(解釋分), 수행신심분(修行信心分), 권수이익분(勸修利益分)의 다섯 가름으로 이루어져 있다. 그 가운데 입의분(立義分)과 해석분(解釋分)이 한 마음인 법계실상〔體〕을 밝혀 마하야나의 실천〔宗〕에로 끌고 있다면, 수행신심분(修行信心分)은 마하야나의 실천행〔宗〕을 보여 법계실상〔體〕에 돌아가도록 하고 있다. 첫째 인연분(因緣分)과 다섯째 권수이익분(勸修利益分)은 바로 이 논의 실천을 통해 얻게 되는 해탈의 작용〔用〕을 보이고 있다.

　　삼보에 대한 귀의를 마친 뒤 이제 논의 뜻을 바로 나타내는데〔正宗分〕, 먼저 논이 말할 바 전체적인 구조를 보이고, 나중 다섯 가지 가름을 나누어 차례로 그 뜻을 열어보인다.

제1장 논을 짓는 까닭을 보인 가름〔因緣分〕
제2장 뜻 세우는 가름〔立義分〕
제3장 풀이하는 가름〔解釋分〕
제4장 수행과 믿음의 가름〔修行信心分〕
제5장 이익을 보여 닦도록 권하는 가름〔勸修利益分〕

논이 말할 바를 바로 보임〔正示所說〕

　　　　　　　　마하야나는 법계진리 자체인 실천의
　　　　　　　길이다.
　　　　　　　　마하야나의 길은 스스로 구현되는 것
　　　　　　　이 아니라 진리의 길에 나아가게 하는 법
　　　　　　　의 조건이 있어야 한다. 그러므로 마하야
　　　　　　　나에 믿음을 내 마하야나의 실천에 나아
　　　　　　　가도록 할 법의 조건을 일으키기 위해 다
　　　　　　　섯 가름으로 논의 핵심 내용을 열어 말한
　　　　　　　다.

마하야나에 믿음의 뿌리를 일으키는 다섯 법을 보임[示有五法能起摩訶衍信根]

논해 말한다. 법이 있어 마하야나에 믿음의 뿌리를 잘 일으킬 수 있다. 그러므로 마땅히 말하는 것이다.
논하여 말함에 다섯 가지 가름이 있으니, 어떤 것이 다섯인가.
첫째, 짓는 까닭을 보인 가름[因緣分]이요,
둘째, 뜻을 세우는 가름[立義分]이며,
셋째, 풀이하는 가름[解釋分]이고,
넷째, 수행과 믿음의 가름[修行信心分]이며,
다섯째, 닦도록 권하는 가름[勸修利益分]이다.

論曰 有法能起摩訶衍信根 是故應說
說有五分 云何爲五
一者因緣分 二者立義分 三者解釋分 四者修行信心分 五者勸修利益分

해 설

논의 다섯 가지 가름을 말하기 전 글에서 '법이 있어 마하야나에 믿음의 뿌리를 낼 수 있음'이란 바로 이 논이 종지로 삼는 바[論所依宗]를 모두어 말함이다.
논(論)은 문자반야(文字般若)이며, 법인 한마음[一心]은 실상반야(實相般若)이며, 마하야나는 실상 그대로의 지혜이며 행[觀照般若]이다. 문자반야를 통해 마하야나의 크고 넓은 실천에 나아가고, 마하야나의 실천으로 한마음의 실상을 구현하지만, 다시 이 논의 문자반야가 한마음의 법이고 마하야나의 길이다.
그러므로 이 논의 문자법을 통해 마하야나의 믿음을 일으키면 중생이 끝내 한마음인 실상의 법에 들어가 해탈의 삶을 살 수 있으므로 이 법을 말하는 것이다.

그 다음 다섯 가지 가름을 보인 부분은 이 논의 기본 뼈대를 보이고 있다. 온갖 것은 홀로 일어나지 않고 모두 원인과 조건〔因緣〕을 통해 일어난다. 그러므로 먼저 짓는 까닭을 보인 가름에서 이 논이 이루어지게 된 인연을 말한다.

다음 뜻 세우는 가름〔立義分〕에서 이 논이 뜻〔義〕을 세워 드러내는 바 법의 참모습을 바로 보인다.

셋째 풀이하는 가름〔解釋分〕에서는 중생으로 하여금 법의 참모습에 깨달아 들어가도록 마하야나가 의지하는 바 법의 뜻을 풀이하고〔顯示正義〕 중생의 삿된 집착을 깨뜨려〔對治邪執〕 바른 실천의 길로 이끌어주고〔分別發趣道相〕 있다.

넷째 수행과 믿음의 가름〔修行信心分〕에서는 비록 법의 뜻을 이해했다고 해도 구체적 실천행이 없이는 진여 법계에 들어갈 수 없으므로 바른 믿음과 여섯 가지 바라밀행 닦는 법을 보여준다.

그러나 이와 같이 바른 인식〔解〕과 실천〔行〕의 길을 보여줘도 근기가 낮고 무딘 이들은 뒤로 물러서게 되므로 다섯째 닦음의 이익을 보여 그들을 해탈의 실천에 이끌어들이는 것〔勸修利益〕이다.

【실차난타역】

논해 말한다. 대승에 깨끗한 믿음 일으켜 여러 중생의 어두운 의심과 삿된 집착 끊고 부처의 씨앗 서로 이어 끊어지지 않도록 하므로 이 논을 짓는다.

법이 있어 마하야나에 믿음의 뿌리를 잘 일으킬 수 있다. 그러므로 마땅히 말하는 것이다.

논하여 말함에 다섯 가지 가름이 있으니,

첫째, 짓는 까닭을 보인 가름〔作因〕이요,
둘째, 뜻을 세우는 가름〔立義〕이며,
셋째, 풀이하는 가름〔解釋〕이고,
넷째, 수행과 믿음의 가름〔修信〕이며,
다섯째, 닦는 이익을 보인 가름〔利益〕이다.

論曰 爲欲發起大乘淨信 斷諸衆生疑暗邪執 令佛種性相續不斷故造此論 有法能生大乘信根是故應說

說有五分 一作因 二立義 三解釋 四修信 五利益

논의 종지를 다섯 가름으로 보임

제1장 논을 짓는 까닭을 보인 가름〔因緣分〕
제2장 뜻 세우는 가름〔立義分〕
제3장 풀이하는 가름〔解釋分〕
제4장 수행과 믿음의 가름〔修行信心分〕
제5장 이익을 보여 닦도록 권하는 가름〔勸修利益分〕

제1장 논을 짓는 까닭을 보인 가름〔因緣分〕

마하야나 곧 대승은 중생과 세계의 참모습인 한마음〔一心〕과 한마음 그대로의 치우침 없는 해탈의 실천을 나타낸다. 천태 오중현의로 보면 마하야나는 한마음의 체(體)이자 대승의 실천〔宗〕이다.

논의 처음에 논 짓는 까닭이란 중생이 논의 가르침〔敎〕 따라 대승의 실천을 통해 한마음의 실상을 회복할 때 나타나는 실천의 효용〔用〕을 나타낸다.

첫째 중생이 괴로움 떠나 즐거움 얻도록 하려 함은 논이 쓰여지게 된 총론적 이유를 보임이라면, 나머지 중생에게 마하야나에 믿음을 내게 하고 삿된 견해를 벗어나게 해 지관을 닦도록 함 등은 총론적 까닭을 자세히 나누어 보임이다.

여기 논을 짓는 까닭으로 보인 바 실천의 효용은 곧 한마음 자체에 갖추어진 삶의 묘용이니,『기신론』의 문자반야와 『기신론』이 밝히고 있는 바 한마음의 실상반야〔體 : 實相般若〕와 마하야나의 실천〔宗 : 觀照般若〕는 서로 인과적 통일을 이룬다.

---

1. 논을 짓는 까닭을 여덟 가지로 보임〔示八種因緣〕
2. 논 짓는 까닭을 문답으로 다시 보임〔問答再明因緣〕

1. 논을 짓는 까닭을 여덟 가지로 보임〔示八種因緣〕

처음 논을 짓는 까닭을 보인 가름을 말한다.
묻는다. 무슨 까닭이 있어 이 논을 짓는가.
답한다. 이 까닭에 여덟 가지가 있으니 어떤 것이 여덟인가.
첫째, 까닭을 모두어 보인 모습〔因緣總相〕이니, 이른바 중생으로 하여금 온갖 괴로움을 떠나 구경의 즐거움을 얻도록 하려 함이지 세간의 이름과 이익 우러름을 구함이 아니기 때문이다.
둘째, 여래의 뿌리가 되는 뜻을 풀이하여 여러 중생으로 하여금 바르게 알고 잘못되지 않도록 하기 때문이다.
셋째, 착한 뿌리가 무르익은 중생으로 하여금 마하야나의 법을 맡아 견디어 그 믿음을 물리지 않도록 하기 때문이다.
넷째, 착한 뿌리가 아주 작은 중생으로 하여금 믿는 마음을 닦아 익히도록 하기 때문이다.
다섯째, 방편을 보여서 나쁜 업의 장애를 녹이고 믿음의 마음을 잘 보살펴 어리석음과 으시댐을 멀리 떠나 삿된 그물에서 벗어나도록 하기 때문이다.
여섯째, 그침과 살핌, 함께 닦아 익힘〔修習止觀〕을 보여 범부와 이승의 마음의 허물을 상대해 다스리려 하기 때문이다.
일곱째, 오로지 생각해 부르는 방편을 보여 부처님 앞에 가서 태어나 반드시 믿는 마음을 물리지 않도록 하기 때문이다.
여덟째, 이익됨을 보여 닦아 행함을 권하려 하기 때문이다.
이와 같은 여러 까닭이 있으므로 이 논을 짓는다.

初說因緣分

問曰 有何因緣 而造此論
答曰 是因緣有八種 云何爲八
一者因緣總相 所謂爲令衆生離一切苦得究竟樂 非求世間名利恭敬故
二者爲欲解釋如來根本之義 令諸衆生正解不謬故
三者爲令善根成熟衆生 於摩訶衍法 堪任不退信故
四者爲令善根微少衆生 修習信心故
五者爲示方便 消惡業障善護其心 遠離癡慢 出邪網故
六者爲示修習止觀對治凡夫二乘心過故
七者爲示專念方便 生於佛前 必定不退信心故
八者爲示利益 勸修行故 有如是等因緣 所以造論

해 설

이 논을 짓는 까닭으로 보이고 있는 여덟 가지 가운데 첫째의 모두어 보인 모습〔總相〕은 이 논이 일어나게 된 까닭을 총론적으로 보인 것이라면, 뒤의 일곱 가지 까닭은 그것을 각론적으로 펼쳐보인 것이다.

한마음〔一心〕으로 표현된 삶의 참모습에는 그렇다 할 개체의 실체도 공하고〔我空〕 개체를 이루어주는 법의 실체도 공하다〔法空〕. 그런데 범부는 개체의 실체를 집착하여〔我執〕 존재의 자기동일성이 실로 일어나고 사라짐에 갇히고〔分段生死〕, 치우친 수행자〔二乘〕는 존재의 자기동일성이 생기고 사라지는 질곡은 벗어났으나 존재의 자기동일성을 이루어주는 법(法)에 새롭게 집착하거나, 모습 너머 영적 실체를 세우거나 마음을 절대관념으로 보존하려 함으로 또 다른 삶의 질곡에 갇힌다〔變易生死〕.

그러므로 논주는 모습에 갇힌 범부와 모습 너머 새로운 관념적 실재를 집착하는 치우친 수행자의 집착을 깨뜨려 나고 죽음에 갇힌 질곡의 삶에 해탈의 길을 열어주고, 즐거움과 괴로움의 악순환에서 헤매는 윤회의 삶에 진정한 니르바나의 기쁨을 주려고 이 논을 지을 뿐 세간의 이익과 이름을 위해 지음이 아님을 밝힌다.

각론으로 보인 일곱 가지 까닭 가운데 첫째 '여래의 뿌리가 되는 뜻을 풀이해서 바르게 알도록 하기 위함'이란 제3장 풀이하는 가름〔解釋分〕 가운데 바른 뜻 나타내 보임〔顯示正義〕과 잘못된 집착 상대해 다스림〔對治邪執〕이 이 논 짓는 까닭이 됨을 말한 것이다. 곧 여래는 개체의 실체성〔我〕과 법의 실체성〔法〕이 공한 삶의 실상을 '뜻 세우는 가름〔立義分〕'에서 보이고 있는 바 '한마음〔一心〕의 두 가지 문〔二門〕', '세 가지 큼〔三大〕'으로 보인다. 이 뜻을 잘 모르는 중생에게 이와 같은 뿌리 되는 뜻을 자세히 풀이하여 집착을 깨뜨려 바른 길 보이기 위해 이 논을 짓는 것이다.

둘째 '착한 뿌리가 무르익은 중생을 위함'이란 아래 본문 가운데 '도에 발심하여 나아가는 모습을 분별함〔分別發趣道相〕'에서 보인 인연을 말한다. 곧 '법에 바른 믿음이 이루어진 수행자〔十信滿心〕'로 하여금 그 믿음을 통해 '바른 지혜에 안정하는 지위〔十住正定聚〕'에 나아가 뒤로 물러섬이 없도록 하기 위해 이 논 짓는 것을 말한다.

셋째 '선근이 아주 작은 중생을 위함'이란 아래 본문 가운데 '수행과 믿음의 가름〔修行信心分〕'에서 보인 인연을 말한다. 곧 아직 진여법에 바른 믿음이 이루어지지 않은 중생에게 곧은 마음 등 네 가지 마음〔四種心〕을 일으켜 바라밀행〔五種行〕을 닦도록 하는 것이니 선근을 무르익도록 하려 하기 때문이다.

넷째 '방편을 보여 삿된 그물 벗어나도록 하기 위함'이란 앞의 세 가지 경우보다 더욱 업이 무겁고 미혹이 많아〔業重惑多〕 선근을 낼 수 없는 중생에게 예배하고 참회하는 방편을 보여 악업의 장애를 녹여 어리석음과 삿된 견해의 그물을 벗어나도록 하여줌을 말한다.

다섯째 '그침과 살핌 닦도록 함'이란 아래 본문 가운데 그침과 살핌 닦아 익히는 문〔修習止觀門〕에서 그침과 살핌을 함께 밝혀〔雙明止觀〕 범부와 소승의 집착을 상대해 다스림을 말한다.
　여섯째 '생각해 부르는 방편으로 정토에 가서 나도록 하기 위함'이란 아래 본문 가운데 '수행과 믿음의 가름'의 끝에서 정토에 가서 나길 권하는 가르침을 말한다. 이는 겁 많고 약한 중생이 뒷세상 과보를 걱정하여 물러서려 함에 정토에 가서 나도록 권해 물러섬이 없도록 함을 말한다.
　일곱째 '이익을 보여 닦도록 권하기 위함'이란 아래 본문 가운데 '닦도록 권하는 가름〔勸修利益分〕'에서 보인 인연이다. 곧 『기신론』 마지막 닦도록 권하는 부분은 게으름이 많은 중생에게 닦는 이익을 보여 앞의 모든 행을 이루도록 총체적으로 경책하고 있기 때문이다.

【실차난타역】
　이 가운데 짓는 까닭에는 여덟 가지가 있다.
　첫째, 까닭의 모두어진 모습〔因緣總相〕이니, 중생으로 하여금 온갖 괴로움을 떠나 즐거움을 얻도록 하려 함이지 이익 등을 탐해 구하려 함이 아니기 때문이다.
　둘째, 여래의 뿌리가 되는 진실한 뜻을 드러내 여러 중생으로 하여금 바른 앎을 내도록 하기 때문이다.
　셋째, 착한 뿌리가 무르익은 중생으로 하여금 믿음의 마음을 물리지 않고 마하야나의 법을 맡아 견디도록 하기 때문이다.
　넷째, 착한 뿌리가 아주 작은 중생으로 하여금 믿는 마음을 일으켜 물러서지 않는 자리에 이르도록 하기 때문이다.
　다섯째, 중생으로 하여금 업의 장애를 녹이고 스스로의 마음을 조복하여 세 가지 독을 떠나도록 하기 때문이다.
　여섯째, 중생으로 하여금 바른 그침과 살핌, 함께 닦도록 하여 범부와 소승의 마음의 허물을 상대해 다스리려 하기 때문이다.

일곱째, 중생으로 하여금 대승법에 진리대로 사유하여 부처님 앞에 가서 태어나 물러나지 않도록 하기 때문이다.

여덟째, 대승을 믿어 즐기는 이익을 보여 여러 중생이 돌아가 향하도록 권하려 하기 때문이다.

此中作因有八
一總相 爲令衆生離苦得樂 不爲貪求利養等故
二爲顯如來根本實義 令諸衆生生正解故
三爲令善根成熟衆生 不退信心 於大乘法有堪任故
四爲令善根微少衆生 發起信心 至不退故
五爲令衆生消除業障 調伏自心離三毒故
六爲令衆生修正止觀 對治凡小過失心故
七爲令衆生 於大乘法如理思惟 得生佛前 究竟不退大乘信故
八爲顯信樂大乘利益 勸諸含識令歸向故

2. 논 짓는 까닭을 문답으로 다시 보임〔問答再明因緣〕

묻는다. 수트라 가운데 이 법이 갖춰 있는데, 왜 반드시 거듭 설해야 하는가.

답한다. 수트라 가운데도 비록 이 법이 있지만 중생의 근기와 행이 같지 않아 받아 아는 연(緣)이 다르기 때문이다.

곧 여래가 세상에 계실 때에는 중생의 근기는 날카롭고 법을 말할 수 있는 사람은 몸과 마음의 업이 빼어나 두렷한 음성으로 한 번 연설하면 다른 무리들이 같이 알므로 곧 반드시 논을 지을 필요가 없었다.

그러나 여래가 열반하신 뒤에는 어떤 때는 중생이 스스로의 힘으로 널리 들어서 앎을 취하는 자가 있기도 하고, 어떤 때는 중생이 스스로의 힘으로 적게 듣고도 많이 아는 자가 있기도 하며, 어떤 때는 중생이 스스로의 마음의 힘이 없어서 널리 논함으로 인해 앎을 얻는 자가 있기도 하며, 어떤 때는 스스로 중생이 거듭 널리 논함과 글이 많음을 번거롭게 여기고 모두어 지님〔總持〕을 마음에 즐겨해서 적은 글로 많은 뜻 거두어야 알 수 있는 자가 있기도 하다.

이와 같이 모두어 지님으로 아는 자가 있으므로 이 논은 여래의 넓고 크고 깊은 법과 끝없는 뜻을 모두어 거두려 한다. 그러므로 마땅히 이 논을 말하는 것이다.

問曰 修多羅中具有此法 何須重說

答曰 修多羅中 雖有此法 以衆生根行不等 受解緣別

所謂如來在世 衆生利根 能說之人 色心業勝圓音一演異類等解 則不須論 若如來滅後 或有衆生能以自力廣聞而取解者 或有衆生亦以自力少聞而多解者 或有衆生無自心力 因於廣論而得解者 自有衆生復以廣論文多

爲煩　心樂總持少文而攝多義能取解者　如是此論　爲欲總攝如來廣大深法無邊義故應說此論

해 설

　수다라 가운데 이미 진리의 말씀〔法藏〕이 가득한데 왜 이 논을 다시 짓는가를 묻고, 그 까닭을 법을 듣는 중생의 근기의 차별로 답하고 있다.
　온갖 법은 인연으로 난다〔因緣生起〕. 진여 법계는 인연으로 나되 실로 남이 없는 온갖 법의 참모습이므로 진여 법계에 깨쳐 들어감은 인연이 아니되 인연으로 말미암아 깨쳐 들어간다. 중생이 법을 듣고 보리의 마음을 내는 것이 깨달음의 주체적 요인〔根因〕이라면, 그 중생이 살고 있는 역사적 상황과 사회적 여건, 선지식과 불보살이 열어주는 진리의 가르침 등은 깨달음의 객관적 조건〔境緣〕이다.
　깨달음에 나아가는 중생 가운데 그 근기가 빼어난 이는 한 번 가르침을 듣고 말 아래 생각 없음을 얻어〔言下無念〕 한 생각에 만행을 갖추고〔萬行具足〕, 한 번 경을 펼쳐 열 때 부사의법계의 이치를 사무쳐 통달한다〔一披經典義天朗耀〕. 그러나 중생은 그 근기에 따라 어떤 이는 많이 듣고 오래 닦아 익혀야 깨달음에 들기도 하고 한 번 믿어 물러서지 않는 이가 있는가 하면, 믿음을 냈다가도 쉬 물러서는 이가 있기도 하다. 또 중생의 익혀온 바에 따라 불보살과 선지식의 가르침의 소리를 직접 듣고〔聲聞〕 깨치기도 하고, 어떤 이는 가르침을 이성적으로 사유하여 얻기도 하며〔緣覺〕, 어떤 이는 가르침을 온몸으로 받아 행해 법계에 들어가기도 한다〔菩薩〕.
　또 수행자가 처한 역사 사회적 조건과 수행자 자신의 사상과 견해가 갖가지로 차별되고 중생의 삶이 흐리기도 하고 맑기도 하며 어지럽기도 하고 조용하기도 하여 주체적 요인과 객관적 여건이 한량없이 차별된다. 그러므로 붇다도 갖가지 비유와 언어적 실천 갖가지 방편의 문을 열어 중생을 깨달음에 이끌며, 여러 선지식과 보살 또한 때로 말 없음으로 이끌기도 하고 때로 넓혀 말함으로 이끌기도 하고 좁혀 가르침으로 이끌기도 하는 것이다. 본 『기신론』은 번거로움이 없는 간략함으로 넓고 깊은 뜻을 드러내고, 적은 글로 많은 뜻을 드러내는 방편을 써서 중생을 깨달음에 들게 하기 위한 논이다.

그러나 이와 같이 그 방편의 문이 인연을 따라 한량없이 차별되나 이끌어가는 곳은 법계의 실상이 되고 한마음 자체가 되어야 하니, 한마음 자체인 실천의 길을 경 따라 일승(一乘)이라 말하기도 하고 마하야나(mahāyāna : 大乘)라 말하기도 한다. 본 『기신론』도 또한 짧은 글로 한마음의 큰 뜻을 열어보이나 끝내 삶의 실상인 진여 법계를 바로 열어보이는 대승의 법이고 일승의 법인 것이니, 『법화경』은 갖가지 방편과 조건을 세워 보이되 여래의 가르침이 구경에 일승의 한 길에 돌아감을 이렇게 말한다.

모든 부처님 양족존께선
법이 자성 없음 아셨지만
부처 씨앗 연을 따라 나므로
일승의 법을 말씀하도다.

諸佛兩足尊　知法常無性
佛種從緣起　是故說一乘

【실차난타역】

이러한 여러 구절의 뜻은 대승의 수트라 가운데 비록 이미 갖춰져 있지만 교화해야 할 바의 근기와 하고자 함이 같지 않아 기다려 깨닫는 연(緣)이 다르기 때문에 논을 짓는 것이다. 이는 다시 왜 그런가.

곧 여래가 세상에 계실 때에는 교화해야 할 바 근기는 날카롭고 부처님의 몸과 마음의 업은 빼어나 한 음성으로 한량없는 의미를 열어 연설할 수 있으므로 곧 반드시 논을 지을 필요가 없었다.

그러나 여래가 열반하신 뒤에는 어떤 때는 중생이 스스로의 힘으로 경을 조금 보고도 많은 뜻을 알기도 하고, 어떤 때는 중생이 스스로의 힘으로 여러 경들을 널리 보고서야 뜻을 알기도 하며, 어떤 때는 중생이 스스로의 지혜의 힘이 없어서 남이 널리 논함으로 인해 뜻을 알기도 하며, 어떤 때는 스스로 지혜의 힘이 없어서 널리 설함을 두려워해 간략히 논함을 즐겨 듣고 넓고 큰 뜻을 거두어 바르게 수행하기도 한다.

나는 이제 저 맨 나중 사람을 위하므로 여래의 가장 빼어나고 깊고 끝없는 뜻을 간략히 거두어 이 논을 짓는다.

此諸句義 大乘經中雖已具有 然由所化根欲不同 待悟緣別是故造論 此復云何 謂如來在世 所化利根佛色心勝 一音開演無邊義味 故不須論

佛涅槃後或有能以自力 少見於經而解多義 復有能以自力 廣見諸經乃至解義或有自無智力 因他廣論而得解義亦有自無智力怖於廣說 樂聞略論 攝廣大義而正修行 我今爲彼最後人故 略攝如來崔勝甚深無邊之義而造此論

제2장 뜻 세우는 가름〔立義分〕

    크나큰 진리의 수레로서 마하야나라는 이름은 존재의 실상 자체를 나타내 보임이자, 존재의 실상 그대로의 실천을 뜻한다.
    그러므로 마하야나는 중생의 마음으로 드러낸 존재의 참모습을 보이고, 다시 작은 수레에 대해 존재의 실상을 온전히 드러내는 크나큰 실천의 수레를 나타내니, 실상 그대로의 대승은 한마음의 세 가지 큰 바탕과 모습과 작용을 온전히 실현해주고, 중생을 실어 여래의 해탈의 땅에 이르게 한다.
    앞에서 이 논을 쓰게 된 까닭을 보여 마하야나의 실천이 현실에 이루어줄 해탈의 공덕을 먼저 말한 뒤, 마하야나라는 범주가 보이는 법 자체〔法〕와 범주에 담긴 실천적인 뜻〔義〕을 세워 보인다.

   Ⅰ. 앞을 맺어 뒤를 냄〔結前生後〕
   Ⅱ. 뜻 세움을 바로 나타냄〔正彰立義〕

I. 앞을 맺어 뒤를 냄〔結前生後〕

이미 까닭을 보인 가름〔因緣分〕을 말하였으니, 다음으로 뜻 세우는 가름〔立義分〕을 말하겠다.

已說因緣分 次說立義分

해 설

앞의 까닭을 보인 가름에서는 이 논 짓게 된 까닭을 여덟 가지로 밝혀 보였는데, 까닭을 보인 가름은 정종분(正宗分) 가운데서 다시 서론에 해당한다. 이제 앞을 맺어 뒤의 뜻 세우는 가름〔立義分〕을 말하니, 정종분 가운데서도 본론을 보임이다.

정종분 가운데 서론인 앞의 논을 쓰게 된 까닭을 보인 부분은 저술의 이유를 통해 마하야나의 실천을 통해 구현될 해탈의 공덕을 보여줌이다. 이제 정종분의 본론에 해당하는 뜻 세우는 가름이란 마하야나가 보이고 있는 법 자체와 마하야나를 통해 구현코자 하는 실천적인 뜻을 바로 보인다.

【실차난타역】
어떤 것이 뜻 세우는 가름〔立義分〕인가.

云何立義分

II. 뜻 세움을 바로 나타냄〔正彰立義〕

1. 법 자체와 법의 뜻을 보임

마하야나란 모두어 말하면 두 가지가 있으니 어떤 것이 둘인가. 첫째는 법〔존재 자체〕이고, 둘째는 뜻〔범주를 통해 보이고자 하는 실천적 내용〕이다.

摩訶衍者 總說有二種 云何爲二 一者法 二者義

해 설

앞에서 이 논을 짓게 된 까닭을 말하고, 이제 마하야나라는 범주가 세워지게 된 실천적인 뜻과 마하야나가 보여주는 바 한마음의 참모습 자체를 바로 보인다.

모든 언어는 언어가 표현하고 있는 바 존재 자체를 반영하고 있지만 또한 언어는 존재에 대한 인간의 사유를 담고 있다. 언어는 존재가 아니지만 존재 아님도 아니며, 사유가 아니지만 사유 아님도 아니다. 이제 『기신론』이 실천의 근본강령〔本宗〕으로 채택하고 있는 마하야나라는 언어적 범주 또한 한마음이라 짐짓 이름지어지고 있으나 이루 생각할 수 없고 말할 수 없는 존재의 참모습을 보여주고 있다. 그리고 마하야나의 언어 속에는 물들고 닫혀진 삶 속에 한마음의 실상을 온전히 실현함으로써 모두가 함께 해탈의 길에 나아가도록 하는 실천 주체의 의지가 담겨 있다.

논의 본문에서 법(法)은 바로 말로 표현되고 있으나 말이 아닌 존재의 참모습 자체이고, 뜻〔義〕이란 마하야나라는 언어적 범주에 담긴 실천적인 내용을 말한다. 곧 마하야나라는 언어적 범주는 마하야나란 이름도 붙일 수 없고 사유로 붙잡을 수 없는 존재의 참모습에 붙여진 거짓이름이다. 그러나 여래는 크나큰 진리의 수레〔大乘〕라는 이름으로 법을 나타내 중생의 집착을 깨뜨려 한마음의 법을 깨닫도록 하니, 이것이 마하야 나란 이름 속에 담긴 뜻[義]이다.

【실차난타역】
마하야나란 모두어 말하면 두 가지가 있으니 어떤 것이 둘인가. 첫째는 존재로서의 법[有法]이고, 둘째는 뜻의 법[法]이다.

謂摩訶衍 略有二種有法及法

2. 법 자체와 법의 뜻을 나누어 보임

1) 법을 보임〔示法〕

말한 바 법이란 곧 중생의 마음이니, 이 마음이 온갖 세간·출세간의 법을 거둔다.

이 마음을 의지하여 마하야나의 뜻을 나타내 보이니, 왜 그런가. 이 마음의 진여의 모습이 곧 마하야나의 바탕을 보이기 때문이며, 이 마음의 나고 사라지는 인연의 모습이 마하야나 자체의 모습과 작용을 보이기 때문이다.

所言法者 爲衆生心 是心則攝一切世間 出世間法 依於此心 顯示摩訶衍義 何以故 是心眞如相卽是摩訶衍體故 是心生滅因緣相 能示摩訶衍自體相用故

해 설

마하야나가 보이고자 하는 법 자체는 무엇인가. 마하야나란 이름으로 보이고자 하는 법은 중생의 삶 밖에 있는 어떤 절대적인 실재가 아니라 마음〔心〕으로 이름 지어진 중생의 삶 활동 자체의 참모습이다. 그런데 근본불교에서 오온·십이처·십팔계로 표현된 존재의 연기적 실상을 왜 『기신론』은 중생의 총체적 앎 활동〔心〕으로 다시 기술하는가.

근본불교의 십팔계설에서 육근(六根)·육경(六境)·육식(六識)은 고립되고 고정된 실체가 아니라 서로 의지해 있다. 중생의 구체적 일상의 식인 육식은 육근·육경이 이루어내나 육근·육경은 육식의 내적 주체〔根〕와 내적 토대〔境〕로 주어진다. 그러므로 육근·육경·육식은 앎 활동〔六識〕을 중심으로 기술하면 안의 마음〔內心〕, 밖의 마음〔外心〕, 안팎이 겹쳐지는 마음〔內外心〕으로 다시 표현될 수 있고, 물질을 중심으로 하면 안의 몸〔內身〕, 밖의 몸〔外身〕, 안팎이 겹쳐지는 몸〔內外身〕으로 표현될 수 있다. 『기신론』에서 존재 자체의 실상을 나타내는 마음〔心〕이라는 단어는 만유를 전개하는 절대관념으로서의 마음이거나 주관적인 마음이 아니라 주관·객관·앎 활동이 서로 의지해 연기하고 있는 존재의 실상을 앎 활동을 통해 기술한 말이다.

그러므로 마음은 연기한 것이므로 실로 있는 마음이 아니지만, 또한 연기하므로 마음 아님도 아닌 것이다. 마음이 마음 아니라 할 때 곧 육근·육경·육식이 모두 자성 없는 출세간법(出世間法)이 드러나고, 마음이 마음 아님도 아니라 할 때 육근·육경·육식이 서로 의지해 연기하는 세간법(世間法)의 모습이 밝혀진다. 이 뜻을 『능가경』은 '고요한 것을 한마음이라 이름하고, 한마음을 여래장이라 이름한다〔寂滅者名一心 一心者名如來藏〕'고 한다. 고요한 것이 한마음이라 함이 마음이 마음 아님〔心卽非心〕을 뜻한다면, 한마음을 여래장이라 함은 마음이 마음 아님도 아님〔心卽非非心〕을 뜻한다.

이처럼 중생의 마음을 들면 마음이 온갖 법을 거두어 다하지 않음이 없으니, 이를 『기신론』 원문은 중생의 마음이 온갖 세간 출세간의 법을 거둔다고 말한다. 그렇다면 다시 마음도 아니고 마음 아님도 아닌 한마음을 마음의 참되고 한결같은 문〔心眞如門〕과 마음의 나고 사라지는 문〔心生滅門〕으로 나누어 보이는 것은 무엇을 뜻하는가.

마음의 참되고 한결같음은 바로 육근·육경·육식이 인연으로 일어난 줄 모르고 모습을 집착하는 중생을 위해 인연으로 일어나므로 실로 남이 없고 자성 없음을 마음의 참되고 한결같음으로 보여주니, 여기에 마하야나의 크나큰 바탕의 뜻〔體大義〕이 세워진다. 다시 육근·육경·육식의 모습 없음과 공함을 집착하여 공하기 때문에 육근·육경·육식이 연기하는 줄 모르면 그 중생을 위해 마음의 나고 사라지는 모습을 말하니, 여기에 마하야나의 크나큰 모습과 작용의 뜻〔相大用大義〕이 세워진다.

이렇게 모든 가르침 속에 세워진 이름에는 중생의 집착으로 말미암아 그 집착을 깨뜨려 실상으로 이끌기 위한 해탈의 뜻[義]이 담겨있다. 그러므로 이 뜻을 보지 못하고 범주를 보고 범주에 상응하는 존재의 닫혀진 모습이 실로 있다 하면 이루 생각할 수 없고 언어로 한정할 길 없는 실상을 등지게 될 것이다.

【실차난타역】
말한 바 존재로서의 법이란 곧 온갖 중생의 마음이니, 이 마음이 온갖 세간·출세간의 법을 거둔다.
이 마음을 의지하여 마하야나의 뜻을 나타내 보인다. 이 마음의 진여의 모습이 곧 대승의 바탕을 보이기 때문이며, 이 마음의 나고 사라지는 인연의 모습이 대승 자체의 모습과 작용을 보이기 때문이다.

言有法者 謂一切衆生心是心則攝一切世間出世間法 依此顯示摩訶衍義 以此心眞如相 卽示大乘體故 此心生滅因緣相能顯示大乘體相用故

2) 뜻을 보임[示義]
(1) 세 가지 큼을 보임[三大義]
말한 바 뜻이란 곧 세 가지가 있으니, 어떤 것이 셋인가.
첫째는 바탕이 큼이니, 온갖 법의 진여가 평등하여 늘어나고 줄어들지 않기 때문이다.
둘째는 모습이 큼이니, 여래장이 한량없는 성품의 공덕을 갖추고 있기 때문이다.
셋째는 쓰임이 큼이니, 온갖 세간·출세간의 좋은 인과를 낼 수 있기 때문이다.

所言義者 則有三種 云何爲三 一者體大謂一切法眞如平等不增減故 二者相大謂如來藏具足無量性功德故 三者用大能生一切世間出世間善因果故

해 설

존재의 실상 자체를 보이기 위한 언어적인 범주에는 중생을 해탈로 이끌기 위한 실천적인 주체의 지향이 담겨 있다.『기신론』의 표현으로 보면 존재 자체가 법(法)이라면 언어적인 범주는 이름〔名〕이고 실천적인 주체의 지향이 뜻〔意〕이다.

이루 말할 수 없고 생각할 수 없는 존재의 연기적 실상을 경전 따라 때로 법계(法界)라 표현하고 때로 한마음〔一心〕이라 표현한다. 법계라 할 때는 진리를 내재적인 것으로 보려거나 실체적 절대관념으로 집착하는 이들의 치우침을 다스리기 위함이고, 한마음이라 말할 때는 진리를 대상화하거나 사물이 주체의 앎 활동 밖에 따로 있는 것으로 집착함을 깨기 위함이다. 사상사적으로『능가경』과『기신론』의 한마음은 유식(唯識)의 식(識)이 새롭게 관념화되고 실체화되는 허물을 다스리기 위함이다.

원효의 해석을 이끌어 보이면,『기신론』의 한마음은『반야경』의 공(空)이 깨뜨리되 실로 깨뜨리지 않음〔破而不破〕을 모르고 다만 깨뜨린 줄 아는 허물을 다스린다. 동시에『기신론』은 유식의 식(識)이 세우되 실로 세우지 않음〔立而不立〕을 모르고 다만 세우는 줄만 아는 병통을 다스린다.

곧『기신론』의 한마음은 만법을 세우되 세운 바 없고 만법을 깨뜨리되 깨뜨린 바 없는 한마음이다. 마하야나(mahāyāna)라는 이름〔名〕은 세우되 세운 바 없고 깨뜨리되 깨뜨린 바 없는 한마음을 전체적으로 실현하는 실천의 길을 나타낸다. 그러므로 마하야나에는 한마음 자체를 그대로 나타내는 뜻〔義〕이 있고, 마하야나가 한마음 자체를 현실 속에 온전히 드러내는 길이므로 과거의 붇다가 이미 타셨고 현재의 보살이 타고 있고 고난 속의 중생이 마땅히 타야 할 진리의 수레라는 뜻〔義〕이 있다. 앞의 뜻이 존재 자체에서 이끌어낸 뜻이라면, 뒤의 뜻은 고통 속의 중생이 해탈을 위해 반드시 필요한 실천적 요구의 뜻이다.

『기신론』에서 보인 마하야나의 세 가지 큼의 뜻이 존재 자체의 실상〔體〕에서 나타낸 뜻이라면, 두 가지 실어 나름의 뜻은 실천〔宗〕의 효용〔用〕을 나타내는 뜻이다. 천태의 오중현의(五重玄義)로 보면, 세 가지 큼〔三大〕이 마하야나라는 이름으로 중생의 집착을 깨 법의 바탕〔體〕을 보이고자 하는 뜻이라면, 두 가지 실어 나름〔二運轉〕은 마하야나의 이름이 드러내는 바 크나큰 실천〔宗〕의 작용〔用〕인 것이다.

세 가지 큰 뜻 가운데 첫째 마하야나의 바탕이 크다는 것〔體大〕은 무엇인가. 이는 모습을 모습으로 집착하여 닫혀짐 없고 갇혀짐 없는 삶의 참모습을 모르는 이들에게 늘어나고 줄어듦 없고 생겨나고 사라짐이 없으며 너와 내가 막힘 없는 넓고 큰 삶의 길을 열어 줌을 말한다.

둘째, 마하야나의 모습이 크다는 것은 무엇인가. 이는 모습 없음과 생각 없음에 떨어져 삶의 역동성을 잃어버린 이들에게 온갖 모습이 법계인 모습이고 온갖 사유가 여래장인 사유임을 열어 보임이다.

셋째, 마하야나의 작용이 크다는 것은 무엇인가. 온갖 모습은 모습이 아니되 모습 아니므로 온갖 모습은 닫혀진 모습이 아니라 활동 자체로 주어진다. 그러나 그 활동 또한 실로 좇아 온 바가 없으므로 활동 그대로가 머뭄 없음이고 활동 그대로가 고요함이다. 그러므로 마하야나의 이름으로 삶 활동 자체인 진리의 크나큰 작용을 보여 늘 살아 움직이는 삶의 역동성과 늘 고요한 삶의 평화를 하나되게 하는 것이다.

【실차난타역】
말한 바 뜻의 법이란 곧 세 가지가 있으니, 어떤 것이 셋인가.

첫째는 바탕이 큼이니, 온갖 법의 진여가 물듦에 있거나 깨끗함에 있거나 평등하여 늘어남이 없고 줄어듦이 없으며 달라짐이 없기 때문이다.

둘째는 모습이 큼이니, 여래장이 본래 한량없고 끝없는 성품의 공덕을 갖추고 있기 때문이다.

셋째는 쓰임이 큼이니, 온갖 세간・출세간의 좋은 인과를 낼 수 있기 때문이다.

所言法者 略有三種 一體大 謂一切法眞如 在染在淨性恒平等 無增無減無別異故 二者相大 謂如來藏 本來具足無量無邊性功德故 三者用大 能生一切世間出世間善因果故

(2) 두 가지 실어 나름을 보임〔二運轉義〕

(마하야나란) 온갖 여러 부처님들이 본래 타신 바이기 때문이고, 온갖 보살들이 모두 이 법의 수레를 타고 여래의 땅에 이르기 때문이다.

一切諸佛本所乘故 一切菩薩皆乘此法 到如來地故

해 설

마하야나에 두 가지 실어 나름의 뜻이 있음을 말하니, 이는 마하야나에 갖추어진 크나큰 실천의 효용을 보임이다. 곧 이미 깨친 붇다가 이 마하야나의 진리의 수레를 타고 자재 해탈을 얻었고, 지금 닦아가는 모든 보살도 이 진리의 수레를 타고 여래의 땅에 이르름을 보여 마땅히 장애 속에 있는 온갖 중생이 마하야나의 크나큰 진리의 수레 타야함을 보이고 있다.

마하야나란 한마음의 참모습을 현실의 질곡 속에 온전히 드러내는 길이지만, 현실의 질곡도 한마음의 연기이므로 마하야나 밖에 다른 해탈의 길이 없으니, 마하야나가 곧 오직 하나인 붇다의 실천의 수레〔一佛乘〕인 것이다. 곧 마하야나란 이미 해탈되어 있는 중생 자신의 삶의 모습이자 현실의 질곡을 돌이켜 해탈로 나아가도록 하는 넓고 곧은 길〔大直道〕이다. 그러므로 마하야나란 역사 속에 중생의 괴로움과 슬픈 눈물이 마르지 않는 한 보살에게 영원히 요구되는 삶의 길인 것이며, 지금 고통 속에 있는 중생이 해탈의 땅에 이르기 위해 반드시 타지 않으면 안 될 실천의 수레인 것이다.

【실차난타역】

(마하야나란) 온갖 여러 부처님들이 본래 타신 바이기 때문이고, 온갖 보살들이 모두 이 법의 수레를 타고 붇다의 땅에 이르기 때문이다.

一切諸佛本所乘故 一切菩薩皆乘於此入佛地故.

제3장 풀이하는 가름〔解釋分〕

앞의 뜻 세우는 가름에서 마하야나의 이름이 나타내는 바 법이 무엇이고, 마하야나의 이름으로 구현하고자 하는 실천적인 뜻이 무엇인지를 단적으로 밝혀 보였다.

이제 풀이하는 가름에서는 법의 구체적인 내용을 보이고, 끊어야 할 집착과 닦아 행하는 모습을 보여 중생이 마하야나의 길에 구체적인 실천의 발걸음을 옮겨 여래의 해탈의 땅에 이르도록 한다.

I. 앞을 맺어 뒤를 냄〔結前生後〕
II. 바로 밝혀 풀이함〔正明解釋〕

I. 앞을 맺어 뒤를 냄〔結前生後〕

이미 뜻 세우는 가름〔立義分〕을 말하였으니, 다음으로 풀이하는 가름〔解釋分〕을 말하겠다.

已說立義分 次說解釋分

해 설

앞의 뜻 세우는 가름에서는 본『기신론』이 실천의 기본강령으로 내세우는 마하야나란 중생의 망념이 나되 남이 없는 한마음 자체를 나타내고 이 한마음이 온갖 세간 출세간법 거둠을 보였다.

그리고 이 한마음에 마하야나의 바탕〔體大〕과 마하야나의 모습과 작용〔相大・用大〕의 세 가지 뜻이 있음을 말해 마하야나란 한마음의 본래 그러한 삶의 실상을 온전히 실현하는 실천의 수레임을 보였다. 그리고 마하야나가 한마음의 실상인 실천이므로 마하야나야말로 이미 해탈의 언덕에 오른 이나 지금 해탈의 길을 가는 이나 고통 속에 있는 중생이 모두 함께 타고 가야 할 실천의 수레임을 말하였다. 이제 마하야나의 법과 뜻을 모두 말한 뒤 풀이하는 가름을 세워 법과 뜻의 자세한 내용을 널리 풀이한다. 곧 한마음의 법에 담긴 바른 뜻을 풀이해 중생에게 마하야나의 크나큰 해탈의 길을 열어 보이고〔顯示正義〕, 해탈의 길을 가는데 장애가 되므로 반드시 깨뜨려야 할 바 집착을 가려 보인다〔對治邪執〕. 그리고 해탈의 길에 발심해 여래의 해탈의 땅을 향해 나아가는 구체적인 실천의 발걸음이 어떠해야 하는가〔分別發趣道相〕를 말해준다.

II. 바로 밝혀 풀이함〔正明解釋〕

존재의 실상 자체이자 실상 그대로의 크나큰 실천의 길인 마하야나의 내용을 구체적으로 밝히기 위해 세 가지 풀이를 하고 있다.

첫째, 바른 뜻을 나타내 보임은 한마음의 두 문이 하나도 아니고 다름도 아닌 뜻을 바로 드러내, 나고 사라짐의 현실을 떠나지 않고 진여문에 들어가고, 진여문에 앉아 나고 사라짐을 해탈의 묘용으로 쓸 수 있음을 보인다.

둘째, 삿된 집착을 상대해 다스림은 진여문과 생멸문이 중도인 삶의 실상을 바로 보지 못하는 삿된 집착을 가려 보여서 그 집착을 떠나도록 함이고, 셋째 도에 발심하여 나아가는 모습을 분별함은 집착을 깨뜨려서 마하야나의 실천에 발심해 나아가는 모습을 보인다.

○ 풀이함에 세 가지가 있음을 보임〔示解釋中有三種〕
○ 세 가지 풀이를 보임〔示三種解釋〕
   제1절 바른 뜻을 나타내 보임〔顯示正義〕
   제2절 잘못된 집착을 상대해 다스림〔對治邪執〕
   제3절 보살이 도에 발심하여 나아가는 모습을 분별함
      〔分別發趣道相〕

풀이함에 세 가지가 있음을 보임〔示解釋中有三種〕

풀이하는 가름에도 세 가지가 있으니, 어떤 것이 셋인가.

첫째는 바른 뜻을 나타내 보임〔顯示正義〕이요, 둘째는 삿된 집착을 상대해 다스림〔對治邪執〕이며, 셋째 도에 나아가는 모습을 분별함〔分別發趣道相〕이다.

解釋分有三種 云何爲三 一者顯示正義 二者對治邪執 三者分別發趣道相

해 설

마하야나는 한마음의 실천적 표현이고 한마음은 마하야나의 바탕이자 마하야나가 나타내고자 하는 법 자체이다. 그러므로 한마음 자체의 발현인 마하야나의 실천이야말로 이미 깨친 이와 지금 해탈의 길을 가는 이나 아직 고통 속에 빠져 있는 이들이 함께 타고 가야할 실천의 수레인 것이다. 다시 마하야나가 보이고자 하는 법 자체인 이 한마음의 법에는 마음의 참되고 한결같은 문〔心眞如門〕과 마음의 생기고 사라지는 문〔心生滅門〕의 두 가지 문이 세워지니, 마음의 참되고 한결같은 문은 '마하야나의 바탕이 큰 뜻〔體大〕'을 이루고, 마음의 생기고 사라지는 문은 '마하야나의 모습과 작용이 큰 뜻〔相大·用大〕'을 이룬다.

위의 뜻을 세우는 가름〔立義分〕에서는 이처럼 마하야나가 의지하는 바 한마음의 법이 갖춘 뜻〔所依法義〕의 큰 줄기를 이미 보였다. 이제 풀이하는 가름에서는 먼저 마하야나가 의지하는 바 법과 법이 갖춘 뜻을 다시 자세히 풀이하고〔顯示正義〕, 법과 뜻을 풀이한 뒤 마하야나의 법과 뜻을 사무쳐 알지 못한 중생의 잘못된 집착을 상대해 다스리는 법〔對治

邪執]을 말한다.

  그리고 끝으로 마하야나의 뜻을 의지해 마하야나의 실천의 수레를 타고 한마음의 법에 발심해 깨쳐 들어가는 수행의 방편과 차제를 말해주고 있다.

【실차난타역】
  어떤 것이 풀이하는 가름[解釋分]인가.
  여기에도 세 가지가 있으니, 이른바 진실한 뜻을 나타내 보이기 때문이고[顯示實義], 삿된 집착을 상대해 다스리기 때문이며[對治邪執], 바른 도 닦아 행하는 모습을 분별[分別修行正道相]하기 때문이다.

  云何解釋分
  此有三種 所謂顯示實義故對治邪執故 分別修行正道相故

> 세 가지 풀이를 보임〔示三種解釋〕

제1절 바른 뜻을 나타내 보임〔顯示正義〕

한마음의 두 가지 문인 진여문(眞如門)과 생멸문(生滅門)에서 나고 사라지는 문은 인연을 좇아 연기하는 현실법〔諸法〕을 말하고, 진여문은 연기하는 현실법이 연기하므로 공하여 남이 없고 사라짐이 없음을 말한다.

생멸문에 실로 남이 없음이 진여문이라 두 문은 중도를 이루어 하나라 해도 안되고 다르다 해도 안된다.

그러므로 바른 뜻을 나타내 보이는 이 단은 현수법장의 『기신론』 해석의 입장에 따라 두 문이 하나 아님〔不一〕과 두 문이 다름이 아님〔不異〕으로 나누어 풀이한다.

> 제1항 움직임과 고요함이 하나가 아님을 밝힘〔明動靜不一〕
> 제2항 움직임과 고요함이 다르지 않음을 드러냄〔顯動靜不異〕

제1항 움직임과 고요함이 하나가 아님을 밝힘〔明動靜不一〕

움직임〔動〕은 마음의 나고 사라지는 문〔心生滅門〕이고, 고요함〔靜〕은 마음의 참되고 한결같은 문〔心眞如門〕이다. 두 문이 중도이므로 움직임은 고요함을 떠나지 않고, 고요함은 움직임을 떠나지 않는다.

이제 서로 떨어질 수 없는 두 문을 둘로 나누어 분별하는 것은 먼저 삶 속의 움직임과 고요함의 두 측면을 방편으로 나누어, 나고 사라짐을 집착하는 이들에게는 남이 본래 남이 아님〔生卽非生〕을 보여 그 집착을 대치해 깨뜨려 주고, 늘 한결같음을 집착하는 이들에게는 나고 사라지는 문을 통해 남이 없음이 실로 남 없음도 아님〔無生而實無不生〕을 보여 그 집착을 깨뜨려주기 위함이다.

☐ 두 문이 서로 떨어지지 않음을 말함〔示二門不相離〕
☐ 두 문을 나누어 보임〔別示二門〕

□ 두 문이 서로 떨어지지 않음을 말함〔示二門不相離〕

바른 뜻을 나타내 보임이란, 한마음의 법을 의지하여 두 가지 문이 있음이다. 어떤 것이 둘인가. 첫째 마음의 참되고 한결같은 문〔心眞如門〕이고, 둘째 마음의 나고 사라지는 문〔心生滅門〕이다.

이 두 가지 문이 모두 각기 온갖 법을 다 거두니, 이 뜻은 무엇인가. 이 두 가지 문이 서로 떨어지지 않기 때문이다.

顯示正義者 依一心法有二種門 云何爲二 一者心眞如門 二者心生滅門 是二種門皆各總攝一切法 此義云何 以是二門不相離故

해 설

마하야나가 의지하는 바 법인 한마음〔一心法〕이란 연기하는 온갖 존재의 참모습〔諸法實相〕을 그 주체의 측면에서 그리고 총체성에서 기술한 것이다.

근본불교에서는 존재의 연기적인 참모습을 오온(五蘊)·십이처(十二處)·십팔계(十八界)로 표현한다. 존재〔我〕는 온·처·계의 여러 법〔諸法〕이 일으킨 것이므로 공하고〔我空〕, 온·처·계의 여러 법도 서로 의지해 일어나므로 공하다〔法空〕. 그러나 그 공함은 다만 없음이 아니니, 존재의 자기 동일성〔我〕과 존재의 자기 동일성을 이루어주는 여러 법(法)은 공하기 때문에 연기해 일어나는 것이다. 온갖 법이 연기해 일어나므로 공한 뜻을 『기신론』은 '마음의 참되고 한결같은 문〔心眞如門〕'이라 하고, 공하기 때문에 온갖 법이 연기하는 뜻을 『기신론』은 '마음의 생기고 사라지는 문〔心生滅門〕'이라 한다. 이때 공함은 연기하는 온갖 법의 공함이고 연기함은 공하기 때문에 온갖 법이 연기함이다. 그러므로 진여문과 생멸문은 생멸문의 자기 성품 없음〔依他起相無自性〕이 진여문이 되고, 진여에 진여의 자성이 없어〔圓成實相無自性〕 연기함이 생멸문이 되어 두 가지 문은 서로 떨어지지 않는다.

진여문과 생멸문이 서로 떨어지지 않는 뜻을 근본불교는 '온갖 법에 자기 성품 없음〔諸法無我〕'과 '온갖 행이 덧없음〔諸行無常〕'이 두 가지가 둘 아닌 뜻으로 표현하고, 중관불교(中觀佛敎)는 진저(眞諦 : 眞如門)와 속제(俗諦 : 生滅門)가 중도라는 뜻으로 밝힌다〔眞俗二諦中道〕. 그리고 유식불교(唯識佛敎)는 의타기성·변계소집성(依他起性·遍計所執性 : 生滅門), 원성실성(圓成實性 : 眞如門)이 모두 자기성품이 없어 세 가지 성품이 서로 둘 아닌 중도의 뜻〔三性中道〕으로 보인다.

『기신론』에서 여래장(如來藏)은 유식불교에서 아라야식(ālaya-vijñāna : 주·객이 서로 의지해 일상의식을 산출하는 총체적 삶의 장)에 자기 성품이 없고 자기 성품이 없으므로 새롭게 연기되는 앎 활동의 모습 밖에 따로 있는 것이 아니다. 아라야식이 공하여 머무는 바 바탕이 없지만, 그 공함이 다만 허무가 아니라 여래가 깨쳐 쓰는 바 한량없는 공덕을 이미 갖추고 있으므로 다함없는 공덕의 창고라는 뜻으로 '여래장'이라 한다.

『기신론』은 아라야식이 '연기되어 일어남'을 마음의 생멸문이라 표현하고, '있되 공함'을 마음의 진여문이라 한다. 이는 곧 『능가경』에서 '고요한 것을 한마음이라 하고, 한마음을 여래장이라고 한다〔寂滅一心 一心 如來藏〕'고 한 가르침을 받아 기존 유식불교에서 아라야식이 실체화되고 관념화된 허물을 대치한 것이다. 그런데 여래장인 한마음도 상호주체적인 삶의 실상을 주체의 측면에서 기술한 것이므로 이 마음 자체가 다시 실체화되어서는 안 된다. 그래서 화엄은 『기신론』의 여래장인 한마음이 절대관념의 세계가 아니라 이것과 저것, 하나와 온갖 것이 서로 어울려 막힘 없고 걸림 없는 법계〔無障碍法界〕이룸을 보이기 위해 이 한마음을 '사법과 사법이 인드라 그물 구슬처럼 서로 겹쳐 다함없는 한마음〔帝網無盡故說一心〕'으로 전개하고 있는 것이다.

그런데 『기신론』에서 한마음의 법에 진여문(眞如門)과 생멸문(生滅

門)의 두 문을 벌리고, 『중론』에서 진제(眞諦)와 속제(俗諦)의 두 가지 가르침을 벌린 것은 존재 속에 두 뜻에 상응하는 영역이 실재함을 보인 것인가. 그렇지 않다. 이는 중생이 남이 없고 사라짐이 없는 한마음의 법에서 나고 사라짐을 집착하면 참되고 한결같음으로 이를 대치하고 다시 공함과 진여를 실체로 국집하면 이를 나고 사라짐의 연기가 없지 않음으로 대치한 것이다. 곧 참되고 한결같음과 나고 사라짐의 두 뜻을 세움은 모두 중생의 망집을 상대해 다스려 해탈의 한 길에 나아가도록 하기 위함이다. 그리고 세운 바 법의 뜻에 의지하여 잘못된 집착을 깨뜨려 언어와 사유로 한정할 길 없는 법의 실상에 돌아가도록 하기 위함이다.

이에 『기신론』은 '바른 뜻을 보임〔顯示正義〕' 다음에 '잘못된 집착 상대해 다스림〔對治邪執〕'을 말하고, 끝으로 '바른 도에 발심해 나아가는 모습〔分別發趣道相〕'을 분별하고 있는 것이다.

【실차난타역】

이 가운데 진실한 뜻을 나타내 보임이란, 한마음을 의지하여 두 가지 문이 있음이니, 이른바 마음의 참되고 한결같은 문〔心眞如門〕과 마음의 나고 사라지는 문〔心生滅門〕이다.

이 두 가지 문이 모두 각기 온갖 법을 다 거두니, 이 두 가지 문이 펼쳐 굴러 서로 떨어지지 않기 때문이다.

此中顯示實義者 依於一心有二種門 所謂心眞如門心生滅門 此二種門各攝一切法以此展轉不相離故

□ 두 문을 나누어 보임〔別示二門〕

　　　　　　　한마음은 한마음이라는 이름도 얻을 길 없
　　　　　　고, 마음에 마음이라 할 자기 성품이 없어 언
　　　　　　어와 사량으로 붙잡을 길이 없다. 그러므로
　　　　　　어찌 한결같은 문과 나고 사라지는 문의 두
　　　　　　모습이 있겠는가.
　　　　　　　그러나 중생이 연기되는 현실에서 늘 그러
　　　　　　함을 집착하면 나고 사라짐으로 그를 깨뜨리
　　　　　　고, 나고 사라짐을 다시 실체화하면 나지 않
　　　　　　고 사라지지 않는 진여로써 대처하여 부사의
　　　　　　법계를 드러내기 위해 두 가지 문을 세운 것
　　　　　　이다.

제1목 한마음의 참되고 한결같은 문〔心眞如門〕
제2목 한마음의 나고 사라지는 문〔心生滅門〕

제1목 한마음의 참되고 한결같은 문〔心眞如門〕

> 1. 말을 떠난 진여〔離言眞如〕
> 2. 말을 의지하는 진여〔依言眞如〕

1. 말을 떠난 진여〔離言眞如〕

> 1) 마음의 진여가 법계 법문의 바탕이 됨을 밝힘
>   〔明心眞如是法界法門體〕
> 2) 마음의 진여는 보낼 것이 없고 세울 것이 없음을 밝힘
>   〔明心眞如是不遣不立〕
> 3) 진여에 들어가는 방법을 물음〔問隨順能入眞如之法〕

1) 마음의 진여가 법계 법문의 바탕이 됨을 밝힘〔明心眞如是法界法門體〕

마음의 참되고 한결같은 문〔心眞如門〕이란 곧 하나인 법계의 크나큰 총상이 되는 법문의 바탕이니, 이른바 마음의 성품이 생기지 않고 사라지지 않음이다. 온갖 모든 법이 오직 허망한 생각을 의지하여 차별이 있으니, 만약 마음의 생각을 떠나면 곧 온갖 경계의 차별된 모습이 없다.

그러므로 온갖 법은 본래부터 말의 모습을 떠났고 이름의 모습을 떠났으며, 마음의 분별하는 모습을 떠나 끝내 모습 다해 평등하여 변해 달라짐이 없으며, 깨뜨릴 수 없어서 오직 한마음이므로 참되고 한결같음〔眞如〕이라 이름한다.

心眞如者 卽是一法界大總相法門體 所謂心性不生不滅 一切諸法 唯依
妄念 而有差別 若離心念 則無一切境界之相 是故一切法 從本已來 離言說
相 離名字相 離心緣相 畢竟平等 無有變異 不可破壞 唯是一心 故名眞如

해 설

오온·십이처·십팔계로 표현된 온갖 법이 연기한 것이라 있되 있지
않음〔有而非有〕을 앎 활동을 중심으로 해서 마음의 참되고 한결같음〔心
眞如〕이라 이름한다. 다시 마음은 마음이 아니라 존재인 마음이고 법계
인 마음이므로 이 참되고 한결같은 마음을 '하나인 법계의 크나큰 총상이
되는 법문의 바탕〔一法界大總相法門體〕'이라 한다.

왜 하나인 법계〔一法界〕라 했을까. 진여인 마음은 의타기성(依他起
性)인 십팔계(十八界)의 있되 있지 않은 원성실성(圓成實性)이며, 이 십
팔계의 원성실성에는 십팔계의 닫혀진 모습이 없어 십팔계의 있되 있지
않은 참모습을 법계라 이름하기 때문이다.

다시 왜 크나큰 총상〔大總相〕이라 했을까. 이 참되고 한결같은 마음이
차별된 온갖 현실법〔事法〕의 평등한 바탕을 이루기 때문이다.

그러면 진여인 마음을 법문의 바탕〔法門體〕이라 한 까닭은 무엇일까.
참되고 한결같은 마음에도 다시 실로 그러한 자기모습이 없어서〔圓成實
性無自性〕이 마음의 참되고 한결같음이 온갖 만법을 연기하는 터전이
되어 끝내 사법계와 이법계가 둘이 없게 되기 때문이다〔理事無碍法界〕.

마음과 모습, 언어는 서로 의지해 있으므로 마음도 공하고 모습도 공
하고 언어도 공하다. 그러나 공하기 때문에 마음〔心〕은 모습〔相〕으로 인
해 모습인 마음으로 연기하고 모습은 마음으로 인해 마음인 모습으로 드
러난다.

그러므로 모습을 실로 있는 모습으로 집착하면 마음은 모습에 물든 마
음으로 굳어지고, 마음을 마음인 마음으로 집착하면 모습의 차별은 실로

있는 차별이 되는 것이다. 마음과 모습이 이렇게 서로 규정하므로 마음에서 마음을 떠나면 온갖 존재의 차별된 모습은 그 실체성이 사라지는 것이니, 이 뜻을 논은 '마음의 생각을 떠나면 온갖 경계의 모습이 없다'고 한다.

곧 마음에서 마음을 떠날 때 모습이 지양되고 모습에서 모습을 떠날 때 마음이 지양되는 것이니, 이 마음 아닌 마음의 바탕에는 모습과 이름, 마음이 경계 인식하는 모습이 없는 것이다. 이처럼 생겨남이 없기 때문에 끝내 무너지거나 사라짐이 없으므로 이를 마음의 참되고 한결같음〔心眞如〕이라 짐짓 이름하는 것이다.

【실차난타역】

마음의 참되고 한결같은 문〔心眞如門〕이란 곧 하나인 법계의 크나큰 총상이 되는 법문의 바탕이니, 이른바 마음의 본성품이 생기지 않고 사라지지 않는 모습이다. 온갖 모든 법이 오직 허망한 생각을 말미암아 차별이 있으니, 만약 허망한 생각을 떠나면 곧 온갖 경계의 차별된 모습이 없다.

그러므로 온갖 법은 본래부터 성품이 말과 온갖 문자를 떠나 드러내 말할 수 없으며, 마음의 경계 분별함을 떠나고 모든 모습이 없어서 끝내 평등하여 길이 변해 달라짐이 없으며, 깨뜨릴 수 없어서 오직 한마음이라 참되고 한결같음〔眞如〕이라 이름하기 때문이다.

心眞如者 卽是一法界大總相法門體 以心本性不生不滅相 一切諸法皆由妄念而有差別 若離妄念則無境界差別之相 是故諸法從本已來 性離語言一切文字不能顯說 離心攀緣無有諸相 究竟平等永無變異 不可破壞 唯是一心 說名眞如故

2) 마음의 진여는 보낼 것이 없고 세울 것이 없음을 밝힘〔明心眞如是 不遣不立〕

온갖 말은 거짓 이름이라 실다움이 없어서 다만 허망한 생각을 따를 뿐 얻을 수가 없으므로 참되고 한결같음이라 말하는 것도 또한 모습 있음이 없다. 곧 말의 지극함은 말을 인해 말을 보내지만, 이 참되고 한결같은 바탕은 보낼 것이 없으니, 온갖 법이 모두 다 참되기 때문이다. 또한 세울 것이 없으니 온갖 법은 모두 같이 한결같기 때문이다.

마땅히 알라. 온갖 법은 이루 말할 수 없고 생각할 수 없으므로 참되고 한결같음이라 한다.

以一切言說 假名無實 但隨妄念 不可得故 言眞如者 亦無有相 謂言說之極 因言遣言 此眞如體無有可遣 以一切法悉皆眞故 亦無可立 以一切法皆同如故 當知一切法 不可說不可念故 名爲眞如

해 설

모습과 사유와 언어가 연기이므로 공한 곳을 진여라 이름하였으므로 진여인 한마음에는 모습과 언어가 없다. 온갖 법이 일어나되 일어남이 없고 사라지되 사라짐 없음을 진여라 이름하였으므로 참되고 한결같음이란 말을 듣고 참되고 한결같은 모습을 일어나고 사라지는 모습 밖에 따로 구해서는 안된다.

참되고 한결같음이라는 말〔名〕은 구경의 진리를 나타내는 말이므로 말의 지극함이자 말을 세워서 말을 떠나는 것이다. 그러나 참되고 한결같음이란 말하고 보고 듣는 현실 밖에 어떤 절대적인 것이 아니라 말하고 보고 들음의 자성 없는 자기 모습이 참되고 한결같은 바탕〔眞如體〕이므로 말을 보낼 것이 없고 말을 무너뜨릴 것도 없다.

곧 온갖 법이 사라지되 사라짐이 없음을 진여라 하였으므로 진여에는 실로 보낼 것이 없는 것이며, 온갖 법이 생겨나되 생겨남이 없음이 곧 진여이므로 진여에는 실로 세울 것이 없는 것이다. 그리고 온갖 법을 생각하되 능히 생각함[能念]과 생각하는 바[所念]가 없으며, 온갖 법을 말하되 능히 말함[能說]과 말하는 바[所說] 없음을 진여라 하였으므로 진여는 말과 생각과 모습이 아니지만, 진여는 말과 생각과 모습을 떠난 것도 아니다.

원효(元曉)는 이 뜻을 이렇게 말한다.

'마하야나의 모습이여, 그윽하고 그 그윽함마저 그윽하니40) 어찌 만상 밖을 벗어나겠는가.
고요하고 그 고요함마저 고요하니 오히려 백가의 말 속에 있다.
그러나 만상 밖이 아니지만 다섯 눈이 그 몸을 볼 수가 없고, 말 속에 있으나 네 가지 말재간이 그 모습을 말할 수 없다.'

玄之又玄之 豈出萬像之表 寂之又寂之 猶在百家之談 非像表也 五眼不能見其軀 在言裏也 四辯不能談其狀

【실차난타역】

온갖 말은 거짓 이름일 뿐 실답지 않아서 다만 허망한 생각을 따를 뿐 있는 바가 없으므로 참되고 한결같음이라 말하는 것도 또한 모습 있음이 없다. 다만 이는 온갖 말 가운데 지극함이라 말로써 말을 보내지만, 그 바탕이 되는 성품은 조금치도 보낼 것이 없고 조금치도 세울 것이 없다.

---

40) 그윽함마저 그윽함과 고요함마저 고요함[玄之又玄 寂之又寂] : 원효『기신론소』의 '종체를 나타내는 장[標宗體]'의 이 구절은 노자(老子)의 언어를 빌려서 불교를 표현하고 있으니, 해석자의 지견에 따라 그 풀이가 다양하다. 필자는 고요하고 그윽하되 그 적멸한 모습마저 다시 공하다는 뜻으로 '그윽함마저 그윽하고, 고요함마저 고요하다'고 풀이하여 언어와 모습을 실로 세울 것도 없고 보낼 것도 없는 뜻을 드러내려 하였다.

從本已來 不可言說 不可分別 一切言說 唯假非實但隨妄念無所有故 言眞如者 此亦無相 但是一切言說中極 以言遣言 非其體性有少可遣 有少可立

3) 진여에 들어가는 방법을 물음〔問隨順能入眞如之法〕

묻는다. 만약 이러한 뜻이라면 여러 중생들은 어떻게 참되고 한결같음에 따라서 들어갈 수 있는가.

답한다. 만약 온갖 법을 비록 말하지만 능히 말함과 말하는 바가 없고, 온갖 법을 비록 생각하지만 능히 생각함과 생각하는 바가 없는 줄 알면, 이것을 참되고 한결같음을 따름이라 하니, 만약 생각을 떠나면 들어감이라 한다.

問曰 若如是義者 諸衆生等 云何隨順而能得入 答曰 若知一切法 雖說無有能說可說 雖念 亦無能念可念 是名隨順 若離於念 名爲得入

해 설

온갖 법을 이루 말할 수 없고 생각할 수 없음이 진여라는 말을 듣고 진여는 말과 생각 밖에 있다는 집착을 일으켜 그러면 어떻게 해야 진여에 들어갈 수 있는가를 묻고 있다.

진여는 말과 생각이 아니지만 말과 생각을 떠나지도 않는다. 곧 인간의 모든 사유활동, 언어활동은 능히 생각함〔能緣〕과 생각하는 바〔所緣〕, 능히 말함〔能說〕과 말하는 바〔所說〕가 모두 자성이 없으므로 서로 의지해 지금 말함과 생각함이라는 활동의 장을 이룬다. 그러므로 말함 속에 말이 끊어지고 생각에 생각이 없는 것이니, 생각에서 생각을 떠나고 말에서 말을 떠나면 곧 참되고 한결같음을 따름인 것이다.

만약 생각을 일으켜 따로 진여를 구하면 곧 옳지 않으니, 옛사람들은 이를 '생각을 움직이면 곧 어긋난다〔動念卽乖〕'고 가르친다.

【실차난타역】
묻는다. 만약 이러하다면 여러 중생들은 어떻게 참되고 한결같음에 따라서 깨쳐 들어갈 수 있는가.
답한다. 만약 온갖 법을 비록 말하지만 능히 말함과 말하는 바가 없고, 온갖 법을 비록 생각하지만 능히 생각함과 생각하는 바가 없는 줄 알면, 이때 참되고 한결같음을 따라 허망한 생각이 모두 사라지게 되니, 이를 깨쳐 들어감이라 한다.

問曰 若如是者 衆生云何隨順悟入 答曰 若知雖說一切法而無能說所說 雖念一切法而無能念所念 爾時隨順 妄念都盡名爲悟入

2. 말을 의지하는 진여〔依言眞如〕

> 1) 공함과 공하지 않음의 두 뜻이 있음을 보임〔示眞如有二種義〕
> 2) 공함과 공하지 않음의 뜻을 나누어 보임〔別示空不空義〕

1) 공함과 공하지 않음의 두 뜻이 있음을 보임〔示眞如有二種義〕

다시 참되고 한결같음〔眞如〕은 말에 의지하여 분별하면 두 가지 뜻이 있으니, 어떤 것이 둘인가.

첫째 실다웁게 공함이니, 끝내 참됨을 드러내기 때문이다.

둘째 실다웁게 공하지 않음이니, 스스로의 바탕에 샘이 없는 성품의 공덕〔無漏性功德〕을 갖추고 있기 때문이다.

復次眞如者 依言說分別有二種義 云何爲二 一者如實空 以能究竟顯實故 二者如實不空 以有自體具足無漏性功德故

해 설

진여는 말과 사유가 아니지만 말과 사유를 떠나지 않으므로 말〔名〕과 뜻〔義〕을 세워 중생의 망집을 깨뜨려 진여에 들어가게 한다. 온갖 법이 있되 실로 있지 않음을 참되고 한결같은 마음이라 하였으므로 진여에는 온갖 생각과 온갖 모습이 없다. 그러나 진여에 생각과 모습이 없고 진여에도 취할 모습이 없으므로 생각과 모습이 새롭게 연기할 수 있다.

이에 논은 연기된 모습에 집착하는 헛된 생각을 깨뜨리기 위해 실다웁게 공함의 뜻을 세우고, 진여가 끊어져 없다고 집착하거나 진여가 말과 생각 밖에 따로 있다는 집착을 깨기 위해 실다웁게 공하지 않음의 뜻을 세운다.

【실차난타역】

다시 참되고 한결같음〔眞如〕은 말에 의지하여 세우면 두 가지가 있다.

첫째 진실하게 공함이니, 실답지 않은 모습을 널리 떠나 모습 없는 진실한 바탕을 드러내기 때문이다.

둘째 진실하게 공하지 않음이니, 본 성품에 끝없는 공덕〔無漏性功德〕을 갖추고 스스로의 바탕이 있기 때문이다.41)

復次眞如者 依言說建立有二種別 一眞實空 究竟遠離不實之相顯實體故 二眞實不空 本性具足無邊功德 有自體故

2) 공함과 공하지 않음의 뜻을 나누어 보임〔別示空不空義〕

(1) 공함의 뜻〔所言空義〕

말한 바 공함〔所言空者〕이란 본래부터 온갖 물든 법이 서로 응하지 않기 때문이다. 이는 곧 온갖 법의 차별된 모습을 떠남이니 허망한 생각이 없기 때문이다.

마땅히 알라. 참되고 한결같은 성품은 모습 있음이 아니고, 모습 없음이 아니며, 모습 있음 아님도 아니고 모습 없음 아님도 아니며, 모습 있기도 하고 없기도 함도 아니며, 같은 모습도 아니고 다른 모습도 아니며, 같은 모습 아님도 아니고, 다른 모습 아님도 아니며, 같기도 하고 다르기도 한 모습도 아니다.

나아가 모두어 말하면 온갖 중생이 허망한 생각이 있음을 의지해 생

---

41) 스스로의 바탕이 있음 : 이 구절은 진여의 공함을 허무와 동일시하는 견해를 깨 진여가 공하기 때문에 진여가 만법의 바탕이 됨을 보이기 위해 진여 스스로의 바탕이라 이름했으나, 이 바탕은 실체적 기반이 아니다. 그러므로 이 구절은 저 푸르샤(puruṣa) 전변설에서 프라크리티(prakṛti)를 관조하는 푸르샤처럼 실재하는 것으로 이해되어서는 안되고, 연기론의 시대적인 전개과정에서 주변 철학의 언어를 빌려온 것으로 보아야 한다.

각 생각 분별하여 모두 서로 응하지 않기 때문에 공을 말하지만, 만약 허망한 생각을 떠나면 실로 공하다 할 것도 없는 것이다.

所言空者 從本已來 一切染法不相應故 謂離一切法差別之相 以無虛妄心念故 當知眞如自性 非有相 非無相 非非有相 非非無相 非有無俱相 非一相 非異相 非非一相 非非異相 非一異俱相 乃至總說 依一切衆生 以有妄心 念念分別 皆不相應 故說爲空 若離妄心 實無可空故

해 설

생각이 생각 아니고 모습이 모습 아님을 마음의 진여라 짐짓 이름하였다. 그러므로 진여에는 모습 있음도 얻을 수 없고 모습 없음도 얻을 수 없고, 모습 있기도 하고 모습 없기도 함도 얻을 수 없으며, 모습 있음도 아니고 모습 없음 아님도 얻을 수 없어서 네 구절이 붙을 수 없으니〔離四句〕, 같은 모습과 다른 모습 또한 이와 같다.

중생에게 허망한 분별이 있으므로 그 분별을 깨기 위해 진여가 공하여 진여에 네 구절의 분별이 붙을 수 없음을 말하지만, 모습에 모습이라는 집착이 없으면 공하다는 것 또한 세울 것이 없는 것이다. 곧 망념을 이미 떠나면 참됨 또한 세울 것이 없으니〔妄念旣離 眞亦不立〕, 이것이 본문에서 말한 바 '끝내 참됨을 드러냄〔究竟顯實〕'인 것이다.

【실차난타역】

거듭 다시 진실하게 공함〔眞實空者〕이란 본래부터 온갖 물든 법이 서로 응하지 않기 때문이다. 이는 곧 온갖 법의 차별된 모습을 떠남이니 허망하게 분별하는 생각이 없기 때문이다.

마땅히 알라. 참되고 한결같은 성품은 모습 있음이 아니고, 모습 없음이 아니며, 모습 있기도 하고 없기도 함도 아니며, 모습 있음도 아니고 모습 없음도 아님도 모두 아니며, 같은 모습도 아니고 다른 모습도 아니며, 같은 모습이기도 하고 다른 모습이기도 함도 아니며, 같은 모습도 아니고 다른 모습 아님도 모두 아니다.

간략히 말하면 온갖 중생이 허망한 분별의 마음 때문에 닿을 수 없으므로 공함을 세우지만, 진실한 도리에 의거하면 허망한 생각도 있지 않고 공한 성품도 또한 공한 것이니, 막을 바〔所遮 : 妄〕가 없고 능히 막음〔能遮 : 空〕도 또한 없기 때문이다.

復次眞實空者 從本已來 一切染法不相應故 離一切法差別相故 無有虛妄分別心故 應知眞如非有相 非無相 非有無相 非非有無相 非一相 非異相非一異相 非非一異相 略說以一切衆生妄分別心所不能觸故 立爲空 據實道理 妄念非有 空性亦空 以所遮是無 能遮亦無故

(2) 공하지 않음의 뜻〔所言不空義〕

말한 바 공하지 않음〔所言不空者〕이란 이미 법의 참모습이 공하여 허망함이 없음을 드러냈기 때문이다. 이는 곧 참마음이라 늘 변하지 않고, 깨끗한 법이 가득히 갖춰 있으므로 공하지 않다고 한다. 또한 모습 취할 것도 없으니, 허망한 생각을 떠난 경계라 오직 깨친 지혜가 서로 응하기 때문이다.

所言不空者 已顯法體空無妄故 卽是眞心 常恒不變 淨法滿足 則名不空 亦無有相可取 以離念境界 唯證相應故

해 설

진여에는 마음과 모습 등 온갖 법이 공하여 얻을 것이 없되 진여 또한 진여가 아니라 한 법도 얻을 것이 없으므로 온갖 법이 연기한다. 진여가 아주 끊어져 없는 공이 아니라 참으로 공하기〔眞空〕때문에 온갖 법이 연기함을 진여가 공하지 않은 뜻이라 한다.

그러므로 진여가 공하지 않음도 또한 하나의 모습으로 취할 수 없으니, 진여가 공하지 않음의 뜻이란 인연으로 일어난 모든 법에 자성 없음〔依他起性無自性〕을 통달할뿐더러 진여 또한 하나의 모습으로 취할 것 없음〔圓成實性無自性〕을 통달할 때 드러난다.

이 뜻을 본문은 '허망한 생각을 떠난 경계라 오직 깨친 지혜가 서로 응하기 때문이다〔以離念境界 唯證相應故〕'라고 하고, 영가선사의『증도가』는 '오직 깨쳐야 알 뿐 이루 헤아릴 수 없다(唯證乃知難可測)'고 한다.

【실차난타역】

진실하게 공하지 않음〔眞實不空者〕이라 말한 것은 이미 허망한 생각이 공해 없으므로 참마음이 늘 변하지 않고, 깨끗한 법이 가득히 갖춰 있으므로 공하지 않다고 하지만 또한 공하지 않은 모습도 없으니, 허망한 생각의 마음이 행하는 바가 아니기 때문이고, 오직 생각 떠난 지혜가 깨치는 바이기 때문이다.

言眞實不空者 由妄念空無故 卽顯眞心常恒不變淨法圓滿 故名不空 亦無不空相 以非妄念心所行 故唯離念智之所證故

제2목 한마음의 나고 사라지는 문〔心生滅門〕

연기되어 일어나고 사라지는 생멸문은 크게 두 단락으로 나누어 볼 수 있다. 첫째 부분은 나고 사라짐과 나지 않고 사라지지 않음이 화합한 아뢰야식 가운데 물듦과 깨끗함이 서로 의지해 연기함을 보이는 부분이다. 둘째 부분은 한마음의 크나큰 바탕과 크나큰 모습과 작용의 뜻〔體相用三大義〕을 나고 사라지는 연기의 측면에서 고찰한 부분이다.

나고 사라짐은 진여인 나고 사라짐이므로 논서는 진여 자체의 모습이 범부와 여래에게 평등함을 보이고, 진여 자체의 공덕이 나고 사라지는 마음 떠나지 않는 여래장임을 보이며, 보살과 여러 성인의 발심과 수행, 대자비의 실천이 진여의 작용이며 진여인 마음의 나고 사라지는 모습 자체임을 보인다.

나고 사라지는 마음의 법을 풀이함〔釋生滅心法〕
나고 사라지는 문 가운데 나타낸 바 뜻의 큼을 풀이함
  〔釋生滅門中所顯義大〕

나고 사라지는 마음의 법을 풀이함〔釋生滅心法〕

　　마음의 나고 사라지는 모습은 나되 실로 남이 없고 사라지되 실로 사라짐이 없으니, 인연으로 생겨남과 실로 생겨남 없음의 두 가지 뜻이 함께 있는 앎 활동의 총체적 활동상이 진여 자체임을 잡아서 여래장(如來藏)이라 하고, 두 가지 뜻이 함께 어울려 움직이는 앎 활동의 모습 자체를 아뢰야식이라 한다.

　　나고 사라짐이 남이 없는 남이고 사라짐 없는 사라짐이므로 나고 사라짐을 진여인 나고 사라짐으로 알아 돌이키면 깨끗함의 연기가 일어나고, 나고 사라짐이 없는 뜻을 모르고 나고 사라짐에 따라 흘러가면 물듦의 연기가 일어난다.

　　이처럼 물듦과 깨끗함이 진여인 나고 사라짐 속에서 연기하므로 물듦과 깨끗함이 진여를 떠나지 않고 나고 사라지는 모습을 밝히고, 진여가 무명을 끼치어 익히고 무명이 진여를 익혀 물듦과 깨끗함이 서로 도와 연기함을 밝힌다.

첫째단. 물듦과 깨끗함이 나고 사라짐을 밝힘〔明染淨生滅〕
둘째단. 물듦과 깨끗함이 서로 도와 끼치어 익히어 연기함을 밝힘
　　　　〔辨染淨相資〕

첫째단, 물듦과 깨끗함이 나고 사라짐을 밝힘〔明染淨生滅〕

　물듦은 마음의 나고 사라짐이 남이 없이 나고 사라짐 없이 사라지는 줄 모르고, 나고 사라짐의 굴레에 갇혀 흘러가는 삶으로서 못 깨침의 뜻이고 유전연기(流轉緣起)이다.
　깨끗함은 나고 사라지되 남이 없고 사라짐이 없으므로 깨침의 뜻이고 환멸연기(還滅緣起)이다.
　나고 사라짐의 진여인 바탕이 본래 공하지만, 진여마저 공하므로 물듦과 깨끗함이 서로 어울려 인연으로 마음이 나고 사라짐을 보인다.

---

1. 나고 사라지는 마음의 법을 풀이함〔釋生滅心法〕
2. 나고 사라지는 인연을 풀이함〔釋生滅因緣〕
3. 나고 사라지는 모습을 풀이함〔釋生滅相〕

1. 나고 사라지는 마음의 법을 풀이함〔釋生滅心法〕

　　마음의 나고 사라지는 문을 연기되어 일어나고 사라지는 앎 활동의 총체적인 장인 아뢰야식이 물들고 깨끗해지는 두 문을 잡아 해명한다. 아뢰야식은 진여문에서 연기하는 아뢰야식이므로 나되 남이 없고 사라지되 사라짐이 없다.
　　그러므로 아뢰야식의 나고 사라지는 모습을 실체화하여 나고 사라짐에 물들어 흘러가는 유전연기가 못 깨침의 뜻〔不覺義〕이 되고, 아뢰야식의 나고 사라지는 모습이 실체 아님을 체달하여 진여문에 돌아가는 환멸연기가 깨침의 뜻〔覺義〕이 된다.
　　본 장은 아뢰야식의 깨침과 못 깨침의 두 뜻을 해석하고, 끝내 깨침과 못깨침의 뜻이 서로 떠나지 않음을 보여 아뢰야식의 나고 사라짐 속에 진여를 증득하도록 한다.

---

1) 아뢰야식의 뜻을 보임〔示阿梨耶識義〕
2) 아뢰야 두 가지 깨침의 뜻을 따로 풀이함
　〔別解阿梨耶二覺〕
3) 물듦과 깨끗함의 같고 다른 모습을 밝힘〔明染淨同異相〕

1) 아뢰야식의 뜻을 보임〔示阿梨耶識義〕

마음이 나고 사라짐〔心生滅〕이란 여래장을 의지하기 때문에 나고 사라지는 마음이 있음이니, 이른바 나지 않고 사라지지 않음이 나고 사라짐과 어울려 합해 같음도 아니고 다름도 아님을 아뢰야식이라 한다.

心生滅者 依如來藏故 有生滅心 所謂不生不滅與生滅和合 非一非異 名爲阿梨耶識

해 설

이 단락은 뜻 세우는 가름〔立義分〕에서 보인 바 '마음의 나고 사라지는 인연의 모습〔心生滅因緣相〕'을 풀이함이다.

유식에서는 능히 아는 자〔根〕와 알려지는 것〔境〕이 서로 의지해서 일상의식〔六識〕을 내는 앎 활동의 전체적인 장을 제8아라야식(ālaya-vijñāna)이라 한다. 이 아라야식이 나되 남이 없고 사라지되 사라짐 없음을 『기신론』에서는 한마음의 참되고 한결같은 문〔心眞如門〕이라 하니, 이것이 '스스로의 성품이 깨끗한 마음〔自性淸淨心〕'이다. 다시 이 마음의 참되고 한결같음이 남이 없고 사라짐이 없되 한량없는 공덕을 갖추어 남이 없이 나며 사라짐이 없이 사라짐을 한마음의 생기고 사라지는 문〔心生滅門〕이라 하니 이것이 여래장이다.

그러므로 다시 아라야식은 실로 나고 실로 사라짐이 아니라 여래장을 의지해 남이 없이 나고 사라짐이 없이 사라진다고 말할 수 있다. 이 뜻을 본문은 '나지 않고 사라지지 않음이 나고 사라짐과 어울려 합해 같음도 아니고 다름도 아님을 아뢰야식이라 한다'고 말한다.

곧 『기신론』의 아라야식은 유식의 아라야식과 다른 어떤 식의 이름을 따로 세운 것이 아니라 유식의 아라야식이 실체화되고 주관화되며 심층심리로 잘못 해석됨을 바로잡기 위해 아라야식이 여래장의 남이 없이 나고 사라짐 없이 사라지는 모습임을 밝혀보인 것이다. 흔히 치우친 해석가들은 유식의 아라야식과 『기신론』의 아뢰야식(阿賴耶識)이 서로 다른 식이라 말하기도 한다.

그러나 오직 마하야나의 한길을 보이는 붇다의 가르침 가운데서 중생의 망집을 깨기 위해 이름[名]의 뜻[義]이 차별될 뿐인 것이지, 어찌 이름[名]을 따라 법(法) 자체가 달라질 수 있겠는가.

【실차난타역】

마음이 나고 사라지는 문[心生滅門]이란 여래장을 의지하여 나고 사라지는 마음의 구름이 있음이니, 나지 않고 사라지지 않음이 나고 사라짐과 어울려 합해 같음도 아니고 다름도 아님을 아뢰야식이라 한다.

心生滅門者 謂依如來藏有生滅心轉 不生滅與生滅和合非一非異 名阿賴耶識

2) 아뢰야의 두 가지 깨침의 뜻을 따로 풀이함[別解阿梨耶二覺]

> (1) 아뢰야에 두 가지 깨침의 뜻이 있음을 보임
> (2) 깨침과 못 깨침의 뜻을 자세히 말함[廣說覺不覺義]

(1) 아뢰야에 두 가지 깨침의 뜻이 있음을 보임

이 식에는 두 가지 뜻이 있어 온갖 법을 거둘 수 있고 온갖 법을 낼 수 있으니, 어떤 것이 둘인가. 첫째 깨침의 뜻과 못 깨침의 뜻이다.

此識有二種義 能攝一切法 生一切法 云何爲二 一者覺義 二者不覺義

해 설

　여래장의 활동인 아라야식은 스스로 어리석음〔迷〕과 깨침〔悟〕으로 정해지지 않고 어리석음과 깨침의 의지처가 되므로 참됨과 망녕됨이 화합된 식〔眞妄和合識〕이라 한다.
　곧 아라야식은 의타기상(依他起相)이니, 이 아라야식의 활동이 무명의 허망한 번뇌에 물들면 변계소집상(遍計所執相)을 이루고, 이 아라야식의 활동이 무명의 흐름을 돌이켜 참되고 한결같음에 돌아가면 원성실상(圓成實相)을 이룬다. 근본불교의 교설로 보면 십팔계의 활동이 무명의 집착〔集諦〕으로 물들면 괴로움〔苦諦〕을 이루고 팔정도 등 도품을 닦아〔道諦〕 무명을 돌이키면 니르바나〔滅諦〕를 이루게 된다.
　고제(苦諦)와 변계소집상(遍計所執相)을 이루는 유전연기(流轉緣起)를 『기신론』은 못깨침의 뜻〔不覺義〕이라고 하고, 멸제(滅諦)와 원성실상(圓成實相)을 이루는 환멸연기(還滅緣起)를 깨침의 뜻〔覺義〕이라고 한다.
　그리고 현실에서의 소외〔衆生〕와 해탈〔佛〕, 주체〔正報〕와 주체가 의지하는 세계〔依報〕의 물들어지고 깨끗해지는 인과〔染淨因果〕가 이 아라야식의 총체적인 활동의 장에서 세워지고, 세 가지 가늠〔三細〕과 여섯 가지 거침〔六麤〕으로 움직이는 온갖 물든 법과 세간의 고통을 벗어나는 깨끗한 법이 모두 아라야식의 활동으로 주어지므로 본문은 이 식의 두 가지 뜻이 온갖 법을 능히 거두고〔能攝〕 온갖 법을 능히 낸다〔能生〕고 말한다.
　그러나 이 아라야식의 능히 냄과 능히 거둠이 모두 참되고 한결같음의 냄과 거둠이며, 아라야식의 물들어지고 깨끗해지는 인과의 모습에 실로 나고 사라짐이 없어서 본디 깨침을 떠나지 않으니, 어디에 능히 냄과 능히 거둠의 자취가 있겠는가.

【실차난타역】
　이 식에는 두 가지 뜻이 있으니 곧 온갖 법을 거둘 수 있고 온갖 법을 낼 수 있음이다. 거듭 두 가지 뜻이 있으니, 첫째 깨침의 뜻과 둘째 못 깨침의 뜻이다.

此識有二種義 謂能攝一切法 能生一切法 復有二種義 一者覺義 二者不覺義

(2) 깨침과 못 깨침의 뜻을 자세히 말함〔廣說覺不覺義〕

```
○ 깨침의 뜻을 가려 보임〔辨覺義〕
○ 못 깨침의 뜻을 가려 보임〔辨不覺義〕
```

○ 깨침의 뜻을 가려보임〔辨覺義〕

```
① 본디 깨침과 새로 깨침을 간략히 말함〔略述本始二覺〕
② 본디 깨침과 새로 깨침을 널리 밝힘〔辨不覺義〕
```

① 본디 깨침과 새로 깨침을 간략히 말함〔略述本始二覺〕

말한 바 깨침의 뜻이란 곧 마음 바탕이 생각 떠남이니, 생각 떠난 모습이란 허공계와 평등하여 두루하지 않은 바가 없으니 법계의 하나인 모습이다. 곧 이것이 여래의 평등한 법신이니, 이 법신을 의지하므로 본디 깨침〔本覺〕을 말한다.

왜 그런가. 본디 깨침의 뜻이란 새로 깨침의 뜻을 상대하여 말한 것이니, 새로 깨침이란 곧 본디 깨침과 같기 때문이다.

새로 깨침의 뜻은 본디 깨침을 의지하므로 못 깨침이 있고, 못 깨침을 의지하므로 새로 깨침 있음을 말한다.

所言覺義者 謂心體離念 離念相者 等虛空界 無所不徧 法界一相 卽是
如來平等法身 依此法身 說名本覺 何以故 本覺義者 對始覺義說 以始覺
者 卽同本覺 始覺義者 依本覺故 而有不覺 依不覺故 說有始覺

해 설

근본불교의 사제법(四諦法)에서 중생의 물들고 닫혀진 삶의 모습인
고제는 집제에 의해 연기한 것이므로 공하고, 집제 또한 삶 속의 주체적
요인과 객관 여건에 의해 일어나는 것이다. 고제와 집제가 연기한 것이
므로 도제(道諦)의 실천적 행위에 의해 고제를 돌이켜 괴로움과 소외가
사라진 니르바나〔滅諦〕를 구현할 수 있는 것이다. 그러나 새로 구현된
니르바나는 고제가 고제가 아닌 삶의 본래적 실상을 새로이 드러낸 것이
므로 멸제 또한 머물 바가 있는 멸제가 아니다. 멸제는 바로 고제의 자기
전환으로 주어지는 것이므로 실로 고제를 끊는 바가 없고 멸제를 새로
얻는 바가 없다. 고·집·멸·도 사제법은 모두 연기함이라 자성이 없이
공한 것이니, 이 뜻을『반야심경』은 '공 가운데는 고·집·멸·도 사제의
법도 얻을 수 없다〔空中無苦集滅道〕'고 말한다.

사제법의 고제가『기신론』의 '못 깨침〔不覺〕'의 뜻이라면, 고제가 연기
한 것이므로 본래 괴로움의 자취가 없고 본래 나고 사라짐이 없음이『기
신론』의 '본디 깨쳐 있음〔本覺〕'이다. 그리고 도제를 통해 집제를 끊고
고제를 돌이켜 니르바나를 다시 구현함이 '새로 깨침〔始覺〕'이다.

위에서 살핀 바처럼 사제법의 각 법은 연기한 것이라 자성이 없으니,
『기신론』의 '본디 깨쳐 있음'과 '못 깨침'과 '새로이 깨침' 또한 자성이 없
이 공하고〔本覺不覺始覺無自性〕 공하기 때문에 서로 의지해 일어난다.
『기신론』에서 '생각 떠나 허공계와 평등한 법계'란 바로 본디 깨침의 뜻
〔本覺義〕이니, 이것은 유식의 범주로 보면 의타기상에 자성이 없어 온갖
법이 있되 있음이 아니고 생기고 사라지되 생기고 사라짐이 없음을 뜻한

다. 유식불교는 다시 이 의타기상에 자성 없음을 원성실성(圓成實性)이 라 이름한다.

그러나 이 원성실성에도 자성이 없어 의타기의 현실이 일어나고 의타기의 현실이 집착에 물들어 변계소집상이 연기하나 변계소집상 또한 자성이 없이 공하다. 변계소집상이 자성이 없이 공하므로 유식행(唯識行)을 통해 변계소집상을 돌이켜 원성실성으로 돌아가나 원성실성은 의타기성의 있되 있음 아닌 참모습이므로 새로이 얻는 것이 아니다.

이처럼 사제법의 각법이 공하고 유식의 세 가지 성품[三性]에 자성 없음을 『기신론』은 본디 깨쳐 있음, 못 깨침, 새로이 깨침이 자성 없이 서로 의지해 일어남으로 표현하고 있다. 그리고 『기신론』은 본디 깨쳐 있음의 뜻이 바로 여래의 법신을 의지해 세워졌다 했으니, 불성·여래장·법신이란 의타기의 모습 밖에 따로 있는 어떤 절대의 성품이 아니다. 여래의 법신(法身)이란 진리를 여래의 몸을 들어 표현한 말이니, 그것은 곧 존재의 자기동일성[我]과 존재를 이루는 여러 법[諸法]의 실체성이 공한 의타기상의 자기 실상[我法二空 所顯眞如]임을 알아야 한다.

그러므로 『화엄경』은 의타기의 현실에 남이 없음[無生]을 보는 자가 여래의 법신을 보는 자라는 뜻으로 다음과 같이 말한다.

온갖 법은 실로 생겨나지 않고
온갖 법은 실로 사라지지 않네.
이와 같이 바로 깨쳐 안다면
온갖 부처 늘 앞에 나타나리.

一切法不生　一切法不滅
若能如是解　諸佛常現前

【실차난타역】
깨침의 뜻이라 말함은 곧 마음의 으뜸가는 뜻인 성품[第一義性]이 온갖 허망한 생각의 모습 떠남이니, 온갖 허망한 생각의 모습 떠났으므로 허공계와 평등하여 두루하지 않은 바가 없어서 법계의 하나인 모습이다. 곧 이것이 온갖 여래의 평등한 법신이니, 이 법신을 의지하므로 온갖 여래가 본디 깨침〔本覺〕이라고 말한다.

새로 깨침을 상대하여 본디 깨침을 세운 것이니, 새로 깨칠 때 곧바로 본디 깨침이라 다른 깨침이 일어남이 없는 것이다.

새로 깨침을 세운 것은 곧 본디 깨침을 의지하므로 못 깨침이 있고, 못 깨침을 의지하므로 새로 깨침 있음을 말한 것이다.

言覺義者 謂心第一義性離一切妄念相 離一切妄念相故 等虛空界 無所不徧 法界一相 卽是一切如來平等法身 依此法身說一切如來爲本覺 以待始覺立爲本覺 然始覺時卽是本覺無別覺起 立始覺者 謂依本覺有不覺 依不覺說有始覺

② 본디 깨침과 새로 깨침을 널리 밝힘〔廣明本始二覺〕

> 가. 새로 깨침을 밝힘〔明始覺〕
> 나. 본디 깨침을 밝힘〔明本覺〕

가. 새로 깨침을 밝힘〔明始覺〕

> 가) 새로 깨침의 인과를 보임〔示始覺因果〕
> 나) 새로 깨침이 본디 깨침과 다르지 않음을 보임〔示始覺本覺不異〕

가) 새로 깨침의 인과를 보임〔示始覺因果〕

마음의 근원을 깨치므로 마쳐 다한 깨침〔究竟覺〕이라 말하고, 마음의 근원을 깨치지 못하므로 마쳐 다한 깨침이 아니라 한다.

이 뜻은 무엇인가. 저 범부라면 앞 생각이 악함 일으킴을 깨달아 알므로 뒷 생각을 그치어 일어나지 않게 하니, 비록 깨달음이라고 하지만 곧 이것은 '못 깨침〔不覺〕'이기 때문이다.

이승의 살피는 지혜와 처음 바른 뜻 낸 보살 등이라면 생각이 달라짐을 깨달아 생각에 달라지는 모습이 없어서 거친 분별로 집착하는 모습을 버리므로 '비슷한 깨침〔相似覺〕'이라 한다.

법신보살 등이라면 생각이 머뭄을 깨달아 생각에 머무는 모습이 없어서 분별하는 거친 생각의 모습을 떠나므로 '나름대로 깨침〔隨分覺〕'이라 한다.

보살의 닦아가는 지위가 다함이라면, 방편을 가득 채우고 법계에 하나되고 법계에 서로 응해 마음이 처음 일어남을 깨쳐 마음에 나는 첫 모습이 없어 미세한 생각을 멀리 떠나기 때문에, 마음의 성품을 보아 마음이 곧 늘 머무는 것을 '마쳐 다한 깨침〔究竟覺〕'이라 한다.

又以覺心源故 名究竟覺 不覺心源故 非究竟覺 此義云何 如凡夫人 覺知前念起惡故 能止後念 令其不起 此復名覺 卽是不覺故 如二乘觀智初發意菩薩等 覺於念異 念無異相 以捨麤分別著相故 名相似覺 如法身菩薩等 覺於念住 念無住相 以離分別麤念相故 名隨分覺 如菩薩地盡 滿足方便 一念相應 覺心初起 心無初相 以遠離微細念故 得見心性 心卽常住 名究竟覺

해 설

중생은 능히 아는 마음〔能緣心〕과 알려지는 경계〔所緣境〕가 실로 있

다고 집착하고 생기고 사라짐을 실로 일어나고 사라짐으로 집착하여 막
힘이 없고 걸림이 없는 법계〔無障碍法界〕 가운데서 닫혀진 삶〔不覺〕을
살아간다. 새로이 깨침이란 닫혀진 삶을 돌이켜 온갖 법이 있되 있음이
아니고 생기고 사라지되 생기고 사라짐이 없는 삶의 실상을 새롭게 구현
함〔歸一心源, 覺心源〕이다.
　그러므로 새로이 깨침이란 나고 사라짐에 갇힌 무명의 흐름을 돌이켜
본래 깨끗함, 본래 나고 사라짐이 없음에 돌아감이니, 반드시 무명을 돌
이키는 실천행을 통해야 본디 깨침을 드러낼 수 있다. 무명을 돌이켜 본
래 깨끗함에 돌아가는 실천행을 『기신론』은 네 가지 모습〔四相〕을 잡아
보인다. 곧 먼저 생기고 사라지는 모습〔滅相〕을 깨달아 앎으로부터 점점
달라지는 모습〔異相〕, 머무는 모습〔住相〕을 돌이켜 살펴 끝내 일어나는
모습에 이르러, 생각에 일어나는 첫모습 없음〔念無初相〕을 알아 생각이
나되 남이 없는 한마음의 근원에 돌아감을 보인다. 한마음의 근원에 돌
아간다 했으나 지금 중생의 물듦과 중생이 보는 바 나고 사라짐이 본래
없으므로 실로는 돌아감이 아니다.
　구경의 깨침이란 온갖 법이 생기고 사라지되 생기고 사라짐이 없는 한
마음의 실상, 법신을 온전히 드러냄을 말한다. 아직 마음에 마음 없는 마
음의 근원을 사무쳐 통달하지 못하면 이는 아직 길 가운데에 있는 자〔途
中人〕일 뿐 맨 끝의 깨달음을 이룸이 아닌 것이다.
　새로이 깨침의 첫걸음은 중생이 생각 사라지는 모습〔滅相〕을 알아 앞
의 생각을 그침이다. 곧 범부〔凡夫人〕가 관행하는 지위〔觀行位〕를 좇아
앞 생각 업을 짓는 마음이 사라지는 모습을 깨달아 앞 생각이 사라지는
곳에서 뒷 생각 악을 짓는 마음이 나지 않게 함이다. 비록 악한 생각을
깨달아 다음의 업 짓는 번뇌〔起業相〕 받아들이지 않지만, 아직 마음이
실로 남이 없고 사라짐 없는 참되고 한결같음의 바탕을 알지 못하므로
깨달음이 아닌 것이다.
　다음 깨침의 더욱 심화된 단계는 성문·연각 이승(聲聞·緣覺 二乘)

과 처음 바른 뜻 낸 보살〔初發意菩薩〕이 생각 달라지는 모습을 알아 생각을 그침이다. 본문에서 생각 달라짐을 알아 달라지는 모습이 없다고 했으니, 이는 생각에 생각 없는 진리의 뜻에 발을 대고 있으나 아직 철저하지 못한 수행자의 번뇌 끊음이다. 곧 이승의 수행자가 존재의 자기동일성에 실체 없다는 관〔我空觀〕으로 거친 분별을 끊고, 처음 바른 뜻 낸 보살이 한걸음 더 나아가 존재를 이루는 법마저 공하다는 관〔法空觀〕을 지어 법집을 깨뜨리나, 아집(我執)과 법집(法執)이 본래 공함을 모르므로 아직 끊고 그침의 자취에 머물러 있으므로 비슷한 깨침〔相似覺〕인 것이다.

이때 생각이 달라짐을 깨달아 안다는 것은 무엇인가. 존재〔我〕와 존재를 이루는 법〔法〕, 마음〔心〕과 경계〔境〕에 집착하는 생각을 잊지 못하다가 점점 살펴 그 집착하는 생각을 깨뜨려서 그 집착하는 생각이 사라지기 전 달라지는 모습 자체를 얻을 것 없음을 깨달아 앎이다. 여섯 가지 거친 번뇌〔六麤〕 가운데서는 경계를 집착하는 번뇌〔執取相〕와 거짓 이름 헤아리는 번뇌〔計名字相〕를 끊음이나, 아직 살핌의 자취가 있는 지혜〔比觀〕로써 끊음이라 본래 참되고 한결같아 실로 끊을 것이 없음을 철저히 보지 못한 것이니, 이를 비슷한 깨침〔相似覺〕이라 하는 것이다.

다음은 연기되어 일어난 한 생각의 모습을 사라져 없어지는 모습부터 달라지는 모습으로 더욱 깊게 미루어 살펴가 한 생각이 머무는 모습을 살펴 머무는 모습 없음을 깨침으로써 주·객의 실체성을 깨뜨려 청정함을 이루었으나 그 청정의 자취가 아직 남아 있는 깨달음이다. 곧 경계를 따져 아는 거친 번뇌〔智相〕와 따져 아는 번뇌가 서로 잇는 거친 번뇌〔相續相〕, 능히 보는 앎〔轉相〕과 앎으로 인해 드러나는 경계〔現相〕가 서로 의지해 머물러 있음을 지혜로 살펴 번뇌의 머물러 있음에 머물러 있는 모습 없음을 깨달았으나, 아직 생각이 원래 남이 없음을 구경에 사무치지 못했으므로 '나름대로 깨침〔隨分覺〕'인 것이다.

번뇌를 끊어가는 앞의 세 가지 모습을 못 깨침의 세 가지 미세한 모습과 여섯 가지 거친 모습〔三細六麤不覺相〕에 연결해 보자. 범부가 생각 사라짐을 살펴 악을 그치고 그름을 막는 것〔止惡防非〕은 여섯 가지 거친 번뇌 가운데 '업 일으킴〔起業相〕'을 막아 '업에 묶여 괴로움 받는 모습〔業繫苦相〕'을 뒷 생각이 아울러 그침이다.

그리고 이승과 첫 지위의 보살이 생각 달라짐을 살펴 존재와 존재의 법〔我法〕에 관한 두 가지 거친 집착을 끊는 것은 거짓 이름 헤아리는 번뇌〔計名字相〕와 경계를 집착하는 번뇌〔執取相〕를 끊음이다.

다시 십지위 이상의 법신보살이 생각 머묾을 살펴 진여관(眞如觀)으로써 분별하는 거친 생각〔分別麤念〕을 끊는 것은, 여섯 가지 거친 번뇌 가운데 경계를 따져 아는 번뇌〔智相〕와 따져 아는 번뇌가 서로 잇는 모습〔相續相〕을 끊음이고, 나아가 세 가지 가는 번뇌 가운데 능히 보는 앎의 모습〔轉相 : 能見相〕, 앎으로 인해 드러나는 경계의 모습〔現相 : 境界相〕을 끊어 청정을 성취함이다.

세 가지 모습 가운데 구경의 깨침이란 마음이 일어나는 첫 모습이 본래 없음을 사무쳐 깨달아 번뇌를 내지 않음〔不生煩惱〕이다. '보살의 지위가 다함〔菩薩地盡〕'이란 끊을 바 번뇌가 남이 없음을 사무치므로 능히 번뇌를 끊는 보살의 행도 허깨비와 같으며 보살의 번뇌 끊는 자취가 사라짐을 뜻한다. 이처럼 보살이라는 실천주체의 실체성과 행의 실체성이 다하고 닦아가는 차제의 자취가 다할 때, 닦아감의 방편은 이제 닦음 없는 닦음〔無修之修〕이 되고 진여 자체의 닦음이 되므로 이를 '방편을 가득 채움〔滿足方便〕'이라 한다.

법계에 생각을 하나되게 하여 법계와 서로 응함〔一念相應〕이란 생각 일어남을 돌이켜 비추는 살핌〔能觀智〕이 살피는 바 마음〔所觀境〕이 본래 남이 없음〔無生〕을 사무침으로써 능히 살핌이 비추되 고요함이 되고〔照而寂〕 살펴짐이 고요하되 비춰짐〔寂而照〕되어 살피는 지혜가 온통 법계인 지혜가 되고 살피는 지혜가 생각 없는 생각〔無念之念〕이 됨을 말한다. 이와 같이 법계와 서로 응하는 지혜로 마음이 나는 첫 모습이 없음을 사무쳐 알았으므로 마음이 사라짐이 없으니, 이것이 나고 사라짐 없는 진여의 성품을 본 것이며 맨 끝의 깨침인 것이다. 그러나 맨 끝의 깨침은 의타기상의 자성 없는 자기 본질을 실현한 것이므로 새로 깨침의 모습과 머물러야 할 열반의 모습도 또한 없으니, 법 이룸〔成法〕과 법 깨뜨림〔破法〕이 모두 구경의 해탈이 되고 깨달음이 되는 것이다.

【실차난타역】
 마음의 근원을 깨치므로 마쳐 다한 깨침〔究竟覺〕이라 말하고, 마음의 근원을 깨치지 못하므로 마쳐 다한 깨침이 아니라 한다.
 저 범부라면 앞 생각을 깨닫지 못해 번뇌를 일으키다 뒷 생각을 눌러서 다시 나지 않게 함이니, 이것은 비록 깨달음이라고 하지만 곧 못 깨침인 것이다.
 이승의 사람과 처음 바른 뜻 낸 보살 등이라면 생각 있음과 생각 없음의 바탕이 달라짐을 깨달아 생각에 달라지는 모습이 없어서 거친 분별로 집착하는 모습을 버리므로 비슷한 깨침〔相似覺〕이라 한다.
 법신보살 등이라면 생각과 생각 없음에 모두 모습 있음이 없어서 분별하는 중간 모습의 분별을 떠나므로 나름대로 깨침〔隨分覺〕이라 한다.
 보살의 닦아가는 지위를 뛰어넘음이라면, 구경의 도를 가득 채우고 법계에 하나되고 법계와 서로 응해 마음이 처음 일어남을 깨침이라 비로소 말하지만, 깨친 모습도 멀리 떠나 미세한 분별이 구경에 길이 다하여 마음의 본 성품이 늘 머물러 앞에 드러나므로 이것이 여래이며 이것을 마쳐 다한 깨침〔究竟覺〕이라 한다.

 又以覺心源 故名究竟覺 不覺心源故 非究竟覺 如凡夫人 前念不覺起

於煩惱 後念制伏令不更生 此雖名覺卽是不覺 如二乘人及初業菩薩 覺有念無念體相別異 以捨麤分別故 名相似覺 如法身菩薩 覺念無念皆無有相 捨中品分別 故名隨分覺 若超過菩薩地 究竟道滿足 一念相應 覺心初起 始名爲覺 遠離覺相微細分別究竟永盡 心根本性常住現前 是爲如來 名究竟覺

나) 새로 깨침이 본디 깨침과 다르지 않음을 보임〔示始覺本覺不異〕

그러므로 수다라에서는 만약 중생이 생각 없음〔無念〕을 살필 수 있는 자는 곧 부처님의 지혜에로 향함이 된다고 말한다.

또 마음이 일어남이란 처음 나는 모습 알 것이 없음에 처음 나는 모습 안다고 말한 것이니, 이는 곧 생각 없음을 말한 것이다.

그러므로 온갖 중생은 깨침이라 이름하지 못하니, 본래부터 생각 생각 서로 이어 일찍이 생각을 떠나지 못하기 때문에 비롯 없는 무명이라 말한다.

만약 생각 없음을 얻는 자는 곧 마음의 모습이 나고 머물고 달라지고 사라짐을 아니, 생각 없어 평등하기 때문이다.

그러므로 실로 새로 깨침의 달라짐이 없으니, 네 가지 모습이 때를 같이하되 모두 스스로 서 있는 모습이 없어 본래 평등하여 같은 한 깨침이기 때문이다.

是故修多羅說 若有衆生 能觀無念者 則爲向佛智故 又心起者 無有初相可知 而言知初相者 卽謂無念 是故一切衆生不名爲覺 以從本來念念相續 未曾離念故 說無始無明 若得無念者 則知心相生住異滅 以無念等故 而實無有始覺之異 以四相俱時而有 皆無自立 本來平等同一覺故

해 설

앞에서는 생각이 사라지고 달라지고 머물고 생기는 모습을 살펴 생각 없음을 깨닫는 차제를 보여 새로 깨침의 인과가 없지 않음을 보이고 있다면, 이 단에서 새로 깨침의 인과가 공하여 새로 깨침이 본디 깨침 떠나지 않음을 밝힌다.

논에서 생각 없음〔無念〕을 살핀다는 것은 생각〔念〕에 생각 없음〔無念〕을 살피는 것이니, 공관(空觀)이며 진여관(眞如觀)이다. 생각 없음은 생각에 생각 없음이므로 생각 없음 또한 머물 모습이 없으니, 생각 없음을 살피는 한 생각에 공관(空觀)·가관(假觀)·중도관(中道觀)을 원만히 하면, 한마음의 세 가지 지혜〔一心三智 : 一切智, 道種智, 一切種智〕가 온전히 갖춰지게 되니, 이 뜻을 논은 '생각 없음을 살피는 자는 부처님의 지혜에로 향한다'고 한다.

새로이 깨침은 생각으로 깨달음의 신비한 내용을 얻는 것이 아니라 생각에 나는 첫 모습이 없음을 알아 생각에 생각 없음이니, 이는 마음 바탕에 생각 떠나 본디 깨쳐 있음과 다르지 않는 것이다. 곧 생각이 생겨남은 앞 생각이 사라짐을 의지해 일어나고, 생각이 머묾은 생각이 생겨남을 의지해 머물며, 생각이 달라짐은 생각이 머묾을 의지해 일어나고, 생각이 사라짐은 생각이 달라짐을 의지해 일어난다.

이와 같이 생기고 머물고 달라지고 사라짐〔生住異滅〕의 네 모습은 때를 같이 해 서로 의지해 자기 모습을 이루므로 스스로 서 있는 모습이 없으니, 생각이 나는 첫 모습이 없음을 사무쳐 알면 네 가지 모습이 모두 자기 모습이 없어서 생각에서 생각을 떠나게 되니, 이는 곧 마음 바탕에 생각 없는 본디 깨쳐 있음과 평등하여 새로 깨침의 달라짐이 없는 것이다.

그러므로 이 시대의 진정한 보디사트바(Bodhisattva)는 중생의 못 깨친 모습에도 머물지 않을 뿐 아니라 도인(道人)의 깨친 모습에도 머물지 않는 자이니, 깨달음을 얻었다고 함으로써 대중의 우러름 받기를 좋아하는 자, 그는 실로 얻을 바가 없는 곳에서 깨쳐 얻었다는 아만〔增上慢〕을 내는 사람일 뿐 각운동(覺運動)의 참된 주체는 아닌 것이다.

【실차난타역】

그러므로 경에서는 '만약 중생이 온갖 허망한 생각에 모습 없음을 살필 수 있으면 곧 부처님의 지혜를 깨쳐 얻을 수 있다'고 말한다.

또 마음이 처음 일어남이란 다만 세속을 따라 말한 것일 뿐 그 처음의 모습 끝내 얻을 수 없어서 마음이 오히려 있지 않는데 하물며 어찌 처음이 있겠는가.

그러므로 온갖 중생은 깨침이라 이름하지 못하니, 비롯없는 옛날부터 늘 무명의 허망한 생각이 있어서 서로 이어 떠나지 않기 때문이다.

만약 허망한 생각이 쉬면 곧 마음의 모습이 나고 머물고 달라지고 사라짐에 모두 다 모습 없음을 알게 되니, 한마음의 앞과 뒤가 때를 같이 하되 모두 서로 응하지 않아서 자성이 없기 때문이다.

이와 같이 알고 나면 곧 새로 깨침도 얻을 수가 없으니, 본디 깨쳐 있음〔本覺〕과 다르지 않기 때문이다.

是故經說 若有衆生 能觀一切妄念無相 則爲證得如來智惠 又言心初起者 但隨俗說 求其初相終不可得 心尙無有 何況有初 是故一切衆生不名爲覺 以無始來恒有無明妄念 相續未曾離故 若妄念息 卽知心相生住異滅 皆悉無相 以於一心前後同時 皆不相應無自性故 如是知己則知始覺不可得 以不異本覺故

나. 본디 깨침을 밝힘〔明本覺〕

> 가) 물듦을 따르는 본디 깨침을 밝힘〔明隨染本覺〕
> 나) 성품이 깨끗한 본디 깨침을 밝힘〔明性淨本覺〕

가) 물듦을 따르는 본디 깨침을 밝힘〔明隨染本覺〕

> ㈎ 물듦을 따르는 본디 깨침의 두 가지 모습을 밝힘
>   〔明隨染本覺二相〕
> ㈏ 두 가지 모습을 나누어 밝힘〔別釋本覺二種相〕

㈎ 물듦을 따르는 본디 깨침의 두 가지 모습을 밝힘〔明隨染本覺二相〕

거듭 다시 본디 깨침이 물든 분별을 따름은 두 가지 모습을 내지만 저 본디 깨침과 서로 떠나지 않는다.

어떤 것이 두 가지인가.

첫째, 지혜의 깨끗한 모습〔智淨相〕이요, 둘째 생각할 수 없고 말할 수 없는 업의 모습〔不思議業相〕이다.

復次本覺隨染 分別生二種相 與彼本覺不相捨離 云何爲二 一者智淨相 二者不思議業相

해 설

본디 깨침과 못 깨침과 새로 깨침은 서로 떨어지지 않는다. 못 깨침의 무명이 공한 곳을 본디 깨침이라 하고, 수행을 통해 못 깨침의 무명의 활동을 돌이키면 본디 깨침이 온전히 드러나니 이것이 새로 깨침이다. 그러므로 무명의 물든 분별 속에 있는 본디 깨침의 모습을 무명의 얽매임을 벗어날 때 드러나는 지혜〔智〕와 해탈의 활동〔業用〕을 통해 보여준다.

생각에서 생각 떠난 경계〔離念境界〕가 무명 속에 있되 물들지 않는 지혜의 머뭄 없는 바탕〔智體〕이요, 생각 아닌 참생각이 연기되어 일어남이 무명에 물들지 않는 지혜〔智相〕며, 생각이 생각 아니되 생각 아님도 아니므로 발현되는 업의 활동이 부사의한 업의 작용〔業用〕이다.

여래의 새로 깨침〔始覺：果德〕에서 보면 생각 없음은 법신(法身)이요, 생각 아님도 아님은 반야(般若)요, 생각이 생각 아니되 생각 아님도 아니므로 드러나는 막힘 없는 작용은 해탈(解脫)이다.

과덕으로 드러나는 지혜의 깨끗한 모습과 생각할 수 없고 말할 수 없는 업의 모습은 물듦 속에 있던 반야(般若)와 해탈의 작용(解脫)이 물듦을 없애고 깨끗함에 돌아가는 수행에 의해 다시 드러나는 모습을 보인 것이다. 이때 과덕(果德)으로서의 지혜와 해탈의 작용은 본디 깨침의 자기 모습이자 본디 깨침이 물듦 속에 가려서 드러나지 않은 모습이니, 본 단은 과덕을 잡아 물듦을 따르는 본디 깨침의 모습을 밝힌다.

【실차난타역】

거듭 다시 본디 깨침이 물든 분별을 따름은 두 가지 모습을 내니, 첫째 깨끗한 지혜의 모습〔淨智相〕이요, 둘째 생각할 수 없고 말할 수 없는 작용의 모습〔不思議用相〕이다.

復次本覺隨染 分別生二種差別相 一淨智相 二不思議用相

㈏ 두 가지 모습을 나누어 풀이함〔別釋本覺二種相〕

㉮ 지혜의 깨끗한 모습〔智淨相〕
㉯ 생각할 수 없고 말할 수 없는 업의 모습〔不思議業相〕

㉠ 지혜의 깨끗한 모습〔智淨相〕

지혜의 깨끗한 모습이란 법의 힘으로 끼쳐 익힘을 의지하여 실답게 닦아 행해 방편을 가득 채우기 때문이고, 어울려 합한 앎〔和合識〕의 모습을 깨뜨려 서로 이어지는 마음의 모습을 없애고 법신(法身)을 드러내 지혜가 맑고 깨끗하기 때문이다.

이 뜻은 무엇인가.

온갖 마음 알음알이의 모습〔心識之相〕은 모두 무명이고, 무명의 모습은 깨달음의 성품을 떠나지 않아 이루 무너뜨릴 수 있지도 않고 이루 무너뜨릴 수 없지도 않기 때문이다.

이는 마치 큰 바닷물이 바람으로 인해 물결이 움직여 물의 모습과 바람의 모습이 서로 떠나지 않으나, 물은 움직이는 성품이 아님과 같다. 만약 바람이 그치어 사라지면 움직이는 모습이 곧 사라지나 물의 젖는 성품은 무너지지 않기 때문이다.

이와 같이 중생이 스스로의 성품의 깨끗한 마음은 무명의 바람으로 인해 움직여 마음과 무명이 모두 형상이 없어 서로 떠나지 않지만 마음은 움직이는 성품이 아니다.

만약 무명이 사라지면 서로 이어짐이 곧 사라지나 지혜의 성품은 무너지지 않기 때문이다.

智淨相者 謂依法力熏習 如實修行 滿足方便故 破和合識相 滅相續心相 顯現法身 智淳淨故 此義云何 以一切心識之相 皆是無明 無明之相不離覺性 非可壞非不可壞 如大海水因風波動 水相風相不相捨離 而水非動性 若風止滅動相則滅 濕性不壞故 如是衆生自性淸淨心 因無明風動 心與無明俱無形相 不相捨離 而心非動性 若無明滅相續則滅 智性不壞故

해 설

　지혜의 깨끗한 모습이란 생각에 일어나는 첫 모습이 없음을 새로 깨쳐 생각에 생각 없는 참 생각이 온전히 드러남이니 바로 법신인 지혜이다. 곧 이 단에서는 중생의 무명으로 물든 앎의 활동이 수행에 의해 다시 법신인 지혜로 발현됨을 보여 지금 무명으로 움직이고 있되 무명이 공한 본디 깨침의 자기 모습을 드러내고 있다.
　법의 힘이 끼치어 익힘을 의지함이란 '진여가 안에서 끼치어 익히는 힘〔內熏習力〕'과 '밖에서 가르침 등으로 끼치어 익힘〔外熏習力〕'을 말미암아 믿음과 바른 앎을 일으켜 닦아 익혀감이니, 이는 물러섬이 없는 진리의 자리에 굳건히 서기 전〔地前〕수행자들〔三賢〕의 닦아가는 모습이다.
　실답게 닦아 행함〔如實修行〕이란 무명이 본래 공한 줄 알아 무명이 공한 진여에 발을 대고 실상 그대로 닦음 없이 닦아 행함이니, 이는 물러섬이 없는 지위에 올라〔登地〕닦아감이다.
　방편을 가득히 채움이란 닦음 없는 닦음이 진여 자체가 되므로 실로 방편을 짓지 않되 온갖 방편을 갖춤이다.
　이와 같이 온갖 무명이 공한 곳에 서서 아라야식을 있되 공함으로 돌려쓰고, 세 가지 가늠과 여섯 가지 거침으로 이어지는 무명의 활동을 돌이켜내면 무명에 물든 앎 활동이 앎 없는 앎〔無念之念〕이 되니 이것이 법신인 지혜인 것이다.
　왜 이와 같이 될 수 있는가.
　무명이란 공하여 본디 깨침을 떠나지 않고, 본디 깨침은 공하되 공하지 않아 지혜와 부사의한 업의 작용을 갖추기 때문이다. 무명이 깨뜨려질 수 있음이란 무명이 연기하여 공하기 때문에 법의 힘에 의해 사라질 수 있음을 말하고, 무명이 깨뜨려질 수 없음이란 무명이 공한 본디 깨침은 공하되 공하지 않아 무너지지 않는 공덕 자체가 되기 때문이다.
　곧 무명이 연기이므로 사라질 수 있음을 보이기 위해 무명이 무너질 수 있다 했지만, 무명이 공하되 공함마저 공함〔空亦空〕을 바로 보면 무명이 곧 생겨남이 없으므로 무너뜨릴 수 없는 실상이 된다. 이 뜻을 『반야심경』은 '공 가운데에는 무명에서 늙고 죽음까지 십이연기가 없고 또한 무명에서 늙고 죽음까지 십이연기가 다함도 없다〔空中無無明 亦無明盡 乃至無老死 亦無老死盡〕'고 말한다. 『열반경』은 또 무명이 연기이므로 곧 공하여 있음도 얻을 수 없고, 공하므로 새로이 연기하여 없음도 얻을 수 없어서 끝내 무너뜨릴 수 없는 뜻을 '십이연기가 곧 불성이다〔十二緣起卽佛性〕'라고 말한다.

【실차난타역】

깨끗한 지혜의 모습이란 법으로 끼쳐 익힘을 으지하여 실답게 닦아 행해 공덕을 가득 채우고, 어울려 합한 앎의 모습을 깨뜨려 구르는 식〔轉識〕의 모습을 없애고 법신의 깨끗한 지혜를 드러내기 때문이다.

이는 곧 온갖 마음 알음알이의 모습은 곧바로 무명이고, 무명의 모습은 본디 깨쳐 있음과 하나도 아니고 다름도 아니어서 이루 무너뜨릴 수 있는 것도 아니고 이루 무너뜨릴 수 없는 것도 아닌 것이다.

이는 마치 바닷물이 바람과 하나도 아니고 다름도 아니라 물결은 바람으로 인해 움직이나 물의 성품은 움직이지 않아서 만약 바람이 그칠 때는 물결의 움직임은 곧 없어지나 물의 성품이 없어지지 않는 것과 같다. 중생도 또한 그러하여 스스로의 성품의 깨끗한 마음은 무명의 바람으로 인해 움직여 식의 물결을 움직이나 이와 같은 세 가지 것이 모두 모습이 없어서 하나도 아니고 다름도 아니다. 그렇듯이 성품의 깨끗한 마음이 바로 식을 움직여서 본래 무명이 사라질 때 움직이는 식은 따라서 사라지나 지혜의 성품은 무너지지 않는 것이다.

淨智相者 謂依法熏習 如實修行 功德滿足 破和合識 滅轉識相 顯現法

身淸淨智故 一切心識相卽是無明相 與本覺非一非異 非是可壞非不可壞 如海水與波非一非異 波因風動 非水性動 若風止時波動卽滅 非水性滅 衆生亦爾 自性淸淨心 因無明風動 起識波浪 如是三事皆無形相 非一非異 然性淨心是動識 本無明滅時 動識隨滅 智性不壞

㉯ 생각할 수 없고 말할 수 없는 업의 모습〔不思議業相〕

생각할 수 없고 말할 수 없는 업의 모습이란 깨끗한 지혜의 모습을 의지하여 온갖 빼어나고 묘한 경계를 지을 수 있음이니, 이른바 한량 없는 공덕의 모습이 늘 끊어짐이 없이 중생의 근기를 따라 스스로 서로 응해 갖가지로 이익 얻음을 보기 때문이다.

不思議業相者 以依智淨相 能作一切勝妙境界 所謂無量功德之相 常無斷絶 隨衆生根 自然相應種種而見得利益故

해 설

사유는 객관대상을 토대로 하되 객관대상을 안고 일어나는 사유 아닌 사유이다. 곧 객관대상이 모습 아닌 모습이므로 사유는 대상을 밖에서 관조하는 사유가 아니라 세계를 앎 활동이 되게 하고 앎 자체를 세계인 앎으로 정립하는 활동으로 주어진다. 사유가 이처럼 세계를 인간화하는 사유 아닌 사유이며 활동인 사유이므로 사유가 깨달음으로 전환된 모습인 지혜의 깨끗한 모습〔智淨相〕은 바로 온갖 빼어나고 묘한 경계를 지을 수 있으며, 온갖 중생에게 이익을 줄 수 있는 부사의한 행위의 모습〔不思議業相〕으로 주어진다.

곧 법신(法身)의 모습 없음이 허무가 아니므로 지혜의 깨끗한 모습〔智淨相〕이 어둡지 않고, 지혜의 깨끗한 모습이 닫혀진 실체가 아니므로 지혜는 부사의한 업의 모습〔不思議業相〕으로 주어진다. 다시 깨끗한 지혜의 막힘 없고 걸림 없는 활동은 나되 남이 없는 활동이라 업의 활동이 다시 고요하여 법신의 모습 없음이 되므로 이 머묾 없는 업의 활동을 '이루 말할 수 없고 생각할 수 없다〔不思議〕'고 한 것이다.

【실차난타역】

생각할 수 없고 말할 수 없는 작용의 모습〔不思議用相〕이란 깨끗한 지혜를 의지하여 온갖 빼어나고 묘한 경계를 지어 늘 끊어지지 않음이니, 곧 여래의 몸이 한량없이 늘어나는 공덕을 갖추어서 중생의 근기를 따라 나타내 보여 한량없는 이익을 이루어줌이다.

不思議用相者 依於淨智 能起一切勝妙境界常無斷絶 謂如來身具足無量增上功德 隨衆生根示現 成就無量利益

나) 성품이 깨끗한 본디 깨침을 밝힘〔明性淨本覺〕

거듭 다시 깨달음 자체의 모습은 네 가지 큰 뜻이 있어서 허공으로 더불어 평등하여 마치 맑은 거울과 같다. 어떤 것이 넷인가.

첫째, 실다웁게 공함의 거울이다. 온갖 마음과 경계의 모습을 멀리 떠나 이루 드러낼 법이 없으니, 비추어 살피는 뜻이 아니기 때문이다.

둘째, 바른 원인이 끼치어 익힘의 거울이니, 곧 실다웁게 공하지 않음이다. 온갖 세간 경계가 모두 그 가운데 나타나 나가지도 않고 들어오지도 않으며, 없어지지도 않고 무너지지도 않아서 늘 머무는 한마음이니, 온갖 법이 곧 진실한 성품이기 때문이다.

또 온갖 물든 법이 물들일 수 없는 바이니, 지혜의 바탕이 움직이지 않아 샘이 없는 공덕을 갖추어 중생을 끼치어 주기 때문이다.

셋째는 법이 장애를 벗어나 있는 거울이니, 곧 공하지 않는 법이 번뇌의 장애와 지혜의 장애를 벗어나고 어울려 합한 모습[和合相]을 떠나 깨끗하여 맑고 밝기 때문이다.

 넷째는 수행의 조건[緣]이 끼치어 익힘의 거울이니, 곧 수행법을 의지하여 벗어나기 때문이며, 중생의 마음을 두루 비추어 선근을 닦도록 하여 생각을 따라 보여주기 때문이다.

 復次覺體相者 有四種大義 與虛空等猶如淨鏡 云何爲四 一者如實空鏡 遠離一切心境界相 無法可現 非覺照義故 二者因熏習鏡 謂如實不空 一切世間境界 悉於中現不出不入 不失不壞 常住一心 以一切法卽眞實性故 又一切染法所不能染 智體不動具足無漏熏衆生故 三者法出離鏡 謂不空法 出煩惱碍智碍離和合相淳淨明故 四者緣熏習鏡 謂依法出離故 徧照衆生之心 令修善根 隨念示現故

 해 설

 허공과 거울을 비유로 본디 깨침의 네 가지 뜻을 보이니, 앞의 지혜[智]와 업의 모습[業相]이 닦아서 드러나는[修生] 본디 깨침의 모습이라면, 네 가지 뜻은 본디 깨침의 본래 그러한 모습[本有]을 보임이다.

 허공으로는 넓고 두루하여 널리 싸안음[廣博包含]을 비유하고, 맑은 거울로는 두렷이 밝아 환히 나타낼 수 있음[圓明能現]을 비유하니, 두 비유가 서로 이루어주므로 두 가지를 함께 든 것이다.

 먼저 실다웁게 공함의 거울이란 온갖 모습이 공해 본래 깨끗한 진여의 본바탕을 비유함이다. 마음에 마음이 없고 모습에 모습이 없어 온갖 법이 공함을 진여라고 짐짓 이름하였으므로 진여에는 아는 자도 없고 알려지는 것도 없어 본래 고요하므로 비추어 살피는 뜻이 아니라고 말한다.

 둘째, 바른 원인이 끼치어 익힘의 거울이란 온갖 모습이 없어 본래 깨끗한 진여가 공하되 공하지 않아 샘이 없는 공덕 갖추어 해탈의 바른 인

〔正因〕이 됨을 비유한 것이다. 진여인 한마음은 육근(六根)·육경(六境)·육식(六識)이 있되 공함을 뜻하므로 온갖 세간 경계는 진여인 한마음의 밖으로 나가지도 않고 안으로 들어오지도 않으며, 연(緣)이 이르면 곧 나타나므로 잃지도 않고 나타난 법이 곧 진여이므로 무너지지 않는다.

 그리고 온갖 법이 생기되 실로 생김이 아니고 사라져도 실로 사라짐이 아님이 진여인 한마음이므로 이 뜻을 논은 '늘 머무는 한마음'이라 하고 '온갖 법의 진실한 성품이 된다'고 말한다. 본디 깨쳐 있는 한마음이 중생에게서는 불성(佛性)이라 이름지어지고 물질세간에서는 법성(法性)이라 이름지어지나, 이는 마음과 물질의 있되 있지 않고 없되 없지 않은 자기실상인 것이다.

 온갖 법이 있되 공함이 진여의 모습 없는 바탕이라면 온갖 법의 공하되 있음이 진여의 공하지 않은 모습이니, 본디 깨쳐 있는 청정한 마음은 온갖 물든 법이 물들일 수 없되 샘이 없는 공덕을 갖추어 중생을 안에서 끼치어 해탈의 길에 이끌어주는 것이다.

 중생이 수행을 일으켜 무명을 돌이켜 지혜에로 나아감을 중생이 중생이 아닌 진실한 성품에서 바라보면 진실한 성품이 한량 없는 공덕을 갖추어 안에서 그 공덕의 힘을 끼치어 무명인 중생을 진여인 중생 곧 보디사트바로 되돌이켜줌이 되는 것이다.

 셋째, 법이 장애를 벗어나 있는 거울이란 본디 깨침 자체가 장애와 번뇌를 떠나 있어 마치 거울을 갈 때 때가 맑아져 밝음이 나타나지만 본래 있는 밝음이지 새로 생겨남이 아님과 같은 것이다. 본디 깨침인 진여 자체란 육근·육경·육식의 있되 있지 않으나 없되 없지 않음 자체이므로 곧 공하지 않은 진여의 법이 '모습에 물든 번뇌의 장애〔煩惱障〕'와 모습을 이루는 법에 대해 '아는 바를 두는 장애〔智障〕'를 벗어나 있으며, 아라야식의 실로 있는 모습을 벗어나 깨끗한 것이다.

 이처럼 장애를 벗어나 깨끗한 본디 깨침 자체를 중생의 불성〔衆生本有佛性〕이라 하니, 장애를 벗어난 불성의 작용이 바로 중생을 안에서 끼치어 익혀 해탈의 길에 이끄는 것이다. 두 번째에서 보인 바른 인〔正因〕은 불성에 갖추어진 공덕 자체를 잡아 보인 것이라면, 세 번째 장애를 벗어남은 장애에 가리지 않는 불성의 작용을 잡아 보인 것이다.

넷째, 수행의 조건이 끼치어 익힘의 거울이란 수행의 조건을 의지해서 스스로 모든 번뇌와 장애를 벗어나 중생을 위해 밖에서 끼치어 익혀주는 조건을 지어줌이다. 곧 셋째 '법이 장애를 벗어나 있음'은 안에서 끼치어 익혀주는 진리의 주체적 요인을 작용을 통해 보임이다. 그에 비해 '수행법을 의지해 장애와 번뇌 벗어남'은 스스로 수행을 통해 장애를 벗어나 크나큰 자비심을 일으켜 밖에서 중생을 끼치어 익혀 깨달음에 이끄는 외적 조건을 지어줌〔作外熏之緣〕이다.

【실차난타역】

거듭 다시 깨달음의 모습은 네 가지 큰 뜻이 있어서 허공과 같음이 마치 맑은 거울과 같다.

첫째, 진실하게 공함의 큰 뜻으로 허공같은 밝은 거울 그대로이니, 곧 온갖 마음과 경계의 모습, 깨달음의 모습까지도 모두 얻을 수 없기 때문이다.

둘째, 진실하게 공하지 않음의 큰 뜻으로 허공같은 밝은 거울 그대로이니, 곧 온갖 세간 경계가 모두 그 가운데 나타나 나가지도 않고 들어오지도 않으며, 없어지지도 않고 무너지지도 않아서 늘 머무는 한마음이다.

또 온갖 물든 법이 물들일 수 없는 바이니, 지혜의 바탕이 끝이 없고 샘이 없는 공덕을 갖추어 온갖 중생의 마음을 끼치어 주기 때문이다.

셋째는 진실하게 공하지 않는 법이 장애를 떠난 큰 뜻으로 허공같은 밝은 거울 그대로이니, 곧 번뇌의 장애와 아는 바의 장애 두 가지 장애가 길이 끊어지고 어울려 합한 식이 사라져 본성품이 청정하게 늘 머무르기 때문이다.

넷째는 진실하게 공하지 않아 모습을 나타내 보이는 큰 뜻으로 허공 같은 밝은 거울 그대로이니, 곧 장애를 떠난 법을 의지해 마땅히 교화해야 할 바를 따라 여래의 모습 등 갖가지 빛깔과 소리를 나타내 저 중생으로 하여금 여러 선근을 닦아 행하도록 하기 때문이다.

復次覺相有四種大義 淸淨如虛空明鏡 一眞實空大義 如虛空明鏡謂一切心境界相 及覺相皆不可得故 二眞實不空大義 如虛空明鏡謂一切法圓滿成就 無能壞性 一切世間境界之相 皆於中現 不出不入 不滅不壞常住一心 一切染法所不能染 智體具足無邊無漏功德 爲因熏習一切衆生心故 三眞實不空離障大義 如虛空明鏡 謂煩惱所智二障永斷 和合識滅 本性淸淨常安住故 四眞實不空示現大義 如虛空明鏡 謂依離障法隨所應化 現如來等種種色聲 令彼修行諸善根故

○ 못 깨침의 뜻을 가려 보임〔辨不覺義〕

---
① 못 깨침의 바탕을 밝힘〔明不覺體〕
② 못 깨침이 연기하는 모습을 밝힘〔明不覺緣起相〕
---

① 못 깨침의 바탕을 밝힘〔明不覺體〕

말한 바 못 깨침의 뜻이란 곧 참되고 한결같은 법이 하나임을 실답게 알지 못하고, 깨닫지 못한 마음이 일어나 허망한 생각이 있으나, 생각에 자기 모습이 없어서 본디 깨침〔本覺〕을 떠나지 않음이다.

이는 마치 헤매는 사람이 잘못된 방위를 의지하고 헤매이나, 만약 그 방위를 떠나면 헤맴이 없음과 같다. 중생도 또한 그러하여 깨달음을 의지하므로 헤매니, 만약 깨달음의 성품이 없다면 못 깨침도 없는 것이다.

못 깨친 헛된 생각이 있기 때문에 이름과 뜻을 알 수 있어서 참된 깨침을 말해 주는 것이니, 만약 못 깨친 마음을 떠나면 참된 깨침의 자기 모습도 말할 것이 없는 것이다.

所言不覺義者 謂不如實知眞如法一故 不覺心起 而有其念 念無自相 不離本覺 猶如迷人 依方故迷 若離於方 則無有迷 衆生亦爾 依覺故迷 若離覺性 則無不覺 以有不覺妄想心故 能知名義 爲說眞覺 若離不覺之心 則無眞覺自相可說

해 설

못 깨침의 모습은 고제(苦諦)이며 앎 활동〔識〕의 집착된 모습〔遍計所執相〕이다. 인간의 앎 활동〔識〕은 스스로 있는 어떤 것이 아니라 능히 아는 자〔六根〕와 알려지는 것〔六境〕이 어울려 지금 아는 활동의 장〔六識〕을 이룬다. 능히 아는 자와 알려지는 것이 모두 고립된 자기모습이 없으므로〔無自性〕서로 의지해 앎 활동〔識自證分〕을 이루어내나, 능히 아는 자와 알려지는 것은 앎 활동〔識自證分〕안에 능히 앎〔識見分〕과 알려지는 바〔識相分〕로 드러난다.

이처럼 능히 앎과 알려지는 바가 의지해 앎 활동을 이루므로 앎에는 앎의 실체가 없으며, 아는 자와 알려지는 것에도 실로 그렇다 할 실체가 없다. 그러나 있되 있음 아닌 아는 자와 알려지는 것을 실로 있음으로 집착함으로써 인간의 앎 활동은 모습에 가리고, 아는 자와 알려지는 것이 대립하는 닫혀진 앎으로 물들어지니, 이것이 못 깨친 모습이고 앎 활동의 집착된 모습이다.

논에서 참되고 한결같은 법이 하나임을 실답게 알지 못함이란 육근·육경·육식이 모두 자성 없음을 알지 못한다는 뜻과 같다. 그리고 깨닫지 못한 마음이 일어나 앎 활동이 소외되고 물드나 이 허망한 앎 활동에도 자기모습이 없어서 본디 깨침을 떠나지 않음이란, 고제가 연기된 고제라 괴로움이 본래 공함을 뜻하며 앎 활동의 집착된 모습〔識遍計所執相〕이 자성이 없어서 원성실성을 떠나지 않음이다.

그러므로 깨달음의 성품이 없으면 못 깨침도 세울 것이 없으며, 못 깨침의 허망한 뜻이 있으므로 그 허망함을 다스리기 위해 이름과 뜻을 세우는 것이다. 곧 못 깨침은 본디 깨침에서 연기하여 연기된 모습이 없지 않으므로 못 깨침을 상대해 참된 깨침의 이름과 뜻을 세우고 갖가지 법문을 열어 못 깨침을 돌이켜 진여법계에 돌아가게 하는 것이다. 본디 깨침은 못 깨침의 자성 없음이고 못 깨침은 본디 깨침에서 연기하여 본디 깨침과 못 깨침은 서로 떠나지 않으니, 중생이 지금 모습에 물든 한 생각을 돌이켜 생각에 생각 없음을 사무쳐 알면 곧 못 깨친 허망한 생각을 떠나지 않고 법신을 증득하고 진여법계에 들어가는 것이다.

【실차난타역】

못 깨침의 뜻이란 곧 비롯없는 옛날로부터 참된 법이 하나임을 실답게 알지 못하고, 깨닫지 못한 마음이 일어나 허망한 생각이 있으나, 저 허망한 생각에 스스로의 실다운 모습이 없어서 본디 깨침〔本覺〕을 떠나지 않음이다.

이는 마치 헤매는 사람이 잘못된 방위를 의지하고 헤매이나, 헤매임에 스스로의 모습이 없어서 방위를 떠나지 않음과 같다. 중생도 또한 그러하여 깨달음을 의지하므로 못 깨친 허망한 생각이 있어서 헤매임이 생기나 저 못 깨침에 스스로의 실다운 모습이 없어서 본디 깨침을 떠나지 않는다. 다시 못 깨침을 상대하여 참된 깨침을 말하나 못 깨침이 이미 없으니 참된 깨침마저 보내는 것이다.

不覺義者 謂從無始來 不如實知眞法一故 不覺心起而有妄念 然彼妄念 自無實相 不離本覺 猶如迷人依方故迷 迷無自相不離於方 衆生亦爾 依於 覺故而有不覺妄念迷生 然彼不覺自無實相不離本覺 復待不覺以說眞覺 不覺旣無眞覺亦遣

② 못 깨침이 연기하는 모습을 밝힘〔明不覺緣起相〕

> 가. 못 깨침의 세 가지 가는 모습〔三細相〕
> 나. 못 깨침의 여섯 가지 거친 모습〔六麤相〕
> 다. 지말의 물듦을 맺어 무명의 뿌리에 돌아감〔結末歸本〕

가. 못 깨침의 세 가지 가는 모습〔三細相〕

거듭 못 깨침을 의지하므로 세 가지 모습을 내, 저 못 깨침과 서로 응하여 서로 떨어지지 않는다. 어떤 것이 셋인가.

첫째 무명 업의 모습〔無明業相〕이니, 못 깨침을 의지하기 때문에 마음이 움직임을 업이라 하나, 깨치면 움직이지 않는다. 움직이면 괴로움이 있으니, 결과는 원인을 떠나지 않기 때문이다.

둘째 능히 보는 모습〔能見相〕이니, 움직임을 의지하므로 능히 경계를 실로 보나, 움직이지 않으면 실로 봄이 없다.

셋째 경계의 모습〔境界相〕이니, 능히 실로 봄을 의지하므로 경계가 허망하게 나타나나, 실로 봄을 떠나면 실다운 경계가 없다.

復次依不覺故 生三種相 與彼不覺相 應不相離 云何爲三 一者無明業 相 以依不覺故 心動說名爲業 覺則不動 動則有苦 果不離因故 二者能見

相 以依動故能見 不動則無見 三者境界相 以依能見故 境界妄現 離見則 無境界

해 설

　존재의 있되 있지 않은 실상을 등지므로 일어나는 삶의 소외된 활동은 근원적으로 세 가지 미세한 모습으로 움직인다.
　첫째, 무명업의 모습이란 무엇인가. 세계운동과 앎 활동은 일어나되 일어남이 없다. 앎 활동이 무명으로 인해 일어나되 일어남이 없는 줄 모르면 이것이 곧 마음이 움직임이고, 나되 남이 없음을 깨치면 앎 활동이 움직이지 않게 된다. 인간의 모든 소외된 삶의 질곡은 주·객의 실체성에 갇혀 움직이는 앎 활동으로 인해 일어나니 결과는 원인을 떠나지 않기 때문이다.
　능히 보는 모습이란 무엇인가. 능히 보는 자가 실체화됨이니, 능히 보는 자가 실체화됨으로 경계를 실로 보게 됨이다. 십팔계설에서 의근(意根)은 능히 앎의 근거를 이루나〔第八識見分〕의근은 구체적 앎 활동〔六識〕밖에 물러서서 앎을 일으키는 자가 아니라 대상과 어울려 앎 활동을 이루되 앎 활동 자체로 드러난다. 곧 의근(意根)은 있되 있음 아닌 있음〔大乘意根〕인데, 업의 소외된 움직임으로 인해 실체화되므로〔第七識〕실로 보는 바 없는 곳에서 실로 봄을 두게 된다.
　이와 같이 능히 보는 자가 실체화되어 경계에 대해 능히 봄이 있게 되므로 보여지는 바 경계가 실로 있는 경계로 나타나게 된다. 이 세 가지 미세한 모습은 십팔계설로 보면 육근(六根)과 육경(六境) 사이에 실체화가 일어나고 소외가 일어나는 모습이다. 유식설로 보면 제8아라야식의 보는 자〔見分 : 意根〕와 보여지는 것〔相分 : 根身, 器界〕에 모순이 일어남인데, 이 세 가지는 서로 의지해서 때를 같이 해 일어난다.
　곧 무명의 활동이 일어나므로 능히 보는 자가 경계를 실로 봄으로 인해 실체화된 경계가 나타난다. 그러나 다시 경계가 실로 있는 경계로 굳어지므로 능히 아는 자에 실로 앎이 있게 되고, 능히 아는 자에 실로 앎이 있으므로 업의 활동은 무명의 활동으로 움직이게 된다.

그러므로 업의 활동에 실로 남이 없는 줄 알면 능히 봄과 보여지는 경계의 실체성이 사라지고, 다시 경계가 실로 경계 아닌 줄 알면 능히 아는 자가 지양되고, 아는 자에 실로 앎과 실로 봄이 없음을 요달하면 경계의 실체성이 사라진다. 이처럼 능히 아는 자와 알려지는 것의 실체성이 사라지면 무명업의 활동이 사라지고 무명업의 움직임이 나지 않은 줄 사무치면 아는 자와 알려지는 것의 실체성이 사라진다.

그런데 제8식의 소외된 활동인 세 가지 가는 모습만 서로 인과를 이룰 뿐 아니라 제8식의 세 가지 소외된 활동과 육식으로 표현될 수 있는 일상의식 속의 여섯 가지 구체적인 소외의 모습[六麤相]도 서로 인과를 이루어 앞과 뒤가 없는 것이다. 못 깨침의 세 가지 가는 모습과 여섯 가지 모습이 인과를 이룬다면 못 깨침의 모습은 스스로 있는 모습이 아닌 것이니, 못 깨침의 움직이는 모습에 남이 없고[無生] 스스로 서 있는 모습 없음[無自立相]을 사무치면 바로 못 깨침이 본디 깨침 떠나지 않는 뜻을 알게 될 것이다.

【실차난타역】

거듭 깨달음을 의지하므로 못 깨침이 있어서 세 가지 모습을 내, 서로 떨어지지 않는다.

첫째 무명 업의 모습[無明業相]이니, 못 깨침을 의지하기 때문에 마음이 움직임을 업이라 하나, 깨치면 움직이지 않는다. 움직이면 괴로움이 있으니, 결과는 원인을 떠나지 않기 때문이다.

둘째 능히 보는 모습[能見相]이니, 움직임을 의지하여 능히 경계를 실로 보나, 움직이지 않으면 실로 봄이 없다.

셋째 경계의 모습[境界相]이니, 능히 실로 봄을 의지하므로 허망한 경계가 나타나나, 실로 봄을 떠나면 실다운 경계가 없다.

復次依放覺故而有不覺 生三種相不相捨離 一無明業相 以依不覺 心動 爲業 覺則不動 動則有苦 果不離因故 二能見相 以依心動 能見境界 不動 則無見 三境界相 以依能見妄境相現 離見則無境

나. 여섯 가지 거친 모습[六麤相]

경계의 조건[緣]이 있기 때문에 거듭 여섯 가지 모습을 내니, 어떤 것이 여섯인가.

첫째 따져 아는 모습[智相]이니, 경계를 의지하여 마음에 분별을 일으켜 사랑하거나 사랑하지 않기 때문이다.

둘째 서로 잇는 모습[相續相]이니, 따져 아는 모습을 의지하므로 괴롭고 즐겁다는 느낌을 내고 마음에 생각을 일으켜 서로 응해 끊어지지 않기 때문이다.

셋째 잡아 취하는 모습[執取相]이니, 서로 잇는 모습을 의지해 경계를 분별해 생각하며 괴로움과 즐거움을 머물러 지녀서 마음에 집착을 내기 때문이다.

넷째 이름을 헤아리는 모습[計名字相]이니, 허망하게 잡아 취함을 의지하여 거짓 이름 지어진 말의 모습을 분별하기 때문이다.

다섯째 업을 일으키는 모습[起業相]이니, 이름에 의지하여 이름을 찾아 집착하여 갖가지 업을 짓기 때문이다.

여섯째 업에 묶여 괴로움 받는 모습[業繫苦相]이니, 업을 의지해 그 갚음을 받아 자재하지 못하기 때문이다.

以有境界緣故 復生六種相 云何爲六 一者智相 依於境界 心起分別 愛與不愛故 二者相續相 依於智故 生其苦樂覺 心起念相應不斷故 三者執取相 依於相續 緣念境界 住持苦樂 心起著故 四者計名字相 依於妄執 分別假名言相故 五者起業相 依於名字 尋名取著 造種種業故 六者業繫苦相 以依業受報 不自在故

해 설

유식에서 제7마나스식은 세계〔六境〕를 인간화함으로써 일상의식〔前六識〕을 산출하는 의근(意根)의 있되 있지 않음이 실로 있는 의식의 뿌리로 실체화된 모습이다. 이 제7식의 능히 봄〔能見相〕으로 말미암아 보여지는 바 경계가 실로 있는 경계로 드러나는 것〔能現相〕이다. 위 논의 본문에서 '경계의 조건이 있기 때문'이라 함은 실체화된 경계의 모습을 말하고, 따져 아는 모습〔智相〕은 바로 제7식의 헤아림을 말한다.

곧 제8식의 아는 자를 이루는〔見分〕 의근(意根)으로 나를 삼고, 제8식의 알려지는 바를 이루는〔相分〕 여섯 가지 객관경계〔六根〕가 마음인 경계인 줄 모르고〔不了唯心虛妄〕 실로 있는 대상을 삼아 여섯 가지 분별의식〔分別事識：前六識〕을 내는 것이다. 경계가 실로 있는 경계로써 나〔我〕에게서 소외됨으로써 좋아하고 좋아하지 않는 대상이 분별되는 것이다.

따져 아는 모습〔智相〕 다음 '서로 잇는 모습'과 '잡아 취하는 모습', '이름 헤아리는 모습'의 세 가지는 앞의 제7식이 따져 아는 모습〔智相〕에 대해 미혹이 더욱 구체화되고 복잡화됨을 보이고, '업 일으키는 모습'은 제7식의 아집에 의해 물든 전육식의 업을 일으킴이 다함 없음을 보인다. 맨 마지막 '업에 묶여 괴로움 받는 모습〔業繫苦相〕'은 일으킨 업의 과보를 받는 것을 말한다.

그렇다면 앞의 세 가지 가는 모습은 주관·객관이 서로 소외되는 본질적이고 미세한 미혹의 모습을 말한다면, 따져 아는 모습은 세 가지 가는 모습에 의지해 나[我]라는 견해가 굳어지는 모습이며, 다음 세 가지 거친 모습은 나라는 견해에 의해 경계에 대한 미혹이 구체화되고 반복 생산됨을 나타낸다. 다음 업 일으킴은 앞의 가는 미혹과 뒤의 네 가지 거친 미혹에 의해 업을 일으킴이다. 끝은 앞에서 보인 바 업에 의해 받는 과보이지만 다시 과보가 무명의 미혹을 일으켜 원인과 결과가 서로 의지해 있는 것이다.

'서로 잇는 모습'은 경계를 집착해 괴롭고 즐거운 느낌을 일으키고 경계에 물든 생각이 서로 이어짐이니, 오온 가운데 식온(識蘊)이다. 다음 잡아 취하는 모습[執取相]은 앞의 경계를 인식함으로써 일어나는 괴롭고 즐거운 느낌이 실로 남이 없는 줄 모르고 괴로운 느낌은 버리고 즐거운 느낌은 취하는 모습이니, 오온의 수온(受蘊)이다. 이름을 헤아리는 모습[計名字相]은 분별로 허망하게 취한 모습[取像]이 실로 옴이 없고 일어남이 없는 줄 모르고 거짓 이름을 세워 굳게 집착하는 모습이니, 오온의 상온(想蘊)이다.

업 일으키는 모습[起業相]은 앞의 취한 모습과 이름을 집착하여 몸과 말과 뜻으로 갖가지 업을 짓는 모습이니, 오온의 행온(行蘊)이다. 그리고 끝의 업에 묶여 괴로움 받는 모습[業繫苦相]은 아는 마음과 알려지는 모습이 대립하고, 즐겁고 괴로운 느낌 취하고 버림이 끝없이 반복해서 삶이 자재하지 못함을 말한다.

위의 못 깨친 모습이 일어나고 사라지는 인연을 오온설로 다시 풀이해 보자. 오온에서 색법(色法)은 스스로 있는 색법이 아니라 색법 아닌 색법이며 마음인 색법이다. 그리고 수·상·행·식의 네 가지 법은 모두 색법을 의지해 연기한 마음활동이다. 색법을 마음 밖에 실로 있는 색법으로 집착함으로 수·상·행·식이 물들고, 물든 수·상·행·식이 다시 모습을 실로 있는 모습으로 닫혀지게 해, 있되 있지 않은 중도실상으로서 오온이 물들고 집착된 오온[五取蘊]이 된 것이다.

그러나 오온은 있되 공한 오온이며 진여인 오온이므로 오온의 모든 법이 실로 남이 없는 줄 알면 오온의 물든 모습을 없애지 않고 오온의 현실 안에서 실로 남이 없고 사라짐이 없는 진여법계에 들어갈 수 있는 것이다.
이 뜻을 『화엄경』은 다음과 같이 말한다.

앞에 있는 오온으로 말미암아
뒤의 오온 서로 이어 나도다.
여기에서 남이 없음 깨쳐 안다면
부처님의 부사의함 볼 수 있으리.

因前五蘊故　後蘊相續起
於此性了知　見佛難思議

【실차난타역】
경계의 조건〔緣〕이 있기 때문에 거듭 여섯 가지 모습을 낸다.
첫째 따져 아는 모습〔智相〕이니, 경계를 분별하여 사랑하거나 사랑하지 않는 마음을 냄이다.
둘째 서로 잇는 모습〔相續相〕이니, 따져 아는 모습을 의지하여 괴롭고 즐겁다는 느낌이 생각에 서로 응해 끊어지지 않음이다.
셋째 잡아 취하는 모습〔執取相〕이니, 괴롭고 즐겁다는 느낌과 생각이 서로 이어져 집착을 냄이다.
넷째 이름 등을 집착하는 모습〔執名字等相〕이니, 잡아 취함을 의지하여 이름 등 여러 가지 세워진 모습을 분별함이다.
다섯째 업을 일으키는 모습〔起業相〕이니, 이름 등을 집착함에 의지하여 갖가지 차별된 업을 일으킴이다.
여섯째 업에 묶여 괴로움 받는 모습〔業繫苦相〕이니, 업을 의지해 그 괴로움을 받아 자재하지 못함이다.

以有虛妄境界緣故 復生六種相 一智相 謂緣境界生愛與非愛心 二相續相 謂依於智苦樂覺 念相應不斷 三執着相 謂依苦樂覺念相續而生執着 四執名等相 謂依執着分別名等諸安立相 五起業相 謂依執名等 起於種種諸差別業 六業繫苦相 謂依業受苦不得自在

다. 지말의 물듦을 맺어 무명의 뿌리에 돌아감〔結末歸本〕

마땅히 알라. 무명이 온갖 물든 법을 내니, 온갖 물든 법은 모두 못 깨친 모습이기 때문이다.

當知無明能生一切念法 以一切染法 皆是不覺相故

해 설

일상의 삶 속에서 일어나는 온갖 번뇌의 뿌리를 찾아보면, 모두 나되 남이 없는 존재의 실상을 모름으로 인해 무명이 움직이기 때문이다. 이 뜻을 논은 무명이 온갖 물든 법을 낸다고 말하나 무명의 움직임 또한 남이 없어서 온 곳이 없으니, 무명과 무명이 낸 바 물든 법이 모두 자기모습이 없는 것이다.

【실차난타역】

그러므로 마땅히 알라. 온갖 물든 법은 다 모습 있음이 없으니, 모두 무명을 인해 일어나기 때문이다.

是故當知 一切染法悉無有相 皆因無明而生起故

3) 물듦과 깨끗함의 같고 다른 모습을 밝힘〔明染淨同異相〕

> (1) 깨침과 못 깨침에 두 모습이 있음을 보임〔示覺與不覺有二相〕
> (2) 같은 모습과 다른 모습을 자세히 가려 보임〔廣辨同異〕

(1) 깨침과 못 깨침에 두 모습이 있음을 보임〔示覺與不覺有二相〕

거듭 다시 깨침과 못 깨침에는 두 가지 모습이 있으니, 어떤 것이 둘인가. 첫째는 같은 모습〔同相〕이고, 둘째는 다른 모습〔異相〕이다.

復次覺與不覺有二種相 云何爲二 一者同相 二者異相

해 설

앞에서 아라야식의 물든 모습인 못 깨침과 아라야식의 깨끗한 모습인 깨침의 뜻을 가려 보인 뒤, 이 두 가지 뜻이 모두 참되고 한결같음 떠나지 않으므로 두 가지에 같음과 다름의 두 모습이 있음을 말한다. 곧 본래 나고 사라짐이 없는 곳에서 나고 사라짐을 보아 못 깨침의 물든 업이 움직여서 한량 없는 번뇌를 일으킴도 진여를 떠나지 않고, 못 깨침의 물든 업을 돌이켜서 나고 사라짐이 없는 한마음의 실상을 온전히 드러내 씀도 진여를 떠나지 않는다.

그러므로 물듦과 깨끗함이 인연으로 일어나기 때문에 공함〔緣起卽空〕을 잡아 물듦과 깨끗함의 같은 모습을 세우고, 물듦과 깨끗함의 인연이 일어나 물듦과 깨끗함의 모습이 없지 않음을 잡아 다른 모습을 세운다.

그러나 본디 깨쳐 있음의 진여문과 깨침과 못 깨침의 나고 사라지는 문이 서로 떨어지지 않으니, 같음과 다름도 또한 정해진 모습이 아닌 것이다.

【실차난타역】

거듭 다시 깨침과 못 깨침에는 두 가지 모습이 있으니, 첫째는 같은 모습〔同相〕이고, 둘째는 다른 모습〔異相〕이다.

復次覺與不覺有二種相 一同相 二異相

(2) 같은 모습과 다른 모습을 자세히 가려 보임〔廣辨同異〕

같은 모습이란 비유하면 갖가지 기와 그릇이 모두 가는 티끌의 모습임과 같아서, 이와 같이 샘이 없는 지혜와 무명과 허깨비같은 업이 모두 참되고 한결같은 성품의 모습〔眞如性相〕과 같기 때문이다.

그러므로 수다라 가운데서 이 뜻을 의지하여 이렇게 말한다.

"온갖 중생이 본래 늘 머물러 열반에 들어가고, 보리의 법은 닦을 수 있는 모습이 아니고 지을 수 있는 모습이 아니라 끝내 모습 다해 얻음이 없으며, 또한 물질의 모습 볼 것이 없다. 그런데도 물질의 모습을 보는 것은 오직 이 물든 업의 허깨비같은 작용을 따라 짓는 바이지, 이 지혜인 물질〔지혜로 살피는 바 지혜인 물질〕의 실로 공하지 않은 모습은 아니니, 지혜인 모습은 볼 것이 없기 때문이다.

다른 모습〔異相〕이라 말한 것은 갖가지 그릇이 각기 같지 않음과 같아, 이와 같이 샘이 없는 지혜와 무명이 물듬을 따라 허깨비같이 차별되고 성품이 물들어서 허깨비처럼 차별되기 때문이다."

同相者 譬如種種瓦器 皆同微塵性相如 是無漏無明種種業幻 皆同眞如性相 是故修多羅中 依於此義故 說一切衆生 本來常住 入於涅槃 菩提之法 非可修相 非可作相 畢竟無得 亦無色相可見 而有見色相者 唯是隨染業幻所作 非是智色不空之性 以智相無可見故 言異相者 如種種瓦器各各

不同 如是無漏無明 隨染幻差別 性染幻差別故

해 설

앞에서 무명이 모든 물든 법의 원인이 됨을 전체적으로 밝히고, 이제 참됨과 망녕됨의 같고 다름을 함께 분별한다. 한마음의 나고 사라지는 문 가운데 깨침과 못 깨침의 두 가지 뜻을 세우고, 다시 깨침 가운데도 새로 깨침[始覺]과 본디 깨침[本覺]을 말한다. 이때 본디 깨침은 새로 깨침과 못 깨침의 인과가 공한 진여의 성품을 말하니, 본디 깨침[本覺]과 새로 깨침[始覺], 못 깨침[不覺]은 서로 하나도 아니고 다름도 아니다.

곧 의타기상으로서 중생의 앎 활동이 무명에 물들어 허깨비 같은 업으로 발동하면 이것이 변계소집상으로서 앎 활동이 되고, 다시 의타기상으로서 앎 활동이 샘이 없는 지혜로 발현되면 원성실상으로서 앎 활동이 된다. 그런데 변계소집상과 의타기상과 원성실상이 모두 자성이 없으니, 세 가지 앎 활동에 자성 없는 진여의 성품에서 보면 새로 얻은 지혜와 무명이 모두 본디 깨침의 모습이고 본래 고요한 니르바나의 모습이다.

앎에 앎 없고 모습에 모습 없는 진여의 성품에서 보면 물질은 물질 아닌 물질이다. 비록 물든 마음이 망녕되이 경계가 실로 있음을 보나 보는 마음이 비추되 고요하여 앎의 자취가 끊어지면, 보여지는 물질은 고요하되 비춰져 모습에 모습이 없는 것이다. 곧 비록 물든 마음이 실로 있는 경계를 집착하나 실상(實相)인 마음에는 마음이 없고 지혜(智慧)인 물질에는 물질이 없어서 모두 진여를 떠나지 않는 것이다. 비추되 고요한[照而寂] 지혜로 비추는 바 물질은 고요하되 비춰지는 것[寂而照]이니 보되 볼 바가 없는 것이다.

그러나 앎 활동이 물들임의 원인[染因]을 따르면 한량없이 물든 업을 일으키고, 깨끗함의 원인[淨因]을 따르면 샘이 없는 지혜의 공덕을 낼 수 있으므로 실천의 조건을 따라[隨緣] 작용 일으킴에서 보면 샘이 없는 지혜와, 무명이 일으키는 갖가지 업의 작용은 허깨비처럼 차별되는 것이다.

【실차난타역】

 같은 모습이란 갖가지 기와 그릇이 모두 같이 흙의 모습임과 같아서, 이와 같이 샘이 없는 무명과 갖가지 헛깨비같은 작용이 모두 참된 모습〔眞相〕인 것이다.
 그러므로 부처님은 이 뜻을 이렇게 말한다.
 "온갖 중생이 비롯없는 옛날로부터 늘 열반에 들어가고, 보리는 닦을 수 있는 모습이 아니고 지어낼 수 있는 모습이 아니라 끝내 얻음이 없으며, 또한 물질의 모습 볼 것이 없다. 그런데도 물질의 모습을 보는 것은 오직 이 물든 업의 허깨비같은 작용을 따라 짓는 바이지, 이 지혜인 물질〔지혜로 살피는 바 지혜인 물질〕의 실로 공하지 않은 모습이 아님을 마땅히 알아야 하니, 지혜인 모습은 볼 것이 없기 때문이다."
 널리 말함은 그 말씀과 같다.
 다른 모습〔異相〕이라 말한 것은 갖가지 그릇이 각기 같지 않음과 같아, 이와 같이 샘이 없는 무명과 갖가지 허깨비같은 작용이 서로 차별되기 때문이다.

 言同相者 如種種瓦器 皆同土相 如是無漏無明種種幻用 皆同眞相 是故佛說一切衆生 無始已來常入涅槃 菩提非可修相 非可生相 畢竟無得 無有色相而可得見 見色相者 當知皆是隨染幻用 非是智色不空之相 似智相不可得故 廣如彼說 言異相者 如種種瓦器各各不同 此亦如是 無漏無明種種幻用 相差別故

2. 나고 사라지는 인연을 풀이함〔釋生滅因緣〕

앞의 마음이 나고 사라짐을 풀이하는 단〔釋心生滅〕에서는 아라야식이라는 총체적인 중생의 활동이 깨침과 못 깨침으로 움직이는 모습을 보이고, 새로 깨침과 못 깨침이 모두 진여성품 떠나지 않음을 말하고 있다.

그에 비해 나고 사라지는 인연을 풀이하는 본 단〔釋生滅因緣〕은 나고 사라짐의 활동을 일으키는 주체적인 요인〔因〕과 객관여건〔緣〕을 밝히고, 그 인연이 자성 없는 인연이라 무명의 일어남도 진여자성의 바탕에서 연기함을 말한다.

---

1) 나고 사라지는 인연의 뜻을 밝힘
2) 의지하는 바 인연의 바탕을 드러냄〔顯所依因緣之體〕

1) 나고 사라지는 인연의 뜻을 밝힘

> (1) 나고 사라지는 인연을 전체적으로 보임〔總標因緣義〕
> (2) 나고 사라지는 인연을 나누어 풀이함〔別釋因緣義〕

(1) 나고 사라지는 인연을 전체적으로 보임〔總標因緣義〕

거듭 다시 나고 사라지는 인연이란 이른바 중생이 마음〔心〕과 뜻〔意〕과 뜻의 식〔意識〕을 의지하여 구르기 때문이다.

復次生滅因緣者 所謂衆生 依心意意識轉故

해 설

지금까지는 깨침과 못 깨침이 연기하는 모습을 잡아 마음의 나고 사라지는 모습을 말하고, 이제 나고 사라지는 인연의 내용을 풀이한다. 먼저 마음의 나고 사라짐의 활동이 마음〔心〕과 뜻〔意〕과 뜻의 식〔意識〕이 구름으로 인연하여 일어남이 없이 일어남을 전체적으로 보인다. 앞에서 이미 살핀 바처럼 한마음의 나고 사라짐〔一心生滅〕은 나되 남이 없고 사라지되 사라짐이 없으므로 나고 사라짐은 참되고 한결같음과 서로 원인이 되고 서로 조건이 된다〔眞妄互爲因緣〕. 의타기상인 아라야식이 나되 남이 없고 남이 없되 나므로 진여인 아라야식을 여래장의 마음〔如來藏心〕이라 한다. 아라야식은 고요한 한마음의 바탕〔寂滅一心〕에서 남이 없고 나고 사라짐 없이 사라지는 식의 모습인데, 아라야식이 나고 사라짐의 모습으로 물들어짐은 왜인가.

그것은 무명이 움직여 진여를 의지해 일어나〔依眞而起〕 실로 남이 없고 사라짐 없는 여래장의 마음을 나고 사라지는 마음으로 물들이기 때문이다. 곧 아라야식이 진여에서 연기하므로 진여가 근본 원인〔因〕이 되고

무명이 조건〔緣〕이 되어 원래 여래장의 마음인 아라야식을 나고 사라지
는 식으로 달혀지게 하기 때문이다.
  논에서 '중생이 마음을 의지해 구름〔依心轉〕'이란 나고 사라짐 없는 여
래장의 마음이 아라야식의 나고 사라짐으로 뒤바뀌어 중생이 그를 의지해
굴러감이니, 이는 제8식에서 무명이 움직여〔業識〕 능히 봄〔能見相〕과 보
여지는 바〔境界相〕의 실체성이 서로 의지해 나타나 굴러가기 때문이다.
  중생이 '뜻〔意〕을 의지해 구름〔依意轉〕'이란 중생의 일상의식〔前六識〕
의 내적 근거인 의근(意根)이 실체적인 인식 주체〔第七識〕로 굳어지면서
눈앞의 경계를 실로 있는 경계로 집착하게 하고 아집(我執)을 세워 끊어
지지 않음을 말한다.
  중생이 '뜻의 식〔意識〕을 의지해 구름〔依意識轉〕'이란 제7식에서 세워
진 바 아집(我執)과 경계에 대한 집착을 토대로 구체적 일상의식〔前六
識〕이 더욱 나와 내 것을 헤아려 끝없이 헛된 집착을 일으키고 잘못된
행위를 지어 그치지 않기 때문이다.

  【실차난타역】
  거듭 다시 나고 사라지는 인연이란 곧 중생이 마음과 뜻과 뜻의 식
을 의지하여 구름이다.

  復次生滅因緣者 謂諸衆生 依心意意識轉

  (2) 나고 사라지는 인연을 나누어 풀이함〔別釋因緣義〕

---

    ① 의지하는 바 마음을 풀이함〔釋所依心〕
    ② 뜻의 구름을 밝힘〔明意轉相〕
    ③ 뜻의 식이 구르는 모습을 밝힘〔明意識轉相〕

---

① 의지하는 바 마음을 풀이함〔釋所依心〕

이 뜻은 무엇인가. 아뢰야식을 의지하여 무명이 있음을 말하기 때문이다.

此義云何 以依阿黎耶識 說有無明

해 설

자아〔六根〕와 세계〔六境〕, 주체의 앎 활동〔六識〕이 서로 겹쳐 연기하는 총체적인 활동의 터전을 아라야식이라 이름할 수 있으므로, 아라야식은 무명(無明)의 일어나는 바탕이 되고, 물든 뜻〔意〕과 물든 알음알이가 발동하는 바탕이 된다. 그러므로 아라야식은 무명의 연기가 의지하는 마음이라 한다.

곧 아라야식이라는 총체적인 삶 활동의 장에서 무명이 진여를 떠나지 않고 남이 없이 일어나 의타기상으로서 아라야식을 능히 앎과 아는 바, 일어나고 사라짐이 닫혀지고 대립된 변계소집상의 아라야식으로 뒤바뀌게 하는 것이니, 이 뜻을 논은 '아라야식 의지하여 무명이 있음을 말한다'고 한다.

그러나 의타기상으로서 아라야식과 무명의 못 깨친 모습이 모두 진여문을 여의지 않으니, 한마음의 참되고 한결같음에서 보면 아라야식은 나고 사라지되 남이 없고 사라짐이 없는 것이고, 무명업의 발동도 실로 온 곳이 없고 머물러 있는 곳도 없는 것이다.

【실차난타역】

이 뜻은 무엇인가. 아뢰야식을 의지하여 무명이 있기 때문이다.

此義云何 以依阿賴耶識有無明

② 뜻의 구름을 밝힘〔明意轉相〕

> 가. 뜻의 다섯 가지 구름을 풀이함〔釋五種意轉〕
> 나. 온갖 법이 마음인 뜻을 밝힘〔明三界唯心義〕

가. 뜻의 다섯 가지 구름을 풀이함〔釋五種意轉〕

못 깨침이 일어나 능히 보고 능히 경계를 드러내서 경계를 취해 생각을 일으켜서 서로 이어가므로 뜻이라고 말한다.

이 뜻에 거듭 다섯 가지 이름이 있으니, 어떤 것이 다섯인가.

첫째, 업의 식〔業識〕이라 이름하니 곧 무명의 힘으로 못 깨친 마음이 움직이기 때문이다.

둘째, 구르는 식〔轉識〕이라 이름하니 움직이는 마음을 의지하여 능히 모습을 볼 수 있기 때문이다.

셋째, 드러내는 식〔現識〕이라 이름하니 이른바 온갖 경계를 드러낼 수 있음이 마치 밝은 거울이 빛깔 모습을 드러냄과 같음이다.

드러내는 식도 또한 그러하여 그 다섯 가지 경계의 티끌이 마주해 이르름을 따라 곧 드러내 앞과 뒤가 없으니, 온갖 때에 저절로 일으켜〔任運而起〕늘 앞에 있기 때문이다.

넷째, 따져 아는 식〔智識〕이라 이름하니 곧 물들고 깨끗한 여러 차별된 법을 분별하기 때문이다.

다섯째, 서로 잇는 식〔相續識〕이라 이름하니, 생각이 서로 응해 끊어지지 않기 때문이다. 또 지난 한량없는 세상의 착하고 악한 업을 머물러 지니어 잃지 않도록 하기 때문이고, 다시 현재와 미래의 괴로움과 즐거움 등의 갚음을 무르익도록 하여 어긋나지 않도록 하기 때문이며, 현재의 이미 지난 일들을 갑자기 생각나게 하고 아직 오지 않은 일들을 문득 헛되이 생각하도록 하기 때문이다.

不覺而起 能見能現 能取境界 起念相續 故說爲意

此意復有五種名 云何爲五 一者名爲業識 謂無明力 不覺心動故 二者名爲轉識依於動心 能見相故 三者名爲現識 所謂能現一切境界 猶如明鏡現於色像 現識亦爾 隨其五塵對至 卽現無有前後 以一切時任運而起常在前故 四者名爲智識 謂分別染淨法故 五者名爲相續識 以念相應不斷故 住持過去無量世等善惡之業 令不失故 復能成熟現在未來苦樂等報 無差違故 能令現在已經之事忽然而念 未來事不覺妄慮

해 설

여래장인 마음, 진여인 아라야식이 나고 사라지는 식으로 규정되는 것은 중생의 '마음〔心〕'과 '뜻〔意〕'과 '뜻의 식〔意識〕'이 구르기 때문이다. 이제 마음〔心〕은 인식생산과 앎 활동의 총체적인 장으로서 아라야식을 나타내며, 뜻〔意〕은 일상의식의 주체적 근거〔意根〕로서 제8아라야식의 능히 아는 자〔第八識見分〕이며, 뜻의 식〔意識〕은 서로 이어지는 구체적 일상의식〔前六識〕을 말한다.

뜻〔意〕이 실체화됨으로써 제8식의 총체적 앎 활동의 장에서 제8식의 능히 아는 자〔第八識見分 ; 意根〕와 알려지는 바〔第八識相分 ; 五根, 六境, 種子〕가 닫혀지게 되는 것이니, 뜻〔意〕의 물듦이 모든 아집〔我執〕의 뿌리가 된다. 그리고 뜻〔意〕이 바로 경계를 안고 쉼 없이 일어나는 일상의식의 앞과 뒤를 연결하는 내적 근거가 되므로 논은 뜻〔意〕으로써 제8식과 제7식, 전육식〔前六識〕의 물들어짐을 거두어 보인다.

뜻의 다섯 가지 이름 가운데 업의 식〔業識〕, 구트는 식〔轉識〕, 드러내는 식〔現識〕은 제8식에 해당하며, 따져 아는 식〔智識〕은 의근인 제7식이며, 서로 잇는 식〔相續識〕은 뜻의 식〔意之識〕인 제6식이다. 그런데 서로 잇는 식을 현수법장과 감산덕청은 제7식으로 풀이하고, 원효는 뒤의 글에서 '서로 잇는 식이 여섯 가지 경계를 분별하므로 분별사식이라고 한다'는 성언량(聖言量)을 들어 제6식으로 본다.

곧 원효는 의근이 일상의식의 앞과 뒤를 연결하고 매개함으로 의근(意根)의 이름을 들어 제6식의 서로 이어지는 앎 활동을 거두어 보인다고 풀이하고 있으니, 이는 십이처설에서 의근(意根)으로 온갖 앎 활동을 모두어 보인 것과 같다.

처음 업의 식〔業識〕이 구름은 무엇인가. 앎 활동이 나되 실로 나는 모습이 없는데 처음 남이 없음을 깨닫지 못한 못 깨친 마음이 움직여 앎 활동을 물들임을 말한다.

구르는 식〔轉識〕과 드러내는 식〔現識〕은 업식의 움직임을 두 측면에서 보인 것이니, 구르는 식은 실로 아는 자가 없는 데서 능히 앎의 실체 세움을 말하고, 드러내는 식은 실로 알려지는 바가 없는 데서 알려지는 바의 모습을 실로 있음으로 드러냄을 말한다.

제8식이라는 앎 활동의 열려진 장에서 업식이 움직여 능히 앎과 알려지는 바가 닫혀지고 다시 능히 앎과 알려지는 바가 실체화됨으로써 여래장인 마음이 나고 사라지는 아라야식의 모습이 되는 것이다.

따져 아는 식〔智識〕은 실체화된 의근(意根)이 경계로 주어진 여러 차별법을 지향하여 분별의식 일으킴을 말한다.

다섯째 서로 잇는 식〔相續識〕이란 이미 실체화된 의근이 세계를 지향하여 세계의 차별된 법에 갖가지 분별을 일으킨 알음알이〔意之識〕이다. 그러나 논의 글에 '업을 머물러 지니며', '갚음을 무르익게 한다'고 함을 보면, 제6식의 생기고 사라지는 모습을 잡아 보인 것이 아니라 분별의식을 의근(意根)에 거두어 '능히 서로 이어줌'의 측면에서 보여주고 있는 것이다.

그것은 곧 뜻의 식〔意識〕이란 뜻이 일으킨 알음알이〔意之識〕이지만,

뜻의 알음알이를 내는 뜻〔意根〕은 뜻의 알음알이 밖에 물러서 있는 인식 주체가 아니다. 서로 이어지며 경계를 분별하는 뜻의 알음알이〔分別事識〕 자체로 활동하는 인식생산의 모습 없는 내적 근거이기 때문이다.

【실차난타역】

못 깨침이 일어나 능히 보고 능히 경계를 드러내서 경계를 취해 서로 이어가므로 뜻〔意〕이라고 말한다.

이 뜻에 거듭 다섯 가지 다른 이름이 있다.

첫째, 업의 식〔業識〕이라 이름하니 곧 무명의 힘으로 못 깨친 마음이 움직임이다.

둘째, 구르는 식〔轉識〕이라 이름하니 곧 움직이는 마음을 의지하여 능히 경계를 볼 수 있음이다.

셋째, 드러내는 식〔現識〕이라 이름하니 곧 온갖 여러 경계의 모습을 드러냄이 마치 밝은 거울이 뭇 빛깔 모습을 드러냄과 같음이다.

드러내는 식도 또한 그러하여 그 다섯 가지 경계가 마주해 이르르면 곧 드러내 앞과 뒤가 없으니, 짓는 힘〔功力〕으로 말미암은 것이 아니다.

넷째, 따져 아는 식〔智識〕이라 이름하니 곧 물들고 깨끗한 여러 차별된 법을 분별함이다.

다섯째, 서로 잇는 식〔相續識〕이라 이름하니, 곧 늘 짓는 뜻〔作意〕이 서로 응해 끊어지지 않으며, 지난 착하고 악함 등의 업을 맡아 지니어 무너지지 않게 하고, 현재와 미래의 괴로움과 즐거움 등의 갚음을 무르익도록 하여 어긋나지 않게 하며, 이미 지난 일들을 갑자기 생각나게 하고 아직 겪지 않은 일들에 대해 허망하게 분별을 냄이다.

不覺起 能見能現 能取境界 分別相續 說名爲意

此意復有五種異名 一名業識 謂無明力 不覺心動 二名轉識 謂依動心
能見境界 三名現識 謂現一切諸境界相 猶如明鏡現衆色像 現識亦爾 如其
五境對至 卽現無有前後 不由功力 四名智識 謂分別染淨諸差別法 五名相
續識 謂恒作意相應不斷 任持過去善惡等業 令不失壞 成熟現未苦樂等報
使無違越 已曾經事忽然憶念 未曾經事妄生分別

나. 온갖 법이 마음인 뜻을 밝힘〔明三界唯心義〕

그러므로 삼계는 헛되고 거짓이라 오직 마음이 지은 바이니, 마음을 떠나면 여섯 가지 티끌 경계가 없는 것이다.

이 뜻은 무엇인가. 온갖 법이 모두 마음을 따라 일어나 허망한 마음으로 생겨난다. 온갖 분별은 스스로의 마음을 분별함이라 마음은 마음을 보지 못하니, 모습을 얻을 것이 없는 것이다.

마땅히 알라. 세간의 온갖 경계는 모두 중생의 무명의 망녕된 마음을 의지하여 머물러 지니게 된다.

그러므로 온갖 법은 거울 가운데 모습이 바탕을 얻을 수 없는 것과 같이 오직 마음이라 헛되고 망녕된 것이니, 마음이 생기면 갖가지 법이 생기고 마음이 사라지면 갖가지 법이 사라지기 때문이다.

是故 三界虛僞 唯心所作 離心則無六塵境界 此義云何 以一切法皆從
心起 妄念而生 一切分別卽分別自心 心不見心 無相可得 當知世間一切境
界 皆依衆生無明妄心而得住持 是故一切法如鏡中像無體可得 唯心虛妄
以心生則種種法生 心滅則種種法滅故

해 설

앞에서 뜻이 구름〔意轉〕을 잡아 나고 사라짐의 인연을 보이고, 여기서는 다시 이 모든 것이 망녕된 마음의 활동임을 말한다. 중생의 마음은 인식주체〔六根〕와 인식대상〔六境〕이 서로 겹쳐지는 활동으로 주어진다. 앎 활동은 여기 있는 마음이 저기 있는 세계를 붙잡는 일이 아니라 세계의 인간화〔見分 → 相分〕와 인간의 세계화〔見分 ← 相分〕가 서로 하나되는 활동〔識自體分〕이니, 앎에는 앎이라고 할 고유한 자기모습은 없다.

 십팔계설에서 육근(六根)은 육식(六識)을 밖에서 일으키는 인식주체가 아니라 육식 자체로 활동하나 앞의 앎과 뒤의 앎을 끊어지지 않게 이어주는 내적 근거이다. 육경(六境)은 인식대상이지만 마음 밖에 따로 있는 외적 대상이 아니라, 육식의 앎 활동 자체로 현전하되 현재의 앎에 닫혀지지 않는 인식생산의 열려진 원본이며 앎 활동의 내적 토대이다.

 그러므로 근본불교는 육근(六根)을 안의 마음〔內心〕이라 하고, 육경(六境)을 밖의 마음〔外心〕이라 하며, 육식(六識)을 안팎이 겹쳐지는 마음〔內外心〕이라 한다. 눈이 꽃을 보고 안식(眼識)이 일어나는 인식활동을 유식의 범주로 살펴보자. 지금 눈이 꽃을 볼 때 제8식의 아는 자인 의근(意根)이 자체 안에 감추어진 새로운 앎의 가능성〔種子〕이라는 주체적인 조건〔親因緣〕을 토대로, 눈〔眼根〕이라는 인식생산을 도와주는 조건〔增上緣〕을 의지하여, 꽃〔色境〕을 앎의 알려지는 바 조건〔所緣緣〕으로 하여, 지금 '눈의 식〔眼識〕'이라는 활동의 지평〔眼識〕을 이루는 것이다.

 지금 눈의 앎〔眼識〕은 의근과 눈과 꽃이 이루어내지만, 의근과 눈과 꽃은 눈이라는 앎 활동 자체로 움직이는 것이다. 의근이 제7식으로서 제8식의 아는 자〔八識見分〕라면 의근이 의지하는 바 새로운 인식생산의 가능적 원동력〔種子〕과 눈〔眼〕과 대상으로서 꽃은 제8식의 아는 바〔第八識相分 : 根身・器界・種子〕를 이루어 제8식의 아는 자와 아는 바가 어울려 지금 눈의 앎이라는 활동을 이룬다. 그러므로 눈의 앎을 들면 능히 보는 인식주체와 보여지는 바 세계가 온통 지금 보고 있는 앎 활동 자체로 주어진다.

 그런데 왜 지금 여기 있는 아는 자와 저기 있는 알려지는 바가 어울려 앎의 활동을 이루는가. 그것은 아는 자〔根〕와 알려지는 바〔境〕, 앎 자체〔識〕에 자성이 없기 때문이다.

지금 꽃을 볼 때 꽃은 실로 있는 꽃이 아니라 눈이 능히 보되 실로 볼 바가 없는 꽃 아닌 꽃이므로 꽃은 마음인 꽃으로 드러난다. 그러므로 꽃을 볼 때 마음으로 마음 밖의 꽃을 보는 것이 아니라 '세계인 마음'이 '마음인 세계'를 보는 것이니, 능히 보되 실로 봄이 없고 보여지되 실로 볼 것이 없는 것이다. 이 뜻을 논은 '온갖 분별은 스스로의 마음을 분별함이라 마음은 마음을 보지 못하니 모습을 얻을 것이 없다'고 말한다.

보여지는 바에 실로 볼 것이 없는데 실로 볼 것이 있게 됨은 모두 중생의 허위의식에 의한 것이니, 이 허위의식이 사라지면 보여지는 바에 실로 볼 것이 없게 된다.

곧 존재를 실체화하는 허위의식이 생기면 실체화된 경계의 모습이 일어나지만, 존재를 실체화하는 허위의식이 남이 없으면〔妄念不生〕 곧 여섯 가지 경계의 실체적인 모습이 없게 되고, 경계의 실체성이 사라지면〔妄境不生〕 허위의식이 사라지게 된다〔妄念本無〕. 이 뜻을 경은 '마음이 생기면 갖가지 법이 생기고, 마음이 사라지면 갖가지 법이 사라진다〔心生則種種法生 心滅則種種法滅〕'고 말한다.

그러므로 한 생각도 남이 없음을 사무치면 온갖 모습의 질곡을 뛰어넘어 붇다의 지위에 바로 들어가게 되니〔若了一念不生 則頓入佛地〕, 이 뜻을 논에서는 '능히 생각 없음을 보는 자는 붇다의 지혜에로 향한다〔若能觀無念者 則爲向佛智矣〕'고 말한다.

【실차난타역】

그러므로 삼계의 온갖 것은 오직 마음으로 스스로의 성품을 삼아 마음을 떠나면 여섯 가지 티끌 경계가 없는 것이다.

왜 그런가. 온갖 법이 모두 마음으로 주인을 삼아 허망한 생각을 따

라 일어나서 모든 분별하는 바는 다 스스로의 마음을 분별함이라 마음
은 마음을 보지 못하여 모습을 얻을 것이 없기 때문이다.
 그러므로 세간의 경계의 모습은 모두 중생의 무명의 망녕된 생각을
의지하여 건립됨이 마치 거울 속의 모습이 바탕을 얻을 수 없는 것과
같아서 오직 허망하게 분별하는 마음을 좇아 구름을 마땅히 알아야 하
니, 마음이 생기면 갖가지 법이 생기고 마음이 사라지면 갖가지 법이
사라지기 때문이다.

 是故三界一切 皆以心爲自性 離心則無六塵境界 何以故 一切諸法 以
心爲主 從妄念起 凡所分別皆分別自心 心不見心 無相可得 是故當知 一
切世間境界相 皆依衆生無明妄念而得建立 如鏡中像無體可得 唯從虛妄
分別心轉 心生則種種法生 心滅則種種法滅故

 ③ 뜻의 식이 구르는 모습을 밝힘〔明意識轉相〕
 거듭 다시 뜻의 식〔意識〕이라 말하는 것은 곧 이 서로 이어지는 식
〔相續識〕이 여러 범부의 집착이 더욱 깊어짐을 의지하여 나와 내 것을
헤아려 갖가지 허망한 집착으로 일을 따라 경계를 취해〔隨事攀緣〕 여
섯 가지 티끌 경계를 분별하므로 뜻의 식이라 이름한다.
 또한 '나누는 식〔分離識〕'이라 하고 또 거듭 '일을 분별하는 식〔分別
事識〕'이라 하니, 이 식이 잘못된 견해의 번뇌〔見煩惱〕와 애착의 번뇌
〔愛煩惱〕를 의지하여 더욱 늘려 키우는 뜻이 되기 때문이다.

 復次言意識者 卽此相續識 依諸凡夫取著轉深 計我我所 種種妄執 隨
事攀緣 分別六塵 名爲意識 亦名分離識 又復說名分別事識 此識依見愛煩
惱增長義故

해 설

서로 이어지는 식은 제6의식이다. 앞의 뜻〔意〕의 다섯 가지 이름 가운데 서로 이어지는 식〔相續相〕이 제6의식을 식과 식을 이어주는 근(根)에 거두어서 보인 것이라면, 지금 서로 이어지는 식은 곧 의근(意根)의 식이며 여섯 가지 티끌경계 분별하는 전육식(前六識)을 뜻의 식〔意之識〕에 모아서 보임이다. 뜻의 식은 앞의 뜻에 의해 일어난 나〔我〕와 내 것〔我所〕에 대한 집착을 토대로 더욱 허망한 집착을 일으켜 경계를 실로 있는 것으로 집착하고 분별한다.

이 알음알이는 밖으로 다섯 가지 인식기관〔五根〕을 따라 경계를 달리 분별해 취함으로 '나누는 식〔分離識〕'이라 하고, 안팎을 가리지 않고 온갖 사법을 두루 인식하여 분별하므로 '일을 분별하는 식〔分別事識〕'이라 한다.

그리고 앞의 뜻의 다섯 가지 식이 모든 탐욕과 잘못된 견해의 근원이 되는 무명에 의지하여〔依無明住地〕 발동하는 것이라면, 뜻의 식은 무명을 근거로 일어난 애욕과 삿된 견해〔見愛四住地〕에 의지하여 더욱 미혹을 일으켜 업을 지음〔起業相〕이다. 곧 이 뜻의 식이란 못 깨침의 여섯 가지 거친 모습으로 보면 서로 이어지는 식의 분별로 인해 집착해 취함〔執取相〕과 이름 헤아리는 모습〔計名字相〕이 따라 일어남을 말하니, 이 뜻의 식이 구름을 의지해 업을 지어 업의 과보를 받게 되는 것이다.

【실차난타역】

뜻의 식이라 말하는 것은 곧 온갖 범부가 서로 이어지는 식〔相續識〕을 의지하여 나와 내 것을 집착하여 여섯 가지 티끌 경계를 갖가지로 허망하게 취함이다.

또한 나누는 식〔分離識〕이라 하고 또 거듭 일을 분별하는 식〔分別事識〕이라 하니, 이 식이 잘못된 견해의 번뇌〔見煩惱〕와 애착의 번뇌〔愛

煩惱]가 끼치어 익혀줌을 의지하여 더욱 늘어나 크기 때문이다.

言意識者 謂一切凡夫 依相續識 執我我所 種種妄取六塵境界 亦名分離識 亦名分別事識 以依見愛等熏而增長故

2) 의지하는 바 인연의 바탕을 드러냄〔顯所依因緣之體〕

---
(1) 무명의 연기가 진여 떠나지 않음을 간략히 밝힘
  〔略明無明緣起不離眞性〕
(2) 무명이 연기하는 차별된 모습을 널리 밝힘〔廣明無明緣起差別相〕

---

(1) 무명의 연기가 진여 떠나지 않음을 간략히 밝힘〔略明無明緣起不離眞性〕

무명이 끼치어 익힘을 의지하여 일어난 바 식(識)은 범부가 알 수 있는 것이 아니며, 또한 이승의 지혜로도 깨닫는 바가 아니다.

곧 보살이 첫 바른 믿음으로 좇아 보리의 마음을 내 살핌을 의지하여서 법신을 깨달으면 조금쯤 알게 되나 보살의 맨 끝의 지위에 이른다 해도 다 알 수 없으며, 오직 부처님이라야 사무쳐 알 수 있는 것이다.

왜 그런가. 이 마음이 본래로부터 그 스스로의 성품이 깨끗하고 맑지만 무명이 있고, 무명의 물들인 바가 되므로 그 물든 마음이 있게 되고, 비록 물든 마음이 있으나 늘 그대로 변하지 않기 때문이다.

그러므로 이 뜻은 오직 부처님만이 알 수 있는 것이다.

依無明熏習所起識者 非凡夫能知 亦非二乘智慧所覺 謂依菩薩 從初正

信發心觀察 若證法身得少分知 乃至菩薩究竟地不能盡知 唯佛窮了 何以
故 是心從本已來 自性淸淨 而有無明 爲無明所染有其染心 雖有染心而常
恒不變 是故此義唯佛能知

해 설

앞 단에서는 무명의 못 깨친 모습이 일어나 끼치어 익힘으로 인해 뜻
[意]의 다섯 가지 활동이 일어나고 뜻의 식이 서로 이어져 미혹을 일으
키고 업을 지어 괴로움 받는 인연의 모습을 말했다. 그리고 본 단에서는
이러한 무명의 연기가 진여에서 일어나 진여를 떠나지 않는 모습은 깊고
깊어 범부와 이승도 다 알지 못하고, 설사 보살의 맨 끝의 지위에 있더라
도 다 알 수 없으며 오직 부처님이라야 사무쳐 알 수 있음을 보인다.

그것은 왜인가. 무명이 미세하게 일어나는 첫 모습이 본래 없음을 사
무쳐 알 때를 여래라 이름지었기 때문이다. 곧 무명이 일어나는 첫 모습
이 없으면 무명이 곧 진여라 일어남이 없기 때문에 사라지지 않는 것이
니, 이 뜻을 논은 늘 그대로 변하지 않음이라 한다.

이처럼 무명이 나지 않고 사라지지 않음은 억지로 앞 생각을 눌러 번
뇌를 조복하려는 범부나 무명을 끊고 진여를 얻으려는 이승이나 무명이
나지 않음을 알았으나 아직 청정의 자취를 버리지 못한 보살이 모두 알
지 못한 것이고, 오직 여래만이 무명이 일어나는 첫 모습이 없지만 첫 모
습이 없으므로 무명이 연기함을 사무쳐 통달하는 것이다.

곧 진여가 본래 깨끗하나 무명이 연기하므로 물들지 않고 물들며, 무
명이 일어나나 실로 남이 없으므로 물들되 본래 깨끗하다. 그러기에 물
들되 본래 깨끗함은 끊음의 자취가 있는 이승이나 청정의 자취가 있는
보살은 다 알기 어렵고, 오직 여래만이 철저하게 알 수 있는 것이다.

그리고 이와 같은 여래의 통달함 속에서만 무명을 끊되 한 법도 끊음
이 없고 법신을 증득하되 한 법도 얻음이 없이 십이연기를 온전히 여래

장의 활동으로 돌이킬 수 있는 것이다.

그러나 이는 새로 깨침[始覺]이 완성자인 여래를 들어 물든 마음의 흐름이 곧 변하지 않는 뜻을 드러내 보이고, 새로 깨침의 구경의 완성자를 통해 본디 깨침을 말하고 있는 것이다. 만약 본디 깨침을 잡아서 말하면 무명 속의 중생이 곧 진여 불성인 것[理卽]이고, 문자로 이해하는 수행의 지위가 곧 진여불성[名字卽]이며, 수행의 과정 속에 있는 지위가 곧 진여불성[觀行卽]이고, 끊음의 자취가 있는 수행자의 지위가 곧 진여불성[相似卽]이며, 청정의 자취가 있는 깨달음이 곧 진여불성[分證卽]이고, 구경의 깨달음이 곧 원래의 진여불성[究竟卽]42)인 것이다.

【실차난타역】

비롯 없는 무명이 일어나는 바 식을 끼치어 익히는 것은 여러 범부와 이승의 지혜로 알 수 있는 바가 아니며, 바른 앎과 행을 이룬 지위의 보살이라사 비로소 살핌을 배우며 법신을 깨친 보살이 조금쯤 알 수 있고, 보살의 맨 끝의 지위에 이른다 해도 다 알 수 없으며, 오직 여래께서만 모두 밝게 사무쳐 알 수 있는 것이다.

이 뜻은 무엇인가. 그 마음의 성품이 본래 깨끗하지만 무명의 힘 때문에 물든 마음의 모습이 나타나서 비록 물든 마음이 있으나 늘 밝고 깨끗하여 바뀌어 변함이 없는 것이다.

無始無明熏所起識 非諸凡夫二乘智慧之所能知 解行地菩薩始學觀察 法身菩薩能少分知 至究竟地猶未知盡 唯有如來能總明了 此義云何 以其心性本來淸淨無明力故 染心相現 雖有染心而常明潔無有改變

---

42) 천태 육즉위(天台 六卽位) : 여섯 지위의 차별은 수행의 인과가 없지 않음을 뜻하고, 즉(卽)은 차별이 실체적인 차별이 아니라 오직 진여불성의 차별임을 뜻한다.

(2) 널리 무명이 연기하는 차별된 모습을 밝힘〔廣明無明緣起差別相〕

> ① 연기의 바탕과 모습을 드러냄〔顯無明緣起體相〕
> ② 무명이 연기하는 모습을 다시 밝힘〔更明無明緣起相〕

① 연기의 바탕과 모습을 드러냄〔顯無明緣起體相〕

> 가. 진여 법계가 무명의 바탕임을 보임〔示眞如卽無明體〕
> 나. 여섯 가지 물든 마음이 연기하는 모습을 밝힘〔明染心緣起相〕

가. 진여법계가 무명의 바탕임을 보임〔示眞如卽無明體〕

이른바 마음의 성품은 늘 생각이 없으므로 변하지 않음이라 이름한다. 하나인 법계를 통달하지 못하므로 마음이 법계와 서로 응하지 못하여 갑자기 생각이 일어나면 무명이라 이름한다.

所謂心性常無念 故名爲不變 以不達一法界故 心不相應 忽然念起名爲無明

해 설

온갖 법이 나되 남이 없음이 하나인 법계이므로 실로 남이 없음의 뜻을 통달하지 못하고 생각을 일으켜 모습을 실로 있는 모습으로 취하면 이를 무명이라 한다. 무명 또한 진여에서 연기된 것이라 온 곳이 없으니, 무명을 참으로 끊어 다하는 이란 무명이 오는 첫 모습이 없음을 구경에 통달한 여래이다. 그러나 범부와 이승 등에게도 무명을 끊는 행이 없지 않으므로 그 능히 끊음의 깊고 얕음에 따라 끊어지는 바 물든 마음〔染

心]의 가늠과 거침이 분별되고 끊는 주체의 지위가 차별된다.

【실차난타역】

거듭 본성품은 분별이 없으므로 변해 바뀜이 없다. 하나인 법계를 깨닫지 못하므로 법계와 서로 응하지 못한 무명의 분별이 일어나 여러 물든 마음을 낸다. 이와 같은 뜻은 깊고 깊어 헤아릴 수 없어 오직 부처님만 알 수 있고, 나머지 사람들이 사무쳐 아는 바가 아니다.

復以本性無分別故 雖復偏生一切境界而無變易 以不覺一法界故 不相應無明分別起 生諸染心 如是之義 甚深難測 唯佛能知 非餘所了

나. 여섯 가지 물든 마음이 연기하는 모습을 밝힘〔明染心緣起相〕

물든 마음이란 여섯 가지가 있으니, 어떤 것이 여섯인가.

첫째 집착해 취함의 서로 응하는 물듦〔執相應染〕이니, 이승의 해탈과 '믿음으로 서로 응한 지위'를 의지하여 멀리 떠나기 때문이다.

둘째 끊어지지 않음의 서로 응하는 물듦〔不斷相應染〕이니, 믿음으로 서로 응한 지위를 의지하여 방편을 닦아 배워 점점 버릴 수 있게 되어 깨끗한 마음의 지위를 얻고서야 끝내 떠나기 때문이다.

셋째 분별하는 지혜의 서로 응하는 물듦〔分別智相應染〕이니, 계 갖춘 지위를 의지하여 점점 떠나 나아가 모습 없는 방편의 지위에 이르러서 끝내 떠나기 때문이다.

넷째 모습 드러냄의 서로 응하지 않는 물듦〔現色不相應染〕이니, 물질이 자재한 지위에서 떠날 수 있기 때문이다.

다섯째 능히 보는 마음의 서로 응하지 않는 물듦〔能見心不相應染〕이니, 마음이 자재한 지위에서 떠날 수 있기 때문이다.

여섯째, 근본업의 서로 응하지 않는 물듦[根本業不相應染]이니, 보살의 지위가 다함을 의지하여 여래의 지위에 들어가서 떠날 수 있기 때문이다.

染心者有六種 云何爲六 一者執相應染 依二乘解脫及信相應地遠離故 二者不斷相應染 依信相應地修學方便 漸漸能捨 得淨心地 究竟離故 三者分別智相應染 依具戒地漸離 乃至無相方便地究竟離故 四者現色不相應染 依色自在地能離故 五者能見心不相應染 依心自在地能離故 六者根本業不相應染 菩薩盡地 得入如來地能離故

해 설

앞 단에서는 무명의 연기가 진여를 떠나지 않아서 무명의 바탕이 진여임을 밝혔고, 이제 이 단에서는 물든 마음이 연기하는 모습을 밝힌다. 무명의 못 깨친 마음이 일으키는 바 여섯 가지 물듦 가운데 뒤의 서로 응하지 않는 물듦[不相應染]이란 제8식 가운데 아직 마음 자체[心王]와 마음으로 아는 내용[心所]이 나뉘지 않아 구체적인 바깥 경계와 서로 응하지 않는 미세한 물듦[三細相]을 말하고, 앞의 서로 응하는 물듦[相應染]이란 마음이 바깥 경계를 알 때 마음으로 아는 바 한 경계[同一所緣境] 위에서 일어나는 여섯 가지 거친 물듦을 말한다.

첫째 집착해 취함의 서로 응하는 물듦이란 여섯 가지 거친 모습 가운데 집착해 취함[執取]과 이름을 헤아림[計名字]의 두 가지 모습으로서 제6의식의 총체적인 견해의 미혹[見惑]과 낱낱 사물에 대한 미혹[思惑]에 해당되는 것이다.

그러므로 사물의 자기 동일성에 대한 집착을 끊은 이승(二乘)이 끊는 바이고, 보살로서 바른 믿음을 채워 십신(十信)의 지위로부터 바른 지혜의 지위[初住]에 들어갈 때[入生空觀 : 십주의 지위에 들어갈 때 아공을 바로 볼 수 있기 때문] 떠날 수 있는 것이다.

둘째 끊어지지 않음의 서로 응하는 물듦이란 여섯 가지 거침 가운데 서로 잇는 모습〔相續相〕이니, 천태는 이를 '삼계 안과 밖의 티끌 같은 미혹〔界內外塵沙惑〕'이라 한다. 그러므로 이 물듦은 범부의 모습에 대한 집착의 뿌리이자 수행자가 일으키는 법에 대한 집착을 포괄하니, 십주(十住)·십행(十行)·십회향(十廻向)의 삼현보살이 이를 끊고 초지에 오를 수 있는 것이다. 그러므로 논은 처음 바른 믿음으로 서로 응하는 지위에서 방편을 배워 점점 버려 초지인 깨끗한 마음의 지위〔淨心相〕에 끝내 버릴 수 있다고 한다.

셋째 분별하는 지혜의 서로 응하는 물듦이란 여섯 가지 거친 모습 가운데 가장 미세한 부분이니, 곧 따져 아는 지혜의 모습〔智相〕으로 제7식의 날 때부터 함께 하는 본질적인 아집〔俱生我執〕이다. 그러므로 십지위의 제2지인 '계 갖춤의 지위〔具戒地〕'로부터 제7지인 '모습 없는 방편의 지위〔無相方便地〕'에 이르러 끝내 떠날 수 있는 것이다. 이는 날 때부터 있는 본질적인 아집은 삶의 윤리적 완성도가 높아지고 끊되 끊음없는 수행의 방편을 갖출 때 끊어짐을 말한다.

넷째 모습 드러냄의 서로 응하지 않는 물듦이란 못 깨침의 세 가지 가는 모습〔三細相〕 가운데 실체화된 모습 드러내는 식〔現相〕으로서 제8식에서 알려지는 바 모습 아닌 모습이 모습으로 드러남을 말한다. 이 물듦은 제8지의 '물질이 자재한 지위〔色自在〕'에서 끊어지니, 이는 모습이 모습 아닌 모습인 줄 통달할 때 모습 드러냄의 물든 마음이 사라짐을 말한다.

다섯째 능히 보는 마음의 서로 응하지 않는 물듦이란 세 가지 가는 모습 가운데 구르는 모습〔轉相〕으로서 제8식에서 아는 자〔見分〕인 능히 보는 마음이 실로 보는 마음으로 굳어짐을 말한다. 이 물듦은 제9지의 '마음이 자재한 지위〔心自在地〕'에서 떠날 수 있으니, 이는 아는 마음에 실로 아는 자가 없는 줄 사무쳐 통달할 때 제8식에서 아는 자의 실체성이 사라짐을 뜻한다.

여섯째 근본업의 서로 응하지 않는 물듦이란 생각 아닌 생각이 생각으로 일어나 능히 앎과 알려지는 바를 물들여 굳어지게 함을 말하니, 세 가지 가늠 가운데 업의 모습〔業相〕이다. 이 물든 업의 움직임이 실로 오는 바가 없고 생각에 나는 첫 모습이 없음을 통달하면 곧 여래라고 이름하므로 '보살의 지위가 채워져 다한 뒤〔十地滿心〕여래의 지위'에 들어가야 끊을 수 있다고 한다.

【실차난타역】

이 무명이 낸 바 물든 마음은 여섯 가지 차별이 있다.

첫째 집착해 취함의 서로 응하는 물듦〔執相應染〕이니, 성문 연각과 믿음으로 서로 응한 지위의 보살 등이 멀리 떠날 수 있다.

둘째 끊어지지 않음의 서로 응하는 물듦〔不斷相應染〕이니, 믿음으로 서로 응한 지위의 보살이 부지런히 닦는 힘으로 조금씩 떠나 깨끗한 마음의 지위에 이르러 길이 다해 나머지가 없게 된다.

셋째 분별하는 지혜의 서로 응하는 물듦〔分別智相應染〕이니, 계 갖춘 지위와 나아가 지혜 갖춘 지위를 따라 조금씩 떠나 모습 없는 행의 지위에 이르러 바야흐로 길이 다할 수 있게 된다.

넷째 모습 드러냄의 서로 응하지 않는 물듦〔現色不相應染〕이니, 이는 물질이 자재한 지위에서 없애는 바이다.

다섯째 능히 보는 마음의 서로 응하지 않는 물듦〔能見心不相應染〕이니, 마음이 자재한 지위에서 없애는 바이다.

여섯째, 근본업의 서로 응하지 않는 물듦〔根本業不相應染〕이니, 보살의 맨 끝의 지위를 좇아 여래의 지위에 들어가서 없애는 바이다.

此所生染心有六種別　一執相應染　聲聞緣覺及信相應地諸菩薩能遠離
二不斷相應染　信地菩薩勤修力　能少分離　至淨心地永盡無餘　三分別智相
應染　從具戒地　乃至具慧地能少分離　至無相行地　方得永盡　四現色不相應
染　此色自在地所除滅　五見心不相應染　此心自在地之所除滅　六根本業不
相應染　此從菩薩究竟地　入如來地之所除滅

② 무명이 연기하는 모습을 다시 밝힘〔更明無明緣起相〕

```
가. 닦아 끊음을 잡아 무명의 뜻을 다시 밝힘〔約修斷更明無明義〕
나. 서로 응함과 서로 응하지 않음의 뜻을 가려 보임
    〔辨示染心相應義與不相應義〕
다. 번뇌의 장애와 지혜의 장애를 가려 보임〔辨示煩惱碍與智碍〕
```

가. 닦아 끊음을 잡아 무명의 뜻을 다시 밝힘〔約修斷更明無明義〕

하나인 법계의 뜻을 사무쳐 알지 못함이란 믿음으로 서로 응하는 지
위를 좇아 살피고 끊음을 배워서 깨끗한 마음의 지위에 들어가 깜냥을
따라 벗어남을 얻고 나아가 여래의 지위에 이르러야 끝내 떠날 수 있
기 때문이다.

不了一法界義者　從信相應地　觀察學斷　入淨心地　隨分得離　乃至如來
地能究竟離故

해 설

위에서 이미 보인 바 무명이 연기하는 뜻을 깨끗함에 돌아가는 행을
잡아 다시 보인다. 하나인 법계의 뜻을 알지 못함이란 본래 나되 남이 없

고 사라지되 사라짐 없는 마음의 참모습을 알지 못하고 마음이 움직여 나고 사라지는 것을 말한다.

무명의 연기된 모습이 없지 않으므로 논은 믿음[信]으로 서로 응하는 지위에서 바른 살핌을 일으키고 끊음을 배워 바른 앎[住]과 행(行)을 통해서 무명을 벗어나 여래의 지위에 들어간다고 말한다. 그러나 무명의 연기가 진여법계에서 연기한 줄 알면 여섯 가지 물든 마음을 끊고 깨끗함에 돌아가는 과정이란 바로 무명의 물든 활동[流轉緣起]을 진여 자체의 활동으로 돌이키는 과정이다. 그러므로 진여 자체에서 보면 무명도 없고 무명 등의 연기가 다함도 없는 것이다.

【실차난타역】

하나인 법계의 뜻을 깨치지 못함이란 처음 믿음의 지위를 좇아 살펴 행을 일으켜서 깨끗한 마음의 지위에 이르러 조금쯤 떠날 수 있고, 여래의 지위에 들어가서야 바야흐로 길이 다할 수 있음이다.

不覺一法界者 始從信地觀察起行 至淨心地能少分離 入如來地方得永盡

나. 서로 응함과 서로 응하지 않음의 뜻을 가려 보임[辨示染心相應義 與不相應義]

서로 응하는 뜻이라 함은 곧 마음[心]과 마음으로 생각하는 법[心所法]이 다르나 물듦과 깨끗함의 차별을 의지하여 능히 아는 모습[知相]과 알려지는 바의 모습[緣相]이 같기 때문이다.

서로 응하지 않음의 뜻이란 곧 마음과 못 깨침이 늘 따로 다름이 없어서 능히 아는 모습과 알려지는 바의 모습이 같지 않기 때문이다.

言相應義者 謂心念法異 依染淨差別而知相緣相同故 不相應義者 謂卽

心不覺 常無別異 不同知相緣相故

해 설

서로 응함이란 현실의 경계 위에서 분별이 구체화되어 마음의 아는 활동 자체〔心王〕와 마음으로 생각하는 내용〔心所〕이 차별됨을 말하니, 논은 이 뜻을 마음과 마음으로 생각하는 법이 다르다〔心念法異〕고 말한다. 그러나 마음으로 생각하는 내용은 늘 마음과 아는 바를 같이 해 일어나, 마음〔心王〕이 물든 경계를 반연하거나 깨끗한 경계를 반연하거나 그 경계를 따라 마음과 함께 일어난다.

그러므로 논은 이 뜻을 '물듦과 깨끗함의 차별을 의지하여 아는 모습과 알려지는 바의 모습이 같다'고 말한다.

서로 응하지 않음이란 제8식에서 못 깨친 마음이 움직여 세 가지 가는 모습이 일어남을 말한다. 남이 없는 참마음에서 무명이 움직여 업식을 이루는 모습이 지극히 미세하여 마음〔心〕과 마음의 못 깨친 모습〔心所〕이 나뉘지 않으므로 '늘 서로 다름이 없다'고 한다.

곧 마음 자체〔心王〕와 마음의 내용이 나뉘지 않으므로 이것이 서로 다름 없음이고 서로 응하지 않음이다. 그러나 아직 마음 자체와 마음의 내용이 나뉘지 않아서 바탕에 같음의 뜻이 서지 못하니, 능히 아는 모습과 알려지는 바의 모습에도 같음의 뜻이 세워질 수 없는 것이라 논은 '능히 아는 모습과 알려지는 바의 모습이 같지 않다'[43]고 한다.

---

[43] 모습이 같지 않음〔不同知緣相〕: 원효(元曉)의 『기신론소』는 서로 응하지 않음의 뜻을 이렇게 말한다.
  '서로 응하지 않음 가운데 마음과 못 깨침이 늘 서로 다름이 없다는 것은 바로 바탕 같음의 뜻이 없음을 밝힌 것이니, 마음을 떠나 따로 마음의 내용이 차별됨이란 없기 때문이다. 이미 바탕의 같음이 없는데, 아는 모습과 알려지는 모습의 두 가지가 어디에 의지하겠는가. 그러므로 같이 알고 같이 아는 바의 뜻이 없으니, 아는 모습과 알려지는 모습이 같지 않다고 말한다. 여기서 '않다'는 말은 '없다'는 말이다.'
  不相應中言卽心不覺常無別異者 是明無體等義 離心無別數法差別故 旣無體等 餘二何寄

【실차난타역】

　서로 응하는 뜻이라 함은 곧 마음[心]과 분별[心所法]이 다르고, 물듦과 깨끗함의 분별이 다르나 아는 모습[知相]과 알려지는 바의 모습[緣相]이 같음이다.

　서로 응하지 않음의 뜻이란 곧 마음과 못 깨침이 늘 따로 다름이 없지만 아는 모습과 알려지는 바의 모습이 같지 않음이다.

相應義者 心分別異 染淨分別異 知相緣相同 不相應義者 卽心不覺 常無別異 知相緣相不同

　다. 번뇌의 장애와 지혜의 장애를 가려 보임[辨示煩惱碍與智碍]

　또 물든 마음의 뜻이란 번뇌의 장애를 말하니, 진여인 근본 지혜를 가로 막을 수 있기 때문이다.

　무명의 뜻이란 지혜의 장애를 말하니, 세간의 스스로 그러한 업의 지혜를 가로 막을 수 있기 때문이다.

　이 뜻은 무엇인가. 물든 마음을 의지하여 능히 보고 능히 경계를 드러내 허망하게 경계를 취해 평등한 성품을 어기기 때문이며, 온갖 법이 늘 고요하여 일어나는 모습이 없는데 무명의 못 깨침으로 허망하게 법에 어긋나기 때문이며, 세간 온갖 경계를 따라 갖가지로 알지 못하기 때문이다.

又染心義者 名爲煩惱碍 能障眞如根本智故 無明義者 名爲智碍 能障世間自然業智故 此義云何 以依染心能見能現 妄取境界違平等性故 以一切法常靜 無有起相 無明不覺妄與法違故 不能得隨順世間一切境界種種知故

故無同知同緣之義 故言不同知相緣相 此中不者 無之謂也

해 설

물든 마음은 무명에 의지해 일어나므로 그 바탕은 하나지만 그 거칠고 가늚이 다르므로 장애하는 바가 다르다. 물든 마음이 움직이면 번뇌의 장애가 되어 진여를 비추는 근본지(根本智 : 如理智)를 가리니, 물든 마음은 온갖 차별된 현실법의 있는 모습을 집착하기 때문이다.

무명이 일어나 어두워지면 세간의 스스로 그러한 업의 지혜〔世間自然業智〕곧 속제를 비추는 차별지(差別智 : 如量智)를 가리니, 무명은 밝지 못해 세간법이 남이 없이 나고 사라짐이 없이 사라지는 모습을 밝게 보지 못하기 때문이다.

논의 글에서 물든 마음이 평등한 성품에 어긋난다고 함은 무엇인가. 능히 보고 능히 드러냄이란 제8식의 세 가지 서로 응하지 않는 물듦〔三不相應染〕이고, 허망하게 경계를 취함이란 제6식의 서로 응하는 세 가지 물듦〔三相應染〕이다.

십팔계가 자성 없어 공함이 곧 진여의 평등한 성품인데, 지금 물든 마음이 능히 보고 보여지는 바가 없는 곳에서 허망하게 주·객의 실체성을 보아 경계를 취함으로 진여의 평등한 성품에 어긋나며 진여 그대로의 지혜〔如理智〕를 가리는 것이다.

다시 무명이 속제를 비추는 지혜를 가린다 함은 무엇인가. 온갖 법은 나되 남이 없으므로 늘 고요한데 무명의 못 깨침으로 말미암아 남이 없는 곳에 남을 본다. 그러므로 지금 나고 사라지는 변화의 실체성에 가려 남이 없이 나고 사라짐이 없이 사라지는 세간 온갖 차별법의 변화하는 작용을 알지 못하고 변화에 대응하지 못하는 것이다.

【실차난타역】

물든 마음의 뜻이란 바로 번뇌의 장애니, 진여인 근본 지혜를 가로막을 수 있기 때문이다.

무명이란 바로 아는 바 장애니, 세간업의 스스로 그러한 지혜를 가로 막을 수 있기 때문이다.

이 뜻은 무엇인가. 물든 마음을 의지하여 한량없이 능히 취하고 취하는 바 허망한 경계를 집착하여 온갖 법의 평등한 성품을 어김이다. 온갖 법의 성품은 평등하고 고요해 나는 모습이 없는데 무명의 못 깨침으로 허망하게 깨달음에 어긋나는 것이다. 그러므로 세간의 갖가지 경계의 차별된 업의 작용에 대해 모두 다 실답게 알지 못하는 것이다.

染心者是煩惱障 能障眞如根本智故 無明者是所知障 能障世間業自在智故 此義云何 以依染心執著無量能取所取虛妄境界 違一切法平等之性 一切法性平等寂滅無有生相 無明不覺妄與覺違 是故於一切世間種種境界差別業用 皆悉不能如實而知

3. 나고 사라지는 모습을 다시 풀이함〔更釋生滅相〕

앞에서는 먼저 깨침과 못 꺼침으로 드러나는 마음의 나고 사라지는 모습을 밝힌 다음, 나고 사라짐을 일으키는 주체적 요인과 객관여건〔因緣〕을 인식운동의 총체적 장인 마음〔心〕과 뜻〔意〕과 뜻의 식〔意識〕을 잡아 보였다. 위에서 이미 나고 사라짐의 모습과 그것의 요인을 해명한 뒤 다시 여기서 나고 사라짐의 모습이 연기한 것이라 원인과 조건의 소멸을 통해 물든 마음의 활동이 사라질 수 있음을 밝힌다. 그리하여 마음의 나고 사라짐이 끝내 남이 없고 사라짐이 없음을 보여 중생을 사라짐이 없는 지혜의 길에 이끈다.

---

1) 두 가지 나고 사라지는 모습을 보임〔示二種生滅相〕
2) 인연에 의해 나고 사라짐을 보임〔示生滅相依因緣〕
3) 사라짐과 사라지지 않음의 뜻을 묻고 답함〔問答心滅及不滅義〕

1) 두 가지 나고 사라지는 모습을 보임〔示二種生滅相〕

거듭 다시 일어나고 사라지는 모습을 분별함이란 두 가지가 있으니, 어떤 것이 둘인가.

첫째 거침이니 마음과 서로 응하기 때문이고, 둘째 가늚이니 마음과 서로 응하지 않기 때문이다.

또 거침 가운데 거침은 범부의 경계요, 거침 가운데 가늚과 가늚 가운데 거침은 보살의 경계며, 가늚 가운데 가늚은 불타의 경계이다.

復次分別生滅相者 有二種 云何爲二 一者麤 與心相應故 二者細 與心不相應故 又麤中之麤 凡夫境界 麤中之細 及細中之麤 菩薩境界 細中之細 是佛境界

해 설

위에서 나고 사라지는 인연을 풀이하고 여기서는 나고 사라짐을 다시 말한다. 곧 진여인 한마음 가운데는 나고 사라짐과 능히 앎과 알려지는 바의 모습이 공한데, 무명의 못 깨침을 의지해 나고 사라짐과 능히 앎과 알려지는 바의 모습이 실체화됨을 다시 말해준다.

못 깨침으로 마음이 나고 사라지는 모습은 마음과 서로 응하는 거친 모습과 마음과 서로 응하지 않는 가는 모습으로 분별된다. 서로 응함이란 집착해 취하는 모습〔執取相〕과 서로 잇는 모습〔相續相〕, 분별해 아는 모습〔智相〕의 세 가지 거친 번뇌로서 바깥 경계와 마음이 서로 응하고 마음〔心王〕과 마음의 물든 내용〔心所〕이 서로 응함을 말한다.

서로 응하지 않음이란 제8식의 근본업〔業相〕과 능히 앎〔轉相〕과 능히 드러냄〔現相〕의 세 가지 가는 물듦으로서 마음과 경계가 아직 구체적으로 나뉘지 않아서〔心境未分〕 마음〔心〕과 마음의 내용〔心所〕이 서로 응할 것이 없음을 말한다.

아래는 다시 사람을 잡아 물듦의 깊고 얕음을 보이니, 처음 집착해 취함[執取相]과 이름을 헤아림[計名字相]은 거침 가운데 거친 범부의 경계로서 바른 믿음[十信]을 통해 중도의 지혜[十住]와 머뭄 없는 행[十行], 바른 회향[十回向]에 나아가는 보살의 실천행[三賢行]을 통해 극복될 수 있다.

다음 분별해 아는 지혜의 모습[智相]과 서로 잇는 모습[相續相]은 6식, 7식에서 일어나는 거침 가운데 가는 번뇌의 경계이며, 능히 보는 모습[轉相]과 드러남의 모습[現相]은 제8식의 능히 아는 자와 알려지는 바가 실체화됨으로써 일어나는 가늚 가운데 거친 물듦의 경계이니, 법신의 청정함을 성취한 십지보살의 행을 통해 사라질 수 있다.

끝의 남이 없는 곳에서 일어남을 보아 무명업이 맨 처음 움직이는 모습[無明業相]은 가늚 가운데서는 가는 물듦의 모습이니, 무명이 오되 실로 온 곳이 없음을 구경에 체달한 여래의 지위에서 완전히 지양될 수 있다.

【실차난타역】

거듭 다시 일어나고 사라지는 모습을 분별함이란 두 가지 차별이 있다.

첫째 거침이니 마음과 서로 응함이고, 둘째 가늚이니 마음과 서로 응하지 않음이다.

거침 가운데 거침은 범부의 지혜 경계요, 거침 가운데 가늚과 가늚 가운데 거침은 보살의 지혜 경계이다.

復次分別心生滅相者 有二種別 一麤 謂相應心 二細 謂不相應心 麤中之麤 凡夫智境 麤中之細 及細中之麤 菩薩智境

2) 인연에 의해 나고 사라짐을 보임[示生滅相依因緣]

이 두 가지 일어나고 사라짐은 무명이 끼치어 익힘에 의해 있는 것이니, 이른바 원인〔因〕에 의함과 조건〔緣〕에 의함이다.

원인에 의함이란 깨치지 못한 뜻이기 때문이고, 조건에 의함이란 망녕되이 경계를 짓는 뜻이기 때문이다.

만약 원인이 사라지면 곧 조건이 사라지니, 원인이 사라지므로 서로 응하지 않는 마음이 사라지고 조건이 사라지므로 서로 응하는 마음이 사라진다.

此二種生滅 依於無明熏習而有 所謂依因 依緣 依因者 不覺義故 依緣者 妄作境界義故 若因滅則緣滅 因滅故不相應心滅 緣滅故相應心滅

해 설

온갖 법은 주체적 요인〔因〕과 객관조건〔緣〕에 의해 일어난다. 그러므로 위의 두 가지 서로 응함과 서로 응하지 않음의 물든 마음도 인연에 의해 일어난다. 무명의 못 깨침이 일어나 능히 앎과 알려지는 바를 실체화하여 모습 아닌 모습을 실로 있는 모습으로 집착하여 여섯 가지 거친 번뇌가 벌어지니, 온갖 삶의 소외와 고통은 무명이 근원적 요인〔因〕이 되고 헛되이 바깥 경계를 세움〔妄作境界〕이 조건〔緣〕이 되는 것이다.

인연에 의해 생겨난 것은 인연에 의해 사라진다. 그리고 원인에 의해 조건이 나고 조건이 또한 원인을 일으키니, 무명이 사라지면 허망한 경계가 사라지고 허망한 경계가 경계 아닌 줄 알면 무명 또한 사라지는 것이다. 이에 논은 '원인이 사라지면 조건이 사라진다'고 하고, '무명이 사라지면 서로 응하지 않는 물듦이 사라지고, 허망한 경계가 사라지면 경계를 집착해 일어난 서로 응하는 물듦이 사라진다'고 말한다.

비록 이처럼 무명과 허망한 경계의 연기가 없지 않으므로 허망한 인연을 돌이켜 물듦이 사라진다고 말했으나, 무명과 허망한 경계가 본래 좇아 온 곳이 없다면 끝내 사라진 곳도 없으니, 십이연기가 온통 불성의 연기인 줄 알면 끝내 없앨 것도 없고 사라짐도 없는 것이다.

【실차난타역】
 이 두 가지 모습은 무명이 끼치어 익히는 힘으로 말미암아 일어나니, 원인(因)에 의함과 조건(緣)에 의함이다.
 원인이란 깨치지 못함이고 조건이란 허망한 경계이니, 원인이 사라지면 곧 조건이 사라지고, 조건이 사라지므로 서로 응하는 마음이 사라지고 원인이 사라지므로 서로 응하지 않는 마음이 사라진다.

 此二種相 皆由無明熏習力起 然依因依緣 因是不覺 緣是妄境 因滅則緣滅 緣滅故相應心滅 因滅故不相應心滅

3) 사라짐과 사라지지 않음의 뜻을 묻고 답함(問答心滅及不滅義)
 묻는다. 만약 마음이 사라지는 것이라면 어떻게 서로 잇겠는가. 만약 서로 잇는 것이라면 어떻게 끝내 사라짐을 말하는가.
 답한다. 말한 바 사라짐이란 오직 마음의 모습이 사라짐이지 마음의 바탕이 사라지는 것이 아니다.
 마치 바람이 물을 의지해 움직이는 모습이 있는 것과 같으니, 만약 물이 사라진다면 곧 바람의 모습이 끊어져 의지해 그칠 바가 없겠지만 물이 사라지지 않으므로 바람의 모습이 서로 이어지는 것이다.
 오직 바람이 사라지므로 움직이는 모습이 따라 없어지나 물이 사라지는 것은 아니다.
 무명도 또한 그러하여 마음의 바탕을 의지하여 움직이니, 만약 마음의 바탕이 사라지면 곧 중생도 끊어져 의지해 그칠 바가 없게 된다.

마음 바탕이 사라지지 않으므로 마음이 서로 이어질 수 있으니, 오직 어리석음이 사라지므로 마음의 모습이 따라 사라지나 마음의 지혜는 사라지지 않는다.

問曰 若心滅者云何相續 若相續者 云何說究竟滅

答曰 所言滅者唯心相滅 非心體滅 如風依水而有動相 若水滅者 則風相斷絶無所依止 以水不滅 風相相續 唯風滅故 動相隨滅 非是水滅無明亦爾 依心體而動 若心體滅則衆生斷絶 無所依止 以體不滅心得相續 唯癡滅故 心相隨滅 非心智滅

해 설

이미 물든 마음이 인연으로 생겨나 인연으로 사라진다면 어떻게 마음이 서로 이어짐을 말할 수 있으며, 만약 서로 이어진다면 끝내 사라져 다 함을 어떻게 말할 수 있는가를 묻는다.

논은 인연으로 일어나는 마음의 모습은 사라지나 진여인 마음의 바탕은 사라지지 않음으로 답하고, 그것은 바람에 움직이는 물결의 움직임과 움직임 없는 물 자체로 비유한다.

그러나 이 말은 모습〔相〕은 사라지나 성품〔性〕은 사라지지 않는다 하거나 망념은 없어지나 참마음은 사라지지 않는다는 뜻으로 받아들여서는 안되니, 성품은 모습이 곧 모습 아님을 성품이라 했고, 참마음은 망념이 곧 공한 곳을 참마음이라 했기 때문이다.

무명의 물든 마음은 연기한 것이라 공하며 공하기 때문에 연기하는 것이니, '연기함'이라는 말을 듣고 실로 있다는 견해를 떠나고 '공함'이라는 말을 듣고 실로 없다는 견해를 떠날 때, 나되 남이 없고 사라지되 사라짐 없으며, 남이 없되 남 없음도 없고 사라짐 없되 사라짐 없음도 없는 한마음의 참된 모습을 깨달아 들어갈 수 있는 것이다. 그리고 이렇게 알 때

무명을 끊고 참마음을 얻었다고 말할지라도 실로는 한 법도 끊은 바가 없고 한 법도 얻은 바가 없음을 알게 되니, 바르게 까칠 때 무명의 유전 연기가 온통 깨달음의 자기활동이 되기 때문이다.

【실차난타역】

묻는다. 만약 마음이 사라지는 것이라면 어떻게 서로 잇겠는가. 만약 서로 잇는 것이라면 어떻게 끝내 사라짐을 말하는가.

답한다. 실로 그렇다. 이제 사라짐이라 말한 것은 다만 마음의 모습이 사라짐이지 마음의 바탕이 사라지는 것이 아니다.

마치 물이 바람을 인해 움직이는 모습이 있는 것과 같아서, 바람이 사라지므로 움직이는 모습이 곧 사라지지만 물의 바탕은 사라지지 않는 것이다. 만약 물이 사라지는 것이라면 움직이는 모습도 마땅히 끊어질 것이니 의지할 바와 능히 의지함이 없기 때문이다. 물의 바탕이 사라지지 않으므로 움직이는 모습이 서로 이어지는 것이다.

중생도 또한 그러하여 무명의 힘 때문에 그 마음을 움직이게 하니, 무명이 사라지므로 움직이는 모습이 곧 사라지나 마음의 바탕은 사라지지 않는다. 만약 마음이 사라진다면 곧 중생도 끊어지게 되니 의지할 바와 능히 의지함이 없기 때문이다. 마음의 바탕이 사라지지 않으므로 마음의 움직임이 서로 이어진다.

問 若心滅者 云何相續 若相續者 云何言滅

答 實然 今言滅者 但心相滅 非心體滅 如水因風而有動相 以風滅故 動相卽滅 非水體滅 若水滅者 動相應斷 以無所依無能依故 以水體不滅 動相相續 衆生亦爾 以無明力令其心動 無明滅故 動相卽滅 非心體滅 若心滅者 卽衆生斷以無所依無能依故 以心體不滅 心動相續

둘째단, 물듦과 깨끗함이 서로 도와 연기함을 밝힘〔辨染淨相資〕

앞 단에서 물듦과 깨끗함이 진여 법계에서 연기하는 모습을 보이고, 본 단에서는 물듦이 깨끗함을 끼치어 익히고 깨끗함이 물듦을 끼쳐 익히어 물듦과 깨끗함이 서로 도와 떨어지지 않음을 보인다.

서로 다른 물듦과 깨끗함이 서로 도와 연기함은 무슨 까닭인가. 자성청정심〔**自性淸淨心**〕의 본디 깨침과 물듦과 깨끗함의 연기된 모습이 자성이 없어서 서로 닫혀진 모습이 아니기 때문이다.

---

1. 네 가지 법이 서로 끼치어 익히는 뜻을 보임〔示四種法熏習義〕
2. 물듦과 깨끗함이 끼치어 익히는 뜻을 널리 풀이함〔廣釋染淨熏習〕
3. 물듦과 깨끗함의 다함과 다하지 않음의 뜻을 밝힘〔明染淨盡不盡〕

1. 네 가지 법이 서로 끼치어 익히는 뜻을 보임〔示四種法熏習義〕

　　네 가지 법이란 진여(眞如)와 무명(無明), 망녕된 마음〔妄心〕과 망녕된 경계〔妄境〕이다. 네 가지 중 무명이 물듦의 씨앗이라면 망녕된 마음과 경계는 결과이지만, 다시 망녕된 마음과 경계가 어울려 무명을 강화시키므로 당녕된 마음과 경계가 원인이 되고 무명이 결과가 되며, 무몉과 망녕된 마음과 경계가 모두 공해 진여를 떠나지 않으므로 네 법이 곧 서로 의지하고 네 법이 서로 끼치어 익히는 것이다.
　　새로 깨침이 본디 깨침을 그대로 드러냄이고, 본디 깨침이란 진여의 본래 깨끗함을 나타낸다면, 깨긋함이 끼치어 익힘은 진여가 끼치어 익힘이다. 그리고 물듦은 진여에서 연기하여 무명과 망녕된 마음, 망녕된 경계의 모습이 일어남이니, 무명과 무명으로 인해 난 망녕된 마음과 경계, 망녕된 마음과 망녕된 경계가 서로 원인이 되그 결과가 되어 일어나므로 서로 끼치어 익힘이라 한다. 그러나 물듦의 원인과 결과만 서로 끼쳐 익히는 것이 아니라 무명과 망녕된 마음과 경계가 다시 진여를 떠나지 않으므로 물듦과 진여도 서로 끼치어 익히는 것이다.

물듦과 깨끗함이 서로 끼치어 익힘을 보임〔示染淨二法相互熏習〕

거듭 다시 네 가지 법의 끼치어 익히는 뜻이 있으므로 물든 법과 깨끗한 법이 일어나 끊어져 사라지지 않으니 어떤 것이 넷인가.
첫째는 깨끗한 법이니 진여라고 이름한다.
둘째는 온갖 물듦의 씨앗〔一切染因〕이니 무명이라고 이름한다.
셋째는 망녕된 마음이니 업식(業識)이라고 이름한다.
넷째는 망녕된 경계이니 이른바 여섯 가지 티끌 경계〔六塵〕이다.

復次有四種法熏習義故 染法淨法起不斷絶 云何爲四 一者淨法 名爲眞如 二者一切染因 名爲無明 三者妄心 名爲業識 四者妄境界 所謂六塵

해 설

앞에서는 깨끗한 법과 물든 법이 일어나고 사라져 온갖 법 내는 것을 밝히고, 여기서는 물듦과 깨끗함이 서로 끼치어 익히는 모습을 밝힌다. 곧 앞에서 물듦과 깨끗함이 일어나고 사라지는 모습만을 밝히고, 물듦과 깨끗함의 인과가 끊어지지 않는 뜻을 다 밝히지 못했으니, 나고 사라짐이 곧 진여에서 남이 없이 나고 사라짐 없이 사라짐을 충분히 말하지 않았기 때문이다. 여기서는 깨끗함과 물듦이 서로 끼치어 익힘을 보여 나고 사라짐의 인과가 서로 이어 끊어지지 않는 뜻을 보인다.

먼저 네 가지 법의 이름을 보인다. 첫째 깨끗한 법이란 진여이니, 물든 법이 나되 남이 없고 사라지되 사라짐 없으며 물음의 인과가 공함을 참되고 한결같음이라 이름한 것이다. 이 참되고 한결같음은 마음과 모습이 끊어져 한 법도 얻을 것이 없음이지만, 참으로 공하기 때문에 만가지 공덕을 낼 수 있으니 이것이 진여의 끼치어 익힘이다.

무명과 업식, 티끌경계란 물든 법이니, 그 가운데 무명은 능히 아는 자와 알려지는 것이 공한 진여에서 진여를 등지고 일어나는 업의 움직임이니, 무명이 진여를 끼치어 익히는 모습이다. 둘째 업식이란 무명의 움직임으로 인해 능히 아는 자가 없는 곳에서 능히 아는 자를 세우는 앎의 움직임이며, 셋째 여섯 가지 티끌경계란 능히 아는 마음으로 인해 저 여섯 가지 경계가 알 바가 있는 경계로 굳어짐이다.

곧 무명이 앎 활동의 변계소집상이라면, 망녕된 마음이 변계소집상의 주체적 요인이 되고, 망녕된 경계가 그 객관적 요인이 되어 무명과 아는 마음, 알려지는 경계가 서로 의지해 삶을 소외와 고통으로 규정지으니, 이것이 바로 물듦이 끼치어 익히는 모습이다.

【실차난타역】

거듭 다시 네 가지 법의 끼치어 익히는 뜻 때문에 물들고 깨끗한 법이 일어나 끊어져 사라짐이 없다.

첫째는 깨끗한 법이니 곧 진여다.

둘째는 물듦의 씨앗〔一切染因〕이니 곧 무명이다.

셋째는 망녕된 마음이니 곧 업식(業識)이다.

넷째는 망녕된 경계이니 곧 여섯 가지 티끌 경계〔六塵〕이다.

復次以四種法熏習義故 染淨法起 無有斷絶 一淨法 謂眞如 二染因 謂無明 三妄心 謂業識 四妄境 謂六塵

2. 물듦과 깨끗함이 서로 끼치어 익히는 뜻을 널리 풀이함〔廣釋染淨熏習〕

진여의 본래 깨끗함과 무명의 물듦은 모두 자성이 없다. 그렇기 때문에 진여의 본래 깨끗함에서 무명이 연기하여 물듦이 있게 되고, 무명의 물듦이 연기하되 연기한 것이라 사라질 수 있으며, 무명의 참성품이 진여라 진여의 작용이 다시 무명을 돌이켜 깨끗한 작용을 낼 수 있는 것이다.

이와 같이 바로 알 때만 무명과 번뇌의 물듦 속에서도 본래 물듦 없는 진여에 서서 무명과 번뇌를 진여의 깨끗한 작용으로 돌이킬 수 있게 되는 것이다. 그렇지 못할 때는 번뇌를 끊고 진여를 얻으려 하거나 번뇌에 매몰되거나 번뇌 너머에 있는 진여를 관조함으로써 번뇌에서 도피하려 할 것이니, 이 모든 입장이 조복하는 모습〔調伏相〕과 조복하지 않는 모습〔不調伏相〕에 떨어진 것이다.

---

1) 비유로써 서로 끼치어 익힘을 전체적으로 말함〔以喩總說〕
2) 서로 끼치어 익힘을 나누어 풀이함〔別釋互熏〕
 (1) 물듦이 끼치어 익힘〔染熏〕
 (2) 깨끗함이 끼치어 익힘〔淨熏〕

1) 비유로써 서로 끼치어 익힘을 전체적으로 말함〔以喩總說〕

끼치어 익힘의 뜻이란 세간의 옷이 실로 냄새가 없다가 어떤 사람이 냄새를 끼치어 풍겨 주므로 곧 그 냄새 기운이 있는 것과 같다.

이것도 또한 이와 같아 진여의 깨끗한 법이 실로 물듦이 없다가 다만 무명이 끼치어 익히므로 물든 모습이 있게 되고, 무명의 물든 법이 실로는 깨끗한 업이 없다가 진여가 끼치어 익히므로 곧 깨끗한 작용이 있게 된다.

熏習義者 如世間衣服實無於香 若人以香而熏習故 則有香氣 此亦如是 眞如淨法 實無於染 但以無明而熏習故 則有染相 無明染法 實無淨業 但以眞如而熏習故 則有淨用

해 설

진여와 무명이 서로 끼치어 익히는 뜻을 비유를 들어 총체적으로 밝힌다. 곧 무명의 못 깨침으로 진여 가운데 실체적 주관·객관의 모습이 분별되지만, 능히 아는 자와 알려짐이 자성이 없으므로 진여의 끼치는 작용으로 다시 무명을 돌이켜 깨끗한 작용을 이루는 것이 마치 냄새가 풍겨 베어드는 것과 같다. 이는 왜 그런가. 무명과 진여가 서로 떨어지지 않기 때문이다. 곧 무명이 나되 남이 없어 본래 청정함이 진여〔遍計所執無性 : 眞如〕인데, 진여 또한 실체가 없어〔勝義無性〕진여에서 무명이 연기하며, 다시 무명으로 인해 물든 앎이 주체적 요인이 되고 무명으로 인해 실체화된 경계가 조건이 되어 원인과 조건이 의지하여 소외되고 물든 삶 현실이 일어난다. 그러나 소외되고 물든 삶 현실 또한 연기된 것이라 고정된 것이 아니니, 진여의 본디 깨쳐 있는 공덕의 힘으로 끼쳐 익히면 무명의 물든 작용이 해탈의 깨끗한 작용으로 돌이켜지는 것이다.

참됨과 허망함이 서로 인연이 되는 뜻을 『능가경』의 법문으로 풀이하면 다음과 같다.

근본불교에서 보인 십팔계의 있되 있음 아닌 참모습 곧 진여인 아뢰야식을 『능가경』은 여래장이라 한다. 이 여래장이 나쁜 업의 끼치어 익히는 바 되어 '나고 사라지는 아라야식〔生滅阿賴耶〕'이 되는 것이다. 곧 아라야식은 진여가 근본요인〔因〕이 되고 무명의 조건〔緣〕이 끼치어 익히는 바가 되어 나되 남이 없고 사라지되 사라짐이 없는 식이 자기를 온전히 실현하지 못하고 나고 사라지는 식〔生滅識〕이 되어 식 가운데서 능히 아는 자와 알려지는 바의 모습을 보게 된다. 그리고 이 '물든 아뢰야식'은 다시 본래 남이 없는〔無生〕 곳에서 남을 보아 일어나는 업의 발동〔業識〕이 근본요인이 되고 여섯 가지 티끌 경계 세움이 조건이 되어, 본래 깨끗한 진여를 소외된 모습으로 끼치어 익혀 주체의 앎과 객관경계를 소외되고 물든 삶 현실로 닫혀지게 한다.

이렇게 하여 능히 앎과 알려지는 바가 없고 나되 남이 없고 사라져도 사라짐 없는 곳에서 주·객과 생사를 실체화하여 주·객, 생사에 갇힌 삶을 반복하게 하니 이것이 윤회이다. 하지만 무명으로 인해 연기된 윤회의 삶이 온통 진여의 연기이므로 무명을 지혜로 돌이키면 윤회의 닫혀진 삶이 해탈의 열려진 삶〔解脫妙用〕이 되는 것이다.

이 뜻을 『기신론』 원문은 '무명의 물든 법이 실로는 깨끗한 업이 없다가 진여가 끼치어 익히므로 곧 깨끗한 작용이 있게 된다'고 말하니, 이는 무명과 진여가 서로 떠나지 않아 무명의 자성 없음이 진여의 바탕이 되고, 무명이 자성 없음을 살펴 생각을 생각 없는 생각으로 돌이키는 지혜가 바로 진여의 작용이 되기 때문이다.

【실차난타역】
끼치어 익힘의 뜻이란 세간의 옷이 나쁜 냄새나 향 냄새가 없다가 어떤 것이 끼치어 풍겨 줌을 따라 곧 그 냄새 기운이 있는 것과 같다.

진여의 깨끗한 법도 성품이 물듦이 아니지만 무명이 끼치어 익히므로 물든 모습이 있게 되고, 무명의 물든 법도 실로는 깨끗한 업이 없다가 진여가 끼치어 익히므로 곧 깨끗한 작용이 있다고 말하는 것이다.

熏習義者 如世衣服非嗅非香 隨以物熏則有彼氣 眞如淨法 性非是染 無明熏故 則有染相 無明染法 實無淨業 眞如熏故 說有淨用

2) 서로 끼치어 익힘을 나누어 풀이함〔別釋互熏〕

> (1) 물듦이 끼치어 익힘〔染熏〕
> (2) 깨끗함이 끼치어 익힘〔淨熏〕

(1) 물듦이 끼치어 익힘〔染熏〕

> ① 물듦의 두 가지 끼치어 익힘을 간략히 말함〔略述〕
> ② 두 가지 끼치어 익힘을 자세히 밝힘〔廣說〕

① 물듦의 두 가지 끼치어 익힘을 간략히 말함〔略述〕

어떻게 끼치어 익힘이 물든 법을 일으켜 끊어지지 않는가.

이른바 진여법을 의지하기 때문에 무명이 있게 되고, 무명이라는 물든 법의 씨앗이 있으므로 곧 진여를 끼치어 익히게 되며, 끼치어 익히므로 망녕된 마음〔妄心〕이 있게 되고, 망녕된 마음이 있으므로 무명을 끼치어 익히게 된다.

진여의 법을 사무쳐 알지 못하므로 못 깨친 생각이 일어나 망녕된 경계를 드러내고 망녕된 경계라는 물든 법의 조건이 있으므로 곧 망녕된 마음을 끼치어 익히어 그 생각으로 하여금 집착하도록 하여 갖가지 업을 짓게 해 온갖 몸과 마음 등의 괴로움을 받도록 한다.

云何熏習起染法不斷 所謂以依眞如法故 有於無明 以有無明染法因故 卽熏習眞如 以熏習故 則有妄心 以有妄心 卽熏習無明 不了眞如法故 不覺念起現妄境界 以有妄境界染法緣故 卽熏習妄心 令其念著造種種業 受於一切身心等故

해 설

진여에서 연기한 무명의 못 깨침이 다시 진여를 끼치어 익혀 망녕된 마음이 있게 되고 망녕된 마음이 무명을 더욱 끼치어 익힘을 말한다.

끼치어 익힘에는 두 가지가 있으니, 무명이 진여를 끼침은 이미 일어난 무명의 활동이 진여를 못 깨친 모습으로 다시 움직이는 것이므로 익히어 끼침〔習熏〕이고, 무명에 의해서 일어난 망녕된 마음 곧 업식이 무명을 더욱 끼침은 업식의 못 깨친 모습이 업식의 토대가 되는 무명을 더욱 강화해가는 것이므로 도와서 끼침〔資熏〕이다. 그리고 진여법을 모르므로 못 깨친 생각이 일어나 능히 아는 마음의 실체화가 알려지는 경계를 실체화하고 허망한 경계가 허망한 마음을 더욱 물들이는 것은 의식과 존재가 서로 물든 모습으로 규정해가는 것이므로 또한 도와서 끼침〔資熏〕이다. 익히어 끼침과 업식이 무명을 도와 끼침이 모두 못 깨침의 세 가지 가는 모습〔三細相〕이라면, 허망한 마음과 경계가 서로 물든 모습으로 규정하여 더욱 집착을 늘리어 업을 지어 괴로움 받는 것은 여섯 가지 거친 모습〔六麤相〕이다. 이 뜻을 논의 원문은 '경계에 물든 생각으로 하여금 다시 경계에 집착토록 하여 갖가지 업을 짓게 해 온갖 몸과 마음 등의 괴로움을 받도록 한다〔令其念著造種種業 受於一切身心

等故〕'고 말한다.

【실차난타역】
어떻게 물든 법을 끼치어 익히어 끊어지지 않는가.
이른바 진여를 의지하기 때문에 무명을 일으켜 모든 물든 법의 씨앗이 되고, 그처럼 이 무명이 곧 진여를 끼치어 익히게 되며, 이미 끼치어 익히어 망녕된 마음〔妄心〕을 내면 이 망녕된 마음이 무명을 다시 끼치어 익히게 된다.
무명이 끼치어 익히므로 진여의 법을 깨닫지 못하고, 망녕된 경계의 모습이 나타나며, 망녕된 마음이 끼치어 익히는 힘 때문에 갖가지 차별된 집착을 내서 갖가지 업을 지어 온갖 몸과 마음 등의 뭇 괴로움을 받게 된다.

云何熏習染法不斷 所謂依眞如故而起無明 爲諸染因 然此無明卽熏眞如 旣熏習已生妄念心 此妄念心復熏無明 以熏習故不覺眞法 以不覺故妄境界相現 以妄念心熏習力故 生於種種差別執着 造種種業 受身心等衆苦果報

② 두 가지 끼치어 익힘을 자세히 밝힘〔廣說〕

> 가. 망녕된 경계가 끼치어 익힘〔妄境界熏習 : 資熏〕
> 나. 망녕된 마음이 끼치어 익힘〔妄心熏習 : 資熏〕
> 다. 무명이 끼치어 익힘〔無明熏習 : 習熏〕

가. 망녕된 경계가 끼치어 익힘〔妄境界熏習 : 資熏〕

이 망녕된 경계의 끼치어 익히는 뜻은 곧 두 가지가 있으니, 어떤 것이 둘인가.
첫째는 생각을 늘리어 키워 끼치어 익힘이고, 둘째는 집착을 늘리어 키워 끼치어 익힘이다.

此妄境界熏習義 則有二種 云何爲二 一者增長念熏習 二者增長取熏習

해 설

무명에 의해서 이미 드러나 움직이는〔現行〕물든 마음과 경계가 서로 끼치어 집착을 늘리고 중생의 삶을 소외된 삶으로 규정짓는 익힘이니, 그 가운데도 망녕된 경계〔妄境界〕가 끼치어 익힘과 망녕된 마음〔妄心〕이 끼치어 익힘의 두 뜻이 있다.
 망녕된 경계가 끼치어 익힘에서 생각을 늘리어 키워 끼치어 익힘〔增長念熏習〕이란 업식이 드러낸 망녕된 경계가 다시 업식을 도와 끼치어 분별하는 생각을 더욱 늘려 키움이니, 못 깨침의 여섯 가지 거친 모습〔六麤相〕가운데 따져 아는 지혜의 모습〔智相〕, 서로 잇는 모습〔相續相〕이다. 그리고 집착을 늘리어 키워 끼치어 익힘〔增長取熏習〕이란 망녕된 경계가 다시 잘못된 견해와 애착의 번뇌를 늘리어 키움이니, 여섯 가지 거친 모습 가운데 잡아 취하는 모습〔執取相〕, 이름을 헤아리는 모습〔計名字相〕이다.

【실차난타역】
이 망녕된 경계의 끼치어 익히는 뜻은 곧 두 가지가 있다.
첫째는 분별을 늘리어 키워 끼치어 익힘이고, 둘째는 집착을 늘리어 키워 끼치어 익힘이다.

妄境熏義 有二種別 一增長分別熏 二增長執取熏

나. 망녕된 마음이 끼치어 익침〔妄心熏習 : 資熏〕

망녕된 마음이 끼치어 익히는 뜻〔妄心熏習義〕에 두 가지가 있으니, 어떤 것이 둘인가.

첫째는 업식의 뿌리가 끼치어 익힘이니, 아라한 벽지불과 온갖 보살의 법에 묶인 나고 사라짐의 괴로움을 받을 수 있기 때문이다.

둘째 일을 분별하는 식을 늘려 키워서 끼치어 익힘이니, 범부의 업에 묶인 괴로움을 받을 수 있기 때문이다.

妄心熏習義有二種 云何爲二 一者業識根本熏習 能受阿羅漢辟支佛一切菩薩生滅苦故 二者增長分別事識熏習 能受凡夫業繫苦故

해 설

망녕된 마음이 끼치어 익힘에서 업식의 뿌리가 끼치어 익힘은 업식이 근본무명을 도와 끼치어 무명이 일으킨 바 능히 앎과 알려지는 바의 실체적인 모습을 잊지 못하게 하는 것이다. 이는 모습의 실체성에서 벗어나 업에 묶인 거친 번뇌를 벗어났으나 미세한 법집을 벗어나지 못한 삼승 사람들로 하여금 법집에 묶인 나고 죽음의 괴로움을 받도록 함이다.

다음 제6식인 일을 분별하는 식〔分別事識〕을 늘려 키워서 끼치어 익힘이란 제6의식의 분별이 더욱 늘어남으로 견해와 애착이 무명을 도와 끼침이다. 곧 분별하는 알음이 무명을 더욱 강화하여 무명이 일으킨 바 경계가 실로 있지 않음을 깨닫지 못하므로 더욱 분별하고 집착하며 미혹을 일으키고 업을 일으켜 모습에 갇힌 생사의 괴로움을 받도록 하기 때문이다.

【실차난타역】

망녕된 마음이 끼치어 익히는 뜻〔妄心熏習義〕에 또한 두 가지가 있다.

첫째는 근본 업식을 늘려 키워 끼치어 익힘이니, 아라한 벽지불과 온갖 보살로 하여금 나고 사라지는 괴로움을 받게 하기 때문이다.

둘째 일을 분별하는 알음을 늘려 키워 끼치어 익힘이니, 모든 범부로 하여금 업에 묶인 괴로움을 받게 하기 때문이다.

妄心熏義亦二種別 一增長根本業識熏 令阿羅漢辟支佛一切菩薩受生滅苦 二增長分別事識熏 令諸凡夫受業繫苦

다. 무명이 끼치어 익힘〔無明熏習 : 習熏〕

무명이 끼치어 익히는 뜻〔無明熏習義〕에 두 가지가 있으니, 어떤 것이 둘인가.

첫째 근본무명이 끼치어 익힘이니, 업식의 뜻을 이룰 수 있기 때문이고, 둘째 일으킨 바 견해와 애착이 끼치어 익힘이니, 일을 분별하는 식의 뜻을 이룰 수 있기 때문이다.

無明熏習義有二種 云何爲二 一者根本熏習 以能成就業識義故 二者所起見愛熏習 以能成就分別事識義故

해 설

앞에서는 진여에서 연기한 무명이 다시 망녕된 마음과 망녕된 경계를 일으키고 이미 일어난 망녕된 마음과 경계가 무명을 끼치어 익혀 못 깨침의 세 가지 가늠과 여섯 가지 거침이 이루어짐을 보였다.

여기서는 무명이 진여를 끼치어 익혀서 이룬 바가 차별됨을 잡아 보이니, 첫째 근본무명이 진여를 끼치어 익혀 업식 이룸을 보인다. 업식은 앞에서 말한 바 뜻〔意〕의 다섯 가지 물든 모습에 해당한다. 둘째 일으킨 바 견해와 애착이 끼치어 익힘이란 근본무명의 일으킨 바 지말무명이 망녕된 마음을 끼치어 익혀 물든 제6의식을 이룸이다.

이와 같이 진여에서 연기한 무명이 다시 진여를 끼치어 익히어 업식을 이루고, 업식이 일으킨 바 망녕된 마음과 경계가 다시 무명을 끼치어 온갖 업을 일으키고 삶의 소외를 야기하나, 일어난 바 삶의 소외와 물듦에 실로 일어남이 없다. 그러므로 무명과 무명이 일으킨 바 견해와 애착에 실로 일어난 바 없음을 바로 요달하면 삶의 소외와 물듦을 실로 끊지 않고 진여법계〔不斷煩惱而入眞如法界〕에 들어갈 수 있는 것이다.

【실차난타역】

무명이 끼치어 익히는 뜻〔無明熏習義〕에 또한 두 가지 차별이 있다. 첫째 뿌리가 끼치어 익힘이니, 업식의 뜻을 이룸이고, 둘째 애착이 끼치어 익힘이니, 일을 분별하는 알음의 뜻을 이룸이다.

無明熏義亦二種別 一根本熏 成就業識義 二見愛熏 成就分別事識義

(2) 깨끗함이 끼치어 익힘〔淨熏〕

> ① 끼치어 익힘의 뜻을 물음〔問淨熏義〕
> ② 끼치어 익힘의 뜻을 답함〔答淨熏義〕

① 끼치어 익힘의 뜻을 물음〔問淨熏義〕

어떻게 끼치어 익혀서 깨끗한 법을 일으켜 끊어지지 않게 하는가.

云何熏習起淨法不斷

【실차난타역】

어떻게 깨끗한 법을 끼치어 익혀서 끊어지지 않는가.

云何熏習淨法不斷

② 끼치어 익힘의 뜻을 답함〔答淨熏義〕

> 가. 끼치어 익힘의 뜻을 간략히 말함〔略說〕
> 나. 끼치어 익힘의 뜻을 널리 말함〔廣說〕

가. 끼치어 익힘의 뜻을 간략히 말함〔略說〕

> 가) 끼치어 익힘을 바로 밝힘〔正明熏習〕
> 나) 끼치어 익힘의 공능을 보임〔辨其功能〕

가) 끼치어 익힘을 바로 밝힘〔正明熏習〕

이른바 진여법이 있으므로 무명을 끼치어 익힐 수 있고, 끼치어 익히는 인연의 힘 때문에 곧 망녕된 마음으로 하여금 나고 죽는 괴로움을 싫어하고 니르바나를 즐겨 구하게 한다.

이 망녕된 마음에 나고 죽음을 싫어하고 니르바나를 구하는 인연이 있으므로 곧 진여를 끼치어 익힌다.

所謂以有眞如法故 能熏習無明 以熏習因緣力故 則令妄心厭生死苦樂求涅槃 以此妄心有厭求因緣故 卽熏習眞如

해 설

무명과 무명이 일으킨 삶의 물듦과 소외가 어떻게 사라질 수 있는가. 그것은 무명이 일으킨 현실의 질곡이 공하고 그 공함이 다만 허무가 아니라 소외의 한복판에 해탈의 삶을 이룰 수 있는 온갖 가능태를 머금고 있기 때문이다. 무명은 있되 공하기 때문에 사라질 수 있고 진여의 공덕은 없되 공하지 않기 때문에 깨끗한 업을 이룰 수 있다. 곧 진여가 근본요인〔眞如因〕이 되어 무명을 안에서 끼치어 익혀 바른 뜻과 행을 내도록 하여 깨끗한 업을 이루니, 이것이 진여가 '본래 갖춘 끼치어 익힘〔本熏〕'이다.

다시 진여에서 연기한 이 깨끗한 뜻과 행이 진여를 다시 끼치어 더욱 그 힘을 키우면 이것이 진여를 새로이 끼치어 익힘〔新熏〕이다. 논에서 진여가 무명을 끼침이 본훈이라면, 본훈의 끼치어 익히는 인연의 힘 때문에 망심으로 하여금 다시 니르바나를 구하도록 하여 진여를 더욱 끼치면 이것은 '새로이 끼치어 익힘'이다.

【실차난타역】

곧 진여가 무명을 끼치어 익히기 때문이니, 끼치어 익히는 인연의 힘 때문에 망녕된 마음으로 하여금 나고 죽는 괴로움을 싫어하고 니르바나의 즐거움을 구하게 한다.

이 망녕된 마음의 싫어하고 구하는 인연이 진여를 다시 끼치어 익힌다.

謂以眞如熏於無明 以熏習因緣力故 令妄心厭生死苦求涅槃樂 以此妄心厭求因緣 復熏眞如

나) 끼치어 익힘의 공능을 보임〔辨其功能〕

자기 성품을 스스로 믿고 마음이 허망하게 움직이나 앞의 경계 없음을 알아서 멀리 떠나는 법을 닦아서 실답게 앞의 경계 없음을 알므로 갖가지 방편으로 따라 닦는 행〔隨順行〕을 일으켜 취하지도 않고 생각하지도 않게 된다.

 나아가 오래고 멀리 끼쳐 익히는 힘 때문에 무명이 곧 사라지고, 무명이 사라지므로 마음에 일어남이 없게 되고, 마음이 일어남이 없으므로 경계가 따라 사라진다. 원인과 조건이 모두 사라지므로 마음의 모습〔心相 : 六染〕이 다하므로 니르바나를 얻어 '스스로 그러한 업을 이룸'이라 이름한다.

自信己性 知心妄動無前境界 修遠離法 以如實知無前境界故 種種方便起隨順行 不取不念 乃至久遠熏習力故 無明則滅 以無明滅故 心無有起 以無起故 境界隨滅 以因緣俱滅故 心相皆盡名得涅槃成自然業

 해 설
 무명과 번뇌가 본래 공하고 얻어야 할 진여의 공덕이 이미 갖춰졌으므로 실로 끊음이 없고 얻을 바 없으며 끊는 방편 또한 짓되 실로 지음이 없다〔不作方便〕. 그러나 무명과 번뇌의 현실적 활동〔現行〕이 없지 않는 한 무명과 번뇌를 끊는 방편이 없지 않고, 무명을 끊고 진여에 들어가는 해탈의 실천이 없지 않으니, 본 단은 깨끗함에 돌아가는 해탈의 인과를 보이고 있다.
 맨 처음 무명이 본래 공한 곳에서 자기 진여의 성품을 믿음은 바로 십신(十信)이 갖춰짐이며, 망녕된 마음이 움직여 마음 밖에 경계를 보나 앞의 경계가 실로 없음을 아는 것은 바른 지혜에 서서 진리의 실천에 나아가는 모습〔十住〕이다. 멀리 떠나는 법을 닦음이란 앞의 경계가 없음을 알아 경계에 대한 집착을 멀리 떠나 바른 행을 일으킴〔十行〕이고, 실다웁게 앞의 경계가 없음을 안다는 것은 십지 위에 올라〔登地〕 제8식의 알려지는 바〔第八識所緣相〕가 공함을 진여대로 아는 것이다.
 그리고 갖가지 방편으로 따라 닦는 행을 일으킴이란 십지(十地)에서 법신 그대로의 행을 널리 닦아감〔廣修萬行〕이며, 취하지도 않고 생각하지도 않음이란 법신 그대로의 행 가운데 능히 아는 모습〔轉相〕이 나지 않으므로〔能念不生〕 생각하지 않음이고, 나타나는 바 모습〔現相〕에 모습 없음을 알아 떠나므로〔所取無相〕 취하지 않음이다.

오래고 멀리 끼쳐 익힌다 함은 이 행이 중생의 번뇌가 있고 중생의 업이 있는 한 다하지 않고 끝나지 않는 행임을 나타낸다.

무명이란 진여에 남이 없음을 모르고 생각이 움직임이고, 생각이 움직이므로 능히 아는 모습을 일으키니 무명〔業識〕과 능히 아는 모습〔轉相〕이 근본무명이 된다. 그리고 능히 아는 모습이 있으므로 능히 앎을 따라 허망한 경계〔妄境 : 現相〕가 세워져서 한량없는 지말무명이 연기하니, 무명과 능히 앎이 본래 나지 않음을 살피는 지혜로 끼쳐 익혀감에 무명이 사라지고 마음에 일어남이 없게 된다. 무명으로 인해 능히 실로 아는 자가 없는 곳에 아는 모습을 세우는 것이니, 아는 모습이 있는 물든 마음이 주체적 요인〔因〕이 되고 실체화된 경계〔妄境〕가 조건이 되어 뜻의 여섯 가지 물든 모습〔心相〕이 일어난다. 그런데 이제 지혜의 끼쳐 익히는 힘으로 마음이라는 주체적 요인이 일어남이 없고 경계의 조건이 사라지니, 여섯 가지 물들어 소외된 삶의 활동〔六染〕이 다해 니르바나를 얻어 스스로 그러한 업을 이루게 된다.

곧 무명의 생각 움직임이 사라지므로 여섯 가지 물듦 가운데 앞의 세 가지 서로 응하지 않는 물듦〔三不相應染〕이 다하고, 경계가 사라지므로 뒤의 세 가지 서로 응하는 물듦〔三相應染〕이 다한다. 그러나 무명과 허망한 마음과 경계가 나되 원래 남이 없으므로 실로는 끊는 바가 없으니, 마음에 나는 첫 모습이 없음을 사무쳐 통달하면 허망한 마음과 허망한 경계를 바로 돌이켜 번뇌의 장애〔煩惱障〕 떠난 니르바나로 드러낼 수 있으며, 무명을 돌이켜 아는 바의 장애〔智障〕 떠난 스스로 그러한 업〔自然業 : 本業〕으로 발휘할 수 있는 것이다.

【실차난타역】

끼치어 익히기 때문에 자기 몸에 진여법이 있어서 본성품이 청정함을 스스로 믿으며, 이와 같이 실답게 알 수 있으므로 멀리 떠나는 법을 닦아 여래의 진여 따르는 행을 일으켜 분별하는 바가 없게 되고 집착하는 바가 없게 된다.

그리하여 한량없는 아승지겁이 지나도록 늘 닦아 익히는 힘 때문에 무명이 곧 사라지고, 무명이 사라지므로 마음의 모습이 일어나지 않고, 마음이 일어나지 않으므로 경계의 모습이 사라진다. 이와 같이 온갖 물듦의 원인과 조건 나아가 물듦의 과보로서 마음과 모습〔心相〕이 모두 사라지니, 이를 니르바나를 얻어 갖가지 자재한 업의 작용을 이룸이라 이름한다.

以熏習故 則自信己身有眞如法本性淸淨 知一切境界唯心妄動畢竟無有 以能如是如實知故 修遠離法 起於種種諸隨順行 無所分別無所取著 經於無量阿僧祇劫 慣習力故 無明則滅 無明滅故 心相不起 心不起故 境界相滅 如是一切染因染緣 及以染果心相都滅 名得涅槃成就種種自在業用

나. 끼치어 익힘의 뜻을 널리 말함〔廣說〕

가) 망녕된 마음이 진여를 끼치어 익힘〔妄心熏習〕
나) 진여가 끼치어 익힘〔眞如熏習〕

가) 망녕된 마음이 진여를 끼치어 익힘〔妄心熏習〕

망녕된 마음이 끼치어 익히는 뜻에 두 가지가 있으니 어떤 것이 둘인가.

첫째는 일을 분별하는 식〔分別事識〕이 끼치어 익힘이니, 여러 범부와 이승의 사람들이 나고 죽는 괴로움을 싫어하고 자기 힘으로 할 수 있는 바를 따라 점점 위없는 도에 나아가기 때문이다.

둘째 뜻이 끼치어 익힘〔意熏習〕이니, 여러 보살이 바른 마음을 내 용맹하게 빨리 니르바나에 나아가기 때문이다.

妄心熏習義有二種 云何爲二 一者分別事識熏習 依諸凡夫二乘人等 厭生死苦 隨力所能 以漸趣向無上道故 二者意熏習 謂諸菩薩 發心勇猛速趣涅槃故

해 설

앞에서는 진여가 망녕된 마음을 끼치어 익히고 진여가 끼치어 익히는 바 허망한 마음이 다시 진여를 끼치어 익힘의 인과를 전체적으로 밝혔다. 여기서는 진여가 끼치어 익히는 바 허망한 마음〔眞如所熏妄心〕이 거칠고 가늘게 깨끗함에 돌아감을 보이는데, 사람을 잡아서 단박 돌아가기도 하고 점차 돌아가기도 함을 보이고 있다.

진여에 의해 끼치어 익힘을 받은 허망한 마음이 다시 진여를 끼치어 익히는데, 이때 진여를 능히 끼치는 허망한 마음에는 거침과 가늚의 두 뜻이 있다. 제6식인 '일을 분별하는 식'이 끼치어 익힘이 거친 뜻을 이루니, 진여에 의해 끼침을 받은 제6식으로 발심하여 깨달음에 나아가는 모습으로서 범부의 발심과 이승의 발심이 여기에 해당한다. 이는 아직 제8식인 인식주체와 인식대상의 실체성을 깨뜨리는 단계까지는 그 끼치어 익힘이 미치지 못하기 때문에 점점 익히어 위없는 도에 나아간다.

뜻이 끼치어 익힘이란 진여에 끼침을 받은 7식과 8식의 다섯 가지 물듦〔五意〕으로 다시 발심함이다. 이미 진여에 대한 믿음이 완성된〔十信滿〕 보살의 지위가 여기에 해당하니〔三賢十聖〕, 비록 지금 제8식의 능히 앎과 알려지는 바의 실체성에 갇혀 있으나 끼치어 익히는 힘으로 말미암아 능히 앎에 앎이 없고 알려지는 바에 모습 없음을 통달하여 진여법계에 들어가기 때문에 바로 니르바나에 나아간다고 말한다.

이때 능히 진여를 끼치는 허망한 마음 곧 제6의식의 다섯 가지 뜻에는 지금 분별과 망집이 남아 있다. 그러나 관행 속에 있는 물든 마음은 이미 진여에 끼침을 받아 진여를 다시 능동적으로 끼치어 익히니, 어찌 다만 무명에 끼치어 익힌 바 되는 허망한 마음과 같겠는가.

【실차난타역】
허망한 마음이 끼치어 익히는 뜻에 두 가지 차별이 있다.

첫째는 일을 분별하는 식〔分別事識〕이 끼치어 익힘이니, 온갖 범부와 이승으로 하여금 나고 죽음의 괴로움을 싫어하게 하고 자기가 견딜 수 있는 바를 따라 위없는 도에 나아갈 수 있다.

둘째 뜻이 끼치어 익힘〔意熏習〕이니, 여러 보살로 하여금 바른 마음을 내 용맹하게 빨리 머묾없는 니르바나에 들어가도록 한다.

妄心熏義有以種別 一分別事識熏 令一切凡夫二乘 厭生死苦 隨己堪能趣無上道 二意熏 令諸菩薩 發心勇猛速疾趣入無住涅槃

나) 진여가 끼치어 익힘〔眞如熏習〕

　(개) 두 가지 끼치어 익힘을 보임
　(내) 두 가지를 나누어 보임〔辨二種熏習〕

(개) 두 가지 끼치어 익힘을 보임

진여가 끼치어 익히는 뜻에 두 가지가 있으니, 어떤 것이 둘인가.

첫째는 스스로의 바탕과 모습이 끼치어 익힘이요, 둘째는 작용이 끼치어 익힘이다.

眞如熏習義有二種 云何爲二 一者自體相熏習 二者用熏習

해 설

위에서는 진여에서 연기한 망녕된 마음이 진여를 다시 끼치어 익히는데 거침과 가늘이 같지 않음을 밝혔고, 여기서는 진여가 무명을 끼치어 익히는데 바탕과 모습, 작용이 같지 않음을 밝힌다.

진여의 바탕과 모습이 끼치어 익힘이란 존재의 자기 바탕 속에 갖추어진 공하되 공하지 않은 삶의 공덕〔內因〕이 중생을 끼치어 익혀 니르바나에 이끌어들임이고, 작용이 끼치어 익힘이란 진여가 객관이 아니되 객관 아님도 아니므로 중생에게 바깥 조건〔外緣〕을 지어 그 중생을 해탈의 길에 이끌어들임이다.

【실차난타역】

진여가 끼치어 익히는 뜻에 또한 두 가지 차별이 있다.

첫째는 바탕이 끼치어 익힘이요, 둘째는 작용이 끼치어 익힘이다.

眞如熏義亦以種別 一體熏 二用熏

㈏ 두 가지를 나누어 보임〔辨二種熏習〕

```
ㄱ. 진여의 바탕과 모습이 끼치어 익힘〔體相熏習〕
ㄴ. 작용이 끼치어 익힘〔用熏習〕
ㄷ. 바탕과 작용을 합해 밝힘〔體用合明〕
```

ㄱ. 진여의 바탕과 모습이 끼치어 익힘〔體相熏習〕

ㄱ) 끼치어 익힘의 뜻을 바로 보임〔正顯體相熏習義〕

스스로의 바탕과 모습이 끼치어 익힘이란 비롯없는 옛날로부터 샘이 없는 법을 갖추고 이루 생각할 수 없고 말할 수 없는 업을 갖추어 경계의 성품을 지으니, 이 두 가지 뜻을 의지해 늘 끼치어 익힘이다.

이렇게 끼치는 힘이 있으므로 중생으로 하여금 나고 죽음의 괴로움을 싫어하고 니르바나를 즐겨 구하게 하며, 자기 몸에 진여법이 있음을 믿어 마음을 내 닦아 행하도록 한다.

自體相熏習者 從無始世來 具無漏法 備有不思議業 作境界之性 依此二義 恒常熏習 以有力故 能令衆生厭生死苦 樂求涅槃 自信己身有眞如法 發心修行

해 설

진여란 십팔계의 있되 공함을 나타내는 말이므로 십팔계의 온갖 모습과 중생의 나고 죽음과 무명과 번뇌가 공한 존재의 모습 없는 자기 바탕이 공한 진여의 바탕〔體〕이 된다. 그리고 십팔계의 온갖 모습이 공하되 연기함은 바로 진여의 공하되 공하지 않은 공덕의 모습〔相〕이며, 십팔계의 온갖 모습이 모습 없되 모습 없음도 없으므로 일어나는 중생의 업의 활동과 세계운동은 바로 진여의 부사의한 업의 작용〔用〕이 된다.

논은 이 뜻을 바탕과 모습을 함께 거두어 존재의 있되 공한 자기바탕에 비롯없는 옛날부터 샘이 없는 법을 갖춘 뜻과 부사의한 업을 갖추어 경계의 성품을 짓는다는 뜻으로 보이니, 경계의 성품을 짓는다 함은 진여가 바로 사물에 나아가면 법의 성품〔法性〕이 됨을 말한다.

진여의 공덕이 진여의 편에서 보면 있되 공하여 온갖 경계의 성품이 되는 것이 진여의 바탕이 끼치어 익히는 뜻이 되고, 진여의 공덕이 공하되 공하지 않아 진여의 공덕이 바로 십팔계로 표시된 현실존재의 업의 작용이 되는 것은 진여의 모습이 끼치어 익히는 뜻이 된다.

중생은 지금 나고 죽음에 갇혀 나고 죽음의 수레바퀴를 반복하고 있고, 경계에 물든 마음을 일으켜 한량없는 괴로움을 받고 있다. 그러나 온갖 괴로움과 나고 죽음이 공한 진여의 바탕이 중생에게는 불성의 바른 원인〔佛性正因〕이 되고 사물에는 원만한 법의 성품〔法性〕이 되어 중생은 비록 나고 죽음 속에 있되 나고 죽음에 매몰되지 않고 괴로움 속에서도 그 괴로움에 물들지 않는다. 그리하여 중생과 사물 속에 이미 갖추어진 공하되 공하지 않은 진여 공덕의 힘이 중생으로 하여금 니르바나를 구하게 하고 바른 믿음과 행을 일으켜 해탈의 길에 나아가게 한다.

【실차난타역】

바탕이 끼치어 익힘이란 이른바 진여가 비롯없는 옛날로부터 온갖 한량없고 샘이 없는 법을 갖추고 또한 이루 생각할 수 없는 경계의 작용을 갖추어 늘 끊어짐과 사이가 없이 중생의 마음을 끼치어 익힘이다.

이렇게 끼치는 힘 때문에 여러 중생으로 하여금 나고 죽음의 괴로움을 싫어하고 니르바나를 즐겨 구하게 하며, 자기 몸에 진실한 법이 있음을 믿어 마음을 내 닦아 행하도록 한다.

體熏者 所謂眞如從無始來 具足一切無量無漏 亦具難思勝境界用 常無間斷 熏衆生心 以此力故 令諸衆生厭生死苦 求涅槃樂 自信己身有眞實法 發心修行

ㄴ) 문답으로 의심을 없애줌〔以問答除疑〕

묻는다. 만약 이와 같은 뜻이라면 온갖 중생이 다 진여가 있어 같이 모두 끼치어 익혀야 하는데, 왜 믿음이 있고 믿음이 없어서 한량없이 앞뒤로 차별되는가.

모두 마땅히 한 때에 진여법이 있음을 스스로 알아 부지런히 방편을 닦아 같이 니르바나에 들어가야 할 것이다.

답한다. 진여는 본래 하나이지만 한량없고 끝없는 무명이 있어서 본래로부터 자성이 차별되어 두텁고 엷음이 같지 않기 때문이다. 강그아 강 모래수를 넘는 상번뇌가 무명을 의지하여 차별을 일으키며, 아견의 번뇌와 애욕에 물든 번뇌가 무명을 의지하여 차별을 일으켜 이와 같은 온갖 번뇌가 무명을 의지하여 일으킨 바가 앞뒤로 한량없이 차별되니, 오직 여래만이 알 수 있기 때문이다.

또 여러 부처님의 법에는 원인이 있고 조건이 있으니, 원인과 조건이 갖추어져야 이루어질 수 있는 것이다.

이는 마치 나무 가운데 불의 성질〔火性〕이 불의 바른 원인〔正因〕이지만, 만약 사람이 알지 못해 불을 내는 방편을 빌지 않으면 스스로 나무를 태운다는 것은 있을 수 없는 것과 같다.

중생도 또한 그러하여 비록 바른 원인의 끼치어 익히는 힘이 있지만 만약 여러 부처님과 보살, 선지식 등을 만나 뵙고 그를 실천의 조건으로 하지 않는다면, 스스로 번뇌를 끊고 니르바나에 들어갈 수 있음이란 있을 수가 없는 것이다.

만약 비록 밖의 조건의 힘이 있지만 안의 깨끗한 법으로 끼치어 익히는 힘이 없는 이라면, 또한 끝내 나고 죽는 괴로움을 싫어하고 니르바나를 즐겨 구할 수 없는 것이다.

만약 원인과 조건이 갖춰진 이라면 이른바 스스로 끼치어 익히는 힘이 있고 또 여러 부처님 보살 등이 자비로 보살펴 주므로 괴로움을 싫어하는 마음을 일으키고 니르바나가 있음을 믿어 착한 뿌리를 닦아 익힐 수 있다. 착한 뿌리를 닦아 무르익으므로 여러 부처님과 보살이 보여주고 가르치고 이롭게 하고 기쁘게 함을 만나 니르바나의 길에 나아가 향할 수 있게 된다.

問曰 若如是義者 一切衆生 悉有眞如 等皆熏習 云何有信無信 無量前後差別 皆應一時自知有眞如法 勤修方便等入涅槃

答曰 眞如本一 而有無量無邊無明 從本已來 自性差別 厚薄不同故 過恒河沙等上煩惱 依無明起差別 我見愛染煩惱 依無明起差別 如是一切煩惱 依於無明 所起前後無量差別 唯如來能知故

又諸佛法 有因有緣 因緣具足乃得成辦 如木中火性是火正因 若無人知 不假方便 能自燒木 無有是處

衆生亦爾 雖有正因熏習之力 若不遇諸佛菩薩善知識等 以之爲緣 能自斷煩惱 入涅槃者 則無是處 若雖有外緣之力 而內淨法未有熏習力者 亦不能究竟厭生死苦樂求涅槃 若因緣具足者 所謂自有熏習之力 又爲諸佛菩薩等慈悲願護故 能起厭苦之心 信有涅槃 修習善根 以修善根成熟故 則値諸佛菩薩示敎利喜 乃能進趣 向涅槃道

해 설

온갖 중생에게 하나인 진여법이 있다면 중생은 모두 같이 발심해서 진여법을 끼치어 익혀 법계에 깨달아 들어가야 할 것이다. 중생의 현실이 그렇지 못해 발심에 한량없는 차별이 있게 되니, 이제 그 까닭을 물어서 중생의 의심을 없애주고 있다. 곧 중생의 미혹과 번뇌가 본래 공한 곳에 진여의 공덕이 공하지 않으므로 온갖 중생은 모두 하나인 진여법을 모두 갖추고 있다. 그러나 중생의 미혹과 번뇌가 본래 공하지만 연기되어 일어나는 미혹과 번뇌의 현실적 활동[現行]이 없지 않고, 그 미혹과 번뇌에 깊고 얕음이 있으므로 중생의 발심과 깨달음에 빠름과 더딤이 있는 것이다.

논 가운데 무명을 의지한 상번뇌란 아는 바의 장애[所知障]며 존재를 이루는 법에 대한 집착[法執]이라 그 움직여 활동함[現行]이 미세하여 끊기 어려우므로 증득함이 더디다. 그에 비해 무명을 의지한 아견번뇌와 애욕에 물든 번뇌란 번뇌의 장애[煩惱障]며 존재에 대한 집착[我執]이라 그 움직여 활동함이 거칠어 끊기 쉬운 것이다. 앞이 중생의 해탈을 가로막는 장애가 깊고 얕음을 잡아서 발심의 차별을 보이고 있다면, 뒤는 해탈에 이끌어들이는 실천의 인연을 잡아서 그 차별을 보인다. 곧 중생이 해탈의 길에 나아가 니르바나의 과덕을 성취하는데 한량없는 차별이 있는 것은 해탈의 완성[果]이란 원인과 조건을 모두 갖추어야 이루어지기 때문이다. 비록 주체 속의 진여의 바른 인[正因]이 있다 하지만, 그것을 도와 무명을 돌이키는 실천의 조건[緣因]이 없으면 해탈의 성과[了因]는 맺어질 수 없는 것이니, 실천의 조건을 어떻게 갖추느냐에 따라 니르바나에 들어감이 차별되는 것이다.

불성(佛性)에는 세 가지가 있다. 첫째 주체의 바른 원인[正因] 자체인 불성이니, 진여에 갖추어진 중생의 자기 공덕을 말한다.

둘째는 바른 인의 조건[緣因]이 되는 불성이다. 이는 불성에서 연기하여 본래 갖추어진 바른 원인을 도와 다시 불성을 끼치어 익히는 실천의 조건을 말하니, 여러 선지식과 불보살의 가르침, 여러 수행의 방편을 지음 등이 이것이다.

셋째, 주체의 바른 원인[正因]이 바른 인을 드러내주는 실천의 조건[緣因]을 만남으로써 현실 속에 새롭게 바른 원인 자체를 깨달아[了因] 실현하는 불성이다. 비유하면 바른 원인의 불성[正因佛性]은 나무 가운데 갖추어진 불의 성질이고, 바른 인의 조건이 되는 불성[緣因佛性]은 불을 피우는 방편이며, 바른 인을 깨달아 실현한 불성[了因佛性]은 원인과 조건이 어울려 일어나는 불 자체인 것이다.

그렇다면 바른 원인이란 저 외도들이 말하는 만유를 규정짓거나 만물을 창조하는 자기 원인이 아니라 오직 조건을 만나 자기를 실현하는 원인 아닌 원인이니, 이 뜻을 화엄가들은 깨달음의 세계는 제1원인〔生因: 결과를 내는 원인〕이 낸 바가 아니라 원인 아닌 원인을 깨치는 행을 통해 깨친 바〔非生因之所生 了因之所了〕라고 말한다.

【실차난타역】

묻는다. 온갖 중생이 한 가지로 진여가 있어 같이 모두 끼치어 익혀야 하는데, 왜 믿음이 있고 믿음이 없는 자가 처음 바른 뜻 냄으로 좇아 니르바나에 이르기까지 앞뒤가 같지 않게 한량없이 차별되는가. 이와 같은 온갖 이들이 모두 마땅히 평등해야 할 것이다.

답한다. 비록 온갖 중생이 평등하게 진여가 있지만 비롯없는 옛날부터 무명의 두텁고 엷음이 한량없이 차별되어 강그아강 모래수를 넘는 아견과 애욕 등이 얽힌 번뇌도 이와 같아서 오직 여래의 지혜만이 알수 있기 때문에 믿음 있고 없는 등이 앞뒤로 차별되게 하는 것이다.

또 여러 부처님의 법에는 원인이 있고 조건이 있으니, 원인과 조건이 갖추어져야 일이 이루어질 수 있는 것이다.

이는 마치 나무 가운데 불의 성질〔火性〕이 불의 바른 원인〔正因〕이지만, 만약 사람이 알지 못하거나 비록 알더라도 공을 베풀지 않으면 불을 내려고 땔나무를 태운다는 것은 있을 수 없는 것과 같다.

중생도 또한 그러하여 비록 진여의 바탕에 바른 인을 끼치어 익히는 힘이 있지만, 만약 여러 부처님과 보살, 선지식의 조건을 만나지 못하고 비록 그 조건을 만나더라도 빼어난 행을 닦지 않으며 지혜를 내지 않고 번뇌를 끊지 않으면 니르바나를 얻음이란 있을 수 없는 것이다.

만약 비록 선지식의 조건이 있지만 안의 진여가 바른 인을 끼치어 익히는 힘이 없다면, 또한 반드시 나고 죽는 괴로움을 싫어하고 니르바나의 즐거움을 구할 수 없는 것이다. 반드시 원인과 조건이 갖추어져야 이와 같을 수 있으니, 어떻게 원인과 조건을 갖출 수 있는가.

곧 스스로 서로 이어가는 가운데 끼치어 익히는 힘이 있고, 또 여러 부처님 보살 등이 자비로 보살펴 주시면 괴로움을 싫어하고 니르바나가 있음을 믿어 여러 착한 뿌리를 심어 닦아 익혀 이룰 수 있는 것이다. 이렇게 하여 거듭 여러 부처님과 보살이 보여주고 가르치고 이롭게 하고 기쁘게 하여 빼어난 행 닦도록 함을 만나면 성불에 이르고 니르바나에 들어갈 수 있는 것이다.

問 若一切衆生同有眞如 等皆熏習 云何而有信不信者 從初發意乃至涅槃 前後不同 無量差別 如是一切悉應齊等

答 雖一切衆生 等有眞如 然無始來 無明厚薄無量差別 過恒河沙數 我見愛等纏縛煩惱 亦復如是 唯如來智之所能知故 令信等前後差別

又諸佛法 有因有緣 因緣具足事乃成辨 如木中火性是火正因 若無人知 或雖有知 而不施功 欲令出火焚燒木者 無有是處

衆生亦爾 雖有眞如體熏因力 若不遇諸佛菩薩等善知識緣 或雖遇緣 不修勝行 不生智慧不斷煩惱 能得涅槃無有是處 又復雖有善知識緣 黨內無眞如熏習因力 必亦不能厭生死苦求涅槃樂 要因緣具足 乃能如是 云何具足 謂自相續中有熏習力 諸佛菩薩慈悲攝護 乃能厭生死苦 信有涅槃 種諸善根 修習成熟 以是復值諸佛菩薩示教利喜 令修勝行 乃至成佛 入于涅槃

ㄴ. 작용이 끼치어 익힘〔用熏習〕

작용이 끼치어 익힘이란 곧 중생의 바깥 조건〔外緣〕의 힘이다. 이와 같은 바깥 조건에는 한량없는 뜻이 있으나 간략히 말하면 두 가지가 있으니, 어떤 것이 둘인가. 첫째는 차별의 조건이요, 둘째는 평등의 조건이다.

차별의 조건이란 이 사람이 여러 부처님과 보살 등을 의지하여 처음 바른 뜻을 내 비로소 도를 구함으로부터 나아가 부처 얻음에 이르도록 그 가운데 다음 같음을 보거나 생각함이다. 곧 여러 부처님과 보살 등이 때로 권속, 부모, 여러 친척이 되거나 때로 심부름꾼이 되거나 아는 벗, 원수 집이 되기도 하며, 때로 네 가지 거두는 법을 일으키고 나아가 온갖 짓는 바와 한량없는 행을 일으키기도 하니, 큰 자비를 일으켜 끼치어 익히는 힘으로 중생으로 하여금 착한 뿌리를 늘려 키워 보거나 듣거나 이익을 얻게 할 수 있기 때문이다.

이 조건에 두 가지가 있으니 어떤 것이 둘인가. 첫째 가까운 조건이니 빨리 건넘을 얻기 때문이고, 둘째 먼 조건이니 오래고 먼 시간에 건넘을 얻기 때문이다.

이 가깝고 먼 두 가지 조건은 분별하면 다시 두 가지가 있으니, 어떤 것이 둘인가. 첫째는 행을 키워 늘리는 조건〔增長行緣〕이요, 둘째는 도를 받는 조건〔受道緣〕이다.

평등한 조건이란 온갖 여러 부처님과 보살이 모두 온갖 중생을 건져 벗어나게 함을 원하여 스스로 그러한 끼치어 익힘〔自然熏習〕을 늘 버리지 않아 한 바탕의 지혜의 힘〔同體智力〕 때문에 마땅히 보고 들어야 함을 따라 업 지음을 나툼이니, 이른바 중생이 삼매를 의지하여 평등하게 여러 부처님을 볼 수 있기 때문이다.

用熏習者 卽是衆生外緣之力 如是外緣有無量義 略說二種 云何爲二 一者差別緣 二者平等緣

差別緣者 此人依於諸佛菩薩等 從初發意始求道時 乃至得佛 於中若見若念 或爲眷屬父母諸親 或爲給使 或爲知友 或爲怨家 或起四攝 乃至一切所作 無量行緣 以起大悲熏習之力 能令衆生增長善根 若見若聞得利益故

　此緣有二種 云何爲二 一者近緣 速得度故 二者遠緣 久遠得度故 是近遠二緣 分別復有二種 云何爲二 一者增長行緣 二者受道緣

　平等緣者 一切諸佛菩薩 皆願度脫一切衆生 自然熏習常恒不捨 以同體智力故 隨應見聞而現作業 所謂衆生依於三昧 乃得平等見諸佛故

　해 설

　진여는 주체가 아니되 주체 아님도 아니며, 객관경계가 아니되 객관경계 아님도 아니며, 앎 활동이 아니되 앎 활동 아님도 아니다. 그리고 진여는 모습을 떠나지 않되 모습이 아니며, 모습이 아니되 모습 아님도 아니라 진여의 작용은 중생 업의 활동과 세계운동의 움직이되 고요한 활동 자체로 주어진다.

　그러므로 진여가 중생의 무명을 끼치어 익힘은 앎 활동의 자기부정의 바탕에 본래 갖추어진 공덕의 힘으로 끼치어 주기도 하고, 중생의 삶에 구체적으로 주어지는 바깥 경계의 모습을 통해 끼치어 주기도 하니, 바깥 조건을 지어 끼치어줌이 바로 진여의 작용이 끼치어줌이다.

　왜 그럴 수 있는가. 여러 부처님 보살은 진여인 법신으로 자기 몸을 삼기 때문이며, 진여인 법신은 이미 중생의 업의 활동과 세계운동 속에 들어가 있기 때문이며, 진여인 법신에서는 중생의 부름〔感〕과 부처님 보살의 응답〔應〕의 길이 늘 통해 있어 막힘이 없고 걸림이 없기〔感應路通無障無碍〕 때문이다.

　진여의 작용이 끼치어 익힘에 왜 다시 차별의 조건과 평등의 조건이 나뉘어지는가. 차별의 조건이란 여러 부처님과 보살 등이 중생에게 갖가지 모습과 바깥 조건을 지어줌이 중생마다 각기 차별되게 나타남이고, 평등의 조건이란 온갖 중생을 위해 여러 부처님과 보살 등이 중생이 더불어 함께 할 수 있는 외적 조건을 지어줌이다. 이처럼 불보살이 지어주는 차별의 조건과 평등의 조건이 나뉘는 것은 바로 중생의 능히 부르는 근기와 발심이 평등하지 않으므로 부처님 보살 등의 부름에 대한 응답과 외적 조건을 나투어 줌이 차별되기 때문이다.

곧 중생이 제6의식의 물든 마음으로 발심하면〔從事識發心〕아직 그 중생은 경계에 집착하는 마음이 있어서 '여래가 구체적인 외적 경계를 지어 이끌어줌을 보아 해탈의 길에 나아가기 때문이고, 중생이 업식의 물든 마음으로 발심하면〔從業識發心〕외적 경계에 대한 집착을 벗어났으나 아직 생각의 움직임이 있으므로 미묘한 여래의 보신을 보아 해탈에 나아가기 때문이다.

이를 여래의 편에서 보면 중생의 집착이 거칠면 각자의 거친 집착에 따라 화신을 나투어 이끌며, 중생의 집착이 미세하면 미세한 집착에 따라 온갖 중생이 모두 볼 수 있는 미묘한 보신을 나투어 이끌어 주기도 하니, 『법화경』에서 보인 바 '삼매 가운데서 보현이 몸을 나투어 보임'이나 '중생의 간절한 부름을 따라 관음이 소리를 듣고 몸을 나툼'이 이것이다.

또 차별의 조건에는 가까운 조건과 먼 조건이 있으니, 이는 시간을 잡아 여래의 교화함에 멀고 가까움이 있음을 보임이다. 곧 오래 전에 진리의 씨앗을 내려 그 씨앗이 무르익음을 따라 성불언약 주는 것은 먼 조건을 지어줌이요, 얼굴을 마주하는 때 곧 믿는 마음을 내게 하거나 말 아래 바로 생각 없음을 깨닫게 하는 것은 가까운 조건을 지어줌이다.

다시 지금 믿지 못한 이를 믿도록 하거나 바른 지혜에 서지 못한 이를 바른 지혜에 서도록 하는 것은 행을 늘려 키우는 조건〔增長行緣〕이고, 중생이 실천의 증장을 통해 실천의 성과가 이루어져 각기 믿음이 완성됨〔十信〕을 보고 각기 바른 지혜의 자리에 머뭄〔十住〕을 보는 것은 도를 받는 조건〔受道緣〕이다.

이와 같이 여러 부처님과 보살이 진여의 작용으로 중생에게 바깥 조건을 지어 깨달음에 이끌어들이나 바깥 조건이 실로 오는 바 없음을 알면, 여래의 더해 입혀주는 힘〔加被力〕과 여래의 진여법신이 온통 나의 삶 활동 자체임을 보게 될 것이다.

【실차난타역】
작용이 끼치어 익힘이란 곧 중생의 바깥 조건〔外緣〕의 힘이다. 한량 없는 뜻이 있으나 간략히 말하면 두 가지가 있으니, 첫째는 차별의 조건이요, 둘째는 평등의 조건이다.

차별의 조건이란 이는 여러 중생이 처음 바른 마음을 냄으로부터 나아가 부처 이룸에 이르도록 부처님과 보살 등 여러 선지식이 마땅히 교화해야 할 바를 따라 다음처럼 몸 나투어 줌을 받아 입는 것이다. 곧 때로 부모가 되거나 처자가 되거나 권속이 되며, 때로 심부름꾼이 되거나 아는 벗이 되거나 원수 집이 되기도 하며, 때로 다시 하늘왕 등의 모습을 보임이다. 그리고 때로 네 가지 거두는 법으로 때로 여섯 가지 바라밀행 나아가 온갖 보리행의 조건으로 그리고 크나큰 자비의 부드러운 마음 넓고 큰 복과 지혜의 창고로 마땅히 교화해야할 바 온갖 중생을 끼치어 그들이 여래 등의 모습을 보고 듣거나 기억하여 착한 뿌리를 늘려 키우게 함이다.

이 조건에 두 가지가 있다. 첫째 가까운 조건이니 빨리 보리를 얻기 때문이고, 둘째 먼 조건이니 오래고 먼 시간에 바야흐로 얻기 때문이다.

이 두 가지 조건의 차별에 다시 두 가지가 있으니, 첫째는 행을 늘리는 조건이요, 둘째는 도에 들어가는 조건이다.

평등한 조건이란 곧 온갖 여러 부처님과 여러 보살이 평등한 지혜와 평등한 뜻과 원으로 널리 온갖 중생을 건져 주려고 그 뜻을 온전히 스스로 서로 이어 늘 끊어지지 않게 해서 다음과 같이 하여줌이다. 곧 이 뜻과 원으로 중생을 끼치어 주므로 그들이 여러 부처님과 보살을 생각하게 하고 보거나 듣거나 이익을 짓게 해서 깨끗한 삼매에 들어가 끊을 바 장애를 따라서 걸림없는 지혜의 눈을 얻어서 생각 생각 가운데 온갖 세계가 평등하게 나타나 한량없는 부처님과 여러 보살을 바라봄이다.

用熏者 卽是衆生外緣之力 有無量義 略說二種 一差別緣 二平等緣

差別緣者 謂諸衆生 從初發心 乃至成佛 蒙佛菩薩等諸善知識 隨所應化而爲現身 或爲父母 或爲妻子 或爲眷族 或爲僕使 或爲知友 或作怨家 或復示現天王等形 或以四攝 或以六度乃至一切菩提行緣 以大悲柔軟心 廣大福智藏 熏所應化一切衆生令其見聞 及以憶念如交等形增長善根

此緣有二 一近緣 速得菩提故 二遠緣 久遠方得故 此二差別 復各二種 一增行緣 二入道緣

平等緣者 謂一切諸佛及諸菩薩以平等智慧 平等志願 普欲拔濟一切衆生 任運相續常無斷絶 以此知願熏衆生故 令其憶念諸佛菩薩 或見或聞而作利益 入淨三昧隨所斷障 得無碍眼 於念念中 一切世界平等現 見無量諸佛及諸菩薩

ㄷ. 바탕과 작용을 합해 밝힘〔體用合明〕

이 바탕과 작용이 끼치어 익힘을 분별하면 다시 두 가지가 있으니, 어떤 것이 둘인가.

첫째 아직 서로 응하지 않음〔未相應〕이다. 곧 범부와 이승, 처음 바른 뜻 낸 보살 등이 뜻〔意〕과 뜻의 식〔意識〕으로 끼치어 익혀 믿음의 힘을 의지하므로 닦아 행할 수 있되 아직 분별없는 마음이 바탕과 서로 응함을 얻지 못하기 때문이며, 자재한 업으로 닦아 행함이 작용과 서로 응함을 얻지 못하기 때문이다.

둘째 이미 서로 응함〔已相應〕이다. 곧 법신보살의 분별없는 마음이 모든 부처님의 지혜의 작용과 서로 응함을 얻음이니, 오직 법의 힘을 의지하여 스스로 그렇게 닦아 행해 진여를 끼치어 익혀 무명을 없앴기 때문이다.

此體用熏習分別 復有二種 云何爲二 一者未相應 謂凡夫二乘初發意菩薩等 以意意識熏習 依信力故 而能修行 未得無分別心 與體相應故 未得自在業修行 與用相應故 二者已相應 謂法身菩薩 得無分別心 與諸佛自體相應 得自在業 與諸佛智用相應 唯依法力自然修行 熏習眞如滅無明故

해 설

이 단에서 바탕과 작용을 합해 밝히고 있다. 먼저 능히 무명을 끼쳐 익혀주는 진여에는 바탕과 작용이 평등하지만 끼쳐 익혀줌을 받는 주체의 근기에 다름이 있음을 잡아 아직 서로 응하지 않음과 이미 서로 응함을 나누어 보인다. 그 까닭은 법신보살은 능히 끼쳐 익혀주는 진여와 끼쳐 익힘을 받는 주체의 근기가 서로 응해 평등하나 범부와 이승, 초발심보살의 발심과 수행이 진여의 바탕과 작용에 아직 서로 응하지 못하기 때문이다. 곧 범부와 이승 그리고 초발심보살은 다만 뜻과 뜻의 식으로 끼치어 익히는 자이므로 믿는 힘을 닦아 행하지만, 아직 제8식의 능히 앎〔第八識見分〕과 알려지는 바〔第八識相分〕의 실체성을 깨뜨리지 못하므로 진여삼매에 깊이 들어가지 못한다. 그래서 분별 없는 마음이 진여의 바탕과 서로 응함을 얻지 못했으며, 아직 스스로의 자재한 지혜의 업이 진여의 작용과 응하지 못한 것이니, 이 차별은 진여의 끼치어 익힘을 받아들이는 주체의 근기에 있다.

다음 법신보살에서는 능히 끼쳐 익히는 진여와 진여가 끼치어 익히는 바 주체의 근기가 서로 응해 바탕과 작용이 모두 평등함을 말한다. 곧 십지 이상의 법신보살은 이미 제8식의 능히 앎과 알려지는 바가 공함을 알아 진여를 깨치고 분별 없는 마음을 얻었으므로 진여의 바탕과 작용에 서로 응한다.

법의 힘을 의지함이란 능히 앎에서 앎을 떠난 지혜가 모습에서 모습 떠난 진여의 이치를 비춤 없이 비춤〔照而寂, 寂而照〕이며, '스스로 그러함'이란 억지로 지음이 아니라 본래 그러한 존재의 실상 그대로가 온전히 드러남을 말한다. '닦아 행해 진여를 끼치어 익혀 무명을 없앰'이란 진여에서 연기한 진여의 바탕과 작용 그대로의 지혜로 진여를 다시 끼치어 익혀 무명을 없애고 여러 부처님의 바탕과 작용으로 더불어 서로 응함이다.

제8지 이후에 법신의 청정한 자취마저 완전히 벗어나므로 초지에서 7지까지는 바탕으로 더불어 서로 응하고, 8지 이후에 작용으로 더불어 서로 응한다고 말할 수 있다. 그에 비해 이승과 아직 능히 앎과 알려지는 바의 실체성을 완전히 타파하지 못한 십지 이전의 보살들〔三賢菩薩〕은 육식의 헤아리는 지혜〔六識比觀〕를 의지하므로 아직 진여와 서로 응하지 못한다고 말할 수 있다.

그러나 범부가 비록 헛된 모습의 경계에 갇혀 있어 진여와 아직 응하지 못하지만, 범부가 곧 본래 진여와 다르지 않은 것이며〔理卽〕, 문자로 진여를 이해하는 이나 관행으로 진여에 나아가는 이나 법신의 청정한 자취를 벗어나지 못한 이라 할지라도 결코 진여와 다르지 않는 것이니〔文字卽, 觀行卽, 相似卽, 分證卽〕, 응함과 응하지 못함의 차별은 헛깨비 같은 차별이며, 허공꽃과 같은 차별일 뿐이다.

【실차난타역】
 이 바탕과 작용이 끼치어 익힘은 다시 두 가지가 있다.
 첫째 아직 서로 응하지 않음〔未相應〕이고, 둘째 이미 서로 응함〔已相應〕이다. 아직 서로 응하지 않음이란 곧 범부와 이승, 처음 행하는 보살 등이 뜻과 뜻의 식으로 끼치어 익혀 오직 믿음의 힘을 의지해 닦아 행하나 아직 분별없는 마음의 닦아 행함을 얻지 못해 아직 진여의 바탕과 서로 응하지 못하기 때문이며, 아직 자재한 업으로 닦아 행함을 얻지 못하고 진여의 작용과 서로 응하지 못하기 때문이다.
 이미 서로 응함〔已相應〕이란 곧 법신보살이 분별없는 마음을 얻어 온갖 부처님의 스스로의 바탕과 서로 응함을 얻었기 때문이고, 자재한 업을 얻어 여러 부처님의 지혜의 작용과 서로 응하기 때문이며, 오직 법의 힘을 의지하여 온전히 스스로 닦아 행해 진여를 끼치어 익혀 무명을 없앴기 때문이다.

　此體用熏復有二別 一未相應 二已相應 未相應者 謂凡夫二乘初行菩薩 以意意識熏 唯依信力修行 未得無分別心修行 未與眞如體相應 故未得自在業修行 未與眞如用相應故 已相應者 謂法身菩薩 得無分別心 與一切如來自體相應故 得自在業 與一切如來智用相應故 唯依法力任運修行 熏習眞如 滅無明故

3. 물듦과 깨끗함의 다함과 다하지 않음의 뜻을 밝힘〔明染淨盡不盡〕

진여의 깨끗한 공덕은 번뇌와 무명이 나되 남이 없고 사라지되 사라짐 없는 본래적인 삶의 참공덕이므로 미래제가 다하도록 끊어짐이 없으며, 무명 번뇌 속에 있어도 물들거나 더럽혀짐이 없다.

무명과 번뇌의 물든 법은 연기한 것이라 끝내 사라져 다한다. 그러나 생각에 생각 일어남을 보고 모습에 모습을 보면 망녕된 마음과 망녕된 경계가 어울려 물든 법은 끊어짐이 없이 중생을 물들이고, 길이 중생의 나고 사라짐을 실로 있는 나고 사라짐으로 규정한다.

생각에 나는 첫 모습이 없는 줄 알고 모습에 모습 없음을 알면, 무명 번뇌가 곧 진여라 물들임이 없게 된다. 그러나 아무리 닦는 모습을 짓더라도 생각에 생각 있고 모습에 모습 있으면 물들임의 연기는 끊어지지 않는다.

부처의 지위를 얻은 뒤라사 무명이 끊어진다는 것은 생각이 생각 없는 실상을 온전히 깨친 진리의 인격적 구현자인 여래를 잡아 다시 생각 없고 모습 없는 실상을 보이기 때문에 그렇게 말한 것이다. 그러므로 번뇌를 끊고 끊어 여래의 지위를 얻은 뒤에야 무념(無念)의 경지를 얻는다고 말하면 본래 무념(無念)인 뜻을 모른 것이므로 논의 뜻을 왜곡하는 것이다.

---

1) 물든 법을 밝힘〔明染法〕
2) 깨끗한 법을 밝힘〔明淨法〕

1) 물든 법을 밝힘〔明染法〕

거듭 다시 물든 법은 비롯없는 옛날부터 끼치어 익힘이 끊어지지 않으니, 부처의 지위를 얻은 뒤라사 끊어짐이 있게 된다.

復次染法 從無始已來 熏習不斷 乃至得佛後則有斷

해 설

이 단은 물듦과 깨끗함의 끼치어 익힘이 다함과 다하지 않음의 뜻을 모두어 보이니, 먼저 물든 법이 비롯 없는 옛날부터 일어나 진여를 끼치어 익힘이 끊어지지 않으나 무명은 연기한 것이므로 끝내 다할 수 있음을 보인다. 곧 물든 법은 진여의 인(因)을 의지해 경계의 연(緣)을 집착해서 일어나므로 인과 연이 있는 한 끊임없이 서로 이어진다. 그러나 진여에서 연기한 것이므로 자기 실체가 없어서 끼치어 익힘의 조건이 다하면 끝내 사라지는 것이니, 논에서 '부처의 지위를 얻은 뒤에 끊어진다'고 한 것은 생각에 나는 첫 모습이 없음〔念無初相〕을 사무쳐 업식의 움직임이 없는 곳을 부처의 지위라 이름하였기 때문이다.

【실차난타역】

거듭 다시 물든 법이 끼치어 익힘은 비롯 없는 옛날부터 끊어지지 않으니, 부처의 지위를 얻은 뒤라사 끊어지게 된다.

復次染熏習 從無始來不斷 成佛乃斷

2) 깨끗한 법을 밝힘〔明淨法〕

깨끗한 법의 끼치어 익힘은 곧 미래가 다하도록 끊어짐이 없다. 이 뜻은 무엇인가. 진여의 법이 늘 끼치어 익히기 때문이며, 허망한 마음이 사라지면 법신이 드러나 '작용의 끼치어 익힘'을 일으키기 때문에 끊어짐이 없는 것이다.

淨法熏習 則無有斷 盡於未來 此義如何 以眞如法常熏習故 妄心則滅 法身顯現 起用熏習 故無有斷

해 설

깨끗한 법의 끼치어 익힘이란 진여가 끼치어 익힘이다. 진여의 끼치어 익힘은 무명이 공한 곳에 공하지 않은 공덕이 끼치어 익힘이므로 끝내 사라짐이 없는 것이다.

곧 무명은 진여에서 연기한 것이므로〔依眞而起〕끝내 사라지는 것이니, 진여가 무명을 끼치어 익히어 허망한 마음이 사라지면 온통 법신인 진여의 바탕이 드러나고 진여는 자성이 있는 진여가 아니라 이루 말할 수 없고 생각할 수 없는 크나큰 작용 자체인 진여이므로 진여의 작용 또한 끝이 없고 다함이 없는 것이다.

그래서 물든 법은 다함이 있지만 깨끗한 법은 다함이 없다 했으나, 물든 법이 원래 남이 없음을 바로 사무치면 물든 법이 바로 진여의 다함없는 작용이 되는 것이다.

【실차난타역】

깨끗한 법의 끼치어 익힘은 곧 미래가 다하도록 끝내 끊어짐이 없다. 진여의 법이 끼치어 익히기 때문이며, 허망한 마음이 사라지면 법신이 드러나 작용의 끼치어 익힘이 일어나기 때문에 끊어짐이 없는 것이다.

淨熏習 盡於未來 畢竟無斷 以眞如法熏習故 妄心則滅 法身顯現用熏習起 故無有斷

나고 사라지는 문 가운데 나타낸 바 뜻의 큼을 풀이함〔釋生滅門中所顯義大〕

　　바른 뜻을 나타내는 가름에서 크게 '생멸문의 움직임'과 '진여문의 고요함'이 '하나가 아닌 면〔動靜不一〕'과 '움직임과 고요함이 다름이 아닌 면〔動靜不異〕'으로 내용을 나누었다. 그리고 다시 움직임과 고요함이 하나가 아닌 면을 설명하는 데 진여문과 생멸문을 나누어 보이고, 나고 사라지는 문에서는 나고 사라지지 않는 법 자체를 풀이하고, 나고 사라지는 법을 삼대(三大)의 뜻으로 풀이한다.
　　먼저 나고 사라지는 법 자체를 풀이함 가운데 첫째 단에서는 물든 마음은 끝내 사라지나 진여는 사라질 수 없음을 말한다. 그리고 둘째단 물듦과 깨끗함이 서로 도와 연기함을 밝힌 곳에서는 물듦과 깨끗함이 서로 끼치어 익히는 뜻을 보이고, 물듦은 사라지나 깨끗함이 끼치어 익힘은 다할 수 없음을 보였다.
　　위에서 나고 사라지는 법 자체 풀이함을 마치고, 이제 본 단에서는 나고 사라지는 법을 한마음의 바탕이 큼〔體大〕과 모습이 큼〔相大〕과 작용이 큼〔用大〕으로 해석한다.

첫째단. 바탕과 모습의 두 가지 큼을 풀이함〔釋體相二大〕

둘째단. 작용이 큼을 따로 풀이함〔別解用大〕

첫째단, 바탕과 모습의 두 가지 큼을 풀이함〔釋體相二大〕

앞의 '나고 사라지는 법을 풀이함'이 중생의 마음인 법 자체를 나고 사라짐의 측면에서 해명하고 있다면, '세 가지 큰 뜻을 밝힘'이란 법에 담긴 세 가지 큰 뜻을 밝히니, 세 가지 큼〔三大〕이 마음법의 실상을 온전히 드러내 중생을 해탈의 땅에 이끄는 마하야나의 실천적인 뜻을 나타내기 때문이다.

곧 저 앞의 뜻 세우는 가름에서 '마음의 참되고 한결같은 모습이 곧 마하야나의 바탕을 보이기 때문이고, 이 마음의 나고 사라지는 인연의 모습이 마하야나 자체의 모습과 작용을 나타내기 때문이다〔是心眞如相 卽示摩訶衍體故 是心生滅因緣相 能示摩訶衍自體相用故〕'라고 한 대목을 다시 자세히 풀이함이다. 먼저 나고 사라짐의 문을 잡아 나고 사라짐이 공한 곳에서 늘 항상한 진여의 바탕을 말하고, 나고 사라짐의 모습이 갖춘 공덕의 원천에서 진여의 모습을 말하고, 나고 사라짐이 진여인 나고 사라짐인 모습에서 진여의 작용을 보인다. 이제 먼저 바탕과 모습을 말한다.

1. 진여의 바탕과 모습을 보임〔總辨體相〕
2. 두 가지 큼의 뜻을 나누어 풀이함〔別釋二大義〕

1. 진여의 바탕과 모습을 보임〔總辨體相〕

다시 진여 스스로의 바탕과 모습은 다음과 같다.

復次眞如自體相者

해 설

앞에서는 마음의 나고 사라지는 문 가운데 나고 사라지는 인연의 모습과 물듦과 깨끗함이 서로 의지해 연기하는 모습을 밝혔다. 곧 본디 깨침〔本覺〕과 못 깨침〔不覺〕과 새로 깨침〔始覺〕이 모두 자성이 없으므로 물듦과 깨끗함이 서로 의지해 일어나는 모습을 이미 밝히고, 여기서는 나고 사라지는 문 가운데 바탕과 모습과 작용의 세 가지 큼을 밝힌다. 이것은 처음 뜻 세우는 가름 가운데서 '이 마음의 나고 사라지는 인연의 모습이 마하야나 자체의 모습과 작용을 나타낼 수 있기 때문이다〔是心生滅因緣相 能示摩訶衍自體相用故〕'라고 한 구절을 여기에서 자세히 풀이함이다. 세 가지 큼 가운데 먼저 바탕과 모습을 전체적으로 나타내 보이니, 나고 사라지는 마음의 실체가 실로 있지 않은 곳에 바탕이 큰 뜻이 세워지고, 나고 사라지는 마음의 모습이 실로 없지 않은 곳에 모습이 큰 뜻이 세워지기 때문이다.

【실차난타역】

다시 진여 스스로의 바탕과 모습은 다음과 같다.

復次眞如自體相者

2. 두 가지 큼의 뜻을 나누어 풀이함〔別釋二大義〕

1) 바탕이 큰 뜻을 밝힘〔明體大義〕

온갖 범부, 성문, 연각, 보살과 여러 부처님에게 늘어나거나 줄어듦이 없으며, 과거에 생겨남도 아니고 미래에 사라짐도 아니어서 끝내 늘 항상하다.

一切凡夫聲聞緣覺菩薩諸佛 無有增減 非前際生 非後際滅 畢竟常恒

해 설

십팔계로 표시된 온갖 법이 있되 실로 있지 않고 인연으로 나고 사라지되 실로 남이 없고 사라짐이 없음을 참되고 한결같음〔眞如〕이라 이름하였다. 그러므로 진여는 모습 있고 나고 사라짐이 있고 자기 틀이 있는 온갖 법의 모습 없고 일고 짐이 없으며 규정할 길 없는 자기 바탕이 된다. 온갖 번뇌와 무명은 연기한 것이므로 본래 공하니 번뇌와 무명의 움직임을 끊고 니르바나를 얻었다 해도 실로 끊고 얻은 바가 없다.

무명과 번뇌가 공함을 적극적인 뜻으로 진여의 바탕이라 이름했으니, 진여의 바탕은 온갖 범부 여러 성현 부처님에게 늘어나거나 줄어듦이 없으며, 온갖 법이 오되 온 바가 없으므로 진여는 과거에 생김이 아니고, 온갖 법이 사라지되 사라짐이 없으므로 진여는 미래에 사라짐이 아니어서 끝내 늘 항상하다.

온갖 법이 일어나고 사라지되 실로 일어남이 아니고 실로 사라짐이 아닌 것을 진여의 항상함이라 이름했으므로 이 항상함은 절대적 실체로서 항상함이 아니니, 진여가 항상하기 때문에 온갖 법은 진여의 항상함을 의지해 비로소 연을 따라 일어나고 연을 따라 사라질 수 있는 것이다.

【실차난타역】

온갖 범부, 성문, 연각, 보살과 여러 부처님에게 늘어나거나 줄어듦이 없으며, 과거에 생겨남도 아니고 미래에 사라짐도 아니어서 끝내 늘 항상하다.

一切凡夫聲聞緣覺菩薩諸佛 無有增減 非前際生 非後際滅 常恒究竟

2) 모습이 큰 뜻을 풀이함〔釋相大義〕

> (1) 성품의 덕을 바로 밝힘〔正明性德〕
> (2) 묻고 답함으로 진여에 공덕 갖춘 뜻을 거듭 밝힘〔問答重辨〕

(1) 성품의 덕을 바로 밝힘〔正明性德〕

본래로부터 스스로의 성품이 온갖 공덕을 갖추었으니, 이른바 자체에 큰 지혜 광명의 뜻이 있기 때문이고, 법계를 두루 비추는 뜻이 있기 때문이며, 진실하게 아는 뜻이 있기 때문이고, 자성의 청정한 마음의 뜻이 있기 때문이며, 항상하고 즐겁고 참된 나이고 깨끗한 뜻이 있기 때문이고, 청량하며 변하지 않고 자재한 뜻이 있기 때문이다.

이와 같이 강그아강 모래 수보다 많은 떠나지 않고 끊어지지 않고 달라지지 않는 부사의 불법을 갖추고, 나아가 줄어들지 않는 뜻을 갖추기 때문에 여래장이라 이름하고 여래의 법신이라 이름한다.

從本已來 自性滿足 一切功德 所謂自體有大智慧光明義故 徧照法界義故 眞實識知義故 自性淸淨心義故 常樂我淨故 淸凉不變自在義故 具足如是過於恒沙 不離不斷不異不思議佛法 乃至滿足無有所少義故 名爲如來

藏 亦名如來法身

해 설

　온갖 법은 연기하므로 공하고 공하기 때문에 연기한다. 이 뜻을 진여에서 보면 진여는 실다웁게 공하기 때문에 늘어나고 줄어듦이 없고 생기고 사라짐이 없이 늘 항상하나, 실답게 공하지 않기 때문에 온갖 공덕을 갖추어 만법이 진여를 의지해 일어난다. 이때 만법은 스스로 있는 만법이 아니라 진여인 만법이므로 그 일어남은 일어남 없는 일어남이고 그 차별은 평등 속의 차별인 것이니, 진여가 온갖 공덕을 갖추어 만법의 의지처가 되는 뜻을 논은 '본래로부터 스스로의 성품이 온갖 공덕을 갖추었다'고 말한다. 다음 논(論)은 진여가 공덕 갖춘 뜻을 여섯 가지 뜻[六義]으로 나누어 보인다.
　진여는 스스로 있는 절대성품이 아니라 지금 세계를 경험하는 앎 활동[識] 가운데 능히 알되 실로 앎이 없음이 진여이다. 그러나 진여는 앎이 없되 진여에 앎이 없기 때문에 새로운 앎이 진여를 의지해 연기하므로 앎 없음도 없는 것이다. 이처럼 진여의 바탕에는 앎의 자취가 끊어졌으나 진여에는 앎이 없이 능히 아는 지혜의 공덕이 있으니, 이 뜻을 논은 '큰 지혜 광명의 뜻이 있다[有大智慧光明義]'고 한다.
　능히 세계를 알 때 앎 없이 앎이 지혜라면, 알려지는 바 모습에 모습 없음이 법계의 참모습이다. 능히 앎과 알려지는 바가 서로 의지해 있으므로 지혜는 법계인 지혜이고 법계는 지혜인 법계이다. 법계를 비추는 지혜의 앎에 앎이 없으므로[無知眞知: 照而寂] 지혜는 알지 못할 바가 없으며[無所不知] 비춰지는 바 법계의 모습 없는 모습[無相實相: 寂而照]을 비춰 다하지 못함이 없으니, 이를 논은 진여에 '법계를 두루 비추는 뜻이 있다[徧照法界義]'고 한다.
　사물을 알고 대상을 비출 때 실로 앎이 있고 비춤이 있으면 알지 못함이 있고 비추지 못함이 있다. 그러나 지혜의 비춤은 경계의 모습 없는 참모습을 비춤 없이 비춤이므로 이것을 논은 진여에 '진실하게 아는 뜻이 있다〔眞實識知義〕'고 말한다.

또 진여에는 무명과 무명으로 일어난 온갖 물든 마음이 실로 남이 없어서 능히 물들임과 물들여지는 바를 얻을 수 없으니, 이 뜻을 논은 '자성의 청정한 마음의 뜻'이라 말한다.

진여에는 존재의 자기동일성〔我〕에 실로 그렇다 할 자기모습이 없고, 덧없이 생겨남〔生〕에 남이 없으며, 괴로움과 즐거움의 자성이 공하고 물듦과 깨끗함의 연기가 실로 온 바가 없다. 그러므로 진여에는 나〔我〕와 나 없음〔無我〕, 항상함〔常〕과 덧없음〔無常〕, 괴로움〔苦〕과 즐거움〔樂〕, 물듦〔染〕과 깨끗함〔淨〕의 대립을 뛰어넘은 '참된 항상함〔常〕과 참된 즐거움〔樂〕, 참된 나〔我〕와 참된 깨끗함〔淨〕의 뜻〔常樂我淨義〕'이 있는 것이다.

그리고 진여는 남〔生〕에 남이 없고 온갖 물듦이 공하되 자재한 작용이 공하지 않으니, 이를 논은 '청량하고 변하지 않고 자재한 뜻이 있다'고 한다.

진여는 이처럼 공하되 공하지 않고 남이 없되 남이 없음도 없이 온갖 법과 온갖 연기의 원천이 되어 비록 무명 속에 있되 물듦이 없고, 나고 죽음 속에 있되 나고 죽음에 갇히지 않고 새로 깨침을 얻어도 늘어남이 아니다. 그러므로 논은 위의 여섯 가지 뜻을 모두 거두어 '부사의불법을 갖추고 줄어들지 않는 뜻을 갖추므로 여래장이라 이름하며 여래의 법신이라 한다'고 말한다.

【실차난타역】

비롯 없는 옛날로부터 본성품이 온갖 공덕을 갖추었으니, 큰 지혜 광명의 뜻이며, 법계를 두루 비추는 뜻이며, 진실하게 아는 뜻이며, 본성품이 청정한 마음의 뜻이며, 항상하고 즐겁고 참된 나이고 깨끗한 뜻이며, 고요하여 변하지 않고 자재한 뜻이다.

이와 같이 강그아강 모래 수보다 많은 같지도 않고 다르지도 않은 부사의 불법을 갖추고 끊어짐이 없으니, 이런 뜻을 의지하므로 여래장이라 이름하고 또한 여래의 법신이라 이름한다.

從無始來 本性具足一切功德 謂大智慧光明義 徧照法界義 如實了知義 本性淸淨心義 常樂我淨義 寂靜不變自在義 如是等過恒沙義 非同非異 不思議佛法 無有斷絶 依此義故 名如來藏 亦名法身

(2) 묻고 답함으로 진여에 공덕 갖춘 뜻을 거듭 밝힘〔問答重辨〕

묻는다. 위에서 진여의 그 바탕〔體〕이 평등하여 온갖 모습을 떠났다고 말했는데, 왜 거듭 바탕에 이와 같은 갖가지 공덕이 있다고 말하는가.

답한다. 비록 실로 이러한 여러 공덕의 뜻이 있지만, 차별의 모습이 없이 평등하여 같은 한 맛이며 오직 하나의 참되고 한결같음이다.

이 뜻은 무엇인가. 분별이 없고 분별의 모습을 떠났기 때문에 둘이 없다.

거듭 무슨 뜻으로 차별을 말하게 되는가. 업식의 나고 사라지는 모습을 의지하여 차별을 보이니, 이것을 어떻게 보이는가. 온갖 법이 본래 오직 마음이라 실로 생각할 것이 없는데, 허망한 마음이 있어 깨닫지 못해 생각을 일으켜 여러 경계를 보기 때문에 무명을 말하나, 마음의 성품은 일어나지 않으니 곧 이 큰 지혜 광명의 뜻이기 때문이다.

만약 마음이 봄을 일으키면 곧 보지 못하는 모습이 있게 되나, 마음의 성품이 봄을 여의면 곧 이것이 법계를 두루 비추는 뜻이기 때문이다.

만약 마음이 움직임이 있으면 참으로 앎이 아니라 자기 성품의 깨끗함이 없어서 항상함이 아니고 즐거움이 아니며, 참된 나가 아니고 깨끗함이 아니라 번뇌이며 변해 달라짐이니, 이것이 곧 자재하지 못함이다.

나아가 강그아강 모래수를 넘는 허망하고 물든 뜻이 갖춰 있게 되니, 이런 뜻을 상대하므로 마음의 성품이 움직임이 없으면 강그아강 모래수를 넘는 여러 깨끗한 공덕의 모습을 나타내 보임이 있는 것이다.

만약 마음에 일어남이 있으면 다시 생각할 것이 있는 앞의 법을 보게 되니 곧 줄어듦이 있는 것이다.

이와 같은 깨끗한 법의 한량없는 공덕이란 곧 이 하나인 마음에 다시 생각할 바가 없음이다. 그러므로 한량없는 공덕을 원만히 갖추니, 이를 법신인 여래장이라 이름한다.

問日 上說眞如其體平等 離一切相 云何復說體有如是種種功德 答日 雖實有此諸功德義 而無差別之相 等同一昧 唯一眞如 此義云何 以無分別 離分別相 是故無二 復以何義得說差別 以依業識生滅相示 此云何示 以一切法本來唯心 實無於念 而有妄心 不覺起念 見諸境界 故說無明 心性不起 卽是大智慧光明義故 若心起見 則有不見之相 心性離見 卽是遍照法界義故 若心有動 非眞識知 無有自性 非常 非樂 非我 非淨 熱惱衰變 則不自在 乃至具有過恒沙等妄染之義 對此義故 心性無動 則有過恒沙等諸淨功德相義示現 若心有起 更見前法可念者 則有所少 如是淨法無量功德 卽是一心更無所念 是故滿足 名爲法身如來之藏

해 설

진여는 온갖 법의 차별된 모습 있되 공함이지만 공하기 때문에 온갖 차별된 법이 연기하며, 물듦과 깨끗함이 서로 끼치어 익히는 연기의 작용이 없지 않다. 그러나 온갖 차별된 법이 곧 진여인 차별법이라 그 차별법은 실로 분별할 것이 없어서 평등하여 한 법인 것이다.

그러나 차별법이 분별되는 것은 업식의 집착된 활동이 있음으로 말미암은 것이니, 업식의 물든 활동이 있음으로 해서 실로 아는 자가 없고 알려지는 것이 없는 여래장의 마음 가운데 실로 아는 자와 알려지는 것을 세워 온갖 망녕된 경계를 보지만, 무명과 업식의 물든 활동도 일어난 바가 없고 능히 앎도 없고 알려지는 바도 없는 것이다. 이처럼 능히 앎에 앎이 없으면 온갖 법의 모습 없는 참모습을 비추는 지혜에 막힘이 없고 머뭄이 없게 되니, 이것이 진여가 갖춘 '크나큰 지혜광명의 뜻'이다.

마음에 봄〔見〕이 있으면 앎 활동이 지금 보는 자〔能見〕와 보여지는 바〔所見〕에 닫혀진 물든 앎 활동이 되지만, 보되 봄이 없으면 보지 못할 것이 없으니 이것이 '법계를 두루 비추는 뜻'이 된다.

그런데 알되 앎이 없는 지혜의 비춤으로 인해 법계의 모습 없는 참모습이 지혜인 법계로 드러나니, 지혜는 법계를 비추되 고요하며〔照而寂〕, 지혜에 의해 비춰지는 바 법계에는 실로 비춰질 바가 없으므로 법계는 고요하되 비춰지는 것〔寂而照〕이다.

그러나 마음에 움직임이 생겨나 나〔我〕 없는 곳에 나를 보고 경계 없는 곳에서 허망한 경계를 세워 앎 활동이 세 가지 가늠과 여섯 가지 거침으로 물들어지면 참된 항상함과 참된 즐거움, 참된 나와 참된 깨끗함을 실현하지 못하고 삶이 뒤틀리고 닫혀지니 이것이 '자재하지 못함'이다.

이와 같이 온갖 물든 마음과 삶의 소외가 무명과 업식의 움직임으로 일어나며, 무명과 업식의 움직임은 무명과 업식에 의해 연기된 닫혀지고 억압된 삶의 구조에서 다시 일어나 물들임의 원인과 물든 결과가 서로 맞물려 소외와 질곡의 악순환을 이어간다. 그러나 실로는 온갖 삶의 소외와 능히 앎과 알려지는 바가 닫혀지고 대립하는 현실의 질곡이 모두 일어난 바가 없으니, 온갖 소외가 일어난 바 없는 줄 알면 여러 깨끗한 공덕을 나타낼 수 있는 것이다.
 실로 일어남이 없는 마음에 일어남이 있으면 객관경계를 세워 실로 있음을 본다. 그리고 이렇게 집착함 속에서는 마음과 경계가 없어지고 줄어들지만 마음에 남이 없음을 통달하여 경계의 실로 있음을 뛰어넘으면, 삶은 이루 헤아릴 수 없고 줄어들 수 없는 공덕의 삶이 되니, 이것이 법신인 여래장을 현실에서 다시 구현해 씀이다. 논에서는 이 뜻을 보이기 위해 하나인 마음에 능히 생각함과 생각할 바 없는 진여를 다시 '여래장이라 이름하고 또한 여래의 법신이라 이름한다'고 한다.

【실차난타역】
 묻는다. 위에서 진여는 온갖 모습을 떠났다고 말했는데, 왜 이제는 온갖 여러 공덕의 모습을 갖추었다고 말하는가.
 답한다. 비록 실로 온갖 공덕을 갖추고 있지만, 차별의 모습이 없다. 저 온갖 법은 모두 같은 한 맛이며 하나인 참됨이라 분별의 모습을 떠났으니, 두 가지 성품이 없기 때문이다.
 업식의 나고 사라지는 모습을 의지하여 저 온갖 차별의 모습을 세우니 이것을 어떻게 세우는가.
 온갖 법이 본래 오직 마음이라 실로 분별할 것이 없는데, 깨닫지 못하므로 분별하는 마음이 여러 경계가 있음을 보기 때문에 무명이라고 말하나, 마음의 성품은 본래 깨끗하여 무명이 일어나지 않으니 곧 진여에 큰 지혜 광명의 뜻을 세운다.
 만약 마음이 일어나 경계를 보면 곧 보지 못하는 모습이 있게 되나, 마음의 성품에 봄이 없으면 보지 않음도 없으니 곧 진여에 법계를 두루 비추는 뜻을 세운다.
 만약 마음이 움직임이 있으면 참으로 앎이 아니라 본성품이 깨끗하지 않아서 항상함과 즐거움과 참된 나와 깨끗함이 아니며, 고요함이 아니라 변해 달라짐이라 자재하지 못하다.

이로 말미암아 강그아강 모래수를 넘는 허망하고 물든 뜻을 갖춰 일으키게 되나, 마음의 성품에 움직임이 없으므로 곧 진실하게 아는 뜻을 세우며, 나아가 강그아강 모래수를 넘는 깨끗한 공덕의 뜻을 세운다.

만약 마음에 일어남이 있으면 분별로 구할 다른 경계가 있음을 보게 되니, 곧 안의 법에 부족한 바가 있게 된다. 끝없는 공덕은 한마음의 스스로의 성품이라 다시 구할 나머지 법이 있음을 보지 않게 된다.

그러므로 강그아강 모래수를 넘는 한량없는 공덕을 원만히 갖추어 부사의한 여러 부처님의 법과 다르지도 않고 같지도 않아서 끊어짐이 없으므로 진여를 말하고 이를 여래장이라 이름하고 또한 다시 여래의 법신이라 이름한다.

問 上說眞如離一切相 云何今說具足一切諸功德相

答 雖實具有一切功德 然無差別相 彼一切法 皆同一味一眞離分別相 無二性故 以依業識等生滅相 而立彼一切差別之相 此云何立 以一切法本來唯心 實無分別 以不覺故 分別心起 見有境界 名爲無明 心性本淨無明不起 卽於眞如 立大智慧光明義 若心生見境 則有不見相 心性無見 則無不見 卽於眞如 立徧照法界義 若心有動 則非眞了知 非本性淸淨 非常樂我淨 非寂靜 是變異不自在 由是具起過於恒沙虛妄雜染 以心性無動故 卽立眞實了知義 乃至過於恒沙淸淨功德相義 若心有起 見有餘境可分別求 則於內法有所不足 以無邊功德 卽一心自性 不見有餘法而可更求 是故滿足過於恒沙 非異非一不可思議諸佛之法 無有斷絶 故說眞如 名如來藏 亦復名爲如來法身

둘째단, 작용이 큼을 따로 풀이함〔別解用大〕

진여의 모습 없는 바탕〔體〕과 연기의 공덕 갖춘 모습〔相〕과 진여의 작용〔用〕을, 이미 깨달음을 이룬 여래의 과덕으로 보면, 진여의 모습 없는 바탕은 법신(法身)의 뜻을 이루고, 진여의 공덕의 모습은 반야(般若)의 뜻을 이루며, 진여의 작용은 해탈(解脫)의 뜻을 이룬다.

바탕과 모습, 작용의 세 가지 큰 뜻〔體相用三大〕과 법신·반야·해탈(法身·般若·解脫)의 세 가지 덕은 세 법 가운데 각각의 법이 서로가 다른 법을 의지해 중도의 뜻을 이루니, 바탕이 공하되 허무가 아니므로 공덕의 모습이 있고, 공덕의 모습이 있되 공하므로 작용이 있으며, 작용이 나되 남이 없으므로 다시 작용이 바탕이 되는 것이다.

이 뜻을 논은 '부사의한 업과 갖가지 작용이 곧 참되고 한결같음과 평등하여 온갖 곳에 두루하니, 또한 작용의 모습도 얻을 것이 없다'고 말한다.

---

1. 작용이 큼을 전체적으로 밝힘〔總明用大〕
2. 진여의 작용을 나누어 풀이함〔別釋用〕

1. 작용이 큼을 전체적으로 밝힘〔總明用大〕

다시 진여의 작용이란 이른바 여러 부처님 여래께서 본래 닦음의 지위에 있을 때, 큰 자비를 발해 여러 바라밀행을 닦아 중생을 거두어 교화하고 큰 서원을 세워 중생계를 모두 건지려 함이다. 이는 또한 겁의 수를 한정하지 않고 미래가 다하도록 온갖 중생을 자기 몸처럼 돌보기 때문이나 또한 중생의 모습을 취하지 않음이다.

이는 무슨 뜻인가. 곧 온갖 중생과 자기 몸의 진여가 평등하여 다름이 없는 줄 실답게 알기 때문이다.

이와 같은 크나큰 방편의 지혜가 있으므로 무명을 없애고 본래의 법신을 보아 스스로 부사의한 업과 갖가지 작용이 있게 되나, 곧 참되고 한결같음과 평등하여 온갖 곳에 두루하니 또한 작용의 모습도 얻을 것이 없다.

왜 그런가. 곧 여러 부처님 여래께선 오직 법신인 지혜의 몸이시며 제일의제라 세속제의 모습 있는 경계가 없어서 베풀어 지음을 떠났기 때문이다.

다만 중생이 보고 들어 이익 얻음을 따라 작용을 말한 것이다.

復次眞如用者 所謂諸佛如來 本在因地 發大慈悲 修諸波羅密 攝化衆生 立大誓願 盡欲度脫等衆生界 亦不限劫數 盡於未來 以取一切衆生 如己身故 而亦不取衆生相 此以何義 謂如實知一切衆生及與己身眞如平等無別異故

以有如是大方便智 除滅無明 見本法身 自然而有不思議業 種種之用 卽與眞如等 徧一切處 又亦無有用相可得 何以故 謂諸佛如來 唯是法身智相之身 第一義諦 無有世諦境界 離於施作 但隨衆生見聞得益 故說爲用

해 설

나고 사라짐이 진여인 나고 사라짐이므로 나고 사라짐은 닫혀진 삶의 모습이 아니라 바로 진여의 열려진 작용이 된다. 이와 같이 남이 없이 나고 사라짐 없이 사라짐은 생겨남과 사라짐의 질곡에 갇힌 삶 활동이 아니므로 진여 자체인 나고 사라짐을 작용이 큼[用大]이라 한다.

이 크나큰 작용을 보이는데 이미 해탈의 작용을 이룬 여래의 과덕을 상대하여 여래의 수행과정의 활동을 들어[對果擧因] 크나큰 작용의 근본을 밝힌다. 여래는 진여의 작용을 온전히 현실적으로 실현한 과덕의 이름이다. 진여의 작용 그대로인 과덕은 진여의 작용 그대로를 실현해가는 실천의 원인을 떠나지 않으니, 여래는 수행과정에 있을 때 저 중생을 나의 삶 활동 밖에 있는 중생, 나와 동떨어진 구제의 대상으로 중생으로 보지 않고 스스로의 삶 활동과 같은 한 진여법신으로 보아 크나큰 자비심을 일으킨다. 그리하여 여래는 저 중생을 미래제가 다하도록 구제하되 중생이라는 모습을 취하지 않는다.

왜인가. 저 중생은 중생이 아니되 중생 아님도 아닌 것이니, 중생이라는 모습을 취하면 나의 삶 활동 밖에 실로 있는 경계의 모습을 취하는 것이므로 진실한 지혜에 어긋나는 것이기 때문이다. 그리고 중생이 중생 아니라는 모습을 취해 구제행을 일으키지 않으면 공한 모습에 떨어져 깊은 자비심을 등지기 때문이다.

그러나 구경의 과덕과 다르지 않은 바른 실천의 길에 서 있는[本在因地] 보살은 중생이 나의 몸과 같은 한 진여임을 알고 구제행을 버리지 않으므로 깊은 자비를 행함이며, 중생을 구제하되 중생의 모습을 취하지 않으니 지혜가 깊은 것이다. 깊은 지혜와 깊은 자비는 나고 죽음에 머물지 않고 나고 죽음이 없는 니르바나에도 머물지 않음이니, 이와 같이 두 가지 치우침에 머물지 않을 때 보살의 나고 죽음이 온통 진여의 작용이 되고 중생구제의 크나큰 자비심이 될 것이다.

앞에서는 진여의 작용을 여래의 실천과정[因地]의 행을 통해 보여주었지만, 크나큰 방편의 지혜를 말하고 있는 부분 밑으로는 앞에서 말한 바 원인의 행을 받아 그 지혜의 행으로 인해 미혹을 없애고 법신을 증득함으로써 드러나는 부사의한 해탈의 업을 통해〔牒因顯果〕 그 작용을 보인다. 곧 앞 부분이 여래의 해탈의 과덕 그대로인 원인의 행을 들어 진여의 작용을 보이고 있다면, 뒷 부분은 원인의 행을 통해 드러나는 해탈의 결과를 통해 진여의 작용을 보이고 있는 것이다.

크나큰 방편의 지혜란 무명을 지양하는 허깨비 같은 삼매행〔如幻三昧行〕이며 능히 앎에서 앎의 실체를 떠나는 지혜이다. 방편의 지혜를 일으켜 무명이 남이 없음을 사무치면 생각에서 생각 떠나고 모습에서 모습 떠나니, 생각과 모습 떠나면 생각과 모습의 그 자리가 법신(法身)의 참되고 한결같음〔眞如〕이 된다.

이때 법신의 한결같음은 다만 공적함이거나 정체된 절대공간이 아니므로 고요하되 밝고 앎이 없되 앎이 없음도 없으며, 모습 없되 모습 없음도 없으니 법신은 법신인 지혜로 드러난다. 법신인 지혜는 앎이 아니되 앎 아님도 아니며, 모습 없되 모습 없음도 없으므로 모습과 모습 없음에 모두 막히지 않는 해탈의 활동으로 주어지니, 이것을 '부사의한 업과 갖가지 작용'이라 한다. 그러나 해탈의 활동 또한 법신의 고요함 그대로의 활동이므로 그 활동은 하되 함이 없고 움직이되 고요하니, 이를 논은 '작용의 모습도 얻을 것이 없다'고 하였다. 이를 니르바나의 세 가지 덕으로 표현하면 법신(法身)의 덕이 어리석지 않으므로 반야(般若)가 드러나며, 반야가 막혀 있지 않으므로 해탈의 작용이 있으나, 해탈의 작용 또한 적멸하여 법신이 되는 것이다.

이처럼 해탈의 작용 또한 적멸하여 법신의 고요함이 되므로 여래는 49년 법을 전해 중생을 건졌지만, 녹야원으로부터 니련선하에 이르도록 한 글자도 설함이 없었으니, 수행자는 마땅히 눈을 대고 깊이 살펴보아야 할 것이다.

【실차난타역】

다시 진여의 작용이란 곧 여러 부처님께서 본래 닦음의 지위에 있을 때, 큰 자비를 발해 여러 바라밀행과 네 가지 거두는 법 등을 닦아 행해 중생을 자기와 같다고 살펴서 미래제가 다하도록 겁의 수를 한정하지 않고 모두다 건져내며, 너와 내가 평등함을 실답게 사무쳐 알아 중생의 모습을 취하지 않음이다.

이와 같은 크나큰 방편의 지혜가 있으므로 비롯 없는 무명을 없애고 본래의 법신을 얻어 스스로 온전히 부사의한 업과 갖가지 작용과 갖가지 자재한 차별의 작용을 일으켜 법계에 두루하여 참되고 한결같음과 평등하지만 또한 작용의 모습도 얻을 것이 없다.

왜 그런가. 곧 여래께선 오직 법신이며 제일의제라 세속제의 모습 있는 경계와 작용이 없지만, 다만 중생이 보고 들음 등을 따라 갖가지 작용이 같지 않음을 말한 것이다.

復次眞如用者 謂一切諸佛 在因地時發大慈悲 修行諸度四攝等行 觀物同己 普皆救脫 盡未來際 不限劫數 如實了知自他平等 而亦不取衆生之相 以如是大方便智 滅無始無明 證本法身 任運起於不思議業 種種自在差別作用 周徧法界與眞如等 而亦無有用相可得 何以故 一切如來唯是法身第一義諦 無有世諦境界作用 但隨衆生見聞等故 而有種種作用不同

2. 진여의 작용을 나누어 풀이함〔別釋用〕

> 1) 일 분별하는 식과 업의 식을 잡아 진여의 작용을 바로 드러냄
>   〔直顯其用〕
> 2) 분별을 거듭 받아 밝힘〔重牒分別〕
> 2) 문답으로 의심을 풀어줌〔問答釋疑〕

1) 일 분별하는 식과 업의 식을 잡아 진여의 작용을 바로 드러냄〔直顯其用〕

이 작용에는 두 가지가 있으니 어떤 것이 둘인가.

첫째 일을 분별하는 식을 의지하여 범부와 이승의 마음이 보는 바이니, 응신(應身)이라고 이름한다.

이는 굴리는 식〔轉識〕이 나타냄을 알지 못하여 밖에서 모습이 옴을 보아 물질의 모습을 취함이니 사무쳐 알지 못하기 때문이다.

둘째 업식을 의지함이니 곧 여러 보살이 처음 바른 뜻을 냄으로부터 보살의 맨 끝의 지위에 이르도록 마음으로 보는 바로서 보신(報身)이라 이름한다.

그 몸에는 한량없는 물질이 있고 물질에는 한량없는 모습이 있으며, 모습에는 한량없는 좋음이 있다. 머무는 바 의보의 결과에도 또한 한량없는 갖가지 꾸밈이 있어서 나타내 보이는 바를 따라 곧 끝이 없으며 마치어 다할 수 없어서 나뉜 모습을 떠났으며, 그 응한 바를 따라 늘 머물러 지닐 수 있어서 허물어지지 않고 사라지지 않는다. 이와 같은 공덕이 모두 여러 파라미타 등의 샘이 없는 실천이 끼쳐 익힘과 이루 생각할 수 없고 말할 수 없는 끼쳐 익힘의 이룬 바를 인하여 한량

없이 즐거운 모습을 갖추므로 보신이라 이름한다.

 此用有二種 云何爲二 一者依分別事識 凡夫二乘心所見者 名爲應身 以不知轉識現故 見從外來 取色分齊 不能盡知故 二者依於業識 謂諸菩薩 從初發意 乃至菩薩究竟地心所見者 名爲報身 身有無量色 色有無量相 相有無量好 所住依果亦有無量種種莊嚴 隨所示現卽無有邊 不可窮盡 離分齊相 隨其所應 常能住持 不毁不失 如是功德 皆因諸波羅蜜等無漏行熏 及不思議熏之所成就 具足無量樂相 故說爲報身

 해 설

 여래의 과덕(果德)은 진여 법신(法身)에 갖추어진 지혜(智慧)와 해탈의 작용이 온전히 드러남이다. 그러므로 이제 수행자의 실천행〔因行〕에 나아가 여래 과덕(果德)을 밝혀 진여의 작용을 나타내 보인다. 곧 여래의 과덕의 모습으로 드러난 법신(法身)과 보신(報身)과 응신(應身)은 진여의 바탕〔體〕과 모습〔相〕과 작용〔用〕의 실천적 표현인 것이니, 범부와 이승이 여래의 응신에 대해 집착된 마음을 내고, 보살이 여래의 보신에 대해 아직 가늘고 가는 집착이 남아 있으나, 응신과 보신은 모두 법신인 응신과 보신이라 실로 볼 것이 없는 것이며, 법신의 모습 없되 모습 없음도 없는 공덕과 작용인 것이다.

 그러므로 논은 중생과 이승, 보살이 보는 바 응신과 보신을 잡아 이것이 보이되 실로 볼 바 없는 것이며 진여의 작용임을 말한다. 먼저 논은 일 분별하는 식 곧 제6의식을 의지해 범부의 앎이 보는 바가 곧 진여의 작용임을 말한다. 범부와 이승은 진여법계에서 나타난 바 여래의 응신(應身)이 자신의 '제8식의 능히 아는 자〔轉識〕'가 대상으로 삼고 있는 있되 있지 않은 경계〔現相〕인 줄 모르고 물든 제6의식의 분별하는 마음으로 실로 있는 경계로 삼는다.

곧 저 여래의 미묘한 몸을 진여법신을 깨닫지 못한 범부와 이승이 실로 밖에서 옴으로 그릇 알아서 실로 있는 모습〔應身麤相〕으로 집착하나, 이는 범부와 이승의 제8식의 능히 아는 자〔轉識 : 七識〕가 드러내는 바 모습 아닌 경계〔七識所現細相〕이다.

이처럼 범부와 이승이 자신의 7식의 대상으로 드러나는 바 여래의 몸을 비록 물든 6식의 실로 있는 경계로 삼아 집착하지만, 이는 오되 옴이 없고〔來而不來〕 있되 있음 아닌〔有而非有〕 미묘한 모습으로서 진여법계의 작용인 것이며, 한마음이 나타낸 바〔唯心所顯〕 마음인 모습인 것이다.

여래는 온갖 법이 있되 있음 아닌 진여법계를 자신의 몸으로 삼으니, 이 몸 없는 참몸이 여래의 법신(法身)이다. 여래는 법신에 갖추어진 한량없는 공덕을 한량없는 파라미타 등의 샘이 없는 실천으로 끼쳐 익혀 한량없는 물질과 모습을 갖춰 허물어지지 않고 사라지지 않는 공덕의 몸을 이루니, 이 몸이 여래의 보신(報身)이다. 그리고 여래는 중생의 하고자 함과 중생이 바라는 바를 따라 그 중생을 해탈의 길에 이끌기 위해 갖가지 몸을 나투니, 이 몸이 응신(應身)이다.

이제 바른 뜻을 낸 보살로부터 맨끝의 지위에 이른 보살까지 온갖 보살들은 제6식의 물든 마음이 다했으므로 여래가 나툰 바 응신의 모습에 대해 실로 있다는 집착을 떠났으나, 아직 업식의 움직임이 있으므로 삼매 가운데 나타나는 미묘하고 한량없는 공덕 갖춘 보신에 대해 보는 바가 있다. 그러나 보여지는 바 저 미묘한 보신이 진여법신의 몸 없는 몸이며 진여법계의 나되 남이 없는 연기라 보여지는 바에는 실로 볼 것이 없는 것이다.

그러므로 이 업식의 움직임마저 여읠 때 여래의 참된 법신을 볼 수 있는 것이며, 범부의 물든 마음과 보살의 업식으로 보는 바가 끝내 진여인 모습이며 진여의 작용임을 사무쳐 알게 되는 것이다.

【실차난타역】

이 작용에는 두 가지가 있다.

첫째 일을 분별하는 식을 의지함이니 곧 범부와 이승의 마음이 보는 바로서 이를 화신(化身)44)이라 이름한다.

이 사람은 굴리는 식[轉識]이 그림자 나타냄을 알지 못하여 밖에서 모습이 옴을 보아 물질의 모습을 취하나 부처님의 화신은 한량이 없는 것이다.

둘째 업식을 의지함이니 곧 여러 보살이 처음 바른 마음을 냄으로부터 보살의 맨 끝의 지위에 이르도록 마음으로 보는 바로서 받아쓰는 몸[受用身]45)이라 이름한다.

그 몸에는 한량없는 물질이 있고 물질에는 한량없는 모습이 있으며, 모습에는 한량없는 좋음이 있다. 머무는 바 의보의 결과에도 또한 한량없는 갖가지 꾸밈을 갖추어 마땅히 보일 바를 따라 한량 없고 끝이 없으며 바탕이 없고 끊어짐이 없으나 마음 밖에서 이와 같이 나타남이 아니다. 이와 같은 여러 공덕은 모두 여러 파라미타 등의 샘이 없는 실천이 끼쳐 익힘과 이루 생각할 수 없고 말할 수 없는 끼쳐 익힘이 이룬 바를 인하여 한량없이 즐거운 공덕의 모습을 갖추므로 또한 보신(報身)이라 이름한다.

此用有二 一依分別事識 謂凡夫二乘心所見者 是名化身 此人不知轉識影現 見從外來取色分限 然佛化身無有限量 二依業識 謂諸菩薩從初發心

---

44) 화신(化身) : 진제 역에서 응신(應身)이라 옮긴 말을 실차난타는 화신(化身)이라 옮기고 있다.

45) 수용신(受用身) : 진제 역에서 보신(報身)을 실차난타는 받아 쓰는 몸[受用身]이라 옮기고 있다.

乃至菩薩究竟地心所見者 名受用身 身有無量色 色有無量相 相有無量好 所住依果亦具無量功德莊嚴 隨所應見 無量無邊無際無斷 非於心外如是 而見 此諸功德 皆因波羅蜜等無漏行熏 及不思議熏之所成就 具無邊喜樂 功德相 故亦名報身

2) 분별을 거듭 받아 밝힘〔重牒分別〕

또 범부의 보는 바란 곧 이 거친 물질이 여섯 갈래 길을 따라 각기 같지 않음을 보고, 갖가지 다른 삶의 부류들이 보신의 즐거운 모습 받지 않으므로 응신이라 말한다.

거듭 다시 처음 바른 뜻 낸 보살 등이 보는 바란 진여의 법을 깊이 믿으므로 조금쯤 법신을 보고, 저 물질의 모습이 꾸며짐 등의 일들이 옴이 없고 감이 없으며, 나뉘어짐을 떠나 오직 마음을 의지해 나타나 진여 떠나지 않음을 앎이다. 그러나 이 보살은 오히려 스스로 분별하니 아직 법신의 지위에 들어가지 못하기 때문이다

만약 깨끗한 마음을 얻으면 보는 바가 미묘하여 그 작용이 더욱 빼어나 보살의 지위가 다함에 이르러서야 보는 것이 맨 끝에 이르게 된다.

만약 업식을 떠나면 보는 모습이 없게 되니, 여러 부처님의 법신은 저것과 이것의 모습이 서로 봄이 없기 때문이다.

又爲凡夫所見者 是其麤色 隨於六道各見不同 種種異類非受樂相 故說 爲應身 復次初發意菩薩等所見者 以深信眞如法故 少分而見 知彼色相莊 嚴等事 無來無去 離於分齊 唯依心現 不離眞如 然此菩薩 猶自分別 以未 入法身位故 若得淨心 所見微妙 其用轉勝 乃至菩薩地盡 見之究竟 若離 業識 則無見相 以諸佛法身無有彼此色相迭相見故

해 설

 여기서부터는 여래의 응신과 보신, 법신을 다시 지금 해탈을 향한 실천의 길에 있는 실천 주체의 분별을 잡아 거듭 밝히고 있다.
 범부는 여래가 밖으로 나툰 바 거친 몸을 6식의 물든 마음과 각자의 다른 업을 따라 여섯 가지 삶의 갈래 길마다 그 몸의 모습을 달리 보니, 이는 법을 따라 응신의 있는 모습을 집착함이라 보신의 즐거운 모습을 받는 것이 아니다.
 처음 남이 없는〔無生〕진여법을 믿어 바른 지혜의 뜻 낸 보살들은 저 여래의 보신이 아름답게 꾸며진 모습 등이 오고 감이 없어 진여 떠나지 않음을 바로 믿어 안다. 그러나 아직 육식의 분별하는 지혜에 의지하고 있으므로 진여를 참으로 증득하지 못하고 보신의 모습에 대한 분별이 다 끊어지지 않은 것이라 법신의 지위에 들어가지 못한 것이며 아직 비슷한 깨달음〔相似覺〕에 머물고 있는 것이다.
 육식의 물든 마음이 사라져 깨끗한 마음을 얻으면 보는 바가 미묘해져 보신의 구경의 몸을 보게 되니, 이는 초지에서 십지보살까지의 보는 바이다. 이처럼 깨끗한 마음을 얻었다 해도 아직 업식의 움직임이 있으면 보신의 미묘한 몸에도 몸이 없어서 실로 볼 것이 없음을 통달하지 못한다. 업식의 움직임에 남이 없음을 통달하여 업식을 떠날 때 비로소 여래의 법신을 볼 수 있게 된다.
 이때 여래의 법신을 본다는 것은 실로 보는 바 법신이 있다는 뜻이 아니라 능히 앎에 앎이 없고 보여지는 바 미묘한 몸에 몸 없음을 통달함이니, 여래의 법신을 볼 때 중생의 삶은 바로 진여 자체의 자기 작용이 될 것이다.

【실차난타역】
 또 범부 등의 보는 바란 곧 이 거친 작용이 여섯 갈래 길의 다름을 따라 갖가지로 차별되어 끝없는 공덕의 즐거운 모습이 없음이니, 이를 화신(化身)이라 이름한다.

처음 행하는 보살 등은 가운데의 작용을 보니, 진여를 깊이 믿으므로 조금쯤 여래의 몸이 옴이 없고 감이 없으며 끊어짐이 없어서 오직 마음이 그림자를 나타냄이라 진여를 떠나지 않는 줄 안다.

그러나 이 보살은 오히려 아주 작은 분별을 떠나지 못하니, 아직 법신의 지위에 들어가지 못하기 때문이다. 깨끗한 마음의 보살은 미세한 작용을 보아 이와 같이 더욱 빼어나 보살의 맨 끝의 지위 가운데 이르러야 봄이 맨 끝에 사무치게 된다. 이 미세한 작용이 곧 받아쓰는 몸〔受用身〕이니, 업식이 있어서 받아쓰는 몸을 보기 때문이다.

만약 업식을 떠나면 볼 것이 없게 되니, 온갖 여래가 모두 법신이라 저것과 이것의 차별된 모습이 서로 서로 봄이 없기 때문이다.

又凡夫等所見 是其麤用 隨六趣異 種種差別 無有無邊功德樂相 名爲化身 初行菩薩見中品用 以深信眞如故得少分見 知如來身無去無來 無有斷絶 唯心影現 不離眞如 然此菩薩 猶未能離微細分別 以未入法身位故 淨心菩薩見微細用 如是轉勝 乃至菩薩究竟地中 見之方盡 此微細用 是受用身 以有業識 見受用身 若離業識 則無可見 一切如來皆是法身 無有彼此差別色相互相見故

3) 문답으로 의심을 풀어줌〔問答釋疑〕

묻는다. 만약 여러 부처님의 법신이라면 물질의 모습을 떠난 것인데, 어떻게 물질의 모습을 나타낼 수 있는가.

답한다. 곧 이 법신이 물질의 모습 없는 바탕이므로 물질을 나타낼 수 있는 것이다. 이른바 본래부터 물질과 마음이 둘이 아니니, 물질의 성품이 곧 지혜이기 때문이며, 물질의 바탕이 모습이 없어서 지혜의 몸이라 이름하니 지혜의 성품이 곧 물질이기 때문이다.

　법신이 온갖 곳에 두루한다고 이름한 것은 나타낸 바 물질이 나뉨이 없어서, 시방세계의 한량없는 보살과 한량없는 보신과 한량없는 꾸밈이 각각 차별되되 모두 나뉨이 없어서 서로 막아 걸리지 않음을 마음을 따라 나타내 보일 수 있기 때문이다.

　이는 마음 알음알이의 분별로 알 수 있는 것이 아니니, 진여의 자재한 작용의 뜻이기 때문이다.

　問曰 若諸佛法身離於色相者 云何能現色相
　答曰 卽此法身是色體故 能現於色 所謂從本已來 色心不二 以色性卽智故 色體無形說名智身 以智性卽色故 說名法身徧一切處 所現之色無有分齊 隨心能示 十方世界無量菩薩 無量報身 無量莊嚴 各各差別皆無分齊 而不相妨 此非心識分別能知 以眞如自在用義故

　해 설
　오근(五根)인 몸과 의식의 내적 토대인 뜻[意根]과 외적 대상인 세계[六境]는 자성이 없으므로 서로 어울려 구체적 앎 활동[六識]을 이룬다. 그러므로 몸에 몸이 없고 뜻에 실로 아는 자가 없으며 세계에 알 바 모습이 없으니, 몸과 뜻과 세계가 어울려 일어난 앎 활동에 앎이 없다. 몸에 몸 없고 앎에 앎 없으며 모습에 모습 없음을 참되고 한결같음[眞如]이라 하니, 있되 공한 삶의 참모습을 몸을 잡아서는 법신(法身)이라 하고, 앎을 잡아서는 한마음[一心]이라 하고, 세계를 잡아서는 법계(法界)라 한다. 이 법신과 한마음과 법계는 하나인 것의 다른 이름이니, 법신은 몸이 아니되 몸 아님도 아니며, 앎이 아니되 앎 아님도 아니며, 세계가 아니되 세계 아님도 아니다. 이 뜻을 논은 법신은 물질의 모습 없는 바탕이므로 물질을 나타낼 수 있다고 한다. 그리고 법신은 앎에 앎 없는 지혜 그대로의 법계이며 모습에 모습 없는 법계 그대로의 지혜이므로 이 뜻을 물질의 성품이 곧 지혜며 지혜 성품이 곧 물질이라 한다.

법신이 모습이되 모습 아님을 법신이 온갖 곳에 두루한다고 하며, 법신이 모습 아니되 모습 아님도 아님을 법신이 나타낸 바 온갖 차별법이 모두 나뉨이 없어서 서로 막아 걸리지 않는다고 한다.

이러한 법신의 다함없는 작용은 분별하는 알음알이 따져 아는 바 경계가 아니니, 앎에서 앎을 떠날 때 드러나는 삶의 참모습이며 모습에서 모습 떠날 때 드러나는 진여의 자재한 작용이기 때문이다.

【실차난타역】

묻는다. 만약 부처님의 법신이라면 갖가지 차별된 물질의 모습이 없는데, 어떻게 갖가지 여러 물질을 나타낼 수 있는가.

답한다. 곧 법신이 물질의 모습 없는 진실한 바탕이므로 갖가지 물질을 나타낼 수 있는 것이다. 곧 본래부터 물질과 마음이 둘이 아니니, 물질의 성품이 곧 마음의 스스로의 성품이라 지혜의 몸이라 이름하기 때문이며, 마음의 본성품이 곧 물질 스스로의 성품이라 법의 몸이라 이름하기 때문이다.

법신을 의지하여 온갖 여래가 나타낸 바 물질의 몸이 온갖 곳에 두루하여 사이와 끊어짐이 없어서 시방의 보살은 견디어 맡을 수 있는 바와 즐겨 바라는 바를 따라 한량없는 받아쓰는 몸과 한량없는 잘 꾸며진 땅이 각각 차별되나 서로 막아 걸리지 않고 끊어져 없어지지 않음을 본다.

이렇게 나타낸 바 몸은 온갖 중생의 마음과 뜻, 알음알이로 헤아릴 수 없으니, 이는 진여의 자재하고 깊고 깊은 작용이기 때문이다.

問 若佛法身 無有種種差別色相 云何能現種種諸色

答 以法身是色實體故 能現種種色 謂從本已來 色心無二 以色本性卽心自性 說名智身 以心本性卽色自性 說名法身 依於法身 一切如來所現色身 徧一切處無有間斷 十方菩薩 隨所堪任 隨所願樂 見無量受用身 無量莊嚴土 各各差別不相障碍 無有斷絶 此所現色身 一切衆生心意識不能思量 以是眞如自在甚深用故

제2항 움직임과 고요함이 다르지 않음을 드러냄〔顯動靜不異〕

마음의 참되고 한결같음은 나고 사라짐의 활동 그대로의 참되고 한결같음이므로 외도의 늘 변치 않는 영원한 실재와 같지 않으며, 마음의 나고 사라짐은 참되고 한결같음 그대로의 나고 사라짐이므로 세간에서 생각하는 바 덧없음이나 변화의 뜻과는 같지 않다.

『기신론』은 두 문이 중도인 뜻을 보이기 위해 먼저 두 문이 서로 차별된 측면을 잡아 참되고 한결같음〔眞如門〕을 말 떠난 진여, 말을 의지하는 진여로 보이고, 나고 사라짐〔生滅門〕을 깨침과 못 깨침이 서로 의지해 연기하는 모습을 중심으로 해명하였다.

이제 논은 두 문이 끝내 둘이 아니라 나고 사라짐의 움직임이 참되고 한결같음의 고요함임을 밝혀〔明動卽靜〕나고 사라짐의 문에서 진여법계에 들어가도록 가르치고, 참되고 한결같음의 고요함이 나고 사라짐의 자기 실상임을 드러내〔顯靜卽動〕진여문에 앉아 실천의 묘용을 일으키도록 가르친다.

---

1. 움직임과 고요함이 둘 없는 문을 나타냄〔直示動靜不二〕
2. 둘 아닌 뜻을 풀이함〔釋動靜不二義〕
3. 비유로 둘 없음을 밝힘〔以喩明法〕
4. 진여문에 들어가는 법을 모두어 말함〔總說得入眞如門法〕

1. 움직임과 고요함이 둘 없는 문을 나타냄〔直示動靜不二〕

　　법이 일어나되 인연으로 그 법이 나고, 법이 사라지되 인연으로 그 법이 사라진다. 인연으로 나고 사라진 줄 알면 남에 실로 남이 없고〔於生無生〕, 사라짐에 실로 사라짐이 없으니〔於滅無滅〕, 이와 같이 알면 나고 사라지는 문이 곧 진여문이 되니, 나고 사라짐을 끊고 진여에 들어감이 아니다.
　　그러므로 이제 논주는 나고 사라짐이 실로 나고 실로 사라짐이 아니며, 움직임은 고요함 그대로의 움직임임을 보여 나고 사라짐을 좇아 진여법계에 들어가도록 한다.

나고 사라짐을 좇아 진여문에 들어감을 보임〔示從生滅卽入眞如門〕

거듭 다시 나고 사라지는 문을 좇아 진여문에 들어감을 나타내 보인다.

復次顯示從生滅門卽入眞如門

해 설

앞에서는 한마음에 갖추어진 참되고 한결같은 문의 고요함과 나고 사라지는 문의 움직임을 하나가 아닌 측면을 잡아 나누어 밝혔다면, 여기서는 두 문을 거두어 둘이 아님을 보인다. 참되고 한결같은 문이란 생기고 사라지는 한마음의 활동상이 실로 생기고 사라짐이 없는 측면을 잡아 세운 문이고, 생기고 사라지는 문이란 한마음의 참되고 한결같음에 실로 공한 모습이 없어서 공하기 때문에 연기하는 측면을 잡아 세운 문이다.

앞에서는 두 문을 나누어 법의 고요한 뜻과 움직이는 뜻을 보였다면, 본 단에서는 진여가 나고 사라짐의 진여이며 나고 사라짐이 진여인 나고 사라짐을 보여 나고 사라짐을 따라 바로 진여법계에 들어가도록 가르친다.

【실차난타역】

거듭 다시 중생으로 하여금 나고 사라지는 문을 좇아 진여문에 들어가도록 하므로 물질 등의 모습이 모두 이루어지지 않음46)을 살피게 하니 어떻게 모습이 이루어지지 않는가.

復次爲令衆生從心生滅門入眞如門故 令觀色等柢皆不成就 云何不成就

---

46) 이루어지지 않음 : 물질과 마음이 어떤 원자적 요소가 쌓여 모여짐〔非積聚〕이 아님을 이루어지지 않음이라 하니, 이루어지지 않았기 때문에 사라지지도 않는 것이다.

2. 둘 아닌 뜻을 풀이함〔釋動靜不二義〕

　　오온(五蘊)·십팔계(十八界)는 연기법을 보이는 근본교설인데, 오온·십팔계의 모든 법은 인연으로 남이라 실로 있음도 얻을 수 없고, 아주 없음도 얻을 수 없다.
　　살피는 오온·십이처·십팔계의 모든 법에 얻을 모습이 없음을 알면 살피는 마음에 마음이 없게 되니, 보디는 안에도 없고 밖에도 없고, 안과 밖이 겹침 속에도 없고, 안과 밖, 안과 밖이 겹침을 떠나서도 얻을 수 없다.
　　이에 논주는 일어나고 사라지는 물질과 마음의 모습에 모습이 없음을 보여 나고 사라짐이 고요함 그대로의 나고 사라짐인 뜻을 풀이한다.

오음과 십팔계 가운데 끝내 생각 없음을 보임〔示五陰十八界中畢竟無念〕

이른바 오음의 물질과 마음, 여섯 가지 티끌 경계에서 미루어 구해 보아도 끝내 생각이 없음이니, 마음에 모습이 없어서 시방에 구해 보아도 끝내 얻을 수 없는 것이다.

所謂推求五陰色之與心 六塵境界 畢竟無念 以心無形相 十方求之終不可得

해 설

곧 나고 사라지는 문을 좇아 곧 진여문에 들어감이란 곧 나고 사라지는 문의 생겨남에 실로 생겨남이 없음을 살피어〔觀生本無生〕 나고 사라지는 문을 좇아 참되고 한결같은 문에 들어가게 하는 것이다. 이때 살핌의 능동적 주체는 제6의식이니, 이 뜻의 식을 돌이켜 알음알이가 육근(六根)에서 왔는가 육경(六境)에서 왔는가 육식 자체에 뿌리가 있는가 찾아보면 끝내 온 곳이 없다.

앎이 온 곳이 없으면 그 앎은 알되 앎 없는 앎이니, 이처럼 마음에 생각 없음을 살피어 알 수 있으면 곧 진여문에 따라 들어감이다. 논에서 보인 마음〔心〕이란 나되 남이 없고 능히 앎과 알려지는 바가 공한 여래장의 마음이다. 그리고 움직이는 생각이란 무명이 움직이므로 능히 앎과 알려지는 바가 실체화되어 망녕된 마음과 망녕된 경계가 서로 물들이는 중생의 소외되고 닫혀진 삶 활동을 말한다. 이제 움직이는 생각을 돌이켜 온갖 법의 남에 남이 없고 생각에 생각 없음을 살피면 남 없음〔無生〕과 생각 없음〔無念〕에도 머물 모습을 보지 않으니, 공관(空觀)으로 가관(假觀) 중도관(中道觀)을 거두어 생각 없음〔無念〕을 살피는 그 자리에서 '한마음의 세 가지 살핌〔一心三觀〕'을 모두 갖추는 것이다.

【실차난타역】

곧 거친 물질을 나누어 쪼개 점점 가는 티끌에 이르고 다시 이 가는 티끌마저 나누어 쪼갬이다. 그러므로 거침이든 가늠이든 온갖 물질은 오직 허망한 마음이 그림자의 모습을 분별함이라 실로 있는 바가 없으니, 나머지 존재를 이루는 법의 모임〔餘蘊〕을 미루어 구해 점차 찰나에 이르러서 이 찰나의 모습을 구해도 따로 있는 하나가 아니다.

함이 없는 법도 또한 이와 같아서 법계를 떠나서는47) 끝내 얻을 수가 없으며, 이와 같이 시방의 온갖 모든 법도 모두 그러함을 마땅히 알아야 한다.

謂分折麤色漸至微塵 復以方分析此微塵是故若麤若細 一切諸色 唯是妄心分別影像 實無所有 推求餘蘊 漸至刹那 求此刹那相 別非一 無爲之法亦復如是 離於法界終不可得 如是十方一切諸法 應知悉然

---

47) 법계를 떠나서는 : 법계란 나고 사라져 함이 있는 법도 공하고〔有爲空〕참되고 한결같아 함이 없는 법도 또한 공한〔無爲亦空〕존재의 참모습이니, 함이 없는 법도 함 있음 밖에 따로 있는 함 없음이 아니라 법계 진여의 실상 자체임을 말한다.

3. 비유로 둘 없음을 밝힘〔以喩明法〕

    중생은 어리석어 서로 이어져 끊임없는 생각에 본래 남이 없음을 모르고 그 생각의 흐름에 따라가거나, 생각을 끊고 생각 없음에 돌아가려 하거나, 생각 없음 밖에 생각 없는 절대경지가 있는 것을 알고 생각 일으켜 그 경지를 추구하려 한다.
    그렇듯 생각에 생각 없음을 중생이 잘 알지 못하므로 비유로써 움직임과 고요함이 둘 아닌 뜻을 말한다. 곧 범부가 미혹하여 나고 사라짐에 실로 나고 사라짐이 있다고 집착하지만, 실로는 남이 없고 사라짐이 없음을 방위 헤매는 자의 비유로 보인다.

비유를 들어 마음이 움직임 없음을 밝힘〔擧譬明心不動〕

마치 사람이 헤매이므로 동쪽을 서쪽이라 하지만 실로는 뒤바뀌지 않음과 같다. 중생도 또한 그러하여 무명으로 헤매이므로 마음이 분별하는 생각이 되지만, 마음은 실로 움직이지 않는 것이다.

如人迷故謂東爲西 方實不轉 衆生亦爾 無明迷故 謂心爲念 心實不動

해 설

비유로써 앎 활동에 실로 능히 앎과 알려지는 바 모습을 집착하지만 능히 앎에 능히 아는 모습이 없고 알려지는 바에 알 바 모습이 없어서 무명에 물들어진 앎 활동에 본래 무명의 움직임이 없음을 보인다.

비유하면 길을 헤매는 사람이 동쪽을 서쪽이라 알고 있지만, 그것을 잘못 알고 있음일 뿐 동쪽이 서쪽으로 바뀜이 없는 것이다. 그처럼 무명으로 헤매는 사람이 앎에 능히 앎이 있고 알려지는 바에 실로 알 바 모습이 있다고 생각하지만, 앎 활동에는 실로 능히 아는 자와 알려지는 바 모습이 원래 없어서 생각도 없고 움직임도 없는 것이다.

【실차난타역】

마치 헤매는 사람이 동쪽을 서쪽이라 하지만 방위는 실로 뒤바뀌지 않음과 같다. 중생도 또한 그러하여 무명으로 헤매이므로 마음이 움직임이 되지만, 마음은 실로 움직이지 않는 것이다.

猶如迷人謂東然西 方實不轉 衆生亦爾 無明迷故 謂心爲動 而實不動

4. 진여문에 들어가는 법을 모두어 말함〔總說得入眞如門法〕

　　모습을 덜고 덜어 점점 공함에 접근한다 해도 모습이 곧 공한 존재의 실상에 이를 수 없고, 모습이 곧 모습 아님을 단박 사무칠 때만 모습을 없애지 않고 진여 실상에 들어갈 수 있다.
　　그렇듯 번뇌를 끊고 끊어 미세망념을 끊어야 참마음에 들어갈 수 있는 것이 아니고, 번뇌가 본래 남이 없고 마음이 곧 마음 아님을 요달할 때만 지금 아는 마음을 없애지 않고 바로 진여문에 들어갈 수 있는 것이다.
　　그러므로 비유를 들어 중생의 움직이는 마음에 실로 움직임 없음을 보인 뒤, 움직임과 고요함이 둘 없는 뜻을 거두어 생각에 생각 없음을 바로 살피면 진여법계에 들어감을 보인다.

마음에 생각 없음을 살피면 곧 진여에 들어감을 밝힘〔明觀心無念卽入眞如〕

만약 마음에 생각이 없음을 살피어 알 수 있으면 곧 진여문에 따라 들어갈 수 있기 때문이다.

若能觀察 知心無念 卽得隨順入眞如門故

해 설

마음의 아는 활동에 실로 앎이 없는 줄 살피어 생각에서 생각을 떠나고 모습에서 모습을 떠나면 곧 나고 사라짐을 좇아 진여문에 들어갈 수 있는 것이다. 이는 앞의 뜻을 거두어 나고 사라지는 움직임에 나아가 곧 진여의 고요함이 있고 진여의 고요함을 떠나지 않고 해탈의 묘용이 있음을 모두어 보인 것이다.

【실차난타역】

만약 움직이는 마음이 곧 나고 사라지지 않는 줄 알면 곧 진여문에 들어갈 수 있는 것이다.

若知動心卽不生滅 卽得入於眞如之門

> 세 가지 풀이를 보임〔示三種解釋〕

제2절 잘못된 집착을 상대해 다스림〔對治邪執〕

풀이하는 가름〔解釋分〕의 첫부분〔第一〕에서 한마음의 참되고 한결같음과 한마음의 나고 사라짐이 둘 아닌 중도실상을 열어보이고, 나되 남이 없고 사라지되 사라짐 없는 마음의 활동이 나고 사라짐의 물든 마음으로 규정되는 주체적인 요인과 객관여건을 밝혔다.

이제 삶을 소외와 고통으로 규정짓는 안팎의 인연을 돌이켜 진여법계에 나아가기 위해서는 물듦임과 닫혀짐의 요인을 밝혀 그 집착을 떨쳐내고 보디에 마음을 내 해탈의 행을 일으켜야 한다.

그러므로 논(論)은 다스려야 할 집착의 본질을 해명해서 그 집착의 참모습이 실로 좇아온 바가 없으므로 끊되 끊을 것이 없음을 보여 끝내 집착 떠나 진여에 돌아가도록 한다.

> 제1항 집착의 본바탕에 나아가 전체적으로 밝힘〔就本總標〕
> 제2항 장애 다스림을 나누어 밝힘〔別明障治〕

제1항 집착의 본바탕에 나아가 전체적으로 밝힘〔就本總標〕

  삶의 고통와 소외는 삶과 세계의 참모습에 대한 잘못된 앎으로부터 일어난다. 그리고 그 잘못된 앎은 연기되는 존재의 실상을 등지고 스스로 그러한 어떤 것이 있다 하거나, 존재의 규정된 모습을 규정짓는 실체적 요인이 실로 있다고 집착함에 다름 아니다. 다만 집착이 범부에게는 눈에 보이는 사물이나 덩어리로 주어진 객관경계, 마음에 대한 실체적 집착으로 나타난다.
  이에 비해 수행과정 속에서 아직 번뇌를 다 극복하지 못한 치우친 이나 관념적 신비를 국집하는 이들은 눈에 보이는 경계에 대한 거친 집착은 많이 사라졌으나, 모습 너머 선험적 요인을 설정하거나 선정 속의 체험이나 정신을 신비화해 그것을 집착한다. 그러나 모든 집착은 실재론적 사고〔我見〕가 그 뿌리니, 논은 먼저 모든 집착의 근원이 아견(我見)임을 말해서 진여에 돌아가는 해탈의 길을 열어낸다.

아견(我見)이 집착의 뿌리임을 보임〔示我見爲一切執執根本〕

잘못된 집착을 상대해 다스림이란 온갖 잘못된 집착은 모두 실체가 있다는 견해〔我見〕를 의지하니, 만약 실체가 있다는 집착을 떠나면 곧 잘못된 집착이 없음이다.

對治邪執者 一切邪執皆依我見 若離於我則無邪執

해 설

이루 생각할 수 없고 말할 수 없는 한마음 자체에 참되고 한결같은 문과 나고 사라지는 문의 두 뜻을 세우는 것은 바로 중생의 잘못된 집착을 깨뜨려 한마음의 참모습을 온전히 현실 속에 실현하도록 하기 위함이다.

그러므로 앞에서 한마음의 두 문과 세 가지 큼의 바른 뜻을 바로 풀이한 뒤〔顯示正義〕 이제 중생의 잘못된 집착을 상대해 다스리게 하여〔對治邪執〕 발심 수행에로 이끌어준다. 떠나야 할 잘못된 집착의 뿌리란 바로 온갖 법이 연기된 것인 줄 모르고 어떤 자기 실체가 있다고 그릇 알아 그 실체를 집착함〔我執〕이다. 곧 집착이 본질이 실로 있지 않는 것을 실로 있음으로 붙잡는 것이므로 온갖 것〔一切〕이 연기된 것이라 그것에 실로 그것이라 할 자기 모습이 없는 줄 알면 잘못된 집착이 모두 없음이다.

【실차난타역】

잘못된 집착을 상대해 다스림이란 온갖 잘못된 집착은 모두 실체가 있다는 견해〔我見〕를 의지해 일어나지 않음이 없으니, 만약 실체가 있다는 견해를 떠나면 곧 잘못된 집착이 없음이다.

對治邪執者 一切邪執 莫不皆依我見而起 若離我見則無邪執

제2항 장애 다스림을 나누어 밝힘〔別明障治〕

앞의 1항에서 온갖 집착의 근원이 존재의 실체성을 국집하는 실재론적 사고〔我見〕임을 말하고, 본 항에서는 그 집착을 세밀히 분석하여 개체에 대한 실체적 집착과 법에 대한 실체적 집착으로 실재론적 사고를 나누어 보이고, 다시 두 가지 집착 상대해 다스리는 법을 설한다.

그러나 다스려야 할 집착이 또한 본래 진여인 마음에서 연기한 것이라 실로 좇아온 곳이 없어서 실로 끊을 것이 없으므로 논은 집착 실로 끊을 것 없는 삶의 실상을 바로 드러내 끝내 모든 집착 떠나도록 한다.

---

1. 집착을 상대해 다스려 떠나게 함〔對治離〕
2. 집착을 끝내 떠남〔究竟離〕

1. 집착을 상대해 다스려 떠나게 함〔對治離〕

> 1) 두 가지 집착의 이름을 보임〔示二種我見名〕
> 2) 두 가지 집착을 나누어 보임〔別示二見〕

1) 두 가지 집착의 이름을 보임〔示二種我見名〕

이 실체가 있다는 견해〔我見〕에는 두 가지가 있으니 어떤 것이 둘인가. 첫째 개체에 실체가 있다는 견해〔人我見〕이고, 둘째 법에 실체가 있다는 견해〔法我見〕이다.

是我見有二種 云何爲二 一者人我見 二者法我見

해 설

온갖 존재는 주체적인 요인〔因〕과 객관적 조건〔緣〕이 어울려 존재의 자기동일성을 구성한다. 그런데 이와 같이 인연으로 일어나 인연으로 사라지는 존재를 실로 있는 어떤 것으로 국집하면 이것이 개체에 실체가 있다는 견해〔人我見〕이고, 그 개체의 자기동일성을 구성하는 주·객관적인 여러 법에 실체가 있다고 국집하면 법에 실체가 있다는 견해〔法我見〕이다.

이러한 잘못된 집착은 실로 집착해야 할 법 자체가 없는 곳〔相無性〕에서 허깨비처럼 일어난 것이라 실로 일어난 곳이 없으니, 잘못된 집착이 온 곳이 없음을 알면 곧 그 집착을 실로 없앨 것이 없이 바로 진여문에 들어서는 것이다.

【실차난타역】

이 실체가 있다는 견해에는 두 가지가 있으니, 첫째 개체에 실체가 있다는 견해〔人我見〕이고, 둘째 법에 실체가 있다는 견해〔法我見〕이다.

我見有二種 一人我見 二法我見

2) 두 가지 집착을 나누어 보임〔別示二見〕

> (1) 개체에 실체가 있다는 견해〔人我見〕
> (2) 법에 실체가 있다는 견해〔法我見〕

(1) 개체에 실체가 있다는 견해〔人我見〕

> ① 전체적으로 보임〔總標〕
> ② 나누어 풀이함〔別解〕

① 전체적으로 보임〔總標〕

개체에 실체가 있다는 견해란 여러 범부를 의지하여 다섯 가지가 있음을 말하니, 어떤 것이 다섯인가.

人我見者 依諸凡夫說有五種 云何爲五

해 설

모든 집착은 연기되는 존재의 참모습을 모르는 데서 일어난다. 있되 실로 있지 않은 존재의 자기 동일성에 대한 집착〔我執〕은 다시 실상을 살피는 지혜의 깊고 얕음에 따라 존재의 자기 동일성에 대한 실체적인 집착과 본디 깨침을 깨달음의 자기 주체로 실체화하는 보살의 집착으로 나뉜다. 범부는 오온(五蘊)으로 표시된 의식과 물질〔色心〕의 상호 연기 활동으로 존재의 자기동일성이 구성된 줄 모르고 존재의 자기동일성을 실체로 집착한다.

닦아가는 보살이 집착하는 바 본디 깨침이란 무명과 물든 마음이 실로 일어난 바 없어 본래 깨끗함을 적극적으로 기술한 표현이다. 그런데 완전히 집착을 떠나지 못한 보살은 여래장 가운데 본디 깨침의 뜻이 있다는 말을 들으면 여래장 가운데 능히 깨닫는 주체〔能證〕가 있다고 집착한다. 논은 먼저 범부들이 일으키는 바 개체에 실체가 있다는 견해를 다섯 가지로 보인다.

【실차난타역】

개체에 실체가 있다는 견해란 여러 범부를 의지하여 다섯 가지가 있음을 말한다.

人我見者 依諸凡夫說有五種

② 나누어 풀이함〔別解〕

가. 허공이 법신의 바탕이라 집착함〔執虛空爲法身體〕
나. 법의 바탕이 오직 공하다고 집착함〔執法體唯是空〕
다. 여래장의 덕이 물질과 마음의 모습과 같다고 집착함
　　〔執如來藏同色心〕
라. 여래장이 나고 사라짐의 법을 갖춤이라 집착함
　　〔執如來藏具生死等法〕
마. 여래의 열반에 마쳐 다함이 있다고 집착함〔執如來涅槃有所終盡〕

가. 허공이 법신의 바탕이라 집착함〔執虛空爲法身體〕

첫째 수다라에서 여래의 법신이 끝내 고요하여 허공과 같다고 말함을 듣고서 있다는 집착을 깨려고 허공 같음을 보인 것을 알지 못하므로 허공이 여래의 성품이라고 말함이다.

어떻게 상대해 다스리는가. 허공의 모습이 바로 허망한 법이라 바탕이 없어 실답지 않음을 밝힌다. 물질을 상대하므로 볼 모습이 있다고 하여 마음으로 하여금 나고 사라지게 하나, 온갖 물질의 법이 본래 이 마음이라 실로 바깥의 물질이 없으니, 만약 물질이 없다면 곧 허공의 모습도 없는 것이다.

이른바 온갖 경계는 오직 마음이라 망녕됨이 일어나므로 있게 되지만, 만약 마음이 망녕됨을 떠나면 곧 온갖 경계가 사라져 오직 하나인 참마음이 두루하지 않은 바가 없다. 이를 여래의 넓고 큰 성품이라 하고 지혜의 맨 끝의 뜻이라 하니, 허공의 모습과 같지 않기 때문이다.

一者 聞修多羅 說如來法身畢竟寂寞 猶如虛空 以不知爲破著故 卽謂虛空是如來性 云何對治 明虛空相是其妄法 體無不實 以對色故 有是可見相 令心生滅 以一切色法本來是心 實無外色 若無色者 則無虛空之相

所謂一切境界唯心 妄起故有 若心離於妄動 則一切境界滅 唯一眞心無所不徧 此謂如來廣大性智究竟之義 非如虛空相故

해 설

첫째는 허공의 모습을 하나의 실체로 집착하여 허공의 성품을 법신의 바탕으로 생각함이다. 여래의 법신은 온갖 법이 있되 공하고 나되 남이 없는 존재의 실상 자체이다. 그러므로 온갖 법의 있는 모습과 나고 사라지는 모습에 집착함을 깨기 위해 법신이 허공 같다고 했지만, 있음에 있음이 아니고 나고 사라짐이 나고 사라짐이 아닌 줄 알면 허공의 모습도 세울 것이 없다. 허공의 모습을 세움도 또한 마음이 나고 사라지는 모습이니, 모습에서 모습을 떠나고 허공 같음에서도 모습 없음을 떠날 때 비로소 나고 사라짐을 떠나게 된다.

곧 생각에서 생각을 떠나고 모습에서 모습을 떠날 때 비로소 온갖 마음과 온갖 경계가 함께 사라져 오직 하나인 참마음이 두루하지 않은 바가 없게 되니, 이를 여래의 법신〔如來法身〕이라 하고 여래장의 깨끗한 마음〔如來藏淸淨心〕이라 한다.

【실차난타역】

첫째 경 가운데서 여래의 법신이 끝내 고요하여 허공과 같다고 말하면 범부가 듣고서 그 뜻을 알지 못해 여래의 성품이 허공과 같이 늘 두루 있다고 집착하는 것과 같음이다.

그러한 집착을 없애 주려고 허공의 모습이 오직 분별이라 실로 얻을 것이 없음을 밝힌다. 집착하는 견해가 있으면 상대함이 있게 되니, 여러 물질을 상대하여 마음이 분별하므로 허공을 말했지만, 물질이 이미 오직 허망한 마음의 분별이라 허공 또한 자체 없음을 마땅히 알아야 한다.

온갖 경계의 모습은 오직 허망한 마음이 분별한 바이니, 만약 허망한 마음을 떠나면 곧 경계의 모습이 사라져 오직 진여인 마음이 두루하지 않은 바가 없다. 이것이 여래 스스로의 성품이 허공 같다는 뜻이니, 저 허공이 항상하고 실로 있음이라 말하는 것이 아니다.

一者如經中說 如來法身究竟寂滅 猶如虛空 凡愚聞之不解其義則執如來性同於虛空 常恒徧有 爲除彼執 明虛空相唯是分別實不可得 有見有對待於諸色 以心分別 說名虛空 色旣唯是妄心分別 當知虛空亦無有體

一切境相 唯是妄心所分別 若離妄心 卽境界相滅 唯眞如心無所不徧
此是如來自性 如虛空義 非謂如空是常是有

나. 법의 바탕이 오직 공하다고 집착함〔執法體唯是空〕

둘째, 수다라에서 세간의 모든 법이 끝내 그 바탕이 공하고 나아가 니르바나의 진여의 법일지라도 또한 끝내 공하고 본래 스스로 공하여 온갖 모습을 떠났다 함을 듣고서 이것이 실로 있다는 집착을 깨기 위함을 알지 못하므로 곧 진여인 니르바나의 성품이 오직 공하다고 말함이다.

어떻게 상대해 다스리는가. 진여인 법신은 스스로의 바탕이 공하지 않음을 밝히니 한량없는 성품의 공덕을 갖추고 있기 때문이다.

二者 聞修多羅 說世間諸法畢竟體空 乃至涅槃眞如之法亦畢竟空 本來
自空 離一切相 以不知爲破著故 卽謂眞如涅槃之性 唯是其空 云何對治
明眞如法身 自體不空 具足無量性功德故

해 설

둘째, 수다라에서 세간법도 공하고 열반진여의 법도 공하다는 말을 듣고 진여가 다만 공하다고 집착함이다. 세간법이 나고 사라지는 모습이 공함을 니르바나의 고요함이라 하고 참되고 한결같음〔眞如〕이라 한다. 그러나 세간법은 공하기 때문에 새롭게 연기하며 니르바나의 참되고 한결같음은 공하여 나고 사라짐과 이것과 저것의 닫혀진 모습 없지만 그 공함도 공하여 한량없는 공덕을 갖추고 있다. 그러므로 세간법이 공한 줄 알 때 큰 지혜로 나고 죽음을 벗어나며, 출세간의 공함도 공한 줄 알 때 큰 자비로 이 세간에 한량없는 여래장의 공덕을 펼쳐내며 중생을 해탈의 길에 이끌어들일 수 있는 것이다.

【실차난타역】
둘째, 수다라에서 온갖 세간의 법이 모두 끝내 공하고 나아가 니르바나의 진여의 법일지라도 또한 끝내 공하고 본성품이 이와 같이 온갖 모습을 떠났다고 말하면 어리석은 범부가 듣고서 그 뜻을 알지 못하고 니르바나인 진여의 법이 허공이 물질이 없음과 같다고 집착함과 같다. 어리석은 이의 집착을 없애기 위해 진여인 법신 스스로의 바탕은 공하지 않음을 밝히니, 한량없는 성품의 공덕을 갖추고 있기 때문이다.

二者如經中說 一切世法皆畢竟空 乃至涅槃眞如法亦畢竟空 本性如是 離一切相 凡愚聞之不解其義 卽執涅槃眞如法 唯空無物 爲除彼執 明眞如法身自體不空 具足無量性功德故

다. 여래장의 덕이 물질과 마음의 모습과 같다고 집착함〔執如來藏同色心〕

셋째, 수다라에서 여래장은 늘어남과 줄어듦이 없어서 바탕에 온갖 공덕의 법이 갖춰져 있다고 함을 듣고서 그 뜻을 알지 못하므로 곧 여래장에는 물질과 마음법 스스로의 모습의 차별이 있다고 말함이다.
어떻게 상대해 다스리는가. 오직 진여의 뜻을 의지하여 말하기 때문이며, 나고 사라지는 물듦의 뜻을 인해 차별을 말하기 때문이다.

三者 聞修多羅說如來之藏 無有增減 體備一切功德之法 以不解故 卽謂如來之藏 有色心法自相差別 云何對治 以唯依眞如義說故 因生滅染義示現說差別故

해 설

셋째, 여래장에 온갖 공덕의 법이 갖춰 있다는 말을 듣고 여래장 가운데 온갖 차별된 법의 모습이 있다고 집착함이다. 육근(六根)·육식(六識)·육경(六境)의 온갖 법이 서로 의지해 연기하므로 있되 공함을 마음을 잡아서 여래장의 깨끗한 마음이라 한다.

여래장은 공하되 공하지 않아서 온갖 공덕을 갖추고 있기 때문에 십팔계의 온갖 법은 여래장을 의지하여 새롭게 연기하여 차별된 모습을 나타낸다. 여래장에서 연기한 온갖 차별법은 진여인 차별법이며 평등인 차별법이니, 차별법에 차별된 모습을 끝내 얻을 수 없는 것이다. 다만 연기된 차별법을 실로 있는 경계로 집착하는 범부의 물든 마음으로 인해 차별이 실체적인 차별로 굳어지는 것이다.

곧 차별법은 진여의 뜻으로 인해 연기한 차별이니 차별된 온갖 법이 실로 남이 없음을 사무치면 물든 마음이 사라져서 모든 모순과 차별의 질곡에 갇히지 않는 참되고 한결같은 여래장의 깨끗한 마음이 드러나는 것이다.

【실차난타역】

셋째, 수다라 가운데서 여래장은 바탕에 온갖 성품의 공덕을 갖추어 늘어나지 않고 줄어들지 않는다고 말하면, 어리석은 범부가 듣고서는 그 뜻을 알지 못하므로 곧 여래장에는 물질과 마음법 스스로의 모습의 차별이 있다고 집착함과 같다.

이 집착을 없애주려고 진여에는 본래 물든 법의 차별이 없어서 끝없는 공덕의 모습이 있음을 세우지만 이것이 물든 모습이 아님을 밝힌다.

三者如經中說如來藏 具足一切諸性功德 不增不減 凡愚聞已 不解其義

則執如來藏有色心法自相差別　爲除此執明以眞如本無染法差別　立有無邊功德相非是染相

　라. 여래장이 나고 사라짐의 법을 갖춤이라 집착함〔執如來藏具生死等法〕

　넷째, 수다라에서 온갖 세간의 나고 사라지는 물든 법이 모두 여래장을 의지하여 있어서 온갖 모든 법이 진여를 떠나지 않는다고 함을 듣고서 그 뜻을 알지 못하므로 곧 여래장 스스로의 바탕에 온갖 세간의 나고 사라짐 등의 법을 갖추고 있다고 말함이다.

　어떻게 상대해 다스리는가. 여래장에는 본래로부터 오직 강그아강 모래수를 넘는 여러 깨끗한 공덕이 있어 떠나지 않고 끊어지지 않아서 진여의 뜻과 다르지 않기 때문이며, 강그아강 모래수를 넘는 등 번뇌의 물든 법은 오직 허망하게 있어서 그 성품은 스스로 본래 없어서 비롯없는 옛날로부터 일찍이 여래장과 서로 응하지 않기 때문이다.

　만약 여래장의 바탕에 허망한 법이 있는데도 허강함을 깨달아 알도록 해서 길이 쉬게 한다고 하면 그럴 수가 없는 것이다.

　　四者　聞修多羅　說一切世間生死染法　皆依如來藏而有　一切諸法不離眞如　以不解故　謂如來藏自體　具有一切世間生死等法　云何對治　以如來藏從本已來唯有過恒沙等諸淨功德　不離不斷　不異眞如義故　以過恒沙等煩惱染法　唯是妄有　性自本無　從無始世來　未曾與如來藏相應故　若如來藏體有妄法　而使證會永息妄者　則無有是處

　　해 설

　넷째, 나고 사라지는 물든 법이 여래장을 의지해 있다는 말을 듣고 여래장에 나고 사라지는 법이 실로 있다고 집착함이다. 나고 사라지는 물든 법이 진여인 여래장을 의지해 생긴다는 말은 실로 남이 없고 사라짐이 없는 진여의 바탕에서 연(緣)을 좇아 나고 사라지는 물든 법이 연기한다는 말이다. 그러므로 진여인 여래장에는 실로 온갖 법의 나는 모습과 사라지는 모습이 없으며, 무명의 물든 법이 없어서 본래 깨끗한 것이다.

【실차난타역】

넷째, 수다라 가운데서 온갖 세간의 여러 물든 법이 모두 여래장을 의지하여 일어나 온갖 법이 진여와 다르지 않다고 말하면, 어리석은 범부가 듣고서는 그 뜻을 알지 못하므로 곧 여래장이 온갖 세간의 물든 법을 갖추고 있다고 말함이다.

이 집착을 없애주려고 여래장에는 본래로부터 강그아강 모래수를 넘는 여러 깨끗한 공덕이 있어 진여와 다르지 않음을 밝힌다. 강그아강 모래수를 넘는 등 번뇌의 물든 법은 오직 허망하게 있어서 본래 스스로의 성품이 없어서 비롯 없는 옛날로부터 일찍이 잠시라도 여래장과 서로 응하지 않는다. 만약 여래장이 물든 법과 서로 응하는 데도 허망한 물듦을 깨달아 알도록 해서 쉬게 한다는 것은 있을 수 없는 일이다.

四者如經中說一切世間諸雜染法 皆依如來藏起 一切法不異眞如 凡愚聞之不解其義 則謂如來藏具有一切世間染法 爲除此執 明如來藏從本具有過恒沙數淸淨功德不異眞如 過恒沙數煩惱染法 唯是妄有 本無自性 從無始來 未曾暫與如來藏相應 若如來藏染法相應 而令證會息妄染者 無有是處

마. 여래의 열반에 마쳐 다함이 있다 집착함〔執如來涅槃有所終盡〕

다섯째, 수다라에서 여래장을 의지하므로 나고 죽음이 있으며, 여래장을 의지하므로 니르바나를 얻는다고 함을 듣고서 그 뜻을 알지 못하므로 곧 중생에게 비롯함이 있고 비롯함을 보므로 거듭 여래가 얻은 바 열반은 마치어 다함이 있어서 다시 중생을 짓는다고 말함이다.

어떻게 상대해 다스리는가. 여래장에는 앞의 때가 없기 때문에 무명의 모습 또한 비롯함이 없는 것이다.

만약 삼계 밖에 다시 중생이 일어남이 있다고 말하면 곧 바로 외도경의 말이다. 또 여래장에는 뒤의 때가 없어서 여러 부처님이 얻은 바 니르바나가 이와 서로 응하니 곧 뒤의 때가 없기 때문이다.

五者 聞修多羅說依如來藏故有生死 依如來藏故得涅槃 以不解故 謂衆生有始 以見始故 復謂如來所得涅槃 有其終盡還作衆生 云何對治 以如來藏無前際故 無明之相亦無有始 若說三界外更有衆生始起者 卽是外道經說 又如來藏無有後際 諸佛所得涅槃與之相應 則無後際故

해 설

다섯째, 여래장을 의지해 나고 사라짐이 있고 여래장을 의지하여 니르바나를 얻는다는 뜻은 무엇인가. 남이 없고 사라짐 없는 여래장을 의지해 나고 사라짐이 연기하므로 나되 남이 없고 사라지되 사라짐이 없으니, 나되 남이 없음〔無生〕을 사무치면 니르바나를 얻는다. 그런데도 니르바나에 마침이 있다는 집착을 일으키니, 여래장에는 앞의 때에 마음과 경계가 생겨남이 없으므로 뒤의 때에 마음과 경계가 사라짐이 없다는 뜻으로 그 집착을 깨뜨린다.

니르바나를 얻음이란 나고 사라짐에도 머물지 않을뿐더러 남이 없고 사라짐 없는 고요함에도 머물지 않음이니, 니르바나를 얻은 자 그는 '덧없이 흘러가 사라짐〔無常〕'과 '닫혀진 항상함〔常〕'을 뛰어넘어 참된 영원〔眞常〕에 발을 대고 나고 사라짐을 삶의 역동적 작용〔妙用〕으로 발휘해 쓰는 자이다.

【실차난타역】

다섯째, 경 가운데서 여래장을 의지하므로 나고 죽음이 있으며 니르바나를 얻는다고 말하면, 어리석은 범부가 듣고서 그 뜻을 알지 못하므로 여래장을 의지해 나고 죽음이 있고 그 비롯함을 보므로 거듭 열반에 마치어 다함이 있다고 말함이다.

이 집착을 없애주려고 여래장에는 앞의 때가 없기 때문에 무명이 이를 의지해 나고 죽음에도 비롯함이 없음을 밝힌다.

만약 삼계 밖에 다시 중생이 일어남이 있다고 말하면 이는 바로 외도 경의 말이라 불교가 아니다. 또 여래장에는 뒤의 때가 없어서 이를 증득해 나고 죽음의 씨앗을 끊고 니르바나를 얻는 것도 또한 뒤의 때가 없다.

나라는 견해를 의지해 네 가지 견해가 나므로 여기에 저 네 가지를 세우는 것이다.

> 五者如經中說依如來藏 有生死得涅槃 凡愚聞之 不知其義 則謂依如來藏生死有始 以見始故 復謂涅槃有其終盡 爲除此執明如來藏無有初際 無明依之生死無始 若言三界外更有衆生始起者 是外道經中說 非是佛教 以如來藏無有後際證此永斷生死種子 得於涅槃亦無後際 依人我見四種見生 是故於此安立彼四

(2) 법에 실체가 있다는 견해〔法我見〕

 법에 실체가 있다는 견해란 이승의 무딘 근기를 의지하므로 여래는 다만 개체에 나 없음을 말해주고 맨 끝의 뜻을 말하지 않으므로 오음의 나고 사라지는 법이 있음을 보아 나고 죽음을 드려워하며 허망하게 니르바나를 취함이다.
 어떻게 상대해 다스리는가. 오음법 스스로의 성품이 나지 않으므로 곧 사라짐이 없어서 본래 니르바나이기 때문이다.

法我見者 依二乘鈍根故 如來但爲說人無我 以說不究竟 見有五陰生滅之法 怖畏生死 妄取涅槃 云何對治 以五陰法自性不生 則無有滅 本來涅槃故

해 설

 범부는 오온이 어울려 일어난 존재의 자기동일성을 집착한다. 그에 비해 아직 실상 그대로의 바른 해탈의 길에 들어서지 못한 치우친 수행자들〔二乘〕은 존재의 자기모습에 대한 집착을 벗어났으나, 존재를 이루는 오온의 온갖 법들에 자성을 보아서 그것을 집착한다. 그러므로 오온의 법에 취하고 버릴 생각을 일으켜 오온법에 취해야 할 신비성을 세우거나 오온을 끊고 열반을 구하려 한다.
 그러나 오온이 이룬 존재만 공할 뿐 아니라 오온의 법도 좇아 온 바가 없고, 좇아 온 바가 없으므로 사라짐이 없는 것이니 존재를 이루어주는 오온의 모습이 곧 모습 없는 진여이며, 오온의 나고 사라짐이 곧 나고 사라짐 없는 니르바나이기 때문이다.

【실차난타역】
 법에 내가 있다는 견해란 이승의 무딘 근기 때문에 세존이 다만 개체에 나 없음을 말해주면 그 사람이 곧 오온의 나고 사라짐에 끝내 집착하여 나고 죽음을 두려워하고 허망하게 니르바나를 취함이다.

 이 집착을 없애주려고 오온법의 본성품이 나지 않고 나지 않으므로 또한 사라짐이 없으며, 사라지지 않으므로 본래 니르바나임을 밝힌다.

 法我見者 以二乘鈍根 世尊但爲說人無我 彼人便於五蘊生滅 畢竟執着 怖畏生死 妄取涅槃 爲除此執 明五蘊法本性不生 不生故亦無有滅 不滅故本來涅槃

2. 집착을 끝내 떠남〔究竟離〕

거듭 허망한 집착을 끝내 떠남이란 물든 법과 깨끗한 법이 모두 다 서로 마주해 있어서 스스로의 모습을 이루 말할 수 없음을 마땅히 앎이다. 그러므로 온갖 법은 본래부터 물질도 아니고 마음도 아니며, 지혜가 아니고 알음도 아니며, 있음도 아니고 없음도 아니라 끝내 모습을 이루 말할 수 없다.

그런데도 그렇다는 말이 있는 것은 여래가 좋은 방편을 세워 짐짓 말로써 중생을 이끌어 줌인 줄 알아야 한다. 그 뜻은 모두 생각을 떠나 진여에 돌아가기 위함이니, 온갖 법을 생각하여 마음이 나고 사라지게 하면 진실한 지혜에 들어가지 못하기 때문이다.

復次究竟離妄執者 當知染法淨法皆悉相待 無有自相可說 是故一切法從本已來 非色非心 非智非識 非有非無 畢竟不可說相 而有言說者 當知如來善巧方便 假以言說引導衆生 其旨趣者 皆爲離念歸於眞如 以念一切法令心生滅不入實智故

해 설

끝내 떠남〔究竟離〕이란 이루 말할 수 없고 이루 생각할 수 없는 존재의 참모습을 바로 드러내 온갖 집착을 끝내 떠남이다. 곧 여래의 가르침 가운데 세워진 물든 법과 깨끗한 법, 물질과 마음, 참되고 한결같음과 나고 사라짐, 있음과 없음은 모두 중생의 집착을 다스리기 위해 서로 마주해 법을 보인 것이니, 스스로만의 고립된 자기모습을 이루 말할 수 없다.

있음〔有〕은 아주 없다는 견해를 다스리기 위해 존재가 연기해 있음을 말하고, 없음〔無〕은 연기된 어떤 것을 실로 있다고 집착하므로 연기된 것이라 자기모습이 없음을 말한다. 이처럼 있음을 있음으로 집착하므로 있음에 상대해 없음을 세우고, 없음을 없음으로 집착하므로 없음을 상대해 있음을 세운 것이지 언어에 응하는 존재의 닫혀진 자기영역〔理境〕이 실로 있는 것이 아니다.

 그러므로 온갖 법의 있되 공한 참모습은 모든 언어적 규정과 사유의 한정을 뛰어넘어 물질이 아니고 마음이 아니며 지혜도 아니고 물든 알음알이도 아니니, 온갖 모습을 끝내 얻을 수 없다. 다만 집착에 떨어진 중생을 해탈의 길에 이끌기 위해 병통이 되는 집착에 따라〔病執〕 가르침의 약〔法藥〕을 베푼 것이니, 약과 병, 집착과 가르침이 한꺼번에 지양되면 생각에서 생각 떠나고 말에서 말을 떠나 참되고 한결같은 진리의 세계〔眞如法界〕에 들어갈 수 있는 것이다. 이 뜻을 논은 '생각 떠나 진여에 돌아감(離念歸於眞如)'이라 하니, 생각을 움직여 법을 헤아리면 곧 그르치는 것이다.

【실차난타역】

 만약 끝내 분별하는 집착을 떠나면 온갖 물든 법과 깨끗한 법이 모두 다 서로 마주해 있음을 알게 된다. 그러므로 온갖 모든 법은 본래부터 물질이 아니고 마음이 아니며, 지혜가 아니고 알음도 아니며, 없음도 아니고 있음도 아니라 끝내 모습을 이루 말할 수 없음을 알아야 한다.

 그런데도 그렇다는 말이 있어 가르쳐 보이는 것은 모두 여래가 좋은 방편을 세워 짐짓 말로써 중생을 이끌어 문자를 버리고 진실에 들어가게 함이니, 만약 말을 따라 뜻을 집착하면 허망한 분별을 늘려서 실다운 지혜를 내지 못하고 니르바나를 얻지 못하게 된다.

 若究竟離分別執着 則知一切染法淨法 皆相待立 是故當知 一切諸法從本已來 非色非心 非智非識 非無非有 畢竟皆是不可說相 而有言說示敎之者 皆是如來善巧方便 假以言語 引導衆生 令捨文字入於眞實 若隨言執義 增妄分別 不生實智 不得涅槃

> 세 가지 풀이를 보임〔示三種解釋〕

제3절 보살이 도에 발심하여 나아가는 모습을 분별함〔分別發趣道相〕

풀이하는 가름의 첫째 절 바른 뜻을 나타내 보임〔顯示正義〕에서 '마음의 나고 사라지는 문'이 '마음이 참되고 한결같은 문'에서 연기하여 '움직임이 고요함과 다르지 않음'을 보여 나고 사라짐을 떠나지 않고 진여법에 들어감을 보였다.

그리고 둘째 절 삿된 집착 상대해 다스림〔對治邪執〕에서 마음의 나되 남이 없고 사라지되 사라짐 없는 활동을 나고 사라짐으로 규정하는 집착을 밝히고, 그 집착을 상대해 다스리는 길을 보였다.

이제 셋째 절은 집착의 본질과 집착 상대해 다스림을 보인 뒤, 중생의 소외와 고통의 현실을 반성하여 '해탈의 길에 발심하여 나아가는 모습'을 분별한다.

그러나 끊을 바 집착과 번뇌가 본래 좇아 온 바가 없어서 집착과 번뇌가 진여라면, 해탈의 길에 나아가는 실천 또한 닦음 없는 닦음인 것이니, 해탈의 실천 또한 법계인 행이며 진여인 행인 것이다.

> 제1항 발심의 뜻을 전체적으로 나타냄〔總標大意〕
> 제2항 따로 열어 풀이함〔別開解說〕

제1항 발심의 뜻을 전체적으로 나타냄〔總標大意〕

　　도(道)란 초월적인 진리의 영역이 아니라 여래의 지혜〔了因〕로 깨친 바〔所了〕 삶의 실상이니, 여래가 깨친 도가 바로 중생의 불성이며 고통 속에 있는 중생이 의지해야 할 해탈의 바른 씨앗〔佛性正因〕이다.
　　그러므로 과거 부처님도 이 법을 깨쳐 해탈을 이루었으며, 현재 부처님도 이 법을 깨쳐 해탈을 이루며, 미래의 부처님도 이 법을 깨쳐 해탈을 이룰 것이니, 여래가 깨친 바 해탈의 씨앗인 이 도는 모든 보살이 닦아 행해 향해 나아가야 하는 것이다.

여래가 깨친 도가 온갖 보살의 닦아 행할 바임을 보임[示如來所證之道卽菩薩所修行]

도에 발심하여 나아가는 모습을 분별함이란 곧 온갖 모든 부처님이 깨치신 바 도는 온갖 보살이 발심하고 수행하여 향해 나아가는 뜻이기 때문이다.

分別發趣道相者 謂一切諸佛所證之道 一切菩薩發心修行趣向義故

해 설

존재의 참모습은 인간의 삶 밖에 따로 있는 형이상학적 실재가 아니라 물든 마음과 물든 경계가 사라진 바른 앎 자체로 주어진다. 이 뜻을 니르바나의 세 가지 덕[涅槃三德]으로 풀이하면 법신은 법신인 법신으로 주어지는 것이 아니라 지혜인 법신, 해탈의 활동인 법신으로 주어진다. 여래의 과덕은 법계인 한마음의 온전한 자기실현이므로 여래가 깨치신 도야말로 지금 온갖 수행자들이 발심해 나가야 할 실천의 수레[乘]인 것이다.

온갖 부처님이 깨치신 바 도란 법계인 한마음이며 여래의 지혜와 해탈의 활동인 법신이니, 이 법계인 한마음이 온갖 보살의 발심과 수행의 귀결처이다. 앞에서 모든 발심과 수행의 궁극적 귀결처인 한마음에 두 가지 문을 세워 그 뜻을 바로 풀이하고 중생의 삿된 집착을 가려 보인 뒤, 이제 집착과 고통의 현실을 반성하여 한마음에 돌아가는 해탈의 삶을 구현하려는 주체의 결단을 세 가지 발심으로 보인다.

【실차난타역】

도 닦아가는 모습을 분별함이란 곧 온갖 여래가 도의 바른 원인 얻음과 온갖 보살이 발심하여 닦아 익힘을 앞에 드러나도록 하기 때문이다.

分別修行正道相者 謂一切如來得道正因 一切菩薩發心修習 令現前故

제2항 따로 열어 풀이함〔別開解說〕

　　중생의 망상과 번뇌가 본래 공하고 중생의 참모습이 바로 불성(佛性)으로서 해탈의 바른 원인〔正因〕이라면, 불성의 바른 원인을 바로 믿어 쓰고 바로 알아 구현하면 따로 차제적인 발심의 모습을 말할 필요가 없다.
　　그러나 중생의 삶 속에 진리에 대한 끝없는 회의가 생활의 안정을 흔들고, 온갖 삿된 견해와 진리를 등진 왜곡된 행위가 그의 삶을 물들이며, 보살의 닦아감 속에서도 닦아감 자체를 신비화하거나 얻은 바를 집착함이 있으므로 발심의 차제를 세워 구경의 도에 나아가게 한다.
　　곧 진리에 관한 회의 속에서 생활의 기반이 흔들리는 이들에게 맨 처음 바른 믿음을 내게 해서 지혜의 세계로 이끌며, 지혜에 안주하려 하면 지혜가 행인 지혜임을 보여 더욱 앞으로 나아가게 하고, 바른 행으로 법신을 얻지만 그 법신의 청정함에 머물려 하면 다시 법신처에도 머뭄 없이 진여의 묘용을 발휘하게 한다.
　　그러나 발심하여 돌아가는 곳은 불성의 바른 원인 밖에 있는 다른 곳이 아니니, 따로 구함이 있거나 얻을 바를 보고 발심하여 수행하면 이는 삿된 도를 행함이라 여래가 깨친 바 바른 도가 아닌 것이다.

---

1. 세 가지 발심의 이름을 보임〔列名〕
2. 세 가지 발심의 모습을 가려 보임〔辨相〕

1. 세 가지 발심의 이름을 보임〔列名〕

발심을 간략히 말하면 세 가지가 있으니 어떤 것이 셋인가.
첫째, 바른 믿음 이루어 발심함〔信成就發心〕이요,
둘째, 바른 앎과 행으로 발심함〔解行發心〕이며,
셋째, 법신을 증득하여 발심함〔證發心〕이다.

略說發心 有三種 云何爲三 一者信成就發心 二者解行發心 三者證發心

해 설

위에서 발심의 뜻을 전체적으로 말한 뒤 세 가지 발심을 나누어 보인다. 먼저 그 이름을 벌려 보이니, 세 가지 발심은 바른 믿음 이루어 발심함, 바른 앎과 행으로 발심함, 법신을 증득하여 발심함이다. 첫째 바른 믿음 이루어 발심함이란 바른 믿음을 이룬 마음〔十信滿心〕으로 처음 흔들림 없는 지혜를 얻어 그 자리에 머무는 발심〔初發心住〕이다. 둘째 바른 앎과 행으로 발심함이란 바른 지혜에 머무르면 곧 지혜 그대로 행을 발함으로써 십회향에 나아가 들어가게 되는 발심이다. 셋째 법신을 증득하여 발심함이란 십지 위에 오른 보살이 무명을 깨뜨려서 진여의 작용을 드러내는 발심이다.

세 가지 발심은 바른 믿음으로 지혜와 행을 이루고 행으로 법신을 증득하므로 인과적 차제를 이루지만, 바른 믿음이란 진여인 법신에 의심이 없음이고, 바른 믿음일 때 중도의 지혜이며, 중도의 지혜일 때 머뭄 없는 행이고, 머뭄 없는 행일 때 법계에 회향함이고, 법계에 회향하면 법신을 다시 증득함이다. 그러므로 발심의 과정은 인과의 과정으로 표현되지만 실로는 인과의 자취가 붙지 않는 것이다.

【실차난타역】

발심을 간략히 말하면 세 가지 모습이 있으니,

첫째, 바른 믿음 이루어 발심함〔信成就發心〕이요,

둘째, 바른 앎과 행으로 발심함〔解行發心〕이며,

셋째, 법신을 증득하여 발심함〔證發心〕이다.

略說發心有三種相 一信成就發心 二解行發心 三證發心

2. 세 가지 발심의 모습을 가려 보임〔辨相〕

1) 바른 믿음 이루어 발심함〔信成就發心〕
2) 바른 앎과 행으로 발심함〔解行發心〕
3) 법신을 증득하여 발심함〔證發心〕

1) 바른 믿음 이루어 발심함〔信成就發心〕

(1) 발심의 지위와 행〔發心〕
(2) 발심의 모습〔發心相〕
(3) 발심의 이익〔發心利益〕

(1) 발심의 지위와 행

바른 믿음 이루어 발심함이란 어떤 지위를 의지해 어떤 행을 닦아서 바른 믿음을 이루어 발심할 수 있음인가.

이 사람은 아직 마음이 정해지지 않은 지위를 의지하여 법이 선근을 끼치어 익히는 힘으로 깊이 업의 과보를 믿고서 열 가지 착한 도를 행해 나고 죽는 괴로움을 싫어하고 위없는 깨달음을 구하고자 여러 부처님과 여러 보살들 뵐 때에 받들어 공양하여 믿는 마음을 닦아 행한다. 그리하여 일만 겁이 지나면 믿는 마음이 이루어지므로 여러 부처님과 보살이 발심하도록 하시니, 때로 큰 자비 때문에 능히 스스로 발심하고, 때로 바른 법이 사라지려 함을 인하여 그리고 법을 보살피는 인연 때문에 능히 스스로 발심하게 된다.

이와 같이 믿는 마음이 이루어져 발심하는 자는 바르게 뜻이 안정된 무리〔正定聚〕에 들어가 끝내 물러서지 않으므로 여래의 씨앗 가운데 머물러 불성의 바른 인〔佛性正因〕과 서로 응함이라 이름한다.

만약 중생이 있어서 착한 뿌리가 아주 작아 아득히 먼 옛날로부터 번뇌가 깊고 두터우면 비록 부처님을 만나 또한 공양할 수 있어도 사람과 하늘의 씨앗만 일으키거나 이승의 씨앗을 일으키거나 하며, 설사 대승을 구하는 자가 있더라도 뿌리가 안정되지 않아서 나아가다가 물러서곤 한다.

때로 여러 부처님들을 공양함이 있으면 일만 겁을 아직 지내지 않고 그 가운데 좋은 조건을 만나 또한 발심함이 있게 되니, 이른바 부처님의 모습을 보고 그 마음을 내기도 하고, 때로 여러 승가 대중에게 공양함을 인해 그 마음을 내기도 하며, 때로 이승의 사람이 가르쳐 발심하도록 함을 인해 마음을 내기도 하며, 다른 사람이 마음 냄을 배우기도 하여 이와 같이 마음을 내는 것 등이 모두 다 정해지지 않았다.

그래서 나쁜 인연을 만나면 곧 물러나 잃어버려서 이승의 지위에 떨어지기도 한다.

信成就發心者 依何等人 修何等行 得信成就堪能發心 所謂依不定聚衆生 有熏習善根力故 信業果報 能起十善 厭生死苦 欲求無上菩提 得値諸佛 親承供養 修行信心 經一萬劫 信心成就故 諸佛菩薩教令發心 或以大悲故 能自發心 或因正法欲滅 以護法因緣故 能自發心 如是信心成就得發心者 入正定聚 畢竟不退 名住如來種中正因相應 若有衆生 善根微少 久遠已來 煩惱深厚 雖值於佛亦得供養 然起人天種子 或起二乘種子 設有求大乘者 根則不定 若進 若退 或有供養諸佛 未經一萬劫 於中遇緣亦有發心 所謂見佛色相而發其心 或因供養衆僧而發其心 或因二乘之人教令發心 或學他發心 如是等發心 悉皆不定 遇惡因緣 或便退失墮二乘地

해 설

어떤 지위의 사람이 어떤 행을 닦아 바른 믿음을 이루어 발심할 수 있는가. 수행자의 진리를 향한 구도의 입장은 세 가지 부류로 나뉜다. 바르게 뜻이 정해진 무리〔正定〕와 잘못 뜻이 정해진 무리〔邪定〕와 아직 뜻이 정해지지 않은 무리〔不定聚〕이다.

아직 뜻이 정해지지 않은 구도자란 믿음이 완성되기 전에 진리를 향한 크나큰 마음을 내었으나, 때로 그 마음이 앞으로 나가기도 하고 뒤로 물러서기도 하여 허공 속에서 나부끼는 털처럼 그 마음이 아직 흔들리는 수행자들이니, 천태는 이를 관행위(觀行位 : 五品)로 정의한다.

이들은 아직 바른 관행에 나아가지 못하지만 진여가 안에서 끼치어 익혀주는 선근의 힘이나 교법의 가르침이 끼쳐주는 선근으로 인과를 믿어 열 가지 착한 일을 지어 윤회의 괴로움을 싫어하고 위없는 깨달음을 구하니, 이때까지는 아직 믿음이 바르게 확정되지 못한 때〔信前〕이다.

이제 이 수행자들이 공양하고 예배하는 실천을 통해 믿는 마음을 더욱 닦아가면 믿는 마음이 이루어진다. 믿는 마음이 이루어지면 안으로 진여를 굳게 믿으므로 진리를 향한 주체적 요인〔內因〕이 갖춰지니, 이 믿음의 힘 때문에 여러 불보살이 밖에서 바른 지혜와 행에 나아가도록 발심시키는 조건을 통해 결정된 믿음을 이루고 바르게 뜻이 안정된 무리〔正定聚〕에 들어간다. 결정된 바른 믿음을 냄이 부처 이룸의 바른 인이니, 이 믿음이 완성됨으로부터 구도자는 길이 물러서거나 바른 법을 잃지 않게 된다.

그 밑으로 논에서 예를 든 중생은 뜻이 정해지지 않은 중생 가운데서도 더욱 안과 밖의 인연의 힘이 적어서 뒤로 물러서고 바른 법을 잃어버리는 중생을 말한다. 그런 중생은 진리를 향한 주체적 동기가 약하므로 좋은 외적 조건이 갖춰져도 위없는 보리에 마음을 내지 못하고 눈에 보이는 좋은 복락의 과보만을 바라거나 치우친 이승의 길을 걷거나 설사 마하야나의 크나큰 길을 구하더라도 쉽게 물러선다.

그들도 밖에서 이끌어주는 진리의 조건을 만나면 크나큰 법에 마음을 내지만, 나쁜 인연을 만나면 물러서거나 그 법을 잃어버리니, 아직 바른 믿음의 마음에 들지 못하고〔未入信心〕 진리에 결정된 뜻을 얻지 못하기 때문이다〔不得決定故〕.

【실차난타역】
바른 믿음 이루어 발심함이란 어떤 지위를 의지해 어떤 행을 닦아서 바른 믿음을 이루어 발심할 수 있음인가.

마땅히 알라. 이 사람은 아직 마음이 정해지지 않은 무리의 중생을 의지하여 이 법 끼치어 익혀주는 선근의 힘으로 깊이 업의 과보를 믿고서 열 가지 착한 길을 행해 나고 죽는 괴로움을 싫어하고 위없는 보리를 구하고자 여러 부처님과 보살들을 뵙고 몸소 받들어 공양하여 여러 행을 닦아 행하면, 일만 겁이 지나 믿는 마음이 이루어지게 된다. 이로부터 때로 여러 부처님과 보살들이 가르쳐주는 힘 때문에, 때로 큰 자비 때문에, 때로 바른 법이 사라지려 함을 인하여 법을 보살피려 하므로 능히 스스로 발심하게 된다.

이미 발심하게 되면 바르게 안정하는 지위〔正定聚〕에 들어가 끝내 물러서지 않고 여래의 씨앗 가운데 머물러 불성의 빼어난 원인과 서로 응하게 된다.

때로 중생이 있어서 아득히 먼 옛날로부터 착한 뿌리가 아주 작아 번뇌가 깊고 두터워서 그 마음을 덮기 때문에 비록 부처님과 여러 보살을 만나 뵙고 받들어 공양할 수 있어도 사람과 하늘에 태어남을 받는 씨앗만 심거나 때로 이승의 보리의 씨앗을 심거나, 설사 크나큰 보리의 도를 구하더라도 뿌리가 안정되지 않아서 나아가다가 물러서곤 한다.

때로 여러 부처님과 여러 선지식을 만나 뵙고 받들어 공양하고 여러 행을 닦아 행하다 일만 겁을 아직 지내지 않고 그 가운데 좋은 조건을 만나 또한 발심함이 있게 되니, 어떤 연을 만나는가. 곧 때로 부처님의 모습을 보기도 하고, 때로 여러 승가 대중에게 공양하기도 하며, 때로 이승의 사람이 가르쳐주는 바가 있기도 하며, 남이 마음 냄을 보기도 하는 등 이와 같이 마음을 내는 것 등이 모두다 정해지지 않으니, 만약 나쁜 인연을 만나면 곧 물러나 이승의 지위에 떨어지기 때문이다.

信成就發心者 依何位 修何行 得信成就 堪能發心 當知 是人依不定聚 以法熏習善根力故 深信業果 行十善道 厭生死苦 求無上覺 値遇諸佛及諸菩薩 承事供養 修行諸行 經十千劫信乃成就 從是已後 或以諸佛菩薩敎力 或以大悲 或因正法將欲壞滅 以護法故 而能發心 旣發心已 入正定聚 畢竟不退 住佛種性 勝因相應

或有衆生 久遠以來 善根微少 煩惱深厚 覆其心故 雖値諸佛及諸菩薩 承事供養 唯種人天受生種子 或種二乘菩提種子 或有推求大菩提道 然根不定 或進或退 或有値佛及諸菩薩 供養承事 修行諸行 未得滿足十千大劫 中間遇緣而發於心 遇何等緣 所謂或見佛形相 或供養衆僧 或二乘所敎 或見他發心 此等發心 皆悉未定 若遇惡緣 或時退墮二乘地故

(2) 발심의 모습〔發心相〕

---

① 세 가지 마음 냄을 보임〔示三種發心〕
② 갖가지 방편행을 닦아 진여법에 들어감을 보임
　〔示修習方便行而入眞如法〕
③ 네 가지 방편을 말함〔說四種方便〕

① 세 가지 마음 냄을 보임〔示三種發心〕

거듭 바른 믿음을 이루어 발심하는 사람은 어떤 마음을 내는가. 간략히 세 가지를 말할 수 있으니 어떤 것이 셋인가.

첫째, 곧은 마음〔直心〕이니 바르게 참되고 한결같은 법을 생각하기 때문이다.

둘째, 깊은 마음〔深心〕이니 즐거이 온갖 여러 착한 행을 모으기 때문이다.

셋째, 크나큰 사랑의 마음〔大悲心〕이니 온갖 중생의 괴로움을 빼내 주려 하기 때문이다.

復次信成就發心者 發何等心 略說三種 云何爲三 一者直心 正念眞如法故 二者深心 樂集一切諸善行故 三者大悲心 欲拔一切衆生苦故

해 설

앞에서는 능히 진리에 바른 마음을 내는 주체적인 요인〔因〕과 도와주는 조건〔緣〕을 말하였고, 지금 이 단에서는 내는 바 세 가지 마음〔所發之心〕을 말하고 있다. 세 가지 마음은 곧은 마음〔直心〕, 깊은 마음〔深心〕, 크나큰 자비의 마음〔大悲心〕이다.

곧은 마음은 바로 진여법을 생각함이니 바로 생각에 생각 없음을 살핌이요 모습에 모습 없음을 살핌이다. 모습에 모습 없음을 살필 때 모습에 물든 생각을 떠나 생각 없음에 돌아가고 진여인 법계에 바로 돌아가기 때문에 곧은 마음이라 한다. 이 곧은 마음이 뒤의 두 가지 마음의 본바탕이 되니, 깊은 마음은 진여인 한마음에 돌아갈 때 삶의 바탕에 뭇 공덕 갖추어져 있음을 알아서 온갖 착한 행을 행하되 생각에서 생각 떠나 행하되 행함이 없어서 그 착한 일 행함이 진여 자체가 되므로 깊은 마음이라 한다.

깊은 마음이 스스로를 이익되게 함[自利]의 완성이라면, 뒤의 크나큰 자비의 마음은 남을 이롭게 함[利他]의 완성이다. 곧은 마음으로 모습에 모습 없음을 사무치면 저 중생은 나의 삶 밖에 따로 있는 존재가 아니라 나의 삶 자체인 중생이 된다. 그러므로 크나큰 자비란 구제의 주체가 실로 밖에 있는 중생을 건져줌이 아니라 너와 내가 함께 하나인 해탈의 땅에 돌아가는 크나큰 자기실현[眞我]의 활동이 된다. 곧 보살은 중생을 건지되 건질 중생의 모습을 보지 않으니, 저 중생이 진여인 중생이며 자기 삶 자체인 중생이기 때문이다.

【실차난타역】

거듭 바른 믿음을 이루어 발심함은 간략히 세 가지를 말할 수 있다.

첫째, 바르고 곧은 마음[正心]을 냄이니, 진리대로 바르게 참되고 한결같은 법을 생각하기 때문이다.

둘째, 깊고 무거운 마음을 냄이니, 즐거이 온갖 여러 착한 행을 모으기 때문이다.

셋째, 크나큰 사랑의 마음을 냄이니, 온갖 중생의 괴로움을 빼내주려 하기 때문이다.

復次信成就發心者 略說有三 一發正直心 如理正念眞如法故 二發深重心 樂集一切諸善行故 三發大悲心 願拔一切衆生苦故

② 갖가지 방편행을 닦아 진여법에 들어감을 보임[示修習方便行而入眞如法]

묻는다. 위에서 법계는 한 모습이고 부처님의 몸에는 둘이 없다고 말했는데, 왜 오직 참되고 한결같음만 생각하지 않고 다시 여러 착한 행 배움을 구하도록 하는가.

답한다. 비유하면 큰 마니보배의 바탕이 밝고 깨끗하지만, 광석의 때가 있어서 사람이 비록 보배의 밝은 모습을 생각하지만 방편을 써서 갖가지로 갈고 다스리지 않으면 끝내 밝은 모습을 얻지 못하는 것과 같다. 이와 같이 중생의 참되고 한결같은 법의 바탕이 비어 깨끗하나, 한량없는 번뇌의 물든 때가 있어서 사람들이 비록 참되고 한결같음을 생각하지만, 방편을 써서 갖가지로 닦아 익히지 않으면 또한 깨끗함을 얻을 수 없다.

물든 때가 한량없고 끝이 없어 온갖 법에 두루하므로 온갖 착한 행을 닦아 상대하여 다스리는 것이다. 만약 사람이 온갖 착한 법을 닦아 행하면 스스로 참되고 한결같은 법에 돌아가게 되기 때문이다.

問曰 上說法界一相 佛體無二 何故不唯念眞如 復假求學諸善之行 答曰 譬如大摩尼寶體性明淨 而有鑛穢之垢 若人雖念寶性 不以方便種種磨治 終無得淨 如是衆生眞如之法 體性空淨 而有無量煩惱染垢 若人雖念眞如 不以方便種種熏修 亦無得淨 以垢無量無邊 徧一切法故 修一切善行以爲對治 若人修行一切善法 自然歸順眞如法故

해 설

진리는 하나인데 미혹이 서로 다르며 진여의 본바탕은 본래 깨끗하나 번뇌의 때가 한량 없으므로 뭇 착한 방편 닦아야 함을 물음을 통해 밝히고 있다. 모습에 모습 없음을 살펴 진여에 돌아가면 법계는 한 모습이고 붓다의 몸에도 둘이 없다. 그러나 진여에서 일어나는 미혹의 연기가 한량없으므로 미혹에 따라 갖가지 방편법으로 온갖 착한 행을 닦아서 상대해 다스려야 하는 것이다.

이때 닦아 없애는 바 미혹도 진여에서 연기한 것이고 닦음의 방편도 진여에서 연기한 것이므로 방편으로 일으킨 갖가지 착한 행으로 물든 법을 깨끗이 한다 하지만, 실로는 닦는 바가 없어서 늘 진여를 따르는 것이다. 곧 닦음이 온통 진여를 따르고〔全修卽性〕진여가 닦음을 일으키는 것〔全性起修〕이니, 닦음이 있다 해도 진여를 어기는 것이며 닦음이 없다 해도 진여를 등지는 것이다.

【실차난타역】

묻는다. 온갖 중생의 온갖 여러 법은 모두 같이 하나인 법계라 두 모습이 없으니, 진리에 의거하면 다만 바르게 참되고 한결같음만을 마땅히 생각해야 하는데, 왜 다시 온갖 착한 행 닦음을 빌어서 온갖 중생을 건지는가.

답한다. 그렇지 않다. 비유하면 마니보배의 본성품이 밝고 깨끗하지만, 광석의 거친 때 가운데 있는 것과 같아서 가령 사람이 비록 보배의 밝은 모습을 부지런히 생각하지만 방편을 짓지 않고 공력을 들이지 않으면 마니의 깨끗함을 구해도 끝내 얻지 못하는 것과 같다.

진여의 법도 또한 이와 같아 바탕이 비록 밝고 깨끗해 공덕을 갖추고 있지만, 끝없는 티끌 번뇌의 물들인 바를 입어서 가령 사람이 부지런히 생각한다 해도 방편을 짓지 않고 여러 행을 닦지 않으면 깨끗함을 구한다 해도 끝내 진리를 얻을 수 없다.

그러므로 반드시 온갖 착한 행을 모아 행하여 온갖 중생을 건지고 저 끝없는 티끌 번뇌의 물든 때를 떠나 진여의 법을 드러내야 한다.

問 一切衆生一切諸法 皆同一法界 無有二相 據理但應正念眞如 何假復修一切善行 救一切衆生

答 不然 如摩尼寶本性 明潔在鑛穢中 假使有人 勤加憶念 而不作方便

不施功力 欲求淸淨 終不可得 眞如之法亦復如是 體雖明潔具足功德 而被無邊客塵所染 假使有人 勤加憶念 而不作方便 不修諸行 欲求淸淨 終無得理 是故要當集一切善行 救一切衆生離彼無邊客塵垢染 顯現眞法

③ 네 가지 방편을 말함〔說四種方便〕

간략히 방편에 네 가지가 있음을 말하니 어떤 것이 넷인가.

첫째, 행의 근본이 되는 방편〔行根本方便〕이다. 이는 곧 온갖 법의 자기 성품에 남이 없음을 살펴 허망한 견해를 떠나 나고 죽음에 머물지 않고, 온갖 법이 인연이 어울려 합해 업의 과보 잃지 않음을 살펴 크나큰 자비를 일으키며, 여러 복덕을 닦아 중생을 거두어 교화하여 니르바나에 머물지 않음이니, 법의 성품이 머뭄 없음〔法性無住〕을 따르기 때문이다.

둘째, 능히 그치는 방편〔能止方便〕이다. 이는 곧 잘못을 부끄러워하고 허물을 뉘우쳐 온갖 악한 법을 그쳐 자라나 늘지 않도록 함이니, 법의 성품이 여러 허물 떠났음〔法性離諸過〕을 따르기 때문이다.

셋째, 선근을 일으켜 늘려 키우는 방편〔發起善根增長方便〕이다. 이는 곧 삼보께 부지런히 공양하고 절하며 여러 부처님의 공덕을 찬탄하고 따라 기뻐하며 머물러 계시기를 청함이니, 삼보를 우러러 공경하는 맑고 두터운 마음 때문에 믿음이 잘 늘어나게 되면 위없는 도를 구하게 될 수 있다.

또 부처님과 법보와 승보의 거룩한 힘이 보살피신 바로 인해 업의 장애를 녹이고 선근이 물러나지 않으니, 법의 성품이 어리석음의 장애 떠났음〔法性離癡障〕을 따르기 때문이다.

넷째, 크나큰 원이 평등한 방편〔大願平等方便〕이다. 이는 곧 원을 발하여 미래가 다하도록 온갖 중생을 교화해 건져 나머지가 없게 하여 모두 나머지 없는 니르바나를 끝내 이루도록 함이니, 법의 성품이 끊어짐이 없음〔法性無斷絕〕을 따르기 때문이며, 법의 성품이 넓고 커 온갖 중생에게 두루하여 평등해 둘이 없어서 저것과 이것을 따로 생각하지 않으면 끝내 고요하기 때문이다.

　略說方便 有四種 云何爲四 一者行根本方便 謂觀一切法自性無生 離於妄見 不住生死 觀一切法因緣和合業果不失 起於大悲 修諸福德 攝化衆生 不住涅槃 以隨順法性無住故 二者能止方便 謂慚愧悔過 能止一切惡法 不令增長 以隨順法性離諸過故 三者發起善根增長方便 謂勤供養禮拜三寶 讚歎隨喜 勸請諸佛 以愛敬三寶淳厚心故 信得增長 乃能志求無上之道 又因佛法僧力所護故 能消業障 善根不退 以隨順法性離癡障故 四者大願平等方便 所謂發願 盡於未來 化度一切衆生 使無有餘 皆令究竟無餘涅槃 以隨順法性無斷絕故 法性廣大 徧一切衆生 平等無二 不念彼此 究竟寂滅故

해 설

여기서는 위의 세 가지 마음을 의지해 네 가지 방편을 세운다.

첫째 근본을 따라 행하는 방편이란 진여를 생각하는 곧은 마음〔直心〕을 의지하여 머뭄 없는 행을 닦음이니, 진여를 의지해 행을 일으키므로 근본을 따라 행함이라 한다. 이는 온갖 법이 있되 공하고 나되 남이 없음을 살펴 모습에 물든 망녕된 견해를 떠나되 공도 공하므로 공에 머뭄 없이 크나큰 자비를 일으켜 중생을 교화함이다.

진여는 공하여 본래 나고 죽음이 없되 공하므로 온갖 법이 연기한다. 그러므로 나고 죽음에도 머물지 않고 니르바나의 공한 모습에도 머물지 않으니, 이는 법의 성품이 공함과 있음에 모두 머물지 않음을 따라 지혜와 자비를 아울러 닦아 지혜로 번뇌 끊음과 자비로 복덕 닦음을 모두 두렷이 갖춤이다.

둘째 능히 그치는 방편이란 깊은 마음을 의지해 끊되 끊음없이 온갖 잘못을 끊고 온갖 허물을 막아 일으키지 않음이다. 능히 그침이란 아직 짓지 않은 악을 부끄러운 마음으로 일어나지 않게 하고, 이미 지은 악은 뉘우치는 마음으로 다시 짓지 않음이다. 그러나 능히 그침은 억지로 끊고 없애는 그침이 아니라 온갖 잘못과 온갖 번뇌가 본래 공한 진여에 의지하여 끊되 끊음없이 끊음이니, 논은 이 뜻을 '법의 성품이 여러 허물 떠났음을 따른다'고 말한다.

셋째 선근을 일으켜 늘려 키우는 방편이란 깊은 마음을 의지해 닦되 닦음 없이 온갖 착한 행을 닦음이다. 닦음 없이 닦음이란 실로 닦음이 있고 얻음이 있는 닦음이 아니라 번뇌가 본래 공하고 지혜가 본래 어둡지 않은 법의 성품을 의지해 닦음이다. 그러므로 믿음을 굳건히 해 위없는 도를 구함이란 번뇌를 끊고 보리를 구함이 아니라 법의 성품이 본디 깨쳐 있음에 의거해 본디 깨쳐 있음을 역사적 구체성으로 이미 실현한 이들〔三寶〕의 보살핌과 도와줌을 실천의 조건으로 하여 다시 위없는 도에 나아가는 것이니, 이를 논은 '법의 성품이 어리석음의 장애 떠났음을 따름'이라 한다.

넷째 크나큰 원이 평등한 방편이란 크나큰 자비의 마음에 의지해 큰 원력의 방편을 닦음이다. '미래제가 다하도록 중생을 건짐'이란 법의 성품이 끊어짐이 없기 때문이고, '온갖 중생을 건져 나머지가 없게 함'이란 법의 성품이 평등하여 둘이 없어서 넓고 크기 때문이며, '모두 나머지 없는 니르바나를 이루게 함'이란 나와 중생이 모두 본래 고요한 열반의 모습이기 때문이다.

곧 보살은 니르바나의 공함에도 머물지 않으므로 저 중생을 미래제가 다하도록 교화하되 너와 나, 나고 사라짐에도 머물지 않으므로 건지되 건질 바 중생의 모습을 보지 않으니, 자비행과 한량없는 방편행도 끝내 고요한 니르바나 자체가 되기 때문이다.

【실차난타역】
저 방편행에는 간략히 네 가지가 있다.
첫째, 행의 근본이 되는 방편[行根本方便]이다. 이는 곧 온갖 법의 본성품에 남이 없음을 살펴 허망한 견해를 떠나 나고 죽음에 머물지 않고, 또 온갖 법이 인연이 어울려 합해 업의 과보 잃지 않음을 살펴 크나큰 자비를 일으키며, 여러 좋은 행을 닦아 중생을 거두어 교화하여 니르바나에 머물지 않음이니, 진여가 나고 죽음과 니르바나의 모습을 떠났기 때문이다. 이 행을 따름이 근본이 되므로 이것을 근본방편이라 이름한다.
둘째, 능히 그치어 쉬는 방편[能止息方便]이다. 이는 곧 잘못을 부끄러워하고 허물을 뉘우침이니, 이것이 온갖 악한 법을 그쳐 자라나 늘지 않도록 한다. 진여가 온갖 잘못과 허물의 모습을 떠났기 때문에 진여를 따르면 모든 악을 그치니, 이를 능히 그치어 쉬는 방편이라 이름한다.
셋째, 선근을 내 키우는 방편[生長善根方便]이다. 이는 곧 삼보 계신 곳에서 사랑하고 우러르는 마음을 일으켜 높이 모시고 공양하며 머리 숙여 절하고 칭찬하며 따라 기뻐하고 법 설하길 청하면 바른 믿음이 늘어나 자라고 나아가 위없는 보리를 구하게 될 수 있어 부처님과 법보와 승보의 거룩한 힘이 보살피신 바가 됨으로 업의 장애가 깨끗해지고 선근이 물러나지 않게 될 것이다. 진여가 온갖 장애를 떠나 온갖 공덕을 갖추었으므로 진여를 따르면 선근을 닦아 행하므로 이것을 선근을 늘려 키우는 방편이라 이름한다.

넷째, 크나큰 원이 평등한 방편〔大願平等方便〕이다. 이는 곧 서원을 발하여 미래가 다하도록 온갖 중생을 평등하게 빼내 건져 그들을 나머지 없는 니르바나에 편히 머물도록 함이다. 이는 온갖 법의 본성품이 둘이 없기 때문이며, 저것과 이것이 평등하기 때문이고 끝내 고요하기 때문에 진여의 이 세 가지 모습을 따라 큰 서원을 세우는 것이니, 이를 크나큰 원이 평등한 방편이라 이름한다.

彼方便行略有四種 一行根本方便 謂觀一切法本性無生 離於妄見 不住生死 又觀一切法因緣和合 業果不失 起於大悲 修諸善行 攝化衆生 不住涅槃 以眞如離於生死涅槃相故 此行隨順以爲根本 是名根本方便 二能止息方便 所謂慙愧及以悔過 此能止息一切惡法 令不增長 以眞如離一切過失相故 隨順眞如 止息諸惡 是名能止息方便

三生長善根方便 謂於三寶所 起愛敬心 尊重供養頂禮稱讚隨喜勸請正信增長 乃至志求無上菩提 爲佛法僧威力所護 業障淸淨 善根不退 以眞如離一切障 具一切功德故 隨順眞如 修行善業 是名生長善根方便 四大願平等方便 謂發誓願 盡未來際 平等救拔一切衆生 令其安住無餘涅槃 以知一切法本性無二故 彼此平等故 究竟寂滅故 隨順眞如此三種相 發大誓願 是名大願平等方便

(3) 발심의 이익〔發心利益〕

보살은 이 마음을 내므로 조금쯤 법신을 보게 되고, 법신을 보므로 그 원의 힘을 따라 여덟 가지를 나투어 중생을 이익되게 하니, 이른바 도솔천으로부터 물러나 태에 들고, 태에 머물다 태를 벗어나 집을 나와 도를 이루어 법의 바퀴를 굴리다 니르바나에 들어감이다.

그러나 이 보살은 아직 법신이라 이름할 수 없으니, 그는 지나간 한 량없는 세상으로부터 샘이 있는 업을 아직 끊어내지 못하고 그 태어난 바를 따라 작은 괴로움과 서로 응하기 때문이다. 그러나 또한 업에 묶이지는 않으니, 크나큰 원의 자재한 힘이 있기 때문이다.

저 수다라 가운데서 때로 나쁜 갈래 길에 물러나 떨어짐이 있다고 설한 것은 그것이 실로 떨어짐이 아니라 다만 처음 배우는 보살로서 아직 바른 지위에 들어가지 못한 게으른 자들을 위해 두렵게 해서 그들을 용맹스럽도록 하려 하기 때문이다.

또 이런 보살은 한번 바른 마음을 낸 뒤에는 겁내고 약한 마음을 멀리 떠나 끝내 이승의 지위에 떨어짐을 두려워 않게 된다.

만약 한량없고 끝없는 아승지겁을 어려운 행을 부지런히 괴롭게 행해야 니르바나를 얻을 수 있다고 함을 듣고서도 또한 겁내어 약해지지 않으니, 온갖 법이 본래로부터 스스로 니르바나임을 알기 때문이다.

菩薩發是心故 則得少分見於法身 以見法身故 隨其願力 能現八種 利益衆生 所謂從兜率天退 入胎住胎 出胎出家 成道轉法輪 入於涅槃 然是菩薩未名法身 以其過去無量世來 有漏之業未能決斷 隨其所生 與微苦相應 亦非業繫 以有大願自在力故 如修多羅中 或說有退墮惡趣者 非其實退 但爲初學菩薩未入正位 而懈怠者 恐怖令彼勇猛故 又是菩薩 一發心後 遠離怯弱 畢竟不畏墮二乘地 若聞無量無邊阿僧祇劫 勤苦難行 乃得涅槃 亦不怯弱 以信知一切法 從本已來自涅槃故

해 설

여기서는 바른 믿음의 마음을 낸 보살의 공덕과 이익을 말한다. 보살이 바른 믿음을 이루게 되면 법계 그대로의 지혜인 곧은 마음과 성품 그대로의 온갖 착한 행을 닦아가는 깊은 마음, 미래제가 다하도록 중생을 구함 없이 구하려는 크나큰 자비의 마음을 내게 되니, 이 보살이 바로 십신의 믿음을 완성한 뒤 중도의 지혜에 머무른 십주(十住)보살이다. 이 보살은 바른 지혜에로 나아갔지만 아직 육식의 따짐이 있는 지혜〔比觀〕에 의지하므로 법신을 완전히 실현하지는 못한다. 그러나 이미 진여법신을 보고 진리의 문에 들어섰으므로〔少分見法身〕여래의 여덟 가지 모습〔八相〕을 따라 행해 중생을 이익되게 한다.

이 보살은 업식의 움직임이 있어서 능히 앎과 알려지는 바의 모습이 일어나므로 아직 법신이라 이름하지 못하나, 분별하는 식으로 진여(眞如)의 뜻을 알아 진리의 문에 들어섰으므로 업에 묶여 뒤로 물러서지는 않으니, 그에게는 이미 진여법에 대한 믿음이 이루어져 있고 크나큰 원의 자재한 힘이 있기 때문이다.

그는 나되 남이 없는 진여법에 대한 믿음이 있으므로 방편으로 세운 가르침을 듣고 놀라거나 두려워하지 않으며, 치우친 수행자의 좁은 길에 들어서지 않으며, 아승지겁을 괴로운 행 닦아야 니르바나를 얻는다는 말을 듣고도 겁내는 마음 내지 않는다. 왜인가. 그는 저 한량없이 먼 겁이 곧 한 생각을 떠나지 않으며 온갖 법은 나되 남이 없어서 본래 니르바나인 줄 깊이 믿어 알기 때문이다.

【실차난타역】

보살은 이와 같이 마음을 낼 때 곧 조금쯤 부처님의 법신을 보게 되고, 원의 힘을 따라 여덟 가지 일을 나투게 되니, 이른바 도솔천으로부터 내려와 태에 들고, 태에 머물다 태를 벗어나며, 집을 나와 부처를 이루고 법의 바퀴를 굴리다 니르바나에 들어감이다.

그러나 이 보살은 아직 법신이라 이름할 수 없으니, 그는 지나간 한량없는 세상으로부터 샘이 있는 업을 아직 끊어내지 못하였기 때문에 악한 업으로 말미암아 작은 괴로움을 받으나 원의 힘이 붙들어 지니는 바로 업에 오래 묶이지는 않는다.

저 경 가운데서 믿음을 이루어 발심한 보살이 때로 나쁜 갈래 길에 물러나 떨어짐이 있다고 설한 것은 이것이 처음 배우는 마음에 게으름이 많아 바른 지위에 들어가지 못한 이들을 위해 이렇게 말해서 용맹한 뜻을 늘리도록 함이지 실로 그렇다는 말이 아니다.

또 이런 보살은 한번 마음을 낸 뒤에는 스스로 이롭게 하고 남을 이롭게 하려고 여러 괴로운 행을 닦아 오히려 이승의 지위에 떨어짐도 두려워 않는데 하물며 나쁜 삶의 길〔惡道〕이겠는가.

만약 한량없고 끝없는 아승지겁을 갖가지 어려운 행과 괴로운 행을 부지런히 행해야 바야흐로 깨달음을 얻을 수 있다고 함을 듣는다 해도 또한 놀라거나 두려워하지 않으니, 하물며 어찌 이승의 마음을 일으킴이 있으며 나아가 나쁜 삶의 길에 떨어짐이 있겠는가. 온갖 법이 본래로부터 성품이 니르바나임을 결정코 믿기 때문에 그렇지 않은 것이다.

菩薩如是發心之時 則得少分見佛法身 能隨願力現八種事 謂從兜率天宮來下 入胎住胎 出胎出家 成佛轉法輪般涅槃 然猶未得名爲法身 以其過去無量世來 有漏之業未除斷 故或由惡業 受於微苦 願力所持非久被繫 有經中說信成就發心菩薩 或有退墮惡趣中者 此爲初學心多懈怠不入正位 以此語之 令增勇猛 非如實說 又此菩薩 一發心後 自利利他修諸苦行 心無怯弱 尙不畏墮二乘之地 況於惡道 若聞無量阿僧祇劫 勤修種種難行苦行 方始得佛 不驚不怖 何況有起二乘之心 及墮惡趣 以決定信一切諸法從本已來 性涅槃故

2) 바른 앎과 행으로 발심함〔解行發心〕

> (1) 앎과 행의 발심이 더욱 빼어남을 전체적으로 보임〔總標發心勝相〕
> (2) 육바라밀행의 뛰어남을 밝힘〔明六度行勝〕

(1) 앎과 행의 발심이 더욱 빼어남을 전체적으로 보임〔總標發心勝相〕

바른 앎과 행으로 발심함이란 더욱 빼어난 것임을 마땅히 알아야 한다. 이 보살이 처음 바른 믿음을 냄으로부터 첫째의 아승지겁이 다 차려 하기 때문이며, 참되고 한결같은 법 가운데 깊은 앎〔深解〕이 앞에 나타나, 닦는 바에 모습을 떠나기 때문이다.

解行發心者 當知轉勝 以是菩薩從初正信已來 於第一阿僧祇劫 將欲滿故 於眞如法中 深解現前 所修離相

해 설

앞의 바른 믿음을 이루어 발심함은 진여법에 대한 믿음이 갖춰진 뒤 중도의 지혜와 머묾 없는 행에로 들어감이라면, 바른 앎과 행으로 발심함은 행함이 행함 없는 행이 되어 그 실천이 진여인 실천으로 완성〔行海〕됨으로 말미암아 온갖 행을 법계와 중생에 회향하는 지위〔十廻向〕에 들어감이다. 그러므로 앞의 발심보다 더욱 빼어난 것이다.

그 까닭은 무엇인가. 보살이 삼아승지겁을 거쳐야 성불할 수 있다 함은 해탈을 위해 극복하고 지양해야 할 삶의 소외와 고통이 깊고 많음을 길고 먼 시간으로 표현한 것이니, 실체적인 시간 개념이 아니다. 첫째의 아승지겁이란 바른 믿음이 가득 채워져〔十信滿心〕 바른 앎과 행〔解行〕을 일으키되 그 행함이 진여인 행함이 되어 행함이 온통 법계에 회향되는 지위〔十向滿心〕까지의 실천과정을 시간개념으로 보인 것이다. 믿음의 완성〔十信滿心〕을 통해 이룬 바른 지혜는 온갖 법이 연기인 줄 알아 있는 모습에 머물지 않되 공함도 공한 줄 사무쳐 공함에도 머뭄 없이 온갖 착한 일을 일으켜 중생 건지는 행을 다함없이 펼쳐낸다. 그런데 비록 온갖 행을 일으켜 중생을 구제하되 그 행 가운데 능히 구함도 없고 구해지는 바 중생의 모습도 없으므로 행하되 행함이 없는 그 행은 바로 진여인 행이며 법계에 회향되는 행이니, 모습에 집착한 착한 일 지음과는 다르다.

그러므로 진여의 자기작용인 머뭄 없는 행이 이루어질 때 온갖 법은 나의 앎 활동 자체인 법이 되어 법계는 지혜인 법계로 현전한다. 그리고 지혜는 머뭄 없는 행으로 현전하게 되니, 이 뜻을 논은 '진여법 가운데 깊은 앎이 나타나 닦는 모습을 떠난다'고 말한다.

【실차난타역】
바른 앎과 행으로 발심함이란 더욱 빼어난 것임을 마땅히 알아야 한다. 처음 셀 수 없는 겁이 차려 하기 때문이며, 진여 가운데 깊은 이해를 얻기 때문이며, 온갖 행을 닦음에 모두 집착이 없기 때문이다.

解行發心者 當知轉勝 初無數劫將欲滿故 於眞如中 得深解故 修一切行皆無著故

(2) 육바라밀행의 뛰어남을 밝힘〔明六度行勝〕

법의 성품 바탕에 아끼고 탐냄이 없음을 알므로 다나바라밀을 따라 닦아 행하고, 법의 성품에 물듦이 없어 다섯 가지 욕망의 허물 떠난 줄 알므로 시라바라밀을 따라 닦아 행하며, 법의 성품에 괴로움이 없고 성을 내 번뇌함이 없음을 알므로 찬제바라밀을 따라 닦아 행하고, 법의 성품에 몸과 마음의 모습이 없어 게으름 떠난 줄 알므로 비리야바라밀을 따라 닦아 행하며, 법의 성품이 늘 안정되어 바탕에 어지러

움이 없음을 알므로 선나바라밀을 따라 닦아 행하고, 법의 성품의 바
탕이 밝아 밝음 없음 떠난 줄 알므로 반야바라밀을 따라 닦아 행한다.

　　以知法性體　無慳貪故　隨順修行檀波羅密　以知法性無染　離五欲過故
隨順修行尸羅波羅蜜　以知法性無苦　離瞋惱故　隨順修行羼提波羅密　以知
法性無身心相　離懈怠故　隨順修行毗梨耶波羅蜜　以知法性常定　體無亂故
隨順修行禪波羅蜜　以知法性體明　離無明故　隨順修行般若波羅蜜

　해 설

　　닦음에 닦는 바 모습을 떠남이란 그 닦음이 그대로 법계에 회향되는
행이자 진여 그대로의 행이 됨을 말한다. 이것은 곧 법의 성품이 공하되
온갖 행과 공덕 갖춤을 알아 법의 성품을 따라 닦음 없이 바라밀행을 닦
는 것이다.
　　이와 같이 닦음 없이 법의 성품을 따라 닦아가는 여섯 가지 바라밀행
은 법의 성품 가운데 온갖 떠날 바 물듦과 장애와 어리석음이 본래 공적
하므로 이미 온갖 장애와 괴로움의 바다를 건넌 것이며, 법의 성품 가운
데 온갖 이루어야 할 바 공덕과 해탈의 작용이 갖추어져 있으므로 이미
니르바나의 저 언덕에 이르른 것이다.
　　곧 법의 성품 그대로 닦음 없이 닦는〔稱性而修〕바라밀행이야말로 가
리사(家裏事)에 앉아 도중사(途中事)를 일으키며, 도중사(途中事) 가운
데서 가리사(家裏事)를 이미 굴려 씀이다. 닦음에 닦는 모습이 사라질
때가 바로 닦음이 온통 성품이 되는 때〔全修卽性〕이며, 성품이 공하되
공하지 않은 줄 알아 성품인 행을 일으킴 없이 일으킬 때가 성품이 온통
닦음이 되는 때〔全性起修〕인 것이다.

　【실차난타역】

이 보살은 법의 성품이 아끼고 탐냄의 모습 떠나 이것이 깨끗하게 베푸는 바라밀이라 알므로 다나바라밀을 따라 닦아 행하고, 법의 성품이 다섯 가지 욕망의 경계 떠나 계 깨뜨리는 모습이 없어 이것이 깨끗하게 계 지니는 바라밀이라 알므로 시라바라밀을 따라 닦아 행하며, 법의 성품에 괴로움이 없고 성을 내 해치는 모습 없어 이것이 깨끗하게 참는 바라밀이라 알므로 찬제바라밀을 따라 닦아 행하고, 법의 성품에 몸과 마음의 모습이 없어 게으름 없어 이것이 깨끗한 정진바라밀이라 알므로 비리야바라밀을 따라 닦아 행하며, 법의 성품에 움직임이 없고 어지러움이 없어 이것이 깨끗한 선바라밀이라 알므로 선나바라밀을 따라 닦아 행하고, 법의 성품이 여러 어리석음과 어두움을 떠나 이것이 깨끗한 지혜바라밀이라 알므로 반야바라밀을 따라 닦아 행한다.

此菩薩知法性離慳貪相 是淸淨施度 隨順修行檀那波羅蜜 知法性離五欲境 無破戒相 是淸淨戒度 隨順修行尸羅波羅蜜 知法性無有故苦惱離瞋害相 是淸淨忍度 隨順修行羼提波羅蜜 知法性離身心相無有懈怠 是淸淨進度 隨順修行毗梨耶波羅蜜 知法性無動無亂 是淸淨禪度 隨順修行禪那波羅蜜 知法性離諸癡闇 是淸淨慧度 隨順修行般若波羅蜜

3) 법신을 증득하여 발심함〔證發心〕

---
(1) 발심의 바탕을 밝힘〔明發心體〕
(2) 발심의 모습을 밝힘〔明發心相〕
(3) 발심하여 이루는 덕〔成滿之德〕
---

(1) 발심의 바탕을 밝힘〔明發心體〕

> ① 지위와 행의 바탕을 밝힘〔明地位與行體〕
> ② 뛰어난 작용을 밝힘〔明勝用〕

① 지위와 행의 바탕을 밝힘〔明地位與行體〕

법신을 증득하여 발심함이란 깨끗한 마음의 지위〔淨心地〕로부터 나아가 보살의 맨끝의〔究竟〕 지위에 이르기까지 무슨 경계를 깨쳐 얻는 것인가. 이른바 참되고 한결같음〔眞如〕이니 능히 아는 식〔轉識〕을 의지하여 경계라고 말하지만, 이렇게 깨쳐 얻음이란 얻을 바 경계가 없고 오직 참되고 한결같은 지혜〔眞如智〕이므로 법신이라 이름한다.

證發心者 從淨心地 乃至菩薩究竟地 證何境界 所謂眞如 以依轉識 說爲境界 而此證者 無有境界 唯眞如智 名爲法身

해 설

앞의 지혜의 지위〔十住〕와 행의 지위〔十行〕, 회향의 지위〔十廻向〕에서도 이미 진여 그대로의 닦음을 이루지만, 아직 분별하는 식을 의지해 진여를 살피는 지혜〔比觀〕의 자취가 남아 있으면, 그 행은 능히 앎과 알려지는 바가 끊어진 법신의 지위가 되지 못한다.

십지(十地)의 첫 지위〔初地〕인 깨끗한 마음의 지위〔淨心地〕에서 맨끝의 지위〔究竟地〕까지에서 능히 앎과 알려지는 바의 경계가 끊어져 법신(法身)을 이루므로 이때 비로소 참되고 한결같은 경계를 깨쳐 얻음이 되는 것이다. 이제 참되고 한결같은 경계를 얻은 법신의 지위에서 법신의 고요함에 머물지 않고 진여의 큰 작용〔眞如大用〕을 다시 발하므로 법신을 증득하여 발심함이라 한다.

법신의 지위에서 참되고 한결같은 경계를 얻음이란 무슨 뜻인가. 참되고 한결같음은 제8식의 능히 앎〔轉識〕과 알려지는 바〔現識〕가 있되 있지 않음을 말한다. 그러나 제8식의 능히 앎과 알려지는 바는 그 있음이 곧 있음 아님이므로 있되 있지 않지만 없되 없지도 않다. 그러므로 능히 아는 식이 없지 않음을 잡아서 모습에 모습 없는 경계를 얻음이라 이름하니, 이 뜻을 논은 '능히 아는 식〔轉識〕을 의지하여 경계라고 말한다'고 한다. 그에 대해 능히 아는 식이 있지 않음을 잡아서는 능히 앎도 없고 알려지는 바도 없어서 오직 진여인 지혜만이 드러나므로 논은 이를 법신이라 이름하는 것이다.

【실차난타역】

법신을 증득하여 발심함이란 깨끗한 마음의 지위〔淨心地〕로부터 나아가 보살의 맨 끝의 지위〔究竟地〕에 이르기까지 무슨 경계를 깨쳐 얻는 것인가. 이른바 참되고 한결같음〔眞如〕이니 능히 아는 식〔轉識〕을 의지하여 경계라고 말하지만, 진실하게 깨침 가운데에는 경계의 모습이 없는 것이다.

證發心者 從淨心地 乃至菩薩究竟地 證何境界 所謂眞如 以依轉識說爲境界 而實證中 無境界相

② 뛰어난 작용을 밝힘〔明勝用〕

이 보살은 한 생각 사이에 시방의 나머지 없는 세계에 이르러 모든 부처님께 공양하고 법의 바퀴 굴려주길 청하니, 이는 오직 중생을 열어 이끌어 이익되게 하기 위함이지 문자를 의지함이 아니다.

때로는 지위를 떠나 빨리 바른 깨침 이룸을 보이니 겁 많고 약한 중생을 위하기 때문이고, 때로 '나는 한량없는 아승지겁에 마땅히 부처님의 도를 이룬다'고 말하니 게으른 중생을 위하기 때문이다.

이와 같이 셀 수 없는 방편을 보일 수 있음이 이루 생각할 수 없고 말할 수 없지만, 실로 보살은 종성과 근기가 평등하고 발심이 곧 평등하고 깨쳐 얻은 바도 또한 평등하여서 뛰어나 벗어나는 법이 없으니, 온갖 보살은 모두 세 아승지겁을 거치기 때문이다.

다만 중생 세계가 같지 않으며 보는 바와 듣는 바, 근기와 하고자 함과 성질이 다름을 따르므로 행하는 바를 보임에도 또한 다름이 있는 것이다.

是菩薩於一念頃 能至十方無餘世界 供養諸佛 請轉法輪 唯爲開導利益 衆生 不依文字 或示超地速成正覺 以爲怯弱衆生故 或說我於無量阿僧祇 劫 當成佛道 以爲懈慢衆生故 能示如是無數方便 不可思議 而實菩薩種性 根等 發心則等 所證亦等 無有超過之法 以一切菩薩 皆經三阿僧祇劫故 但隨衆生世界不同 所見所聞根欲性異 故示所行 亦有差別

해 설

위에서처럼 능히 앎과 알려지는 바의 모습이 끊어지면 곧 법신을 얻음이다. 그러나 비록 능히 아는 식과 알려지는 모습이 모두 공함을 알아 법신을 얻었으나 업식의 움직임이 아주 끊어지지 않으면 진여의 큰 작용이 현전하지 못하므로 법신의 지위에서 발심하여 진여의 큰 작용을 드러낸다.

보살이 한 생각에 온 시방에 이르러 온갖 부처님께 공양하고 법의 바퀴 굴리기를 청하여 중생을 이익되게 함은 바로 진여의 빼어나고 큰 작용을 나타냄이다. 진여의 큰 작용이란 한 생각과 한량없는 겁, 하나와 온갖 것, 나와 너가 막힘 없고 걸림 없는 법계가 온전히 드러남이며, 이루 말로 한정할 길 없고 생각으로 제약할 수 없는 삶의 본래적인 해탈의 작용〔不思議業用〕을 온전히 발함이라 문자를 의지함이 아닌 것이다.

그 다음 빨리 깨침 이룸을 보이기도 하고 오랜 세월 닦아야 도를 이룬다고 말하기도 함이란 법신을 증득하여 진여의 작용을 드러낸 보살이 진여의 공덕과 작용에 의지해 중생을 위해 방편법(方便法)과 실상법(實相法)을 자재하게 열어 보임을 말한다. 그러나 비록 이 보살이 중생의 근기와 종성에 따라 한량없는 방편을 보이고 때로 바로 깨침〔頓悟〕과 때로 오래 닦아서 이룸〔修成〕을 보이지만, 멀고 가까움이 한 때이고 종성과 근기도 평등하며 발심과 깨쳐 얻은 바도 평등한 것이다.

그것은 왜인가. 바른 믿음으로 앎과 행을 이루고, 법계 회향을 이루며, 법신을 얻어 진여의 작용 드러내는 실천의 인과가 없지 않음을 잡아 삼아승지겁을 말하나, 실천의 인과가 온통 진여의 연기임을 알면 멀고 가까움이 한 때인 것이다. 다만 본래 깨끗함을 관념적으로 믿어 실천적 노력이 없는 이들을 위해서는 삼아승지겁을 닦아서 깨달음을 이룬다고 말하고, 닦아서 아득히 먼 뒷날 성불한다고 생각하는 이들에게는 바로 서 있는 이 자리에 이미 이루어져 있음을 보이는 것이다.

곧 중생의 종성과 근기가 차별됨을 따라 갖가지 방편을 지어보이지만, 모습으로 차별된 중생의 종성과 근기가 모두 여래장(如來藏)이며, 보살의 방편이 모두 짓되 지음 없는 진여의 활동인 줄 알면 종성과 근기가 평등하고 방편이 끝내 평등한 것이다. 그리고 다시 온갖 중생의 번뇌와 무명의 물듦이 깊고 얕음에 따라 중생 따라 발심이 다르고 깨쳐 얻어감의 인과가 차별되지만, 번뇌와 무명이 본래 공한 진여의 본디 깨침〔本覺〕에서 보면 중생의 모든 발심이 평등하고 깨쳐 얻은 바도 또한 평등한 것이다.

【실차난타역】

이 보살은 분별없는 지혜로 말을 떠난 진여의 법신을 깨쳐 얻으므로 한 생각 사이에 시방의 온갖 세계에 두루 가서 모든 부처님께 공양하고 법의 바퀴 굴려주길 청하니, 이는 오직 중생을 위해 이익을 짓기 위함이지 아름답고 좋은 소리 받아들길 구함이 아니다.

 때로는 겁 많고 약한 중생을 위하므로 큰 정진을 보여 한량없는 겁을 뛰어넘어 빨리 바른 깨침을 이루며, 때로는 게으른 중생을 위하므로 한량없는 아승지겁을 지내 오래 괴로운 행을 닦고서야 바야흐로 부처를 이룬다.

 이와 같이 셀 수 없는 방편을 보임은 모두 온갖 중생을 요익하기 위함이라 실로 보살의 종성과 여러 근기의 발심과 깨달음 얻는 것이 모두 평등하여 뛰어넘는 법이 없으니, 반드시 세 무수겁을 거쳐서 바른 깨침 이루기 때문이다.

 다만 중생 세계가 같지 않으며 보는 바와 듣는 바, 근기와 하고자 함과 성질이 다름을 따르므로 닦아 행하는 바를 보임도 갖가지로 차별되는 것이다.

 此菩薩以無分別智 證離言說眞如法身故 能於一念 徧往十方一切世界 供養諸佛 請轉法輪 唯爲衆生而作利益 不求聽受美妙音詞 或爲怯弱衆生故 示大精進 超無量劫 速成正覺 或爲懈怠衆生故 經於無量阿僧祇劫 久修苦行 方始成佛 如是示現無數方便 皆爲饒益一切衆生 而實菩薩種性 諸根發心作證皆悉同等 無超過法 決定皆經三無數劫 成正覺故 但隨衆生世界不同 所見所聞根欲性異 示所修行種種差別

 (2) 발심의 모습을 밝힘〔明發心相〕

 또 이 보살이 발심하는 모습은 세 가지 마음의 미세한 모습이 있으니 어떤 것이 세 가지인가.

 첫째 참마음〔眞心〕이니 분별이 없기 때문이고, 둘째 방편의 마음〔方便心〕이니 스스로 두루 행해 중생을 이익되게 하기 때문이며, 셋째 업식의 마음[業識心]이니 미세하게 일어나고 사라지기 때문이다.

又是菩薩發心相者 有三種心微細之相 云何爲三 一者眞心 無分別故 二者方便心 自然徧行 利益衆生故 三者業識心 微細起滅故

해 설

 법신을 얻은 십지 위의 보살은 비록 진여를 깨달아 능히 앎과 알려지는 바의 모습을 벗어났으나, 아직 업식의 움직임이 있으므로 붇다와 같지 않다.
 첫째 참마음이란 일을 분별하는 식[分別事識]이 허망한 경계를 집착함이 없기 때문에 허망한 경계가 사라진 참마음을 말한다.
 둘째 방편의 마음이란 이미 진여를 알아 허망한 경계가 없지만 공에 떨어짐이 없이 세속의 나고 사라지는 모습을 비추고 갖가지 방편을 일으켜 중생을 건지기 때문이다.
 셋째 업식의 마음이니 능히 앎과 알려지는 바가 본래 공함을 알았으나 아직 업식의 움직임이 있는 마음이다. 그러나 참으로 진여법을 알아 나고 사라짐을 두려워하지 않는 보살은 업식의 움직임에 본래 나는 모습이 없음을 사무쳐서 업식의 미세한 움직임을 부사의한 보살의 근본업의 작용[不思議業用]으로 되돌려 쓸 수 있을 것이다.

【실차난타역】
 이렇게 법신을 증득하여 발심함에는 세 가지 마음이 있다.
 첫째 참마음[眞心]이니 분별이 없기 때문이고, 둘째 방편의 마음[方便心]이니 스스로 온전히 남을 이익되게 하기 때문이며, 셋째 업식의 마음[業識心]이니 미세하게 일어나고 사라지기 때문이다.

此證發心中 有三種心 一眞心 無有分別故 二方便心 任運利他故 三業

識心 微細起滅故

(3) 발심하여 이루는 덕〔成滿之德〕

```
① 뛰어난 덕을 바로 드러냄〔正顯勝德〕
② 묻고 답해 의심을 없애줌〔問答除疑〕
```

① 뛰어난 덕을 바로 드러냄〔正顯勝德〕

또 이 보살은 공덕이 이루어져 가득해지면 색구경처에 온갖 세간 가운데 가장 높고 큰 몸을 보인다. 이는 곧 한 생각에 서로 응하는 지혜로써 무명이 단박 다하므로 이를 일체종지라 하니, 이 지혜에는 스스로 부사의한 업이 있어 시방에 나타나 중생을 이익되게 한다.

又是菩薩 功德成滿 於色究竟處 示一切世間最高大身 謂以一念相應慧 無明頓盡 名一切種智 自然而有不思議業 能現十方利益衆生

해 설

보살의 공덕이 이루어 채워짐이란 온갖 물듦과 업식의 움직임이 다해 진여의 성품에 갖춰진 공덕을 온전히 새롭게 실현함이다. 색구경처 가운데 세간에서 가장 높고 큰 몸을 나타낸다는 것은 여래의 과덕이 관념적이고 환상적인 해탈의 세계가 아니라 감성적으로 확신될 수 있으며, 현실 속에 현실의 질곡과 괴로움이 사라진 공덕의 몸으로 구체화됨을 말한다.

이와 같이 구체적으로 성취된 공덕의 몸이란 어떤 초월적이고 선험적인 존재가 아니다. 그 몸은 세계의 실상 그대로의 지혜인 몸이며 진여 자체인 몸 아닌 몸이다. 그러므로 해탈의 몸은 중생을 이익되게 하는 부사의한 업의 활동 해탈의 작용으로 주어지니, 논은 이 뜻을 '무명이 다한 일체종지라 이 지혜에는 스스로 부사의한 업이 있어 사방에 나타나 중생을 이익되게 한다'고 말한다.

【실차난타역】

또 이 보살은 복덕 지혜 이 두 가지 장엄이 모두 두렷이 채워지면 색구경처에서 온갖 세간 가운데 가장 높고 빼어난 몸을 얻는다. 이는 곧 한 생각에 서로 응하는 지혜로써 무명의 뿌리를 단박 빼내 일체종지를 갖춤이니, 스스로 온전히 부사의한 업이 있어 시방 한량없는 세계에서 널리 중생을 교화한다.

又此菩薩 福德智慧 二種莊嚴悉圓滿已 於色究竟 得一切世間最尊勝身 以一念相應慧 頓拔無明根 具一切種智 任運而有不思議業 於十方無量世界 普化衆生

② 묻고 답해 의심을 없애줌〔問答除疑〕

가. 일체종지를 묻고 답함

묻는다. 허공이 끝이 없으므로 세계가 끝이 없고, 세계가 끝이 없으므로 중생이 끝 없으며, 중생이 끝 없으므로 마음이 행하는 차별도 또한 다시 끝이 없어서 이와 같은 경계가 이루 나눌 수 없고 알기 어렵고 풀기 어렵다.

만약 무명이 끊어지면 마음의 생각도 없는데, 어떻게 사무쳐 알아 일체종지라 이름할 수 있는가.

답한다. 온갖 경계는 본래 한마음이라 생각을 떠났는데, 중생이 망녕되이 경계를 보므로 마음에 나뉘어짐이 있게 되고, 망녕되이 생각을 일으켜 법의 성품에 하나되지 못하므로 뚜렷이 사무쳐 알 수 없는 것이다.
 여러 부처님 여래는 보는 모습을 떠나 두루하지 않는 바가 없으니, 마음이 진실하기 때문이다. 곧 이것이 모든 법의 성품이니 스스로의 바탕이 온갖 망녕된 법을 드러내 비추고 큰 지혜가 한량없는 방편을 씀이 있어서 여러 중생이 응하는 바를 따라 앎을 얻어 갖가지 법의 뜻을 모두 열어 보일 수 있다. 그러므로 일체종지라 이름할 수 있다.
 問曰 虛空無邊故 世界無邊 世界無邊故 衆生無邊 衆生無邊故 心行差別亦復無邊 如是境界不可分齊 難知難解 若無明斷 無有心想云何能了名一切種智
 答曰 一切境界本來一心 離於想念 以衆生妄見境界故 心有分齊 以妄起想除則現衆生亦爾 心未離垢 法身不現 離垢則現念不稱法性故 不能決了 諸佛如來離於見相 無所不徧 心眞實故 卽是諸法之性 自體顯照一切妄法 有大智用無量方便 隨諸衆生所應得解 皆能開示種種法義 是故得名一切種智

 해 설
 무명이 사라지면 생각 없음〔無念〕이 된다. 그런데 어떻게 생각이 없는데 한량없는 세계와 중생과 중생의 마음의 차별을 알 수 있는 것인가.
 생각 없음은 생각에 생각 없음이다. 생각에 능히 앎이 있으면 아는 바가 있고, 아는 바가 있으면 알지 못한 바가 있게 된다. 그러나 생각에 생각이 없으면 그 앎 활동은 알지 못할 바가 없어서 두루하지 않는 바가 없게 된다.
 지금 앎 활동에서 능히 앎과 아는 바의 모습을 떠나면 앎이 앎 없음이 되므로 진여를 드러내 비추어 온갖 곳에 두루하게 되니, 이것이 온갖 것의 진여(眞如)를 사무치는 지혜〔一切智〕이다. 그러나 앎 없음은 다만 앎 없음이 아니라 앎 없기 때문에 능히 알지 못하는 바가 없게 되므로 세간의 나고 사라짐을 비추어 온갖 차별법을 사무치니, 이것이 진여의 공함에도 머뭄 없이 참된 도의 씨앗을 이루는 지혜〔道種智〕이다. 도종지가 이처럼 앎 없음에 앎 없음도 없이 능히 온갖 법을 사무쳐 알되 그 앎도 또한 공적한 것이니, 앎 활동에서 앎과 앎 없음의 자취를 모두 뛰어넘으면 이것이 온갖 법의 씨앗을 두렷이 사무친 지혜〔一切種智〕인 것이다.

이렇게 보면 일체지·도종지·일체종지란 따로 따로 있는 지혜이거나 차례로 얻는 지혜가 아닌 것이니, 그 이름들은 중생의 병을 막기 위해 세워진 이름일 뿐이다. 곧 일체지의 모습 없음에 집착하지 않음이 도종지이고, 도종지의 모습 있음에도 다시 머물지 않아 일체지와 도종지를 모두 막고〔雙遮〕 모두 살림〔雙照〕이 일체종지이니, 일체종지는 바로 생각 없음〔無念〕을 통달하는 그 자리에 나의 삶 속에 원만히 갖춰지는 것〔一心三智〕이다.

【실차난타역】

묻는다. 허공이 끝이 없으므로 세계가 끝이 없고, 세계가 끝이 없으므로 중생이 끝 없으며, 중생이 끝 없으므로 마음이 행하는 차별도 또한 다시 끝이 없어서 이와 같은 경계가 이루 나눌 수 없고 알기 어렵고 풀기 어렵다.

만약 무명이 끊어지면 길이 마음의 모습이 없는데, 어떻게 온갖 진리의 씨앗을 사무쳐 알아 일체종지를 이룰 수 있는가.

답한다. 온갖 허망한 경계는 본래부터 이치는 실로 오직 한마음을 성품으로 삼는데 온갖 중생은 허망한 경계를 집착하여 온갖 여러 법의 제일의의 성품을 알 수 없는 것이다.

여러 부처님 여래는 집착이 없어서 모든 법의 진실한 성품을 드러낼 수 있고, 크나큰 지혜가 있어 온갖 물들고 깨끗함의 차별을 드러내 비추며, 한량없고 끝없는 좋은 방편으로써 마땅히 그 응하는 바를 따라서 중생을 이익되게 하고 기쁘게 한다. 그러므로 허망한 생각의 마음이 사라져서 온갖 진리의 씨앗을 사무쳐서 일체종지를 이루는 것이다.

問 虛空無邊故 世界無邊 世界無邊故 衆生無邊 衆生無邊故 心行差別 亦復無邊 如是境界無有齊限 難知難解 若無明斷 永無心相 云何能了一切種 成一切種智

答 一切妄境 從本已來理實唯一心爲性 一切衆生執著妄境 不能得知一切諸法第一義性 諸佛如來無有執著 則能現見諸法實性 而有大智 顯照一切染淨差別 以無量無邊善巧方便 隨其所應利樂衆生 是故妄念心滅 了一切種 成一切種智

나. 부사의한 업을 묻고 답함

또 묻는다. 만약 여러 부처님에게 스스로 그러한 업이 있어 온갖 곳에 나타나 중생을 이익되게 할 수 있는 것이라면, 온갖 중생은 그 몸을 보거나 신묘한 변화를 보거나 그 말씀을 듣거나 이익 얻지 못함이 없을 것이다. 그런데 왜 세간에서는 많이들 볼 수 없는가.

답한다. 여러 부처님 여래의 법신은 평등하여 온갖 곳에 두루해서 짓는 뜻이 없다. 그러므로 스스로 그러한 업이라 말한다. 다만 중생의 마음을 의지하여 나타나니 중생의 마음은 거울과 같다. 거울에 때가 있으면 빛깔 모습이 나타나지 않는데, 이와 같이 중생의 마음에 만약 때가 있으면 법신이 나타나지 않기 때문이다.

又問曰 若諸佛有自然業 能現一切處 利益衆生者 一切衆生 若見其身 若觀神變 若聞其說 無不得利 云何世間多不能見

答曰 諸佛如來法身 平等徧一切處 無有作意 故說自然 但依衆生心現 衆生心者 猶如於鏡 鏡若有垢 色像不現 如是衆生心若有垢 法身不現故

해 설

여래의 부사의한 업의 작용이란 무엇이며, 중생은 왜 이루 말할 수 없고 생각할 수 없는 여래의 해탈의 작용을 보지 못하는가.

생각에 생각 없음을 체달하여 일체지를 이루면 지혜는 법계인 진여가 되고, 생각 없음도 다시 공함을 구현하여 도종지를 이루면 지혜는 만상의 모습을 두루 비치어 진여인 법계가 된다. 다시 지혜는 생각과 생각 없음이 모두 없으므로 생각과 생각 없음을 함께 떠나 일체종지를 이루면 그 지혜는 법계 그대로의 부사의한 업의 작용이 되니, 여래의 일체종지는 법계의 움직임이되 고요하고 고요하되 움직이는 세계운동 자체로 드러난다.

그러므로 이제 중생이 생각 없음에 바로 돌아가면 진여법계에 들어가 법계에 항상하는 여래의 부사의한 해탈의 활동을 보게 될 것이지만, 생각에 움직임이 있으면 생각에 물든 망녕된 경계만을 볼 것이다.

중생이 비록 보지 못하지만 늘 나타나 있는 여래의 참몸과 해탈의 작용을 『화엄경』은 이렇게 말한다.

부처님 몸 시방 속에 널리 두루해
널리 온갖 중생 앞에 나타나시네.
경계 따르고 중생의 부름 따라서
두루하지 않으심 없으시지만
깨달음의 이 자리에 항상 계시네.

佛身普遍十方中　普現一切衆生前
隨緣赴感靡不周　而恒處此菩提座

【실차난타역】
　또 묻는다. 만약 여러 부처님에게 끝없는 방편이 있어서 시방에서 스스로 온전히 중생을 이익되게 할 수 있는 것이라면, 왜 온갖 중생은 늘 부처님을 뵙지 못하고 때로 신묘한 변화를 보지 못하고 법 설함을 듣지 못하는가.
　답한다. 여래에게는 실로 이와 같은 방편이 있으나 다만 반드시 중생의 그 마음이 깨끗해짐을 기다려 몸을 나투신다. 이는 마치 거울에 때가 있으면 물질의 모습이 나타나지 않다가 때가 없어지면 곧 나타남과 같다. 중생도 또한 그러하여 마음이 아직 때를 떠나지 못하면 법신이 나타나지 않다가 때를 떠나면 곧 나타나는 것이다.

　問　若諸佛有無邊方便　能於十方　任運利益諸衆生者　何故衆生　不常見佛　或覩神變　或聞說法
　答　如來實有如是方便　但要待衆生其心淸淨乃爲現身　如鏡有垢　色像不現　垢　除則現衆生亦爾　心未離垢　法身不現　離垢則現

제4장 수행과 믿음의 가름〔修行信心分〕

　　중생의 못 깨침과 여래의 새로 깨침과 본디 깨침이 모두 자성이 없으므로 중생은 못 깨침을 돌려 새로 깨침에 나아갈 수 있으며, 여래는 새로 깨침에 머묾 없이 법계와 중생에 그 깨침의 공덕을 회향하는 것이다. 끊어야 할 바 중생의 못 깨침이 자성이 없고, 얻어야 할 바 새로 깨침 또한 자성이 없어서 본디 깨침을 여의지 않으므로 보살의 깨쳐가는 행 곧 여섯 가지 바라밀행 또한 자성이 없어서 허깨비 같은 실천행인 것이니, 닦되 닦음 없이 닦을 때 그 닦음은 깨달음에 나아가는 원인의 행〔因行〕이자 깨달음의 자기 도습〔果德〕이 되는 것이다.

　　여섯 가지 바라밀행으로 깨달음이 구현되지만, 여섯 가지 바라밀행이 바로 깨달음의 완성이 되는 것이니, 화엄은 이런 뜻을 '보현의 행으로 보디를 완성한다〔以普賢行 悟菩提〕'고 말한다.

제1절 사람에 나아가 믿음과 수행의 뜻을 나타냄〔就人標意〕
제2절 법을 잡아 널리 설함〔約法廣辨〕
제3절 물러섬을 막는 방편을 보임〔顯防退方便〕

제1절 사람에 나아가 믿음과 수행의 뜻을 나타냄〔就人標意〕

　　대승의 뜻을 풀이하는 가름에서 한마음의 두 가지 문이 중도라 서로 같음도 아니고 다름도 아님을 열어 보이고, 다음 깨뜨릴 바 집착과 보살의 발심을 말한 뒤 이제 닦아 행해가는 실천의 길을 열어보인다.
　　이미 보살의 발심을 말하고 보살의 발심이 법성 그대로의 바라밀행임을 이미 말했는데, 다시 믿음과 닦아 행함을 자세히 말함은 무엇 때문인가.
　　그것은 아직 진리에 그 뜻이 안정되지 못한 중생이 진리에 대해 회의하거나 진리의 길에 물러서지 않도록 그들을 북돋우고 그들을 일깨워 해탈의 실천에 나아가도록 하기 위함이다. 그러므로 이 단의 법문이 뜻이 진리에 바르게 안정되지 못한 중생을 의지하여 세워졌음을 말한다.

바르게 안정하지 못한 중생을 위해 설함을 보임〔示依未入正定聚衆生說〕

이미 풀이한 가름을 말했으니, 다음에 수행과 믿는 마음의 가름을 말하겠다. 이 가운데서는 아직 뜻이 바르게 안정된 무리에 들지 못한 중생에 의지하므로 수행과 믿는 마음을 말하는 것이다.

次說修行信心分 是中依未入正定聚衆生故 說修行信心

해 설

바른 뜻을 풀이하여 마하야나를 밝히고 잘못된 집착을 가려보여 발심하도록 권한 다음, 이제 수행과 믿음의 가름〔修行信心分〕에서는 물러설 바 없는 믿음의 길을 보여 아직 바르게 뜻이 안정되지 못한 무리들을 일으켜 세워 마하야나에 바른 믿음을 내도록 하고 여섯 가지 바라밀행을 닦도록 한다.

그러므로 먼저 앞에서 보인 바 근기가 낮고 발심의 뜻이 정해지지 않은 무리들이 이승의 치우친 길에 떨어질까 걱정하여 이 법문을 열어낸 것이니, 회의하고 동요하는 이들에게 수행과 믿음의 방편을 말해줌으로써 마하야나에 큰 믿음을 일으켜 진리 가운데 바르게 안정하도록 하는 것이다.

【실차난타역】

어떻게 믿음을 닦아 익히는가. 이는 아직 바른 안정에 들지 못한 중생에 의지하여 말하는 것이다.

云何修習信分 此依未入正定衆生說

제2절 법을 잡아 널리 밝힘〔約法廣辨〕

먼저 수행과 믿음에 관한 이 법문이 아직 진리에 뜻이 안정되지 못한 중생을 위한 것임을 말한 뒤, 믿음과 수행의 구체적인 내용을 열어보인다. 믿음과 수행은 네 가지 믿음〔四信〕과 다섯 가지 행〔五行〕으로 요약된다. 그런데 다섯 가지 행 가운데 지관문(止觀門)이 선정과 지혜의 문으로 다시 표현될 수 있으니, 『기신론』의 다섯 가지 행은 곧 여섯 가지 바라밀행을 다섯 행으로 보인 것이다.

믿음과 행은 서로 인과관계를 이룬다. 바른 믿음이 채워질 때 다섯 가지 행이 일어나지만, 다섯 가지 행이 행 없는 행으로 전환되어 깨달음이 나의 삶 활동 밖에 소외된 대상이 되지 않을 때 비로소 진리에 대한 진정한 자기확신이 이루어진다. 그러므로 믿음은 행의 원인이지만 다시 바른 행의 결과로 주어지는 것이다.

제1항 두 가지 물음을 일으킴〔興起二門〕
제2항 믿음과 수행 두 가지를 답해 보임〔答修行信心〕

제1항 두 가지 물음을 일으킴〔興起二問〕

    믿음은 실천의 토대가 된다. 그러므로『화엄경』은 믿음이 채워진 끝자리〔十信滿心〕가 곧 진리의 자리에 머무는 첫 자리〔初發心住〕가 되며, 진리에 머무는 첫 자리와 구경의 깨달음이 서로 인과를 이룰 뿐 아니라 본디 깨침을 떠나지 않으므로 처음 바른 마음을 낼 때가 곧 바른 깨침 이룰 때라고 말한다.
    이에 논주는 진리의 땅에 발을 대지 못하고 끝없는 회의와 심리적인 동요 속에 헤매는 중생에게 바른 믿음을 세워주고 바른 실천에 나아갈 수 있도록 스스로 물음을 던져 그 해답을 준다.

바른 믿음과 수행을 물음〔問正信心修行〕

어떤 것이 믿음의 마음이며 어떻게 수행하는가.

何等信心 云何修行

해 설

약이 병을 낫게 하기 위해 있듯, 법은 중생의 병을 다스리기 위해 세워진다. 그러므로 이제 아직 진여법에 바른 믿음의 뜻을 정하지 못하고 진리의 문 밖에서 서성이며 법계 그대로의 바른 실천을 일으키지 못한 중생을 위해 진리에 대한 확신과 바른 실천적 삶이 무엇인지 보이기 위해 먼저 물음을 일으키고 있다.

삶에 관한 주체적인 물음이 묻는 자 스스로의 실천적 해답을 준다. 그러므로 바른 믿음과 수행이 무엇인가를 묻는 논주의 물음을 접하는 수행자들은, 이 물음을 스스로의 삶의 물음으로 받아들여 물음의 해답을 스스로 만들어가야 한다.

【실차난타역】

어떤 것이 믿음이며 어떻게 닦아 익히는가.

何者爲信心 云何而修習

제2항 믿음과 수행 두 가지를 답해 보임〔答修行信心〕

    법은 실천적인 물음을 통해 난다. 그러므로 논주는 이제 진리의 문 밖에 서성이는 무리들을 위해 믿음과 수행의 길을 스스로 묻고 바른 믿음과 수행을 스스로 답해 보인다.
    믿음은 다른 그 어떤 법을 따로 믿음이 아니라 삶의 실상인 진여법 자체를 바로 믿고 불·법·승 삼보가 바로 진리의 역사적 구현체임을 믿어 불·법·승 삼보를 삶과 수행의 의지처로 삼음이다.
    수행이란 법계 진리 그대로의 실천적 발현인 여섯 가지 바라밀행 닦아감을 말하니, 여섯 가지 바라밀행을 닦음 없이 닦는 것이 수행의 요체인 것이다.

---

1. 믿음의 마음을 밝힘〔明信心〕
2. 수행을 밝힘〔明修行〕

1. 믿음의 마음을 밝힘〔明信心〕

간략히 믿음의 마음을 말하면 네 가지가 있으니, 어떤 것이 네 가지인가.

첫째, 근본을 믿음이니 이른바 참되고 한결같은 법을 즐거이 생각하기 때문이다.

둘째, 부처님께 한량없는 공덕이 있음을 믿음이니, 늘 부처님을 몸소 가까이 공양하고 공경하며 선근을 일으켜 일체지를 구하려 하기 때문이다.

셋째, 법에 크나큰 이익이 있음을 믿음이니, 늘 여러 바라밀 수행할 것을 생각하기 때문이다.

넷째, 승가는 바르게 수행하여 스스로를 이롭게 하고 남을 이롭게 한다고 믿음이니, 늘 여러 보살의 무리 가까이 모시기를 즐겨하여 실다운 행 배우기를 구하기 때문이다.

略說信心有四種 云何爲四 一者信根本 所謂樂念眞如法故 二者信佛有無量功德 常念親近供養恭敬 發起善根 願求一切智故 三者信法有大利益 常念修行諸波羅蜜故 四者信僧能正修行自利利他 常樂親近諸菩薩衆 求學如實行故

해 설

이미 바른 믿음을 내 발심한 이에게는 다만 세 가지 마음〔直心・深心・大悲心〕과 네 가지 행〔四種方便行〕만을 말해도 진여를 바로 믿어 다른 갈래 길로 빠짐이 없이 곧 바른 앎과 행에 나아간다. 그러나 근기가 낮고 장애가 두터운 이들은 반드시 여러 방편을 빌어야 하므로 네 가지 믿음〔四信〕과 다섯 가지 실천〔五行〕의 문을 말해준다.

먼저 네 가지 믿음 가운데 첫째는 근본을 믿음이다. 진여가 믿는 마음의 뿌리고 만행의 바탕이 된다. 그러므로 먼저 반드시 진여의 법을 기꺼이 생각하도록 하는 것이니, 진여의 근본을 믿음이란 한 생각 밖에 소외된 대상을 믿음이 아니라 생각에 생각 없고 모습에 도습 없는 삶의 실상을 바로 믿어 어떤 환상도 만들지 않는 자기 확신의 삶을 말한다.

삼보는 중생의 삶 속에 본래 갖춘 진여의 공덕을 온전히 현실에서 이루어낸 진리의 구현체이며, 미망 속에 헤매이는 중생이 보고 나아가야 할 삶의 지표가 된다. 그러므로 둘째, 셋째, 넷째는 이미 진리를 구현해 마친 부처님의 공덕을 믿고 이미 깨치신 이가 가르친 법이 이익됨을 믿으며 그 법을 믿고 실천하는 승가가 세간의 복밭이 됨을 믿도록 한다.

이를 주체적 요인과 객관조건[因緣]으로 나누어 브면 위의 진여를 기꺼이 생각함은 주체적 요인이 빼어남을 생각함이고, 삼보의 공덕을 믿어 기꺼이 생각하고 따라 배우기를 생각함은 진리의 길에 나아가도록 도와주는 외적 조건이 빼어남을 믿음이다. 이처럼 스스로 갖춘 주체적 요인과 밖에서 도와주는 외적 조건의 빼어남이 모두 갖추어져 안팎이 서로 끼치어 익히면 믿음을 빨리 이루어 해탈의 길에 나아가게 된다.

【실차난타역】

믿음에는 네 가지가 있다.

첫째, 근본을 믿음이니 참되고 한결같은 법을 기꺼이 생각하기 때문이다.

둘째, 부처님께 끝없는 공덕이 있음을 믿음이니, 늘 부처님께 절하고 우러러 받들며, 공양하고 바른 법 들으며 법다이 닦아 행하기를 즐겨하여 일체지에 돌이켜 향하기 때문이다.

셋째, 법에 크나큰 이익이 있음을 믿음이니, 늘 여러 바라밀 닦아 행할 것을 즐겨하기 때문이다.

넷째, 바르게 행하는 상가를 믿음이니 곧 늘 여러 보살의 무리에게 공양하여 스스로를 이롭게 하고 남을 이롭게 하는 행을 바르게 닦기 때문이다.

信有四種 一信根本 謂樂念眞如法故 二信佛具足無邊功德 謂常樂頂禮恭敬供養 聽聞正法 如法修行 廻向一切智故 三信法有大利益 謂常樂修行諸波羅蜜故 四信正行僧 謂常供養諸菩薩衆 正修自利利他行故

2. 수행을 밝힘〔明修行〕

> 1) 수행의 다섯 문을 열어 보임〔示修行五門〕
> 2) 다섯 문을 널리 말함〔廣辨五門修行〕

1) 수행의 다섯 문을 열어 보임〔示修行五門〕

닦아 행함에 다섯 가지 문이 있어 이 믿음을 이룰 수 있으니 어떤 것이 다섯인가.

첫째 보시의 문이고, 둘째 지계의 문이며, 셋째 인욕의 문이고, 넷째 정진의 문이며, 다섯째 지관의 문이다.

修行有五門 能成此信 云何爲五 一者施門 二者戒門 三者忍門 四者進門 五者止觀門

해 설

믿음과 수행은 서로 원인이 되고 결과가 된다. 믿음이 수행을 내는 원인이 되지만 바른 수행으로 믿음은 완성된다. 이처럼 믿음과 행이 때를 같이 하지만 믿음으로 인해 바른 행이 현전하므로 먼저 믿음을 말하고 수행을 말한다. 수행의 다섯 가지 문에서 지관문이 선정과 지혜로 나뉠 수 있으니, 다섯 문은 곧 여섯 가지 바라밀에 다름 아니다.

여섯 가지 바라밀행이라는 방편 수행을 실천함으로써 중생은 진여법계에 돌아가지만, 진여에 돌아가면 진여는 머물러야 할 적멸의 처소로 주어지는 것이 아니라 육바라밀행의 하되 함이 없는 모습으로 현전한다. 곧 진여인 법계에서 육바라밀이 일어나지만 육바라밀이 바로 진여의 작용이 되는 것이다.

앞의 바른 앎과 행으로 발심함〔解行發心〕에서 보인 바 여섯 가지 바라밀행은 진여를 믿어 진여에 발을 대고 새롭게 해탈의 길을 가는 수행자의 하되 함이 없는 행이므로 그 행은 법의 성품 그대로의 행이며 닦음 없이 닦는 진여 그대로의 행이다. 그에 비해 믿음과 수행의 가름에서 보이고 있는 바 수행의 다섯 가지 문은 근기 낮은 중생에게 온갖 장애와 물듦을 끊고 진여법계에 나아가도록 이끄는 방편수행으로서 다섯 가지 수행문이다.

그러나 지금 다섯 문의 방편행으로 끊어야 할 번뇌와 뚫어야 할 장애가 본래 공하고, 다섯 문의 방편행으로 얻어야 할 진여법계가 이미 주체화되어 있다면, 다섯 문의 수행 또한 닦되 능히 닦음과 닦을 바가 없는 머묾 없는 행이 되는 것이다. 그러므로 다섯 문의 방편행을 닦되 실로 닦음 없이 닦아간다면, 닦음 그 자체가 진여인 닦음이 되는 것이다. 그렇다면 마하야나의 크고 넓은 길을 바로 가는 수행자는 절망과 고통의 심연 속에서 해탈을 우러러 보는 자가 아니라 이미 진여에 서서 진여 자체인 행을 일으킴 없이 일으켜 미망과 고통 속에 헤매는 중생의 현실을 진리의 힘으로 장엄해가는 자, 여래의 해탈을 이미 짊어진 자가 되는 것이다.

【실차난타역】

다섯 가지 문의 행을 닦아서 이 믿음을 이룰 수 있으니, 곧 보시의 문이고 지계의 문이며 인욕의 문이고 정진의 문이며 지관의 문이다.

修五門行 能成此信 所謂施門 戒門 忍門 精進門 止觀門

2) 다섯 문을 널리 말함〔廣辨五門修行〕

⑴ 간략히 네 가지 행을 밝힘〔略明四行〕
⑵ 지관의 문을 널리 말함〔止觀廣說〕

(1) 간략히 네 가지 행을 밝힘〔略明四行〕

① 보시의 문〔施門〕
② 지계의 문〔戒門〕
③ 인욕의 문〔忍門〕
④ 정진의 문〔進門〕

① 보시의 문〔施門〕

어떻게 보시의 문을 닦아 행하는가. 만약 온갖 찾아와 구하는 자를 보게 되면, 가지고 있는 재물을 힘을 따라 베풀어주어 스스로 아끼고 탐냄을 버려 그들을 기쁘게 한다. 만약 액난 속에서 두려워하고 내몰리는 것을 보면, 자기가 견디어 맡을 수 있는 힘을 따라 두려움 없는 마음을 베풀어준다. 그리고 만약 중생이 와서 법 구하는 자가 있으면, 자기가 알 수 있는 만큼 방편으로 그들을 위해 설해주되 마땅히 이름과 이익, 공경을 탐착해 구하지 않으니, 오직 스스로를 이익되게 하고 남 이익되게 함만을 생각하여 보리에 회향하기 때문이다.

云何修行施門 若見一切來求索者 所有財物 隨力施與 以自捨慳貪 令彼歡喜 若見厄難恐怖危逼 隨己堪任 施與無畏 若有衆生來求法者 隨己能解 方便爲說 不應貪求名利恭敬 唯念自利利他廻向菩提故

해 설

베풂의 삶은 스스로의 삶이 한량없는 공덕의 곳간임을 믿어 쓰는 데서 이루어진다. 연기되어 있는 것은 실로 있음으로 보지 않으므로 없음을 허무로 보지 않는 곳, 그 곳이 온갖 공덕을 쓰고 써도 다함없는 공덕의 곳간이다. 곧 있음도 소유하지 않고 없음도 소유하지 않는 자가 다함없는 공덕의 심연에 서서 중생의 구하는 바를 따라 물질로 베풀고 지식으로 베풀며 사랑으로 베풀고 지혜로 베풀게 된다.

논(論)은 보살의 베풂을 재물의 보시〔財布施〕, 두려움 없는 마음의 보시〔無畏施〕, 법보시(法布施)로 나눈다. 논에서 재물을 힘을 따라 주어 아끼는 마음을 버리는 것은 재보시이며, 두려움과 고통 속에 내몰린 자를 사랑의 마음으로 거두어 감싸는 것은 두려움 없는 마음의 보시이며, 법을 설해 다른 이를 이끌어 보리에 향하게 하는 것은 법보시이다.

보시는 내 것을 떼어 남을 주는 일이 아니라 내 것을 내 것으로 한정하는 중생의 탐욕을 돌이켜 너와 나, 하나와 온갖 것이 막힘 없는 법계 그대로의 넓고 큰 마음〔廣大心〕에로 돌아가는 일이며, 베풂을 통해 너와 내가 함께 한량없는 공덕의 세계에 돌아가는 일이다.

【실차난타역】

어떻게 보시의 문을 닦아 행하는가. 곧 만약 중생이 좋아 와서 빌어 구함을 보면 자기의 재물을 힘을 따라 베풀어주어 스스로 아끼고 탐냄을 버려 그들을 기쁘게 하고, 만약 중생이 위험과 어려움에 내몰리는 것을 보면 방편으로 건져내 두려움을 없애주며, 만약 중생이 와서 법 구함이 있으면 자기가 아는 바를 마땅함을 따라 설해줌이다.

이러한 세 가지 보시를 닦아 행할 때는 이름 나는 것을 위하지 않고, 이익을 구하지도 않으며, 또한 세간의 과보를 탐착하지 않고서 다만 오직 스스로를 이익되게 하고 남 이익되게 하여 편안하고 즐겁게 함만을 생각하여 위없고 바른 보리에 회향하는 것이다.

云何修施門 謂若見衆生來從乞求 以已資財 隨力施與 捨自慳貪 令其歡喜 若見衆生危難逼迫 方便救濟 令無怖畏 若有衆生 而來求法 以已所

解 隨宜爲說 修行如是三種施時 不爲名聞不求利養 亦不貪著世間果報 但念自利利他安樂廻向阿耨多羅三藐三菩提

② 지계의 문[戒門]

어떻게 지계의 문을 닦아 행하는가. 이른바 죽이지 않고 훔치지 않고 음행하지 않으며, 두 말 하지 않고 악한 말 하지 않으며, 거짓말하지 않고 발린 말 하지 않으며 탐냄과 질투, 거짓과 속임수, 아첨과 성냄, 삿된 견해를 멀리 떠남이다.

만약 출가한 이라면 번뇌를 꺾어 누르기 위하므로 또한 마땅히 시끄러움을 멀리 떠나 늘 고요한 곳에 있어 욕심 줄임과 만족할 줄 앎과 두타 등의 행을 닦아 익히고, 나아가 작은 죄일지라도 마음에 두려움을 내고 부끄러워하고 뉘우쳐, 여래께서 제정하신 금한 계를 가볍게 여기지 않아서 마땅히 남이 헐뜯고 싫어함을 막으며, 중생이 허망하게 죄와 허물 일으키지 않도록 하기 때문이다.

云何修行戒門 所謂不殺 不盜 不婬 不兩舌 不惡口 不妄語 不綺語 遠離貪嫉欺詐諂曲瞋恚邪見 若出家者 爲折伏煩惱故 亦應遠離憒鬧 常處寂靜 修習少欲知足頭陀等行 乃至小罪心生怖畏 慚愧改悔 不得輕於如來所制禁戒 當護譏嫌 不令衆生妄起過罪故

해 설

계란 나와 너, 이것과 저것, 하나와 온갖 것이 서로 어우러져 같음도 아니고 다름도 아닌 열려진 생명의 참모습대로 나의 일상을 이끌어가고 어우러짐의 삶을 조화롭게 성숙시켜가는 생활의 질서이다. 계의 모습은 세 가지로 분류되니 바른 몸가짐을 거두는 계[**攝律儀**]와 착한 법을 거두는 계〔攝善法戒〕와 중생을 거두는 계〔攝衆生戒〕이다. 바른 몸가짐을 거둠이란 남에게 상처 주고 피해 입히는 온갖 악을 그침이고, 착한 법 거둠은 남을 이롭게 하고 진리의 길에 사람을 이끌어주는 온갖 좋은 법을 닦아 행함이다. 중생을 거둠은 중생으로 하여금 함께 바른 계를 공유토록 해서 서로가 서로를 해치는 죽임의 질서를 돌이켜 서로가 서로를 돕는 살림의 질서에 뭇 삶들을 함께 하도록 함이다.

논에서 죽이지 않고 훔치지 않고 나아가 삿된 견해 떠난다고 함이 바른 몸가짐을 거둠이고, 욕심 줄임과 두타행을 닦아 번뇌를 누름은 착한 법을 거둠이며, 중생이 허망하게 죄와 허물 일으키지 않도록 함은 중생을 거둠이다. 그러나 계는 억지로 지어 일으키는 행이 아니라 저 중생과 세계가 나의 삶 자체인 중생과 세계인 줄 알아〔唯心〕 진여법계에 돌아갈 때 저절로 우러나오는 행이다. 이처럼 법계의 참모습 그대로의 지음 없는 계〔無作戒〕는 진여의 자기활동으로서의 계이며 현실적 발현으로서의 계이니, 그 계는 지은 바 없으므로 다시 깨뜨릴 수 없고 더럽혀질 수 없으며 실로 일어난 바가 없으므로 사라질 수 없는 것이다.

【실차난타역】

어떻게 지계의 문을 닦는가. 이른바 집에 있는 보살이 마땅히 산 목숨 죽임과 도적질과 삿된 음행, 거짓말, 두 말, 악한 욕설, 발림 말, 아끼고 탐함, 성냄과 투기, 아첨과 속임수, 삿된 견해를 떠남이다.

만약 집을 나온 이라면 번뇌를 꺾어 누르기 위하므로 또한 마땅히 시끄러움을 멀리 떠나 늘 고요한 곳을 의지해 욕심 줄임과 만족할 줄 앎과 두타 등의 행을 닦아 익히고, 나아가 작은 죄일지라도 마음에 두려움을 내며 부끄러워하고 뉘우쳐 여래께서 제정하신 금한 계를 보살펴 지니어 보는 자들로 하여금 비방하거나 싫어하는 바가 있지 않도록 하며, 중생이 악을 버려 선을 닦도록 할 수 있음이다.

云何修戒門 所謂在家菩薩 當離殺生偸盜邪婬妄言兩舌惡口綺語慳貪瞋
嫉諂誑邪見 若出家者 爲欲折伏諸煩惱故 應離憒鬧 常依寂靜 修習知足頭
陀等行 乃至小罪心生大怖慚愧悔責 護持如來所制禁戒 不令見者有所譏
嫌 能使衆生捨惡修善

③ 인욕의 문〔忍門〕

어떻게 인욕의 문을 닦아 행하는가. 이른바 남이 괴롭힘을 마땅히 참아서 마음에 갚을 뜻을 품지 않으며, 또한 마땅히 이롭거나 손해 가거나 헐거나 기리거나 칭찬하거나 비방하거나 괴롭거나 즐거운 등의 법을 잘 참기 때문이다.

云何修行忍門 所謂應忍他人之惱 心不懷報 亦當忍於利衰毀譽稱譏苦
樂等法故

해 설

욕됨을 참음〔忍辱〕은 바깥 경계가 일으키는 괴로움과 즐거움에 대해 잘 견디어 참아 그 마음을 움직이지 않음이다. 논에서 남이 괴롭힘이란 거슬리는 경계이며 괴로움 느낌〔苦受〕을 주는 경계이고, 이롭거나 손해 가거나 헐거나 기림 등은 거스르고 따름에 함께 통하는 경계이다. 인욕이란 거스르고 따르는 바깥 경계를 억지로 참아 견딤이 아니라 경계가 주는 괴로운 느낌〔苦受〕, 즐거운 느낌〔樂受〕, 괴롭지도 즐겁지도 않은 느낌〔不苦不樂受〕이 인연으로 난 줄 알아 그 느낌에 물들거나 닫혀지지 않고 그 경계를 능동적으로 대처해감을 말한다.

곧 거스르고 따르는 경계가 일으키는 느낌이 인연으로 난 줄 알아 마음이 움직이지 않음은 생겨남을 살펴 참음〔生忍〕이요, 인연으로 나기 때문에 남이 없음을 알아 마음을 평화롭게 함은 남이 없는 참음〔不生忍〕이요, 온갖 물든 마음과 번뇌가 일어나지 않아 고요하여 편히 머무름은 고요함의 참음〔寂滅忍〕이다.

이 세 가지 참음 가운데 논에서 보인 거스르고 따르는 경계에 대해 참음은 느낌이 인연으로 남을 살펴 참음〔生忍〕이다. 또 세친의 『섭대승론석(攝大乘論釋)』에서는 세 가지 참음을 남의 해침을 참음〔耐人害忍〕, 피할 수 없는 괴로운 경계를 편히 받아들여 참음〔安受苦忍〕, 연기적인 법의 모습을 잘 살펴 편안히 참음〔諦察法忍〕으로 분류한다.

이렇게 보면 인욕의 완성은 존재의 실상에 부합된 삶의 평화 그 자체라 할 것이니, 그냥 바깥 경계가 주는 괴로움을 받아내고 참기만 하는 소극적인 참음이 인욕의 참모습은 아닐 것이다. 인욕은 괴로움과 즐거움을 주는 현실의 실상을 살펴 괴로움과 즐거움에 갇히지 않되〔不受苦樂〕 괴롭지도 않고 즐겁지도 않음에 매몰되지 않음〔不受不苦不樂〕이니, 괴로움을 안겨주는 안팎의 조건을 변화시키고 즐거움을 삶 전체에 넓혀내며, 끝내 괴로움과 즐거움에 동요하지 않는 고요함에 편히 머물도록 하는데 인욕의 참뜻이 있다 할 것이다.

【실차난타역】

어떻게 인욕의 문을 닦아 행하는가. 이른바 악을 보아도 싫어하지 않고 괴로움을 만나도 움직이지 않으며, 깊고 깊은 말씀의 뜻 살피기를 늘 즐겨함이다.

云何修忍門 所謂見惡不嫌 遭苦不動 常樂觀察甚深句義

④ 정진의 문〔進門〕

어떻게 정진의 문을 닦아 행하는가. 이른바 여러 가지 좋은 일에 마음이 게으르지 않아 뜻 세움이 굳고 강하며 겁내고 약함을 멀리 떠나,

마땅히 과거 오랜 옛날부터 온갖 몸과 마음의 큰 괴로움을 헛되이 받아 이익됨이 없었음을 생각함이다.

그러므로 마땅히 여러 공덕을 부지런히 닦아 스스로를 이롭게 하고 남을 이롭게 하여 뭇 괴로움을 멀리 떠나야 한다.

거듭 다시 만약 어떤 사람이 비록 믿는 마음을 닦는다 해도 앞 세상으로부터 여러 무거운 죄악의 장애가 있으므로 삿된 마와 여러 귀신의 괴롭히는 바가 되고, 때로 세간의 일거리에 갖가지로 얽히게 되며, 때로 병의 괴로움에 시달리는 바가 되어 이와 같은 등의 뭇 여러 가지 막힘과 걸림이 있게 된다.

그러므로 마땅히 용맹스럽게 부지런히 정진하여 낮과 밤, 여섯 때에 여러 부처님께 절하고 지성스런 마음으로 참회하며, 부처님과 선지식이 세상에 머물러 설법하시길 권해 청하고 좋은 공덕을 따라 기뻐하며, 보리에 회향하여 늘 쉬어 없애지 않아야 하니, 여러 장애를 없애고 착한 뿌리를 늘려 키울 수 있기 때문이다.

云何修行進門 所謂於諸善事 心不懈退 立志堅强 遠離怯弱 當念過去久遠已來 虛受一切身心大苦 無有利益 是故應勤修諸功德 自利利他 遠離衆苦 復次若人雖修行信心 以從先世來 多有重罪惡業障故 爲邪魔諸鬼之所惱亂 或爲世間事務種種牽纏 或爲病苦所惱 有如是等衆多障碍 是故應當勇猛精勤 晝夜六時 禮拜諸佛 誠心懺悔 勸請隨喜 廻向菩提 常不休廢 得免諸障善根增長故

해 설

논은 정진의 모습을 밝히면서 먼저 좋은 일에 마음을 게으르지 않게 하고 뜻 세움을 굳세게 함으로 정진의 근본을 삼는다. 그리하여 바른 법에 힘쓰지 않아 오랜 세월 큰 괴로움 속에 빠져 있음을 생각하도록 하여 해탈의 길에 나아가 나와 남을 함께 이익되게 하도록 한다.

그 밑으로는 장애가 무겁고 깊은 중생을 상대하여 장애를 없애는 방편을 보이니, 먼저 최상의 깨달음을 이루신 부처님께 공경히 예배하여 삼보께 장애 없애기를 청하도록 한다.

이처럼 네 가지 방편을 차례로 들어 장애를 없애도록 하니, 부처님께 예배하는 첫째의 방편으로 잘못된 업의 장애〔惡業障〕를 없애며, 설법해 주길 권해 청하는 방편으로 법 비방하는 장애〔謗法障〕를 없애며, 따라 기뻐하는 방편으로 남 질투하는 장애〔嫉妬他障〕를 없애고, 보리에 회향하는 방편으로 삼계의 모습에 탐착하는 장애〔樂三有障〕를 없애게 한다.

이처럼 부지런히 힘써 나아감이란 스스로만의 이익과 안락을 위해 애쓰는 마음이 아니라 뭇 삶들을 이롭게 하고 모두를 해탈의 길에 이끌기 위해 힘써 나아가는 마음이다. 그리고 그 정진은 세계의 실상에 부합된 삶의 평화에 뿌리를 두고 연기적 활동을 바르게 살피는 지혜가 정진을 이끌어줄 때, 그 부지런히 힘씀은 결코 지치거나 뒤로 물러섬이 없이 너와 나를 모두 이익되게 하고 모두를 해탈시키는 바른 정진이 될 것이다.

세계의 실상에 부합된 삶의 평화 곧 사마타(śamatha)에 뿌리를 두지 못하면 그 정진은 지치거나 싫증냄이 있게 되고, 자기 자신의 이기적 해탈을 위한 정진이 되고 말 것이다. 그리고 연기적 활동을 살피는 지혜 곧 비파사나(vipaśyanā)가 이끌지 못하면 그 정진은 방향을 잃은 정진이 되거나 끊어짐이 있는 정진이 될 것이다. 사마타와 비파사나 이는 지금 정진의 문뿐 아니고 앞서 보인 네 가지 바라밀행의 문이 되는 것이니, 온갖 바라밀행은 살핌 그대로의 그침〔卽觀之止〕과 그침 그대로의 살핌〔卽止之觀〕의 다른 이름이기 때문이다.

【실차난타역】
어떻게 정진의 문을 닦는가. 이른바 여러 가지 좋은 행을 닦는데 마음이 게으르지 않아 마땅히 과거 셀 수 없는 오랜 겁으로부터 세간의 탐욕 경계를 구함으로써 온갖 몸과 마음의 큰 괴로움을 헛되이 받아 끝내 조금치도 좋은 맛이 없었음을 생각함이다.

그러므로 미래의 중생으로 하여금 이런 괴로움을 멀리 떠나게 하려고 마땅히 부지런히 정진하여 게으름을 내지 않고 큰 자비로 온갖 중생을 이익되게 한다.

그렇게 처음 배우는 보살이 비록 믿는 마음을 닦아 행한다 해도 앞세상으로부터 여러 무거운 죄악의 장애가 있으므로 삿된 마의 괴롭히는 바가 되고, 때로 세간의 일거리에 갖가지로 얽히게 되며, 때로 갖가지 병에 내몰리는 바가 되어 이와 같은 일이 어려움이 되는 경우가 하나가 아니어서 그 수행자로 하여금 좋은 행을 두지 못하게 한다.

그러므로 마땅히 용맹스럽게 부지런히 정진하여 낮과 밤, 여섯 때에 여러 부처님께 절하고 공양하고 찬탄하며 참회하고, 부처님과 선지식이 세상에 머물러 설법하시길 권해 청하고 좋은 공덕을 따라 기뻐하며, 위없는 보리에 회향하고 큰 서원을 발해 쉼이 없으면 나쁜 장애를 없애고 착한 뿌리를 늘려 키울 수 있는 것이다.

云何修精進門 所謂修諸善行 心不懈怠 當念過去無數劫來 爲求世間貪欲境界 虛受一切身心大苦畢竟無有少分滋味 爲令未來遠離此苦應勤精進 不生懈怠 大悲利益一切衆生

其初學菩薩 雖修行信心 以先世來多有重罪惡業障故 或爲魔邪所惱 或爲世務所纏 或爲種種病緣之所逼迫 如是等事 爲難非一 令其行人廢修善品 是故宜應勇猛精進 晝夜六時 禮拜諸佛 供養讚嘆懺悔勸請隨喜 廻向無上菩提 發大誓願 無有休息 令惡障銷滅 善根增長

(2) 지관의 문을 널리 말함〔止觀廣說〕

① 지관을 간략히 밝힘〔略明止觀〕
② 지관을 널리 말함〔廣說止觀〕

① 지관을 간략히 밝힘〔略明止觀〕

어떻게 그침과 살핌의 문〔止觀〕을 닦아 행하는가.

말한 바 그침〔止〕이란 곧 온갖 경계의 모습을 그침이니, 사마타관의 뜻을 따르기 때문이다.

말한 바 살핌〔觀〕이란 인연으로 나고 사라지는 모습을 분별함이니, 비파사나관의 뜻을 따르기 때문이다.

어떻게 따르는가. 이 두 가지 뜻을 차츰 닦아 익히면 서로 떠나지 않아서 두 가지가 함께 앞에 나타나기 때문이다.

云何修行止觀門 所言止者 謂止一切境界相 隨順奢摩他觀義故 所言觀者 謂分別因緣生滅相 隨順毘婆舍那觀義故 云何隨順 以此二義漸漸修習 不相捨離雙現前故

해 설

『대승기신론』은 삶의 참모습 그대로인 실천의 길을 마하야나라 이름하고, 삶의 참모습 자체인 법을 한마음의 두 가지 문〔一心二門〕으로 나누어 밝힌 뒤, 마하야나의 실천적 의미를 크나큰 바탕〔體大〕과 모습〔相大〕과 작용〔用大〕으로 보였다. 한마음의 나고 사라짐이 진여인 나고 사라짐이 되지 못할 때 삶의 소외와 고통이 발생한다. 그러므로 논은 나고 사라짐과 진여가 둘 없는 삶의 참모습을 등진 중생의 잘못된 집착을 가려 보인 뒤 집착을 돌이켜 마하야나에 돌아가는 발심 수행의 길을 보인다.
　『기신론』에서 수행은 이제 사마타와 비파사나의 두 행으로 요약된다. 사마타와 비파사나는 그침〔止〕과 살핌〔觀〕으로 옮겨지며, 여섯 가지 바라밀행에서는 선정과 지혜로 그 이름이 쓰여진다. 선정과 지혜는 앞과 뒤로 차제가 정해진 실천이 아니라 바탕과 작용을 이루고 서로 원인과 결과를 이루므로 늘 하나됨의 실천으로 기술된다. 그래서 선정과 지혜, 그침과 살핌은 수레의 두 바퀴와 같고 새의 두 날개와 같다고 비유된다. 그리고 서로 떨어질 수 없이 하나로 구현되어야 하는 선정과 지혜의 모습을 보살의 실천과정〔因位〕에서는 정혜쌍수(定慧雙修), 지관구행(止觀俱行)으로 표현하고, 두 가지 수행이 본래 둘일 수 없는 실천의 본질〔本覺〕을 잡아서는 정혜등지(定慧等持), 적조동시(寂照同時)라 하고, 여래의 해탈된 지위〔果位〕를 잡아서는 보리·열반(菩提·涅槃)이라 말한다.
　논에서는 그침을 '온갖 경계의 모습을 그침'이라 정의하니 능히 앎과 알려지는 바가 공한 마음의 참되고 한결같은 문〔心眞如門〕에 의지해 닦아감이다. 논에서 살핌이란 '인연으로 나고 사라지는 모습을 분별함'이라 정의하니 능히 앎과 알려지는 바의 연기적인 모습이 없지 않은 마음의 나고 사라지는 문〔心生滅門〕에 의지해 닦음이다.
　그침과 살핌이 이처럼 마음의 참되고 한결같은 문〔心眞如門〕과 나고 사라지는 문〔心生滅門〕에 의거해 한마음의 실상을 온전히 다시 드러내는 실천이므로 그침과 살핌 두 문은 온갖 해탈의 실천과 온갖 바라밀행을 거둔다. 천태지자선사의 『수습지관좌선법요(修習止觀坐禪法要)』는 이렇게 말한다.

　　　니르바나의 법은 들어감에 여러가지 길이 있지만 그 요점만을 논하면 쉬어 그침(止)과 살펴 드러냄(觀) 이 두 가지 법을 벗어나지 않는다. 왜 그런가. 쉬어 그침이란 모든 묶임을 조복하는 첫 문이요, 살펴 드러냄이란 허위의식을 끊는 바른 길이며, 쉬어 그침이란 바른 사상 의식을 보살펴 길러 주는 좋은 도움이요, 살펴 드러냄이란 밝은 지혜를 드러내주는 묘한 방법이니 쉬어 그침이 선정의 뛰어난 원인이라면 살펴 그침은 지혜의 의지하는 바이기 때문이다.
　만약 어떤 사람이 선정과 지혜 이 두가지 법을 성취하면 스스로를 이롭게 하고 남을 이롭게 하는 법이 모두 갖추어 지는 것이니 『법화경』은 그 뜻을 이렇게 말한다.

　　붓다는 스스로 대승에 머물러
　　얻은 바 존재의 참모습과 같이
　　선정과 지혜의 힘으로 장엄하여
　　이것으로 뭇 삶들 제도하여 주도다.

　그러므로 이 두 가지 법이 수레의 두 바퀴와 같고 새의 두 날개와 같음을 마땅히 알아야 하니, 만약 치우치게 닦으면 삿된 견해에 떨어지게 된다.

　　若夫泥洹之法 入乃多途論其急要 不出止觀二法 所以然者止乃伏結之初門 觀是斷惑之正要 止則愛養心識之善資 觀則策發神解之妙術 止是禪定之勝因 觀是智慧之由藉 若人成就定慧二法 斯乃自利利人法皆具足 故法華經云 佛自住大乘如其所得法定慧力莊嚴以此度衆生 當知此之二法如車之雙輪鳥之兩翼 若偏修習卽墮邪倒

　논에서 그침〔止〕이란 온갖 경계의 모습을 그침이라 정의하고서는 사마타관이라고 말하여 관(觀)의 뜻을 덧붙인 까닭은 무엇인가. 곧 그침의 사마타에 비파사나인 관(觀)을 함께 결합한 것은 언제나 사마타란 비파사나를 통해 그칠 수 있으며, 비파사나는 사마타를 밑바탕해서 이루어짐을 말한다. 온갖 경계의 모습을 그치기 위해서는 능히 앎과 알려지는 바 경계가 인연으로 일어났기 때문에 공한 줄 살펴야 앎활동 가운데 능히 앎의 실체와 알려지는 바 경계의 모습을 그칠 수 있는 것이니, 그침〔止〕은 살핌 그대로의 그침〔卽觀之止〕이고, 살핌〔觀〕은 그침 그대로의 살핌〔卽止之觀〕인 것이다.
　논에서 온갖 경계의 모습을 그침이란 천태선사의 법으로 보면 진제를 체달하여 그침〔體眞止〕이니, 이렇게 그침은 곧 온갖 법이 연기한 것이라 공한 줄 살피는〔從假入空觀〕 지혜 그대로의 그침인 것이다. 『수습지관좌선법요』에서는 그침이 살핌과 서로 떨어질 수 없는 모습을 다음과 같이 말한다.

  진제를 체달하여 그침〔體眞止〕란 다음과 같다.
  곧 마음이 생각하는 바를 따라서 온갖 모든 법이 다 인연으로 생겨나 자성이 없음을 알면 곧 마음이 취하지 않게 된다. 만약 마음이 취하지 않으면 망녕된 생각의 마음이 쉰다. 그러므로 그침이라 하니 경의 다음 말씀과 같다.

  온갖 모든 법 가운데에는
  인연이라 공해 주인이 없네.
  마음 쉬어 본바탕에 이르면
  그를 사문이라 이름하도다.

  體眞止 所謂隨心所念 一切諸法悉知從因緣生 無有自性 則心不取 若心不取則妄念心息 故名爲止 如經中說云
  一切諸法中 因緣空無主
  息心達本源 故號爲沙門

다시 『수습지관좌선법요』는 살핌이 그대로 그침이 되는 뜻을 이렇게 말한다.

  바른 살핌이란 다음과 같다.
  온갖 법이 모습 없으며 아울러 인연으로 난 바임을 살피면 인연으로 있기 때문에 자성 없음이 바로 진실한 모습이다. 먼저 살피는 바 경계가 모두 공한 줄 사무쳐 알면 능히 살피는 마음이 스스로 일어나지 않는다. 앞 뒤의 글이 많이 이 이치를 말하고 있으니, 청컨대 스스로 자세히 할 것이다.
  이는 경의 다음 게 가운데 말과 같다.

모든 법은 굳건하지 않음을
늘 생각 가운데 두라.
이미 공함을 보아 아는 이는
온갖 것에 헛된 생각 없도다.

正觀 觀諸法無相並是因緣所生 因緣無性卽是實相 先了所觀之境一切皆
空 能觀之心自然不起 前後之文多談此理 請自詳之 如經偈中說
諸法不牢固 常在於念中
已解見空者 一切無想念

논 가운데서 온갖 경계를 그치는 사마타관이 천태의 법문으로는 진제를 체달하여 그침[體眞止]이자 공관(空觀)이라면, 인연으로 나고 사라지는 모습 분별하는 비파사나관은 공하므로 연기함을 살피는 가관(假觀)이며 방편수연지(方便隨緣止)이다.

'방편으로 연을 따라 그침'이란 공한 진제에도 머물면 참된 그침이 아니므로 경계의 실체적인 모습을 떠나되 연을 따름으로써 공하다는 집착을 그침이다. 이처럼 인연으로 일어나므로 공하고 공하기 때문에 연기하여 인연으로 있음과 자성 없는 공이 끝내 둘이 아님을 살피면[中道觀] 공함과 있음의 두 가지 분별을 모두 쉬게 되는 것[息二邊分別止]이다. 그러므로 하나의 그침을 들면 한 그침이 그대로 세 가지 그침이 되고, 하나의 살핌을 들면 한 살핌이 그대로 세 가지 살핌이 되는 것이며[一心三止三觀], 그침은 늘 살핌을 통해 구현되는 그침이고 살핌은 늘 그침을 토대로 하는 살핌이므로 그침과 살핌은 서로 떨어지지 않아서 늘 두 가지가 함께 현전하는 것[止觀雙現]이다.

【실차난타역】
어떻게 그침과 살핌의 문[止觀]을 닦는가.
곧 온갖 헛튼 논란의 경계를 쉬어 없애면 곧 그침의 뜻이고, 원인과 결과가 나고 사라지는 모습을 밝게 보면 바로 살핌의 뜻이다.

처음에는 각기 따로 닦다가 차츰 힘이 늘어 자라나면 스스로 온전히 둘을 같이 행함〔任運雙行〕을 이루게 된다.

如何修止觀門 謂息滅一切戲論境界 是止義 明見因果生滅之相 是觀義 初各別修 漸次增長 至于成就 任運雙行

② 지관을 널리 말함〔廣說止觀〕

> 가. 그침을 밝힘〔明止〕
> 나. 살핌을 밝힘〔明觀〕
> 다. 그침과 살핌 함께 지음을 밝힘〔明止觀雙運〕

가. 그침을 밝힘〔明止〕

> 가) 그침 닦는 방법〔修止方法〕
> 나) 그침의 뛰어난 공능을 드러냄〔顯止勝能〕
> 다) 그침의 마장을 밝힘〔辨止之魔事〕
> 라) 삿됨과 바름 가려 그침의 바른 길을 보임〔辨邪正而示止之正路〕
> 마) 이익을 보여 닦도록 권함〔示益勸修〕

가) 그침 닦는 방법〔修止方法〕

> ㈎ 좌선의 닦음을 보임〔示修習止觀〕
> ㈏ 경계를 거치어 닦는 법을 보임〔示對境歷緣修〕

㈎ 좌선의 닦음을 보임〔示修習坐禪〕

만약 그침〔止〕을 닦는 이는 고요한 곳에 머물러 단정히 앉아 뜻을 바로 하여 기와 숨에 의지하지 않고, 모습과 빛깔에 의지하지 않으며, 허공에 의지하지 않고, 땅·물·불·바람에 의지하지 않으며, 나아가 보고 듣고 깨달아 앎에 의지하지 않는다. 온갖 여러 망상은 생각을 따라 모두 없애되 또한 없애는 생각마저 보낸다.

온갖 법이 본래 모습이 없으므로 생각 생각이 나지 않고 생각 생각이 사라지지 않으니, 또한 늘 마음을 따라 밖으로 경계를 생각하지 않은 뒤에 마음으로써 마음을 없앤다. 마음이 만약 내달려 흩어지면 마땅히 거두어 와 바른 생각에 머물러야 하며, 이 바른 생각이란 오직 마음일 뿐 바깥 경계가 없는 줄 마땅히 알아야 하나, 곧 다시 이 마음도 또한 자기 모습이 없어서 생각 생각을 얻을 수가 없는 것이다.

若修止者 住於靜處 端坐正意 不依氣息 不依形色 不依於空 不依地水火風 乃至不依見聞覺知 一切諸想隨念皆除 亦遺除想 以一切法本來無相 念念不生 念念不滅 亦常不得隨心外念境界 後以心除心 心若馳散 卽當攝來 住於正念 是正念者 當知唯心 無外境界 卽復次心亦無自相 念念不可得

해 설

천태의 『수습지관좌선법요』는 지관을 닦기 전에 먼저 다섯 가지 수행의 조건〔具緣〕갖출 것을 말하니, 갖추어야 할 다섯 가지 조건은 계 지킴〔持戒〕과 입을거리와 먹을거리를 알맞게 갖춤〔衣食具足〕과 고요한 곳에 머물 것〔阿蘭若處〕과 세간의 일거리를 쉴 것〔息人間緣務〕과 바른 스승 가까이 할 것〔近善知識〕이다.

그리고 다시 탐욕을 멀리 할 것[訶欲]을 말하고, 바른 마음을 덮어버리는 진리와 스승에 대한 의심의 덮개를 버리도록 하고[棄蓋], 다섯 가지를 고루어 편안토록 한 뒤[調和] 바른 수행의 요체를 보여준다. 다섯 가지 고루어 편안히 함이란 첫째 먹음을 고름[調食]이고, 둘째 잠자는 것을 고름[調睡眠]이며, 셋째 몸을 고름[調身]이고, 넷째 숨을 고름[調息]이며, 다섯째 마음을 고름[調心]이다.

천태는 『기신론』의 지관법에 의거하여 불교의 모든 실천을 지관으로 거두어 그 구체적 방법을 여러 저작을 통해 방대하게 밝혀주고 있으니, 좌선수행의 핵심은 천태의 『대지관(大止觀 : 摩訶止觀)』과 『소지관(小止觀 : 修習止觀坐禪法要)』에 잘 갖추어져 있다. 『기신론』이 보인 수행법을 『천태소지관』의 좌선법요에 연결해보자.

논에서 그침을 닦는데 '고요한 곳에 머물라 함'은 바로 『소지관』에 보이고 있는 바 수행에 필요한 다섯 가지 조건 갖춤[具緣]을 간략히 아란야에 머뭄으로 나타내 보인 것이며, '단정히 앉아 뜻을 바로 함'이란 다섯 가지 조화함 가운데 '몸과 마음과 숨을 조화함[調身·心·息]'이다. 몸을 너무 구부리거나 너무 쳐듦이 없이 단정히 앉음[端坐]이 숨과 몸을 조화함[調息身]이라면, '뜻을 바로 함'이란 생각을 들뜨거나 가라앉지 않게 하여[不浮不沈] 고요함과 밝음을 함께 거두어 감[惺寂等流]이니 바로 마음을 조화롭게 함이다.

지금 허망한 경계에 물든 앎을 돌이켜 진여에 돌아가는 그침과 살핌의 주체는 제6의식이다. 그런데 닦아감의 요체는 안으로 진여를 관조하거나 법을 따로 구함이 아니라 모습에 물든 앎을 앎 아닌 앎[無念之念]으로 돌이키는 법이니, 앎 아닌 앎은 육근(六根)·육경(六境)·육식(六識)을 떠나지 않지만 육근·육경·육식에서 구해 찾을 수 없다.

이처럼 반야가 육근·육경·육식에서 구할 수 없으므로 닦아감 또한 육근을 의지해 구해서도 안되고, 육경에 의지해 구해서도 안되며, 보고 듣고 깨달아 아는 육식의 알음알이를 의지해 구해서도 안된다.

논에서 기와 숨에 의지하지 않음〔不依息不依氣〕이란 육근 가운데 몸을 의지해 구하지 않는다는 뜻이며, 모습과 빛깔, 허공과 사대에 의지하지 않음이란 육경과 물질세계를 의지해 구하지 않음이며, 보고 듣고 깨달아 앎에 의지하지 않음은 육식을 의지해 구하지 않음이다.

그렇다면 어떻게 이 마음을 써서 온갖 경계를 그칠 수 있는가. 온갖 여러 망상은 허망한 경계를 따라 일어나므로 자기성품이 없다〔妄想無性〕. 그러므로 남이 없음을 살피는〔正念眞如〕 한 생각〔一念〕으로 망상이 날 때 망상 나는 곳을 살펴 온갖 망상을 없앤다. 그러나 망상이 나는 곳을 살펴 망상을 없애는 한 생각이라 함도 살펴지는 바 망상이 원래 온 곳이 없음을 사무칠 때 또한 살피는 그 생각도 세울 곳이 없으므로〔所觀妄想無生 能觀亦無容立〕 논은 '망상을 생각을 따라 없애되 또한 없애는 생각마저 보낸다'고 말한다.

이처럼 망상이 본래 난 바가 없음을 살피되 능히 살피는 생각의 자취마저 넘어설 때 비로소 앎은 앎 아닌 앎으로 전환되니, 이 앎 아닌 바른 앎〔正念〕은 생각 생각 나지 않으므로 생각 생각 사라지지 않는다. 알되 앎이 없으므로 바른 생각은 비치되 고요한 것이며〔照而寂〕 앎 없되 능히 알므로 바른 생각은 고요하되 비치는 것〔寂而照〕이니, 고요함과 비침이 함께 밝아〔寂照朗然〕 한 법도 사라짐이 없고 한 법도 얻을 것이 없는 것이 바로 참선의 요지이다.

온갖 경계의 모습은 있되 있지 않다. 그러므로 온갖 경계는 앎 활동 자체인 경계〔唯心境界〕로 주어지니, 허망한 생각을 일으켜 밖으로 경계를 생각해 취해서는 안 된다. 그러나 이 마음도 실로 있는 마음이 아니라 경계를 따라 나는 마음이니, 마음에서도 마음을 떠나야 한다. 논은 이 뜻을 '밖으로 마음을 따라 경계를 생각하지 않은 뒤에 마음으로 마음을 없앤다'고 말한다.

그런데도 망상이 일어나 밖으로 경계를 따라 흩어져 구르면 망상이 나는 곳을 바로 살펴 바른 생각에 머물러야 한다. 이 바른 생각은 생각 밖에 바깥 경계가 따로 없이 저 세계를 앎 활동 자체인 세계로서 정립하는 앎 활동〔唯心無境〕이나, 이 앎 활동은 남이 없어서 생각 생각 얻을 수 없는 것〔心亦無性〕이다.

이처럼 온갖 경계의 모습과 마음의 모습이 모두 본래 남이 없음〔本自無生〕을 체달해 작용에 나아가 곧 고요함을 천태는 진제를 체달하는 그침〔體眞止〕이라 하고 공관(空觀)이라 하니, 반야를 떠난 선정도 없고 선정을 떠난 반야도 없는 것이다.

【실차난타역】

그침〔止〕을 닦는 이는 고요한 곳에 머물러 두 발을 틀어 맺고〔結跏趺〕 앉아 몸을 바로 하고 뜻을 바로 하여 기와 숨에 의지하지 않고, 모습과 빛깔에 의지하지 않으며, 허공에 의지하지 않고, 땅·물·불·바람에 의지하지 않으며, 나아가 보고 듣고 깨달아 앎에 의지하지 않는다. 온갖 분별하는 생각은 모두 없애되 또한 없애는 생각마저 보낸다.

온갖 법이 본래 나지 않고 사라지지 않아서 모두 모습이 없으므로 앞의 마음이 경계를 의지하면 다음에 경계를 버리고, 뒤의 생각이 마음을 의지하면 다시 마음을 버린다. 마음이 바깥 경계로 내달리면 안의 마음에 거두어 머물러 두고, 뒤에 거듭 마음을 일으키면 마음의 모습을 취하지 않으니, 진여를 떠나서는 얻을 수 없기 때문이다.

其修止者 住寂靜處 結跏趺坐 端身正意 不依氣息 不依形色 不依虛空 不依地水火風 乃至不依見聞覺知 一切分別想念皆除 亦遣除想 以一切法不生不滅 皆無相故 前心依境 次捨於境 後念依心復捨於心 以心馳外境 攝住內心 後復起心 不取心相 以離眞如不可得故

㈏ 경계를 거치어 닦는 법을 보임〔示對境歷緣修〕

만약 앉음으로부터 일어나 가고 오며 나아가고 그쳐 베풀어 짓는 바가 있어도, 온갖 때에 늘 방편임을 생각하여 따라 살펴서 오래 익혀 무르익으면 그 마음이 머물게 된다.

마음이 머물므로 차츰 매우 날카로와지면 참되고 한결같은 삼매〔眞如三昧〕에 따라 들어가 깊이 번뇌를 누르고, 믿는 마음이 늘어나고 자라나 물러섬이 없는 지위를 빨리 이루게 된다.

오직 의혹하고 믿지 않아 비방하며 무거운 죄업의 장애를 짓고 나라는 으시댐과 게으름에 빠진 이들은 제외하니, 이러한 사람들은 들어갈 수 없는 것이다.

若從坐起 去來進止 有所施作 於一切時 常念方便 隨順觀察 久習淳熟 其心得住 以心住故 漸漸猛利 隨順得入眞如三昧 深伏煩惱 信心增長 速成不退 唯除疑惑不信誹謗重罪業障我慢懈怠 如是等人所不能入

해 설

그치는 방법을 보인 법문 가운데 앞 단이 공관(空觀)으로 진제를 체달하여 그침〔體眞止〕이고 앉아서 선을 닦음〔修習坐禪〕이라면, 이 단은 공(空)에 머물지 않고 방편으로 바깥 조건을 따라 그침〔方便隨緣止〕이고 일어나 가고 오며 나아가고 그치는 여러 경계를 거치며 선을 닦음〔對境歷緣修〕이다.

선정의 휴식은 살핌을 떠나지 않고 활동을 버리지 않으므로 앉아 있음의 틀 안에 갇히지 않는다. 그러므로 천태선사는 선수행의 방법론을 '늘 앉아서 닦는 삼매〔常坐三昧〕', '늘 다니면서 닦는 삼매〔常行三昧〕', '앉기도 하고 다니기도 하면서 닦는 삼매〔伴行半坐三昧〕', '앉음도 아니고 다님도 아닌 삼매〔非行非坐三昧〕' 이 네 가지 삼매〔四種三昧〕로 요약해 보인다.

　논에서도 선정의 휴식〔止〕은 늘 앉아 있음〔常坐〕만이 아니기 때문에 가고 머물고 나아가고 그치는 여러 행위의 틀 안에서 경계의 조건을 거치면서 선정 닦아감〔隨緣修習〕을 말한다. 이때 가고 머물고 앉고 서며 나아가고 그치는 여러 행위를 하되 실로 함이 없는 함〔爲而無爲〕, 진여의 고요함 속에서 방편으로 바깥 조건〔緣〕을 따르는〔方便隨緣〕 행으로 살피면, 가고 머물고 나아가고 그치는 행위의 움직임이 진여인 움직임이 되고 움직임 아닌 움직임이 되어 움직임 속에서도 늘 고요한 삼매를 얻게 될 것이다.

　그러므로 모든 행을 진여에서 연을 따라 남이 없이 나는 방편의 모습인 줄 살피면, 참되고 한결같은 삼매에 들어가 깊이 번뇌를 누르게 된다고 말한다. 이와 같은 그침은 모든 모습과 모든 움직임이 인연으로 난 바라 공하지만, 공하기 때문에 모습과 움직임이 연기됨을 살피는 비파사나〔空卽緣起觀 : 假觀〕와 하나인 것이다. 만약 공하기 때문에 모습과 행위가 연기된 줄 모르고 공(空)을 공으로 집착하게 되면 인간의 모든 행위와 세계운동은 고요함 그대로의 운동으로 밝혀지지 못할 것이다. 공을 공으로 붙잡는 집착을 넘어설 때 모든 모습과 모든 앎, 세계운동이 진여인 모습과 앎, 진여인 세계운동으로 드러날 것이다.

　그러므로 공함을 집착하여 공함으로 깨달음을 삼아 으시대는 자나 진여법을 바르게 믿지 못하고 게으름에 빠진 이들은 움직임과 고요함이 둘 아닌 참된 선정의 길에 들어서지 못할 것이다.

【실차난타역】

　가고 머물고 앉고 눕는 온갖 때에 이와 같이 닦아 행해 늘 끊어지지 않으면 점차 진여삼매가 들어가 끝내 온갖 번뇌를 꺾어 누르고 믿는 마음이 늘고 자라나 빨리 물러섬이 없는 지위를 이루게 된다. 만약 마

음에 의혹을 품어 비방하고 믿지 않으며 업의 장애에 얽히고 나라는
으시댐과 게으름에 빠진 이와 같은 사람들은 들어갈 수 없는 것이다.

  行住坐臥於一切時 如是修行 恒不斷絶 漸次得入眞如三昧 究竟折伏一
切煩惱 信心增長 速成不退 若心壞疑惑 誹謗不信 業障所纒 我慢懈怠 如
是等人 所不能入

 나) 그침의 뛰어난 공능을 드러냄〔顯止勝能〕

 거듭 이 삼매를 의지하므로 법계가 한 모습임을 바로 알게 되니, 곧
온갖 여러 부처님의 법신과 중생의 몸이 평등하여 둘 없으므로 이를
일행삼매(一行三昧)라 말한다. 참되고 한결같음〔眞如〕이 이 삼매의 근
본임을 마땅히 알아야 하니, 사람이 닦아 행하면 차츰 한량없는 삼매
를 내게 된다.

  復次依是三昧故 則知法界一相 謂一切諸佛法身 與衆生身 平等無二
卽名一行三昧 當知眞如是三昧根本 若人修行 漸漸能生無量三昧

 해 설

 살핌과 둘이 아닌 그침의 빼어난 이익을 일행삼매로써 맺어보인다.
 일행삼매(一行三昧)란 원래 늘 앉아 있음의 삼매〔常坐三昧〕이다. 그
런데 여기서 늘 앉아 있음이란 이 몸으로 공간적인 자리에 앉음을 말하
는 것이 아니라 앎이 앎이 아니고 모습이 모습 아닌 진여의 자리에 앉음
을 말한다. 그러므로 논은 '이 삼매를 의지하므로 곧 법계가 한 모습임을
알게 된다'고 말한다.
 진여의 자리에선 온갖 법의 있음이 있음 아니라 앎에 앎이 없고 모습
에 모습 없으므로 앎 없음과 모습 없음에도 머물지 않으니, 이 일행삼매

로써 진여를 체달하면 방편으로 연을 따르는 온갖 지음과 행위가 곧 진여인 행위가 된다. 곧 이 일행삼매로써 진여를 체달하면 한량없는 삼매가 따라 일어나니, 진여가 온갖 모습의 모습 없는 바탕이 되고 온갖 행위의 머묾 없는 바탕이 되기 때문이다.

【실차난타역】

거듭 다시 이 삼매를 의지하면 법계의 모습을 증득하니, 온갖 여래의 법신과 중생의 몸이 평등하여 둘 없어서 모두 한 모습임을 알므로 일상삼매48)라 한다. 만약 이 삼매를 닦아 익히면 한량없는 삼매를 낼 수 있으니, 진여가 온갖 삼매의 근본되는 곳이기 때문이다.

復次依此三昧 證法界相 知一切如來法身與一切衆生身 平等無二 皆是一相是故說名一相三昧 若修習此三昧 能生無量三昧 以眞如是一切三昧根本處故

다) 그침의 마장을 밝힘〔辨止之魔事〕

> ㈎ 마라의 일과 대치법을 간략히 밝힘〔略明魔事〕
> ㈏ 마라의 일을 자세히 밝힘〔廣說魔事〕

㈎ 마라의 일과 대치법을 간략히 밝힘〔略明魔事〕

때로 어떤 중생이 있어 착한 뿌리의 힘이 없으면 곧 여러 마와 외도와 귀신의 어지럽히는 바가 된다. 만약 앉아 있음 가운데 모습을 나투

---

48) 일상삼매(一相三昧) : 천태의 네 가지 삼매에서는 일상삼매는 곧 상행삼매(常行三昧)이고 상좌삼매(常坐三昧)가 일행삼매(一行三昧)인데, 실차난타의 번역에서는 그침으로 닦아 얻는 진여삼매를 일상삼매라 한다.

어 두렵게 하거나, 때로 단정한 남녀 등의 모습을 나투면 마땅히 오직 마음인 경계인 줄 생각하라. 그러면 사라져 없어져 끝내 괴롭게 하지 못한다.

或有衆生 無善根力 則爲諸魔外道鬼神之所惑亂 若於坐中現形恐怖 或現端正男女等相 當念唯心 境界則滅終不爲惱

해 설

수행과정에 마군의 어지럽히고 방해하는 일이 선정의 마음 깨뜨림을 밝히고 그 모습을 간략히 보여 상대해 다스리도록 한다.

『유가사지론』은 진리의 길에 걸림과 막힘을 짓는 마라(Mara)를 네 가지로 분류한다. 첫째 오온마〔蘊魔〕이니, 자기만의 모습이 없이 여러 요인과 조건이 겹쳐서 이루어진 오온의 실체성이 깨뜨려지지 않음으로써 삶 속에 나고 죽음, 이것과 저것의 막힘을 보아 지혜의 목숨을 빼앗으므로 마라라 한다.

둘째 번뇌마(煩惱魔)이니, 연기적인 삶의 실상을 모르므로 일어나는 온갖 번뇌가 수행자의 마음을 어지럽혀 깨달음을 이루지 못하게 하므로 마라라 한다.

셋째 죽음의 마〔死魔〕이니, 몸의 사라짐을 집착하여 나지 않고 사라지지 않는 여래장의 다함없는 목숨을 등지므로 마라라 한다.

넷째 하늘마〔天魔〕이니, 욕계 여섯 번째 하늘왕인 파순을 말한다. 수행자가 정진하여 세간을 벗어나려 하면 그 하늘왕이 갖가지 장애를 지어 출세간의 선근을 깨뜨리므로 마라라 한다.

네 가지 마는 마음 가운데 미혹과 집착이 일으키는 마라와 밖에서 오는 마라로 구분될 수 있지만, 모든 경계가 마음을 여의지 않으므로 네 가지 마는 곧 오온에 자성 없음을 통달하지 못한 데서 일어나는 마라이다. 오온의 실체성이 사라지지 않음으로써 수행과정에 일어나는 마라에 대해서는 『수능엄경(首楞嚴經)』의 '마를 가리는 장〔辨魔章〕'에서 자세히 밝히고 있다.

그런데 『수능엄경』에서 가려 보이고 있는 이 53다가 모두 오온에서 연기한 것이고 오온이 모두 자성이 없다면 번뇌마와 하늘마 등 안팎의 온갖 마가 실로 온 곳이 없다. 그러므로 마라가 허공꽃과 같은 줄 사무친 곳에서 다시 마라를 일으킬 안의 원인과 바깥 조건을 내지 않으면 이것이 마군의 일을 벗어나는 일이다.

논에서 보인 여러 마와 외도 귀신 등은 하늘마 등 바깥에서 오는 마라인데, 때로 오음마와 마음의 마라가 안에서 그 스스로 나쁜 모습을 지어 마라를 불러오기도 한다. 이처럼 바깥의 마라는 안의 마음의 집착을 따라 그 모습을 드러내고, 안의 마라는 마음의 잘못된 익힘에 의해 바깥 마라의 모습을 불러온다. 그러므로 비록 바깥의 마라가 와서 선정 닦는 이를 흔들어 괴롭힌다 해도 밖에서 실로 온 곳이 있다그 해서는 안된다. 이는 도리어 안에 있는 스스로의 잘못된 번뇌가 선정의 힘으로 인해 숨겨진 힘이 드러나 바깥 마라의 모습에 의탁하여 마라의 모습을 마음의 그림자로 나투는 것이다.

그렇다면 저 마라의 모습 또한 마음인 마라의 모습인 것이니, 색욕이 넘치는 이에게는 마라가 아름다운 이성의 모습으로 마음 속에 떠오를 것이며, 두려움이 많은 이들에게는 마라가 공포의 대상으로 떠오를 것이다. 그러므로 저 마라의 모습이 마음인 마라이며 마라를 보는 마음의 망녕된 집착도 온 곳이 없는 줄 알면 마음인 마라는 이내 사라져 없어질 것이다. 이런 뜻을 논은 '마라의 모습이 오직 마음인 경계인 줄 생각하면 안팎의 마가 사라져 괴롭히지 않을 것이다'라고 말한다.

【실차난타역】

때로 어떤 중생이 있어 착한 뿌리의 힘이 아주 적으면 곧 여러 마와 외도와 귀신의 어지럽히는 바가 되니 때로 나쁜 모습을 나투어 그 마음을 두렵게 하고, 때로 아름다운 모습을 보여 그 뜻을 헤매게 한다.

或有衆生 善根微少 爲諸魔外道鬼神惑亂 或現惡形 以怖其心 或示美色 以迷其意

(나) 마라의 일을 자세히 밝힘〔廣說魔事〕

> a. 습기의 마〔習氣魔〕
> b. 번뇌의 마〔煩惱魔〕
> c. 탐욕의 마〔欲魔〕

a. 습기의 마〔習氣魔〕

때로 하늘의 모습, 보살의 모습을 나투며 또한 여래의 모습이 상호를 갖추어짐을 지어서 다라니를 설하거나 보시·지계·인욕·정진·선정·지혜를 설하거나 하며, 때로 평등과 공함과 모습 없음과 바람 없는 해탈문을 설하고, 원수도 없고 친함도 없음, 원인이 없음과 결과가 없음, 끝내 공하여 고요함이 바로 참된 니르바나라고 설한다. 때로 사람으로 하여금 옛날의 목숨과 지나간 일을 알게 하고, 또한 아직 오지 않는 일을 알게 하며, 남의 마음 아는 지혜를 얻어 말재간이 걸림 없도록 하며, 중생으로 하여금 세간의 이름과 이익의 일을 탐착하도록 할 수 있다.

或現天像菩薩像 亦作如來像 相好具足 若說陀羅尼 若說布施 持戒 忍辱 精進 禪定 智慧 或說平等空無相無願 無怨無親無因無果 畢竟空寂是眞涅槃 或令人知宿命過去之事亦知未來之事 得他心智辯才無碍 能令衆

生貪著世間名利之事

해 설

 습기의 마라란 불법 안에서 잘못 익혀온 지견이 마라가 됨이다. 안의 마음에도 얻을 것이 없고 밖의 모습에도 구할 것이 없으면〔內無所得 外無所求〕진여에 돌아가게 되는데, 안에 구하는 지견을 세움으로 밖에서 마가 구하는 바를 따라 모습으로 나타남이다.
 곧 수행자가 잘못된 지견으로 모습을 집착하여 진리를 구하거나 아주 공했다는 견해로 구경의 깨달음을 삼거나 뛰어난 상호와 말재간, 신비한 능력을 탐착해 도를 구하면, 선정 가운데서 마라가 수행자가 구하는 바의 모습을 나투니, 이것들도 바로 오직 마음이 변해 나툼〔唯心變現〕이다. 이렇듯 안의 마음으로 인해 바깥 경계가 나타나는 것이니, 수행자가 마라의 경계를 불러 일으키는 안의 마음이 일어난 바가 없고 온 바가 없는 줄 알면 이와 같은 갖가지 마라의 일이 없어지게 된다.

【실차난타역】

 때로 하늘의 모습, 보살의 모습을 나투며, 나아가 부처님의 모습이 상호가 장엄됨을 보여 다라니를 설하거나 여러 바라밀을 설하며, 때로 여러 해탈문을 연설하고, 원수도 없고 친함도 없음, 원인이 없음과 결과가 없음, 온갖 법이 끝내 공하고 고요하여 본성품이 바로 니르바나라고 설한다. 그리고 때로 지나간 일을 알게 하고, 또한 아직 오지 않는 일을 알게 하며, 남의 마음의 일을 알게 하고 뛰어난 말재간으로 연설함이 걸림 없고 끊어짐이 없게 하며, 이름과 이익을 탐착하도록 한다.

 或現天形或菩薩形 乃至佛形 相好莊嚴 或說總持 或說諸度 或復演說

諸解脫門 無怨無親 無因無果 一切諸法 畢竟空寂 本性涅槃 或復令知過去未來及他心事 辯才演說無滯無斷 使其貪著名譽利養

 b. 번뇌의 마〔煩惱魔〕

 또 사람으로 하여금 자주 화내고 자주 기뻐하도록 해 성품에 항상된 기준이 없도록 하며, 때로 너무 사랑함이 넘치도록 하며, 너무 잠이 많고 병치레가 많아서 그 마음을 게으르도록 하며, 때로 갑자기 정진에서 일어난 뒤에 곧바로 쉬어 그만두게 하며 못미더움을 내고, 많이 의심하고 많이 따지게 하며, 때로 본래의 뛰어난 행을 버리고 다시 뒤섞인 업을 닦도록 한다. 만약 세상의 일을 집착하면 갖가지로 끌려 얽히게 하며 또한 사람으로 하여금 여러 삼매를 얻도록 해 조금쯤 비슷하게 되나 모두 외도가 얻은 바라 참된 삼매가 아니다.

又令使人數瞋數喜 性無常準 或多慈愛 多睡多病 其心懈怠 或卒起精進 後便休廢 生不信 多疑多慮 或捨本勝行 更修雜業 若著世事 種種牽纏 亦能使人得諸三昧少分相似 皆是外道所得 非眞三昧

 해 설

 이 마는 외도의 삼매를 익혀옴으로 말미암아 번뇌를 끊지 못하고 생기는 마라이다. 지금 비록 불법에 의지해 수행하나 아직 바른 선정〔正定〕에 들지 못하므로 오래 익혀온 번뇌를 끼치어 발해 이런 마의 일을 나투는 것이다. 만가지 법에 실로 얻을 것이 없는데도 마음에 구함이 있으면 구함 따라 얻을 바가 있는 삼매가 바로 외도의 삼매이니, 구함과 얻을 바 있는 삼매의 힘이 강해지면 강해질수록 마라의 일도 치성할 것이다. 그러나 마라는 마음의 구함 따라 온 것이니, 마음에 구함이 없어지면 번뇌의 마는 곧 사라진다.

【실차난타역】

또 자주 화내고 자주 기뻐하게 하며 때로 지나치게 슬퍼하고 지나치게 사랑하도록 하며, 때로 잠을 즐기게 하고 때로 오래 잠자지 않게 하며, 때로 몸에 병치레가 잦게 하고, 때로 성품이 부지런하지 않게 하며, 때로 갑자기 정진에서 일어난 뒤에 곧바로 쉬어 그만두며, 때로 뜻에 의심이 많게 하고 믿어 받지 못하게 하며, 대로 본래의 뛰어난 행을 버리고 다시 뒤섞인 업을 닦게 한다. 세상의 일을 집착하여 자기 뜻에 좋아하는 바에 빠져 쫓게 하고 때로 외도의 여러 선정을 얻도록 한다.

或數瞋 或數喜 或多悲多愛 或恒樂昏寐 或久不睡眠 或身嬰疹疾 或性不勤策 或卒起精進 卽便休廢 或情多疑惑 不生信受 或捨本勝行 更修雜業 愛著世事 溺情從好 或令證得外道諸定

c. 탐욕의 마〔欲魔〕

때로 다시 사람으로 하여금 하루나 이틀, 사흘 나아가 이레가 되도록 선정에 머물러 선정 속에서 스스로 그러한 냄새의 아름다움과 먹을거리를 얻어 몸과 마음이 즐거워져 배고프지 않고 목마르지도 않게 하여 사람으로 하여금 그 먹을거리에 애착하도록 한다. 때로 사람으로 하여금 먹음에 질서가 없도록 하여 많이 먹기도 하다 적게 먹기도 하며 얼굴빛이 변해 달라지게 한다.

이런 뜻 때문에 수행자는 늘 마땅히 지혜로 살피어 이런 마음으로 삿된 그물에 떨어지지 않게 해야 하며, 마땅히 바른 생각을 부지런히 하여 취하지 않고 붙잡지 않으면 곧 이런 업의 장애를 멀리 여읠 수 있다.

或復令人若一日 若二日 若三日 乃至七日 住於定中 得自然香美飮食 身心適悅 不飢不渴 使人愛著 或令人食無分齊 乍多乍少 顏色變異 以是 義故 行者常應智慧觀察 勿令此心墮於邪網 當勤正念 不取不著 則能遠離 是諸業障

해 설

중생은 숨 쉼과 먹음으로써 육체적인 생명을 붙들어간다. 중생의 먹을 거리에 대한 탐착이 선정 가운데 마를 불러 마라가 선정 속의 스스로 그러한 먹을거리를 얻도록 해 애착하도록 하고 먹음에 바른 질서를 잃게 하는 것이다.

그러므로 수행자는 마땅히 이 모든 것이 먹을거리에 대한 탐욕으로 인해 일어난 바인 줄 잘 살펴서 집착이 없는 바른 생각을 부지런히 닦아 선정 속의 먹을거리를 취하지 않고 붙잡지 않으면 마라를 멀리 떠날 수 있는 것이다.

【실차난타역】

하루나 이틀 나아가 이레가 되도록 선정 가운데 머물러 좋은 음식을 얻어 몸이 즐거워져 먹지 않고 마시지 않게 하며, 때로 거듭 여자들의 아름다운 모습과 빛깔을 받도록 권하며, 때로 마시고 먹음을 아주 적게도 하다 많게도 하며, 때로 그 모습과 얼굴을 아름답게 하다 추하게 하니, 만약 여러 견해와 번뇌의 어지럽힌 바가 되면 지난 옛날의 선근 마저 잃어버리게 된다. 그러므로 마땅히 자세히 살펴서 이렇게 생각해야 한다.

'이것들은 모두 나의 선근이 작고 엷으며 업장이 두텁고 무거워 마와 귀신들이 미혹하는 바가 됨이다.'

이와 같이 안 뒤에는 저 온갖 것이 모두 이 마음이라 생각하면, 이와 같이 생각하는 찰나에 곧 사라져 모든 모습을 멀리 여의고 참된 삼매에 들어가게 된다.

一日二日乃至七日 住於定中 得好飮食 身適悅不饑不渴 或復勸令受女等色 或令其飮食 乍少乍多 或使其形容 或好或醜 若爲諸見煩惱所亂 卽退失往昔善根 是故宜應審諦觀察 當作是念 此皆以我善根微薄 業障厚重 爲魔鬼等之所迷惑 如是知已 念彼一切皆唯是心 如是思惟 刹那卽滅遠離諸相 入眞三昧

라) 삿됨과 바름 가려 그침의 바른 길을 보임〔辨邪正而示止之正路〕

> (가) 삿됨과 바름을 가림〔辨邪正〕
> (나) 진여삼매로써만 여래의 종성에 들 수 있음을 보임
>   〔示眞如三昧得入如來種〕

(가) 삿됨과 바름을 가림〔辨邪正〕

외도에게 있는 바 삼매란 모두 나라는 견해와 나라는 애착과 나라는 으시댐의 마음을 떠나지 못한 줄 마땅히 알아야 하니, 세간을 탐착하여 이름과 이익을 공경하기 때문이다.

진여의 삼매란 보는 모습에도 머물지 않고 얻는 모습에도 머물지 않으며, 나아가 선정을 나온다 하더라도 또한 게으름 없어서 있는 바 번뇌가 점점 작아지고 엷어진다.

應知外道所有三昧 皆不離見愛我慢之心 貪著世間名利恭敬故 眞如三
昧者 不住見相 不住得相 乃至出定亦無懈慢 所有煩惱漸漸微薄

해 설

먼저 삿된 선정과 바른 선정을 가려 보이니, 외도의 선정은 안으로 삿
된 견해가 있으므로 그 견해와 서로 응해 얻을 바 경계가 있는 삼매이다.
그에 비해 진여삼매란 안으로 삿된 견해가 없어서 밖으로 얻을 바 경계
가 없는 삼매이니, 능히 앎 속에서 아는 자와 알 것이 없고, 능히 봄 속
에 실로 보는 자와 볼 것이 끊어져 늘 고요한 한마음이 되는 삼매이다.
진여삼매인 바른 그침의 문에서는 끊을 번뇌에 끊을 바 번뇌의 뿌리가
없으므로 선정 속에 들어가도 새로이 끊고 새로이 고요히 할 것이 없고,
선정 속에서 나온다 해도 어지러워지는 바가 없고 게으름이 없다.
그러므로 바른 진여삼매의 길을 실천하는 이는 지금 비록 번뇌 속에
있어도 이미 번뇌가 없는 대열반의 땅에 서서 현실의 번뇌를 반야와 해
탈의 작용으로 돌려낼 수 있는 것이다.

【실차난타역】

마음의 모습을 이미 떠나면 참됨의 모습 또한 다하니, 선정에서 일
어나도 여러 견해의 번뇌가 모두 나타나지 않는다. 삼매의 힘이 그 씨
앗을 무너뜨리기 때문에 뛰어난 좋은 행이 따라서 서로 잇게 되고, 온
갖 장애와 어려움을 모두 멀리 여의어 크나큰 정진을 일으켜 늘 끊어
짐이 없게 한다.

心相既離 眞相亦盡 從於定起諸見煩惱 皆不現行 以三昧力 壞其種故
殊勝善品 隨順相續 一切障難悉皆遠離 起大精進恒無斷絶

㈏ 진여삼매로써만 여래의 종성에 들 수 있음을 보임〔示眞如三昧得入如來種〕

만약 여러 범부가 이 삼매법을 닦지 않고서 여래의 종성에 들어간다는 것은 그럴 수가 없는 것이다. 세간의 여러 선삼매(禪三昧)를 닦으면 많이들 맛에 집착을 일으키고 나라는 견해에 의지해 외도와 같이 삼계에 묶이어 속하게 된다. 만약 선지식이 보살펴주는 바를 떠나면 외도의 견해를 일으키기 때문이다.

若諸凡夫 不習此三昧法 得入如來種性 無有是處 以修世間諸禪三昧 多起味著 依於我見繫屬三界 與外道共 若離善知識所護 則起外道見故

해 설

삿된 선정과 바른 선정을 이미 가려보이고 바른 진여의 선정을 통해서만 여래의 종성에 들 수 있음을 다시 말한다. 곧 삼매란 삶의 있되 있지 않은 연기적 실상 그대로의 삼매만이 참된 삼매이니, 이 진여삼매를 닦지 않고 여래가 깨치신 바 법계에 들어간다는 것은 있을 수 없는 것이다. 세간의 삼매는 잘못된 세계관과 치우친 집착에 의해서 닦는 삼매이므로 삼매가 깊어질수록 더욱 그 집착과 잘못된 생각을 키워 그 견해의 얽매임에 빠지게 한다.

그러므로 삿된 견해의 병을 깨뜨려주는 바른 선지식을 의지하지 않으면 바깥길을 맴돌거나 삿된 선정에 빠지게 될 것이다.

【실차난타역】

만약 이 삼매를 닦아 행하지 않는 이는 여래의 종성에 들어갈 수가 없으니, 나머지 삼매는 모두 모습이 있어서 외도와 함께 하므로 부처님과 보살을 만날 수 없기 때문이다. 그러므로 보살은 이 삼매를 마땅히 부지런히 닦아 익혀 맨 끝의 선정을 이루도록 해야 한다.

若不修行此三昧者 無有得入如來種性 以餘三昧皆是有相 與外道共 不得值遇佛菩薩故 是故菩薩於此三昧 當勤修習 令成就究竟

마) 이익을 보여 닦도록 권함〔示益勸修〕

거듭 다시 부지런히 힘써 마음을 오로지 해 이 삼매를 닦는 이는 현재 세상에 마땅히 열 가지 이익을 얻을 것이니, 어떤 것이 열인가.

첫째 늘 시방 여러 부처님과 보살의 보살펴 생각해주시는 바가 되고, 둘째 여러 마와 나쁜 귀신들이 두렵게 할 수 있는 바가 되지 않으며, 셋째 아흔 다섯 가지 외도와 귀신이 어지럽힐 수 있는 바가 되지 않으며, 넷째 깊고 깊은 법 헐뜯음을 멀리 떠나 무거운 죄업의 장애가 점점 적어지고 엷어지며, 다섯째 온갖 의심과 여러 잘못된 살핌〔覺觀〕을 없애버리고, 여섯째 여러 여래의 경계에 믿음이 늘어나고 자라나며, 일곱째 걱정하여 뉘우침을 멀리 떠나 나고 죽음 가운데서 용맹하여 겁내지 않으며, 여덟째 그 마음이 부드럽게 어울려 뻐김과 으시댐을 버리어 남의 괴롭히는 바가 되지 않으며, 아홉째 비록 아직 선정을 얻지 못해도 온갖 때, 온갖 곳에서 번뇌를 덜어 줄일 수 있어서 세간을 즐겨하지 않으며, 열째 만약 삼매를 얻으면 바깥 경계와 온갖 음성이 놀라게 하는 바가 되지 않는다.

復次精勤專心修學此三昧者 現世當得十種利益 云何爲十 一者常爲十方諸佛菩薩之所護念 二者不爲諸魔惡鬼所能恐怖 三者不爲九十五種外道鬼神之所惑亂 四者遠離誹謗甚深之法 重罪業障漸漸微薄 五者滅一切疑諸惡覺觀 六者於諸如來境界 信得增長 七者遠離憂悔 於生死中 勇猛不怯

八者其心柔和捨於憍慢 不爲他人所惱 九者雖未得定 於一切時一切境界
處 則能減損煩惱 不樂世間 十者若得三昧不爲外緣一切音聲之所驚動

해 설

바른 삼매의 이익을 열 가지로 보여 진여삼매를 닦도록 한다.
첫째, 진여삼매는 모습에서 모습 떠나 온갖 부처님과 보살의 법신에 돌아감이므로 늘 부처님과 여러 보살의 보살펴 생각해주는 바가 된다.
둘째 진여삼매는 삿된 견해와 잘못된 세계관을 멀리 떠나 온갖 마라의 경계가 붙을 수 없는 진여에 돌아가므로 여러 마와 나쁜 귀신들이 두렵게 할 수 없다.
셋째, 진여삼매는 밖으로 구함이 없는 바른 생각으로 온갖 견해를 떠났으므로 외도와 귀신들이 그 틈을 탈 수 없으며 어지럽힐 수가 없는 것이다.
넷째, 진여삼매는 여래장이며 법계인 스스로의 성품을 깊이 믿으므로 법 비방하는 죄업을 떠나 무거운 죄업의 장애가 없어지게 된다.
다섯째, 진여삼매는 허망한 집착과 허망한 경계가 없는 바른 생각이므로 온갖 의심과 잘못된 살핌을 떠나게 된다.
여섯째, 진여삼매는 앎에서 앎을 떠나 여래장에 바로 돌아가므로 진여법에 온갖 의심이 사라지고 여래의 경계에 대해 결정된 믿음을 세우게 된다.
일곱째, 진여삼매는 나고 사라짐이 없는 진여법계에 다시 의심내지 않게 되므로 뉘우침을 떠나 나고 죽음 가운데서도 결코 겁내지 않게 된다.
여덟째, 진여삼매는 너와 나의 닫혀진 모습을 떠나고 미움과 사랑을 떠나므로 이웃과 부드럽게 어울리고 나라는 뻐김을 떠나며 남의 괴롭힘을 받지 않는다.
아홉째, 진여삼매는 나고 죽음과 번뇌가 공한 진여에 이미 결정된 믿음이 서 있으므로 아직 삼매를 못 얻었어도 번뇌를 줄여가고 세간에 대한 탐착을 떠나게 된다.

열째, 진여삼매는 온갖 바깥 경계가 있되 실로 있는 경계가 아님을 사무쳐 통달하므로 여섯 가지 티끌을 취하지 않고 버리지도 않아서 경계에 의해 물들거나 놀라지 않게 된다.

【실차난타역】

이 삼매를 닦는 이는 현재의 몸으로 열 가지 이익을 얻게 된다.

첫째 늘 시방 여러 부처님과 보살의 보살펴 생각해주시는 바가 되고, 둘째 온갖 마와 나쁜 귀신들이 어지럽히는 바가 되지 않으며, 셋째 온갖 삿된 도에 미혹하는 바가 되지 않으며, 넷째 깊은 법 헐뜯는 무거운 죄업의 장애를 모두 엷게 줄이며, 다섯째 온갖 의심과 여러 잘못된 살핌〔覺觀〕을 없애버리고, 여섯째 여러 여래의 경계에 믿음이 늘어나고 자라나며, 일곱째 뉘우쳐 슬퍼함을 멀리 떠나 나고 죽음 가운데서 용맹하여 겁내지 않으며, 여덟째 뻐김과 으시댐을 멀리 떠나 부드럽게 어울리고 욕됨을 참아 늘 온갖 세상 사람들의 공경하는 바가 되며, 아홉째 비록 선정에 머물지 않아도 온갖 때, 온갖 경계 가운데서 번뇌의 씨앗이 엷어져 끝내 일어나지 않게 되며, 열째 만약 선정에 머물면 온갖 음성 등의 경계가 어지럽게 하는 바가 되지 않는다.

修此三昧現身得十種利益 一者常爲十方諸佛菩薩之所護念 二者不爲一切諸魔惡鬼之所惱亂 三者不爲一切邪道所惑 四者令誹謗深法重罪業障皆悉微薄 五者滅一切疑諸惡覺觀 六者於如來境界 信得增長 七者遠離憂悔 於生死中 勇猛不怯 八者遠離憍慢 柔和忍辱 常爲一切世間所敬 九者設不住定 於一切時一切境中 煩惱種薄 終不現起 十者若住於定 不爲一切

音聲等緣之所動亂

나. 살핌을 밝힘〔明觀〕

> 가) 살핌 닦는 뜻을 밝힘〔明修觀意〕
> 나) 살핌의 모습을 보임〔辨觀相〕

가) 살핌 닦는 뜻을 밝힘〔明修觀意〕

거듭 다시 만약 사람이 오직 그침만을 닦으면, 마음이 가라앉아 때로 게으름을 일으키고 여러 착한 일을 즐겨하지 않으며, 큰 자비를 멀리 떠나게 되므로 살핌〔觀〕을 닦는 것이다.

復次若人唯修於止 則心沈沒 或起懈怠 不樂衆善 遠離大悲 是故修觀

해 설

온갖 법은 인연으로 일어나므로 공하고, 공하기 때문에 연기한다. 그런데 인연으로 일어났기 때문에 공한 진여를 체달하여 그 진여를 새롭게 실체화하거나 공함에 머물면, 공하기 때문에 연기하는 온갖 법의 남이 없이 나고 사라짐 없이 사라지는 모습을 올바로 살펴 삶의 변화에 대응할 수 없을 것이다.

그러므로 진리의 길을 올곧게 걸어가는 자는 진여를 체달하여 온갖 모습과 번뇌를 그치되, 실로 그칠 바 없는 곳에서 그침 그대로의 살핌을 일으켜 삶의 다양한 연기적 변화상을 올바로 살펴낸다. 그리하여 짓되 지음 없는 자비행으로 역사와 사회를 선정과 지혜의 힘으로 가꾸어간다〔定慧力莊嚴〕. 이렇게 하지 않고 다만 공함에만 집착하면 삶의 역동성을 잃어버리므로 논은 그러한 삶을 '그침만을 닦으면 마음이 가라앉는다'고 지적한다.

공에 떨어져 스스로 게으르면 참된 깨달음을 이룰 법의 이익을 등지게 될 것이니, 아래의 법상관(法相觀)으로 그 병통을 다스리고 정진관(精進觀)으로 바른 이익을 이루어내야 할 것이다. 그리고 공한 진여로써 완성을 삼아 뭇 착한 행을 닦지 않으면 자비를 멀리 여의어 서로 돕는 생활의 이익〔利他〕을 등지게 될 것이니, 대비관(大悲觀)으로 그 병통을 다스리고 대원관(大願觀)으로 남을 도와 함께 해탈할 공동체적 생활의 이익을 이루어야 할 것이다.

【실차난타역】

거듭 다시 만약 오직 그침만을 닦으면, 마음이 곧 가라앉아 때로 게으름을 내 여러 착한 일을 즐겨하지 않으며, 큰 자비를 멀리 떠나게 된다. 그러므로 마땅히 살핌〔觀〕을 겸해 닦아야 하는 것이다.

復次若唯修止 心則沈沒 或生懈怠 不樂衆善 遠離大悲 是故宜應兼修於觀

나) 살핌의 모습을 보임〔辨觀相〕

> (가) 연기적인 법의 모습을 살핌〔法相觀〕
> (나) 자비관(慈悲觀)
> (다) 대원관(大願觀)
> (라) 정진관(精進觀)
> (마) 살핌 닦음을 다시 맺어 보임〔結示修觀〕

(가) 연기적인 법의 모습을 살핌〔法相觀〕

살핌을 닦아 익히는 이는 마땅히 온갖 세간의 함이 있는 법이 오래 머뭄이 없이 잠깐 사이에 변해 무너지며, 온갖 마음의 행이 생각 생각 일어나고 사라지기 때문에 괴로움인 줄 살펴야 한다. 또한 마땅히 과거에 생각한 바 모든 법이 아득하고 아득하여 꿈같음을 살피고, 현재에 생각하는 바 모든 법이 번갯불과 같음을 살피며, 미래에 생각할 바 모든 법이 구름과 같아서 갑자기 일어남을 살피며, 마땅히 세간의 온갖 몸이 모두 다 깨끗하지 않아서 갖가지로 더러워 하나도 즐길만하지 못함을 살펴야 한다.

修習觀者 當觀一切世間有爲之法 無得久停 須臾變壞 一切心行 念念生滅 以是故苦 應觀過去所念諸法 恍忽如夢 應觀現在所念諸法 猶如電光 應觀未來所念諸法 猶如於雲 爾而起 應觀世間一切有身 悉皆不淨 種種穢汚 無一可樂

해 설

살핌에는 중생의 병통을 상대하여 다스리는 살핌〔對治觀〕과 연기적인 실상을 있는 그대로 드러내는 살핌〔實相觀〕으로 나뉜다. 이 단에서는 네 가지 대치관을 통해 중생의 병을 다스려 끝내 실상에 돌아가게 하니, 네 가지 대치관은 무상관(無常觀)과 고관(苦觀)과 무아관(無我觀)과 부정관(不淨觀)이다.

온갖 법은 인연으로 일어나 인연으로 사라진다. 그런데 인연으로 일어났기 때문에 자기 자성이 없이 연을 따라 변하고 사라지는 법을 변치 않는 것으로 집착하므로 논은 먼저 온갖 세간의 함이 있는 법이 잠간도 머무르지 않고 변해 무너짐을 살피도록 하니 바로 덧없음을 살핌〔無常觀〕이다.

온갖 법은 생각 생각 일어났다 사라지는데 연기된 것을 붙들어 쥐고 즐거움을 삼으므로 덧없는 것에 대한 집착은 참된 즐거움이 아님을 보이기 위해 괴롭다고 살피도록 하니 이것이 괴롭다고 살핌〔苦觀〕이다.

다시 덧없이 일어나고 사라지는 온갖 법에 실로 그렇다 할 자기 뿌리〔自性〕가 있는가 살펴보면, 이미 지난 법은 꿈과 같고 현재법이 머묾 없음은 번갯불과 같으며 미래에 생각할 바 법은 구름과 같아 연을 따라 갑자기 일어난다. 이와 같이 살피면 능히 생각하는 마음과 생각되는 바 온갖 법은 있되 자기 모습이 없고 오되 온 바가 없는 것이니, 이것이 존재에 자기모습 없음을 살핌〔無我觀〕이다.

몸은 여러 물질적 요소가 인연으로 어울려 지금의 몸의 모습을 이루었다. 연기된 이 몸을 집착의 대상으로 붙들고 그것을 아름답게 여기고 깨끗함을 삼으므로 몸에 실로 깨끗하다 할 것이 없음을 살피게 하니 이것이 깨끗하지 않음을 살핌〔不淨觀〕이다.

그런데 덧없음〔無常〕과 괴로움〔苦〕과 자기 모습 없음〔無我〕과 깨끗하지 않음〔不淨〕은 연기되어 일어난 것에 대한 항상하다는 집착〔常顚倒〕과 즐겁다는 집착〔樂顚倒〕과 자기모습 있다는 집착〔我顚倒〕과 깨끗하다는 집착〔淨顚倒〕에 응해 세워진 것이니, 살핌의 약〔法藥〕을 통해 집착의 병〔執病〕이 사라지면 덧없다는 살핌과 괴롭다는 살핌과 자기 모습 없다는 살핌과 깨끗하지 않다는 살핌 또한 세울 것이 없다.

이처럼 대치관도 또한 병과 약을 동시에 지양하여 실상 자체에 돌아가는데 그 귀결점이 있는 것이니, 순간 순간 머물지 않고 나고 사라지는 모든 법이 자기 모습 없는 줄 바로 살피면 나고 사라지는 세간법의 덧없음이 그대로 나되 남이 없이 나고 사라지되 사라짐이 없는〔不生不滅〕실상의 법이 되기 때문이다.

【실차난타역】

어떻게 닦는가. 곧 마땅히 세간의 온갖 모든 법이 일어나고 사라져 멈추지 않으며 덧없으므로 괴롭고 괴로우므로 내가 없음을 살피고, 마땅히 과거의 법이 꿈같고 현재의 법이 번갯불 같으며 미래의 법이 구름 같아서 갑자기 일어남을 살펴야 한다.

마땅히 있는 몸이 모두 깨끗하지 않아서 여러 벌래와 더러운 것이 번뇌와 어울려 섞여 있음을 살피며, 여러 어리석은 범부가 보는 바 모든 법이란 사물이 없는 가운데 망녕됨이 있다고 허아림인 줄 살피고, 온갖 것이 연을 좇아 생긴 법이라 모두 허깨비와 같아 끝내 실다움이 없다고 살피며, 제일의제는 마음의 행하는 바가 아니라 비유할 수 없고 이루 말할 수 없다고 살펴야 한다.

云何修耶 謂當觀世間一切諸法 生滅不停 以無常故苦 故故無我 應觀過去法如夢 現在法如電 未來法如雲 忽爾而起 應觀有身悉皆不淨 諸蟲穢汗 煩惱和雜 觀諸凡愚所見諸法 於無物中 妄計爲有 觀察一切從緣生法 皆如幻等畢竟無實 觀第一義諦 非心所行 不可譬喩 不可言說

(내) 자비관(慈悲觀)

이와 같이 온갖 중생이 비롯 없는 옛날로부터 모두 무명이 끼쳐 익히는 바 되므로 마음이 생기고 사라지도록 하여 이미 온갖 몸과 마음의 큰 괴로움을 받았고, 현재에 곧 한량없이 쫓겨 내몰림이 있으며, 미래에 괴로워할 바도 또한 분별할 수 없어서 버리기 어렵고 떠나기 어렵다. 그런데도 깨달아 알지 못하니, 중생의 이런 모습이 매우 슬퍼할 일임을 마땅히 살펴 생각해야 한다.

如是當念 一切衆生 從無始世來 皆因無明所熏習故 令心生滅 已受一切身心大苦 現在卽有無量逼迫 未來所苦亦無分齊 難捨難離 而不覺知 衆生如是甚爲可愍

해 설

이는 수행자가 진여의 공함으로 삶의 완성을 삼지 않으므로 다만 나와 중생의 모습이 공한 진여에만 안주하지 않고 무명 속에 빠져 헤매는 중생의 현실에 대해 슬픈 마음을 내고 구제할 마음을 내는 것을 말한다. 곧 저 중생이 지금 괴로움 바다에 빠져 있으면서도 그를 알지 못해 발심하고 수행할 마음을 내지 못하므로 그 괴로움이 다할 날이 없음을 슬퍼하는 것이다. 그러나 공에 머물지 않고 저 중생에 자비의 마음을 내지만 저 중생의 모습에도 취할 것이 없으므로 자비의 마음은 공함[空]과 모습 없음[無相]의 자비로 드러나며, 저 중생을 살펴 슬피 여김은 그침 그대로의 살핌[卽止之觀]으로 발현되는 것이다.

【실차난타역】

온갖 중생이 비롯 없는 옛날로부터 모두 무명이 끼치어 익히는 힘을 인하므로 한량없는 몸과 마음의 큰 괴로움을 받고, 현재와 미래에도 또한 이와 같이 끝이 없고 한도가 없어 벗어나기 힘들고 건지기 힘들지만 늘 그 속에 있어 살펴 알지 못하니 매우 슬퍼할 일임을 살펴야 한다.

觀一切衆生 從無始來 皆因無明熏習力故 受於無量身心大故 現在未來 亦復如是 無邊無限 難出難度 常在其中 不能覺察 甚爲可愍

㈐ 대원관(大願觀)

이렇게 사유하고서는 곧 마땅히 용맹스럽게 큰 서원을 이렇게 세워야 한다.

'바라건대 내 마음이 분별을 떠나도록 하므로 시방에 두루하여 온갖 여러 착한 공덕을 닦아 행해지이며, 미래제가 다하도록 한량없는 방편으로 온갖 괴로움 받는 중생을 건져 빼내 니르바나의 으뜸가는 진리의 뜻〔第一義〕 그대로의 즐거움을 얻게 하여지이다.'

作是思惟 卽應勇猛立大誓願 願令我心離分別故 徧於十方 修行一切諸善功德 盡其未來 以無量方便 救拔一切苦惱衆生 令得涅槃第一義樂

해 설

수행자는 능히 건짐과 건져지는 바의 모습이 공한 진여를 체달했지만 그 공함에 머물지 않고 중생의 현실의 삶에 번뇌와 괴로움이 다하도록 크나큰 원을 발하여 나와 중생이 함께 해탈의 도 얻기를 바란다. 원 가운데 분별 떠남과 시방에 두루함과 온갖 중생 건짐 등의 뜻은 무엇인가. 저 중생이 나의 삶 밖에 따로 있지 않으며 진여법 밖에 따로 있지 않은 줄 알므로 그 마음이 분별을 떠남이며, 수행자의 낱낱 행은 진여법계인 행이므로 시방에 두루하여 온갖 공덕을 닦아 행함이다. 그리고 진여법계에는 한 생각이 무량겁에 통하므로 미래제가 다하도록 행함이며, 한 중생도 진여 밖에 있지 않으므로 온갖 중생 건지는 넓고 큰 마음이며, 중생이 본래 진여이고 니르바나이므로 중생으로 하여금 다시 본래 갖춘 니르바나의 기쁨을 얻도록 하니 으뜸가는 진리의 뜻 그대로의 즐거움〔第一義樂〕인 것이다.

이처럼 미래제가 다하도록 온갖 중생을 모두 거두어 해탈의 세계에 들어가게 하나, 저 중생이 내 밖에 따로 있는 중생이 아니므로 그 크나큰 원〔大願〕은 곧 모습 없고〔無相〕 지음 없는〔無作〕 바람이며 실로 밖으로 구해 바랄 것이 없는〔無願〕 바람인 것이다.

【실차난타역】

이렇게 살피고서는 결정코 지혜를 내고 넓고 큰 자비를 일으켜 크나큰 용맹을 발하고, 큰 서원을 이렇게 세워야 한다.

"바라건대 내 마음으로 하여금 여러 뒤바뀜을 떠나고 여러 분별을 끊도록 온갖 여러 부처님과 보살을 가까이 모시며, 머리 숙여 절하고 공양하며 공경하고 찬탄하며, 바른 법을 듣고서 말씀대로 닦아 행해지이다. 그리고 미래제가 다하도록 쉬임이 없이 한량없는 방편으로 온갖 고통바다의 중생을 건져내 그들이 니르바나의 '으뜸가는 진리의 뜻〔第一義〕' 그대로의 즐거움에 머물게 하여지이다."

如是觀已 生決定智 起廣大悲 發大勇猛 立大誓願 願令我心離諸顚倒 斷諸分別 親近一切諸佛菩薩 頂禮供養 恭敬讚嘆 聽聞正法 如說修行 盡未來際無有休息 以無量方便 拔濟一切苦海衆生 令住涅槃第一義樂

㈑ 정진관(精進觀)

이와 같은 원을 일으키므로 온갖 때와 온갖 곳에서 있는 바 뭇 착한 일들을 자기가 견뎌 할 수 있음을 따라 버리지 않고 닦아 배워 마음에 게으름이 없어야 한다.

以起如是願故 於一切時一切處 所有衆善 隨已堪能 不捨修學 心無懈怠

해 설

진여문에는 온갖 법의 모습이 공하지만 그 공함도 공하여 온갖 법이 새롭게 연기한다. 그러므로 수행자는 공함을 알았지만 공에 머물지 않고 온갖 때 온갖 곳에서 뭇 착한 일들을 닦아 행해 늘 마음에 게으름이 없어야 하는 것이다.

진여의 작용은 쉼 그대로의 작용이며 보살의 정진 또한 하되 함이 없이 하는 정진이다. 그러므로 보살의 정진은 결코 지치거나 싫증냄이 없으며 끊어지거나 사이가 없고 억지로 지어 일으킴이 없는 정진인 것이다.

【실차난타역】
이렇게 원을 짓고서는 온갖 때에 자기가 견뎌 할 수 있음을 따라 스스로를 이롭게하고 남을 이롭게 하는 행을 닦아 행해 가야 한다.

作是願已 於一切時 隨己堪能 修行自利利他之行

㈑ 살핌 닦음을 다시 맺어 보임〔結示修觀〕
다만 앉아 있을 때 그침만을 오로지 생각함을 내놓고는 나머지 다른 온갖 곳에서 마땅히 해야 할 것과 하지 않아야 할 것을 모두 마땅히 살펴야 한다.

唯除坐時專念於止 若餘一切 悉當觀察應作不應作

해 설

앞에서 살핌 닦음의 뜻을 밝히고 네 가지 중생의 병을 대치하는 살핌의 모습을 말하고, 끝으로 다시 살핌이 삶 현실 온갖 곳과 생활의 온갖 때에 늘 끊어짐이 없이 이어져야 함을 말한다. 곧 삶 속의 옳고 그름과 착하고 악함이 공한 줄 알았지만 공에 머뭄없이 잘 옳고 그름과 착하고 악함을 살펴야 한다. 그리하여 어느 곳, 어느 때에서나 그름을 버리고 옳음을 세우며, 악함을 버리고 착함을 지어서 이미 지은 악은 다시 짓지 않고 이미 지은 선은 다시 늘려 지으며, 아직 짓지 않은 악은 나지 않게 하고, 아직 짓지 않은 선은 나게 해야 한다. 그러나 착함을 세우되 세움 없고 악함을 버리되 버림 없으므로 그 살핌과 지음이 사마타인 살핌이 되게 하고, 짓되 지음 없는 지음이 되게 하면, 이것이 바로 사마타를 떠나지 않고 늘 비파사나를 행함이 되는 것이다.

【실차난타역】
　가고 머물고 앉고 누움에 늘 부지런히 마땅히 할 것과 하지 않아야 할 것을 늘 부지런히 살피면 이것을 살핌을 닦는다고 이름한다.

　行住坐臥 常勤觀察應作不應作 是名修觀

　다. 그침과 살핌 함께 지음을 밝힘〔明止觀雙運〕
　만약 가거나 머물거나 앉거나 눕거나 일어나거나 모두 마땅히 그침과 살핌을 함께 행해야 한다〔止觀俱行〕.
　그것은 이른바 비록 모든 법의 자기 성품이 나지 않음을 생각하나, 다시 인과 연이 어울려 합해 선악의 업과 괴로움과 즐거움의 갚음이 잃어지거나 무너지지 않음을 생각하며, 비록 인연으로 난 선악의 업과 그 갚음을 생각하나 또한 그 성품을 얻을 수 없다고 생각하는 것이다.
　만약 그침을 닦는 이라면 범부가 세간에 머물러 집착함을 상대해 다스리고, 이승의 겁내고 약한 견해를 버릴 수 있으며, 만약 살핌을 닦는 이라면 이승의 큰 자비를 일으키지 않는 못나고 뒤쳐진 마음의 허물을 상대해 다스리고, 범부가 선근 닦지 않음을 멀리 여의게 된다.
　이런 뜻 때문에 이 그침과 살핌의 두 문은 함께 서로 도와 이루어 서로 떨어지지 않는 것이니, 만약 그침과 살핌을 갖추지 않으면 보리의 길에 들어갈 수 없다.

　若行 若住 若坐 若臥 若起 皆應止觀俱行 所謂雖念諸法自性不生 而復卽念因緣和合善惡之業 苦樂等報 不失不壞 雖念因緣善惡業報 而亦卽念性不可得 若修止者 對治凡夫住著世間 能捨二乘怯弱之見 若修觀者 對治

二乘不起大悲陋劣心過 遠離凡夫不修善根 以是義故 是止觀二門 共相助成 不相捨離 若止觀不具 則無能入菩提之道

해 설

앞에서 그침과 살핌의 두 문을 나누어 밝히고, 여기서는 두 문이 끝내 떨어질 수 없음을 말한다. 그것은 왜인가. 그침은 온갖 법이 공한 진여문에 의거해서 세워진 실천의 이름이고, 살핌은 온갖 법이 공하기 때문에 연기하는 생멸문에 의거해서 세워진 이름이나 진여문과 생멸문이 끝내 둘이 없기 때문이다. 곧 온갖 법은 인연으로 일어나고 인연으로 사라지므로 실로 나지 않고 사라지지 않는다. 인연으로 나고 사라지되 남이 없고 사라짐이 없으므로 비파사나 그대로의 사마타〔卽觀之止〕의 이름이 세워지고, 선악의 업과 그 과보가 공하나 선악의 인과가 무너지지 않으므로 사마타 그대로의 비파사나〔卽止之觀〕의 이름이 세워진다.

법이 나되 남이 없으므로〔生而無生〕 수행자는 남이 없는 진제를 체달하여 온갖 모습과 모습을 보는 마음을 그친다〔體眞止〕. 그리고 법이 남이 없이 나므로〔無生而生〕 공도 공한 줄 살피어 인연으로 나는 모습을 잘 분별하며, 적극적으로 가고 머물고 앉고 누움의 행위를 방편으로 지어 연을 따르되 늘 온갖 따르는 바 모습을 떠나 그친다〔方便隨緣止〕.

이처럼 나고 사라짐에서도 나고 사라지는 모습을 떠나고 남이 없고 사라짐이 없음에서도 나고 사라짐 없음을 떠나 두 가지 치우친 분별을 쉬되 중도라는 모습도 얻을 것이 없으니, 이것을 참으로 존재의 실상 그대로의 그침〔息二邊分別止〕이라 이름한다.

논은 '있되 공함을 살피어서〔緣起卽空觀〕' 진제를 체달하여 그침〔體眞止〕은 '살핌 그대로의 그침〔卽觀之止〕'이므로 이를 그침〔止〕이라고 말한다. 그리고 이 그침을 닦으면 세간의 나고 사라지는 모습 집착하는 범부와 나고 사라짐을 억지로 끊고 니르바나를 얻으려는 이승의 겁내고 약한 견해를 다스린다고 말한다.

논은 다시 '공도 공함을 살피어〔空卽緣起觀〕' '방편으로 연을 따라 그 침〔方便隨緣止〕'은 그침 그대로의 살핌〔卽止之觀〕이므로 이를 살핌〔觀〕이라고 한다. 그리고 이 살핌은 공에 떨어져 자비를 일으키지 않는 이승의 치우침과 허무에 빠지고 게으름에 빠진 범부의 허물을 다스린다고 말한다.

이처럼 그침을 들면 늘 살핌이 되며 공함〔空〕을 말하면 인연으로 나고 사라짐이 되고 끝내 나되 남이 없고 사라지되 사라짐 없음〔生而不生 滅而不滅〕이 되므로 한 마음에 세 가지 그침〔體眞止, 方便隨緣止, 息二邊分別止〕과 세 가지 살핌〔空觀, 假觀, 中道觀〕이 두렷이 융통한 것이니, 그침과 살핌을 이와 같이 두렷이 갖추지 않으면 보리의 길〔菩提之道〕에 들어갈 수 없다.

이처럼 수행자가 그침이 살핌인 그침이고 살핌이 그침인 살핌인 줄 통달하여 그침과 살핌을 함께 짓게 되면〔止觀雙運〕, 움직임과 고요함을 동시에 떠나 동시에 비추게 될 것이니〔雙遮雙照〕, 그는 앉아 있음 속에서만 선정을 닦는 것이 아니라 가고 머물고 앉고 눕고 말하고 밥 먹는〔行・住・坐・眠・語・食 六威儀〕 모든 생활 속에서 선정을 닦게 될 것이며, 끝내 삶 활동을 선정인 삶 활동이 되게 할 것이다.

천태의 『수습지관좌선법요』는 이렇게 말한다.

> 수행자가 만약 가고 머물고 앉고 누움과 보고 듣고 깨달아 아는 등 온갖 곳 가운데에서 지관을 닦을 수 있다면, 이 사람은 참으로 마하야나의 길 닦는 자임을 마땅히 알아야 한다.
> 『대품경』의 다음 말씀과 같으니 경은 이렇게 말한다.
> "부처님이 수보리에게 말씀하셨다.
> 만약 보살이 갈 때에는 감을 알고, 앉을 때는 앉음을 알며, 나아가 승가리를 입을 때는 입음을 알아, 보고 눈 돌림에도 한마음이 되고 나가고 들어감에도 선정이 되면 이 사람을 보살의 마하야나라고 함을 마땅히 알라."

거듭 다시 사람이 이처럼 온갖 곳 가운데서 대승을 수행하면, 이 사람은 세간에서 가장 빼어나고 가장 높아 더불어 짝할 이가 없게 될 것이다.

行者若能於行住坐臥 見聞覺知等一切處中 修止觀者 當知是人眞修魔訶衍道 如大品經云 佛告須菩提 若菩薩行時知行 坐時知坐 乃至服僧伽梨 視眴一心出入禪定 當知是人名菩薩摩訶衍 復次若人能如是 一切處中修行大乘 是人則於世間最勝最上 無與等者

【실차난타역】

다음으로 거듭 만약 오직 살핌만을 닦으면 곧 마음이 그치어 쉬지 않고 많이 의혹을 내게 되며, 제일의제를 따르지 않고 분별없는 지혜를 내지 못하게 된다. 그러므로 그침과 살핌을 마땅히 아울러 닦아 행해야 한다. 이는 곧 다음과 같으니 비록 온갖 법이 모두 자성이 없어 나지 않고 사라지지 않으며, 본래 고요하여 스스로의 성품이 니르바나인 줄 생각하나 또한 인과 연이 어울려 합해 선악업의 갚음이 잃거나 무너지지 않음을 보는 것이다. 또 비록 인연으로 난 선악업의 갚음을 생각하나 온갖 모든 법이 남이 없고 자성 없으며 나아가 니르바나도 그러함을 곧 보는 것이다.

그침을 닦아 행하는 이는 범부가 나고 죽음을 즐겨 집착함을 상대해 다스리고, 또한 이승이 나고 죽음에 집착하여 두려움 내는 것을 다스리며, 살핌을 닦아 행하는 이는 범부가 선근 닦지 않음을 다스리고, 또한 이승의 큰 자비를 일으키지 않는 비좁고 뒤쳐진 마음의 허물을 상대해 다스린다.

그러므로 이 그침과 살핌은 서로 도와 이루어 서로 떨어지지 않는 것이니, 만약 그침과 살핌을 갖추지 않으면 반드시 위없는 보리를 얻을 수 없다.

　復次若唯修觀 則心不止息 多生疑惑 不隨順第一義諦 不出生無分別智 是故止觀應並修行 謂雖念一切法皆無自性 不生不滅 本來寂滅 自性涅槃 而亦即見因緣和合 善惡業報 不失不壞 雖念因緣善惡業報 而亦即見一切諸法 無生無性乃至涅槃 修行止者 對治凡夫樂著生死 亦治二乘執著生死而生怖畏 修行觀者 對治凡夫不修善根 亦治二乘不起大悲狹劣心過 是故止觀 互相助成 不相捨離 若止觀不具 必不能得無上菩提

제3절 물러섬을 막는 방편을 보임〔顯防退方便〕

한마음〔一心〕의 인격적 구현이 붇다라면, 법계(法界)의 국토적 실현이 정토(淨土)이다. 그러므로 아미타 부처님이 저 멀리 있되 나의 진여인 한마음을 떠나지 않으며, 서방정토가 지금 이곳이 아니되 막힘 없고 걸림 없는 진리의 국토를 떠나지 않는다. 저 부처님과 저 국토는 내가 이름 부르는 대상이고 내가 태어나기를 바라는 국토이지만, 여래와 정토는 나의 삶의 실상이며 나의 진여인 법계생명이니, 여래의 원력은 늘 나를 보살피고 나를 이끌어 진리의 국토에 남이 없이 나게 한다.

이제 논은 한마음의 실상을 열어주고 진여에 돌아가는 무념(無念)의 실천과 여섯 가지 바라밀행을 보여주되 믿음이 굳세지 못해 물러서려는 이들에게 다시 나의 실상이자 부름의 대상인 부처님의 이름 부름을 통해 저 부처님의 원력을 나의 원력으로 돌이켜 해탈의 세계 태어나는 방편을 보인다. 그러나 한마음의 진여에 돌아감이 돌아감 없는 돌아감이듯, 정토에 가서 남은 남이 없는 남이니, 저 정토의 머뭄없는 참모습이 곧 내 마음의 진여이기 때문이다.

제1항 물러서려는 이를 들어 정토의 방편을 이끔〔擧欲退者引淨土方便〕
제2항 물러섬 막는 방편을 밝힘〔明防退之法〕

제1항 물러서려는 이를 들어 정토의 방편을 이끎〔擧欲退者引淨土方便

저 서방정토 아미타불의 본원(本願)은 고통과 물 듦 속에 있는 중생이 열 번만 붇다의 이름을 부르면 모두 정토세계에 태어나게 함이다. 그러므로 여래는 괴로움과 즐거움이 반복하는 중생의 윤회의 삶과 예토의 세계를 크나큰 기쁨의 삶과 정토의 세계로 뒤바꾸려는 크나큰 원으로 뭇 중생을 정토세계에 맞아 이끈다.

이는 사바세계와 서방정토가 하나인 법계이며, 중생과 여래가 진여인 한마음임을 보이는 법문이다. 그리고 이처럼 중생과 여래가 한 법계이며, 중생의 생사죄업이 본래 공하고 진여공덕이 본래 공하되 공하지 않으며, 여래의 원력이 중생을 떠나지 않으므로 한 생각 여래의 이름을 부르고 여래의 본원을 생각할 때, 반드시 중생의 물듦과 고통을 돌이켜 정토의 청정과 안락을 구현할 수 있으니, 이것이 저 부처님의 이름 불러 정토에 나는 방편이다.

겁내고 약한 자를 들어 물러섬 막는 방편을 이끎〔擧其心怯弱者引防退方便〕

거듭 다시 어떤 중생이 처음 이 법을 배우면서 바른 믿음을 구하려고 하나 그 마음이 겁내고 약해서 이 사바세계에 머물면서 늘 여러 부처님을 만나 뵙고 몸소 공양받들 수 없음을 스스로 두려워하여 믿음의 마음을 이루기 어렵다고 말하면 그는 뜻이 물러서려는 자이다.

復次衆生初學是法 欲求正信 其心怯弱 以住於此娑婆世界 自畏不能常値諸佛 親承供養 懼謂信心難可成就 意欲退者

해 설

이미 앞에서 육바라밀행의 수행을 말하고 지관의 방법을 자세히 열어 보았으나 근기가 낮은 중생은 스스로 겁내고 약해 바른 수행에 나아가지 못하고 진여법에 믿음을 확정하지 못한다. 그러면 그가 바로 뜻이 뒤로 물러서는 중생이다. 그러나 여래의 눈으로 보면 이 중생 또한 이미 여래장의 공덕 속에 있는 자이며, 이미 본래적인 깨달음을 구현해 쓰는 자이다. 그러므로 여래는 이 중생 또한 버리지 않고 두려움 많은 중생에게 해탈의 방편을 제시하고 있으니, 이미 진여의 공덕을 이룬 부처님을 생각하는 방편으로 정토에 태어나도록 함이다.

【실차난타역】

거듭 다시 처음 배우는 보살이 이 사바세계에 머물며 때로 추위와 더위, 비바람이 때 맞추지 않음과 배고픔 등의 괴로움을 만나고, 때로 착하지 않아 두려워할 바 중생이 세 가지 독에 뒤얽히고 삿된 견해로 뒤바뀌어 착한 길을 등져버리고 악한 법을 익혀 행함을 보고서는, 그 가운데서 그 보살이 마음에 겁내고 약함을 내어 여러 부처님과 보살을 만나지 못할까 두려워하고, 깨끗한 믿음의 마음을 이루지 못할 것을 두려워하면 그는 의심을 내고 뒤로 물러서려는 자이다.

　復次初學菩薩 住此娑婆世界 或值寒熱風雨 不時饑饉等苦 或見不善可畏衆生 三毒所纏 邪見顚倒 棄背善道 習行惡法 菩薩在中 心生怯弱 恐不可値遇諸佛菩薩 恐不能成就淸淨信心 生疑欲退者

제2항 물러섬 막는 방편을 밝힘〔明防退之法〕

앞에서 믿음의 힘과 지혜가 약한 수행자가 뒤로 물러서려 하므로 마음의 동요와 뒤로 물러섬을 막는 방편을 써서 물러서지 않도록 하게 함을 말하고, 이제 그 구체적인 방편으로써 부처님의 이름 불러 생각함〔念佛〕, 정토에 가서 남〔往生〕을 말한다.

그런데 부처와 중생이 하나인 진여 법계라면 비록 저 부처님을 불러 정토에 돌아가되 그것은 내 마음 밖에 다른 세계에 감이 아니라 한마음의 법계에 돌아감이니, 부처님과 내가 같은 한 법신이기 때문이다. 그러므로 부처님의 법신을 바로 살핌이 저 세계에 태어남이고 바른 선정에 머묾이다.

정토에 가서 나는 방편을 보임〔示淨土往生方便〕

이런 이에게는 여래에게 빼어난 방편이 있어 그 믿음의 마음을 거두어 보살펴 줌을 마땅히 알아야 한다.

곧 뜻을 오로지 해 부처님을 생각하는 인연으로 원을 따라 다른 곳의 부처님의 땅에 태어나 늘 부처님을 뵈어 길이 나쁜 길을 떠나게 되는 것이다. 이는 수다라에서 만약 사람이 서방극락세계 아미타불을 오로지 생각해 닦은 바 착한 뿌리를 돌이켜 향하고 그 세계에 태어남을 구해 바라면 곧 가서 태어남을 얻게 되고 늘 부처님을 뵙기 때문에 끝내 물러섬이 없다고 말함과 같다.

만약 그 부처님의 참되고 한결같은 법신을 살펴 늘 부지런히 닦아 익히면 끝내 태어남을 얻게 되니 바른 선정에 머물기 때문이다.

當知如來 有勝方便 攝護信心 謂以專意念佛因緣隨願得生他方佛土 常見於佛永離道 如修多羅說 若人專念西方極樂世界阿彌陀佛 所修善根廻向 願求生彼世界 卽得往生 常見佛故 終無有退 若觀彼佛眞如法身 常勤修習 畢竟得生住正定故

해 설

진여법에 믿음을 내지 못하고 뒤로 물러서는 자가 어떻게 이미 진여의 공덕을 이룬 저 부처님을 생각하는 방편으로 정토에 태어나 진여의 공덕을 성취할 수 있는가.

진여(眞如)는 온갖 법의 있되 공함이므로 한마음의 참되고 한결같은 문은 하나인 법계의 크나큰 총상이 되는 법문의 바탕〔一法界大總相法門體〕이라고 한다. 그러므로 진여법계는 주관이 아니지만 주관 아님이 아니고 객관이 아니지만 객관 아님이 아니며, 나의 앎 활동이 아니지만 앎 활동 아님이 아니다. 그리고 진여법계에 본래 갖추어진 공덕의 힘이 중생을 끼치어 익힘 또한 온갖 때가 아니지만 때를 떠나지 않고, 온갖 곳과 모습이 아니지만 곳과 모습을 여의지 않는다.

이에 여래는 근기가 약해 바로 진여법계에 믿어 돌아가지 못한 중생을 위해 다른 부처님을 불러 생각하고 다른 부처님의 정토에 가서 나는 방편을 보여 물러서지 않도록 하니, 저 부처님의 이미 이룬 공덕이 나의 여래장 자체이고 저 부처님의 정토가 나의 법신이기 때문이다. 그러므로 비록 저 부처님을 불러 생각하는 방편으로 저 부처님의 국토에 태어난다 해도 능히 부름과 불려지는 부처님, 능히 태어남과 태어나는 곳이 모두 공해 진여법계인 줄 알아야 하니, 이 마음이 곧 저 부처님이고 이 마음이 곧 저 정토인 것이다〔是心是佛 是心淨土〕.

그러나 저 부처님을 부름으로써 내 마음은 부처인 마음이 되고 저 부처는 내 마음인 부처가 되어 진여법계의 공덕의 힘이 못나고 약해 두려움에 떠는 중생을 진여공덕의 모습으로 끼치어 익히어 주는 것이니, 이 마음이 부처를 짓고 이 마음이 정토를 짓는 것이다〔是心作佛 是心作土〕.

서방세계 아미타불을 불러 저 정토에 태어난다 하지만, 실로 나되 남이 없고 가되 감이 없으며, 또한 남 없음도 없고 감이 없음도 없는 것이니, 저 정토에 실로 난다 해도 옳지 않고 나지 않는다 해도 옳지 않은 것이다.

그러므로 경전에서 서방정토에 가서 연꽃태에 들었다가 꽃이 피면 부처님을 뵙는다는 뜻도 실로 그 세계에 가서 태어나 형상의 부처님을 뵙는 것으로만 보아서는 안 된다. 연꽃태에 들었지만 아직 꽃이 피지 않음〔蓮花未開〕은 깨끗한 땅의 좋은 조건을 얻었으나 믿음의 행이 아직 가득 채워지지 않음〔信行未滿〕을 나타내며, 꽃이 피어 부처님을 뵙는다는 것〔花開見佛〕은 믿음이 이루어져 바른 지혜의 땅에 안주함으로 진여법신을 본다는 뜻이다. 그리고 부처님이 이마를 만져 성불언약〔磨頂授記〕을 주심은 보살행이 원만해져 십지의 지위에 올라 다시는 뒤로 물러서지 않음이며, 정토를 떠나지 않고 사바에 들어옴〔還相廻向〕은 니르바나에도 머물지 않고 끝없는 자비를 일으켜 중생을 교화함이다.

그러므로 이제 저 부처님을 부르는 내 마음과 불려지는 부처님, 가서 나는 주체와 태어나는 세계가 하나도 아니고 다름도 아님을 알아야 하는 것이니, 가서 남〔往生〕과 남이 없음〔無生〕을 중도로 보는 자, 그가 비로소 저 부처님의 이름을 불러 정토에 바로 가서 나는 뜻을 아는 자인 것이다.

【실차난타역】

그런 자는 마땅히 이렇게 생각해야 한다.

'시방에 계신 여러 부처님 보살은 모두 큰 신통을 얻어 장애가 없어서 갖가지 좋은 방편으로 온갖 위험과 액란에 빠진 중생을 건져내 주신다.'

이렇게 생각하고서는 큰 서원을 내서 한 마음으로 오로지 부처님과 보살을 생각하면 이렇게 결정된 마음을 내므로 이 목숨이 마치고 반드시 다른 부처님의 나라에 가서 날 것이며, 부처님과 보살에게서 믿음의 마음을 이루고 길이 나쁜 길 떠남을 보게 될 것이다.

이는 경 가운데서 다음과 같이 말함과 같다.

'만약 진리의 길에 바르게 가는 남자와 여인이 서방 극락세계 아미타 부처님을 오로지 생각하고 모든 선근을 가서 남에 회향하면 결정코 태어나 그 부처님을 뵙고 믿음의 마음 자라나 길이 물러나지 않으며, 그 부처님께 법을 듣고 부처님의 법신을 살펴 점차 닦아 행하면 깨달음의 바른 지위에 들어갈 것이다.'

應作是念 十方所有諸佛菩薩 皆得大神通 無有障碍 能以種種善巧方便

救拔一切險厄衆生 作是念已 發大誓願 一心專念佛及菩薩 以生如是決定心故 於此命終 必得往生餘佛刹中 見佛菩薩 信心成就 永離惡趣 如經中說 若善男子善女人 專念西方極樂世界阿彌陀佛 以諸善根 廻向願生 決定得生 常見彼佛 信心增長 永不退轉 於彼聞法 觀佛法身 漸次修行 得入正位

제5장 이익을 보여 닦도록 권하는 가름〔勸修利益分〕

마하야나는 법계인 진리의 행0며, 한마음의 크나큰 바탕과 모습과 작용을 온전히 드러내는 실천의 길이다. 그러므로 마하야나인 법계 자체와 마하야나의 실천적인 뜻을 다 열어 보이고, 끊어야 할 집착과 닦아 행함의 길을 다 말한 뒤, 이제 끝으로 닦아 행함으로 얻게 되는 이익을 보여 닦아 행함에로 이끌어준다.

그런데 닦아 행해 얻는 이익이란 닦아서 새로 얻는 이익이 아니라 진여 속에 이미 있는 공덕의 자기발현일 뿐이며, 번뇌가 법계인 번뇌의 자기본질을 실현한 것일 뿐이다. 곧 그 끊음이 끊음 없는 끊음이고, 그 닦음이 닦음 없는 닦음이라 닦아 얻을 이익 또한 얻음 없는 얻음이며 진여의 자기 작용인 것이다.

제1절 앞의 말을 전체적으로 맺음〔總結前說〕
제2절 믿음의 이익과 비방의 죄를 밝힘〔明信行益及謗毀罪〕
제3절 닦아 배우기를 맺어 권함〔結勸修學〕

제1절 앞의 말을 전체적으로 맺음〔總結前說〕

　　모든 여래의 비밀장이며 삶의 참모습인 마하야나의 법을 다 열어보인 뒤, 닦아 얻을 이익을 먼저 말해 마하야나의 실천에로 이끌어주고 있다.
　　곧 여래의 문자반야(文字般若)는 지혜의 언어적 발현이며, 능히 깨친 지혜는 깨친 바 법계의 진리와 둘이 없으므로 지혜가 곧 법계인 지혜이다. 그러므로 여래는 다함없는 언어적인 실천을 일으켜 중생으로 하여금 생각에서 생각 떠나 지혜에 돌아가게 하고, 모습에서 모습 떠나 법계에 돌아가게 한다.
　　기신론주도 이러한 여래의 뜻을 이어 법계 진리인 마하야나를 열어보여 중생을 마하야나의 실천에 이끌어 들이는데, 마하야나의 실천을 통해 얻을 법의 이익을 말해 이 법을 의지하면 반드시 해탈의 땅에 이를 수 있음을 언약하며 마땅히 부지런히 닦아 배울 것을 당부한다.

부처님의 비밀장 설한 뒤 권해 닦도록 함〔已說秘藏勸修摩訶衍〕

이미 닦아 행함과 믿음의 가름〔修行信心分〕을 말했으니, 다음 닦는 이익을 보여 권하는 가름을 말하겠다.

이와 같은 마하야나는 여러 부처님의 비밀한 말씀의 창고이니, 나는 이미 모두 설했다.

已說修行信心分 次說勸修利益分 如是摩訶衍 諸佛秘藏 我已總說

해 설

마하야나란 진여법계 그대로의 삶의 길이다. 그러므로 마하야나에 믿음을 일으키게 하는 이 논은 온갖 부처님의 여래장의 공덕이 언어로 드러난 말씀의 창고로서 여래의 넓고 크고 깊은 법을 모두 거두어들인다. 앞에서 이미 이루 말할 길 없고 생각할 길 없는 삶의 참모습인 한마음에 두 문〔一心二門〕을 세워 마하야나의 크나큰 바탕과 모습과 작용〔三大〕을 자세히 풀이하고, 이러한 마하야나의 크고 넓은 해탈의 길을 믿고 닦아 행하는 법〔修行信心〕을 남김 없이 모두 설명했다.

이제 마하야나의 길 닦아 행하는 이익을 보여 아직 믿음을 일으켜 실천에 나서지 못한 중생에게 크고 넓고 곧은 마하야나의 길을 가도록〔行大直道〕 권유한다.

【실차난타역】

어떤 것이 이익을 보여 닦도록 하는 가름인가.

이와 같은 대승은 비밀한 말씀의 뜻이니, 이제 이미 간략히 모두 말하였다.

云何利益分 如是大乘秘密句義 今已略說

제2절 믿음의 이익과 비방의 죄를 밝힘〔明信行益及謗毀罪〕

마하야나의 실천은 진여법계(眞如法界) 그대로의 삶의 길이다. 그러므로 믿어 행하면 진여법계 그대로의 공덕의 삶을 사는 것이지만, 비방하면 진리를 등지고 나고 죽음의 굴레 속에 길이 빠져 헤매는 삶이 될 것이다.

이에 논은 믿어 행하면 반드시 위없는 도에 이르러 부처님의 성불언약 받게 되며 한량없고 끝없는 공덕 수용하게 됨을 말하니, 마하야나를 행하는 이는 법성의 다함없는 공덕의 땅에 선 자이기 때문이다.

그러나 비방하면 진리의 씨앗을 끊어버리는 허물을 행한 자로서 한량없는 괴로움을 받게 된다고 말하니, 마하야나를 비방함은 법계 진리를 비방함이 되기 때문이다.

제1항 믿어 행함의 큰 이익을 보임〔示信行利益〕
제2항 헐뜯음의 죄를 들어 보임〔擧謗毀罪重〕

제1항 믿어 행함의 큰 이익을 보임〔示信行利益〕

만약 중생이 있어 여래의 깊고 깊은 경계에 바른 믿음을 내 헐뜯음을 멀리 떠나 대승의 길에 들어서고자 하면, 마땅히 이 논을 지니어 생각하여 닦아 익히면 끝내 위없는 도에 이를 수 있을 것이다.

만약 이 사람이 이 법을 듣고서는 겁내고 약함을 내지 않으면, 이 사람은 반드시 부처의 씨앗을 이어서 반드시 여러 부처님이 성불언약 주시는 바가 됨을 마땅히 알아야 한다.

가령 어떤 사람이 삼천대천세계 가운데 가득한 중생을 교화하여 열 가지 착한 일을 행하게 해도 어떤 사람이 한나절 무렵 이 법을 바르게 생각함만 같지 않으니, 이 법 생각한 공덕은 앞의 착한 일한 공덕을 넘어 이루 비유할 수 없다.

거듭 다시 어떤 사람이 이 논을 받아지니고 살피어 닦아 행함이 하루 낮 하루 밤만 되어도 있는 바 공덕은 한량없고 끝이 없어 이루 말할 수 없다.

가령 시방의 온갖 여러 부처님이 각기 한량없고 끝이 없는 아승지겁에 그 공덕을 기린다 해도 또한 다할 수가 없으니, 왜 그런가.

곧 법성의 공덕이 다함이 없기 때문이니 이 사람의 공덕도 또한 다시 이와 같아 끝이 없다.

若有衆生 欲於如來甚深境界 得生正信 遠離誹謗 入大乘道 當持此論 思量修習 究竟能至無上之道 若人聞是法已 不生怯弱 當知此人定紹佛種 必爲諸佛之所授記 假使有人 能化三千大千世界滿中衆生 令行十善 不如有人 於一食頃 正思此法 過前功德不可爲喩 復次若人受持此論 觀察修行 若一日一夜 所有功德無量無邊 不可得說 假令十方一切諸佛 各於無量無

邊阿僧祇劫 歎其功德 亦不能盡 何以故 謂法性功德 無有盡故 此人功德 亦復如是 無有邊際

해 설

이 마하야나의 법은 곧 진여법계라 여래의 깊고 깊은 경계이며, 온갖 보살이 타고 가야 할 진리의 수레이다. 그러므로 마하야나의 법을 듣고〔聞慧〕바르게 생각하여〔思慧〕말씀대로 닦아 행하면〔修慧〕, 듣고 보고 닦는 세 가지 인행의 지혜로 말미암아〔能入智慧 : 聞思修三慧〕여래가 이미 깨친 바 깊고 깊은 진여법계에 들어갈 수 있는 것이다〔所入法界 : 甚深解脫境界〕.

가르침을 들음〔聞慧〕은 진리의 문에 들어서는 첫걸음이 된다. 문자반야(文字般若)는 진여법계〔實相般若〕를 깨친〔觀照般若〕온갖 여래와 보살의 언어적 활동이다. 그러므로 문자반야를 듣고 의심내지 않으면 듣는 중생 스스로 무명을 지혜로 돌이켜 진여법계에 들어갈 수 있다. 이 논은 진여법계 자체인 마하야나의 실천을 보이는 모든 여래의 비밀한 말씀의 곳간이니, 이 논을 듣고 의심내지 않으면 여래의 해탈경계 자체인 진여법계에 들어갈 수 있는 것이다. 논은 이 뜻을 이 법을 듣고서 겁내고 약함을 내지 않으면 '반드시 부처의 씨앗을 이어서 부처님이 성불언약 주신다'고 말한다.

듣고서 바르게 생각함〔思慧〕은 법을 듣고 믿음의 씨앗을 내린 뒤 말씀대로 사유하고 살펴서 믿음을 완성하고〔信滿〕지혜에로 나아감이다〔信成就發心〕. 세간에서 열 가지 착한 일을 짓고서 복 지었다는 생각이 있으면 이는 모습이 있고 모습에 물든 생각이 있으므로 샘이 있는 복을 이루지만, 이 법을 들어 마하야나를 바르게 생각하면 모습이 모습 아닌 진여법에 들어가므로 그 복은 생겨남이 없으므로 사라짐이 없다. 이 뜻을 논은 '이 법 생각한 공덕은 삼천대천세계에 가득한 착한 일의 공덕을 넘는다'고 말한다.
　생각하여 닦아감〔修慧〕은 진여법계에 서서 무명이 본래 남이 없는 줄 알아 무명을 지혜에로 돌려쓰는 실천에로 나아감이다. 이렇게 닦아감은 무명이 곧 진여인 곳에서 닦되 닦음 없는 닦음을 일으키는 것이므로 얻는 바 공덕은 곧 진여법계의 한량없는 공덕 그 자체가 된다.
　이처럼 법의 성품이 다함없고 끝없으므로 법의 성품 그대로의 닦음 없는 닦음을 행하는 이의 공덕 또한 다함없고 끝없으니, 논은 이 뜻을 '시방의 온갖 부처님이 끝없는 아승지겁에 그 공덕 기린다 해도 이루 다할 수가 없다'고 하는 것이다.

【실차난타역】
　만약 중생이 있어 여래의 깊고 깊은 경계의 넓고 큰 법 가운데서 깨끗한 믿음과 깨달아 아는 마음을 내 대승의 길에 들어서 장애가 없고자 하면, 이 간략한 논을 마땅히 받아들고 사유하여 닦아 익혀야 하니, 이 사람은 결정코 빨리 일체종지를 이루게 됨을 마땅히 알아야 한다.
　만약 이 법을 듣고서는 겁내 두려워함을 내지 않으면, 이 사람은 반드시 부처의 씨앗을 이어 반드시 부처님의 성불언약 받게 됨을 마땅히 알아야 한다.
　가령 어떤 사람이 삼천대천세계 가운데 가득한 중생을 교화하여 열 가지 착한 도에 머물게 해도 잠깐 무렵 이 법을 바르게 생각함만 같지 않으니, 이 법 생각한 공덕은 앞의 착한 일한 공덕을 넘어 한량없고 끝이 없다.
　거듭 다시 하루 낮, 하루 밤이라도 말씀대로 닦아 행해 낸 바 공덕은 한량없고 끝이 없어 이루 말할 수 없다. 가령 시방의 온갖 여러 부처님으로 하여금 각기 한량없는 아승지겁에 그 공덕을 말씀하게 한다

해도 또한 다할 수가 없으니, 진여의 공덕이 끝이 없으므로 닦아 행함의 공덕 또한 다시 끝이 없는 것이다.

若有衆生 欲於如來甚深境界 廣大法中 生淨信覺解心 入大乘道 無有障碍 於此略論 當勤聽受思惟修習 當知是人 決定速成一切種智 若聞此法 不生驚怖 當知此人 定紹佛種 速得授記 假使有人 化三千大千世界衆生 令住十善道 不如於須臾頃 正思此法 過前功德 無量無邊 若一日一夜 如說修行 所生功德 無量無邊 不可稱設 假令十方一切諸佛 各於無量阿僧祇 劫說不能盡 以眞如功德 無邊際故 修行功德 亦復無邊

제2항 헐뜯음의 죄를 들어 보임〔擧謗毀罪重〕

그 어떤 중생이 있어 이 논 가운데 헐뜯고 믿지 않으면 얻은 바 죄의 갚음으로 한량없는 겁을 지나도록 크나큰 괴로움을 받게 된다.

그러므로 중생은 다만 마땅히 우러러 믿고 허물어뜨려 헐뜯어서 안 되니, 깊이 스스로를 해치고 또한 다른 사람을 해쳐 온갖 삼보의 씨앗을 끊어버리기 때문이다. 그리고 온갖 여래께서 모두 이 법을 의지하여 니르바나를 얻기 때문이며, 온갖 보살이 이를 인해 닦아 행해 부처님의 지혜에 들어갈 수 있기 때문이다.

其有衆生 於此論中 毀謗不信 所獲罪報 經無量劫 受大苦惱 是故衆生 但應仰信 不應毀謗 以深自害 亦害他人斷絶一切三寶之種 以一切如來 皆依此法 得涅槃故 一切菩薩 因之修行 得入佛智故

해 설

이 논이 보이고 있는 마하야나의 길은 진여법계 자체인 삶의 길이다. 그러므로 이 논을 비방하는 것은 나고 죽음이 없는 마하야나의 길을 등지는 것이며, 온갖 허망한 마음과 허망한 경계가 공한 진여법계를 등지는 길이므로 한량없는 겁 동안 나고 죽음에 갇혀 온갖 괴로움을 받게 된다.

이 논이 종지〔宗〕로 하는 바 마하야나〔大乘〕는 한마음의 진여법계〔一心眞如法界〕를 그 바탕〔體〕으로 한다. 이 한마음의 법계는 삼보의 씨앗이며 온갖 여래의 다함없는 지혜의 목숨〔慧命〕이며 온갖 중생의 법신(法身)이다. 그러므로 이 논을 비방하는 것은 이 세간에서 삼보의 씨앗을 끊고 중생의 법신을 물들이므로 스스로를 해치고 남을 해치는 것이다.

마하야나의 길은 온갖 여래가 이 법 의지해 니르바나를 얻고 온갖 보

살이 이를 의지해 부처님의 지혜에 들어가므로 마땅히 온갖 중생은 마땅
히 이 크나큰 마하야나의 법 비방함을 끊고 이 법 의지해 해탈의 저 언덕
에 함께 올라가야 하는 것이다.

【실차난타역】

만약 이 법에 헐뜯음을 내는 자는 한량없는 죄를 얻어 아승지겁에
큰 괴로움을 받게 된다. 그러므로 이 법을 마땅히 결정코 믿어서 헐뜯
음을 내 스스로를 해치고 남을 해치며 삼보의 씨앗을 끊지 말도록 하
라. 온갖 모든 부처님도 여기 의지해 닦아 행해 위없는 지혜를 이루시
었고, 온갖 보살도 이로 말미암아 여래의 법신을 증득하는 것이다.

若於此法 生誹謗者 獲無量罪 於阿僧祇劫 受大苦惱 是故於此應決定
信 勿生誹謗 自害害他斷三寶種 一切諸佛依此修行 成無上智 一切菩薩
由此證得如來法身

제3절 닦아 배우기를 맺어 권함〔結勸修學〕

마하야나 밖에 법계가 없고 법계 밖에 마하야나가 없다. 그러므로 한마음의 세 가지 큰 공덕〔三大〕을 온전히 실현하는 이 크나큰 진리의 수레는 과거의 부처님이 이미 이 수레를 타고 저 언덕에 이르셨으며, 온갖 보살들과 온갖 닦아 행하는 이들도 이 수레를 타고 여래의 땅〔如來地〕에 이르며, 앞으로 올 온갖 중생들도 이 수레를 타고 여래의 해탈의 땅에 이를 것이다.

그리고 마하야나인 법계에는 하나가 곧 온갖 것이고, 부처와 중생이 두 모습이 없으므로 나의 낱낱 행은 온전히 법계와 중생에 회향된다.

이에 논주는 법계 자체인 마하야나의 길 믿어 행함의 이익을 열 가지로 설하고, 마하야나의 길 헐뜯어 등지는 죄업을 말한 뒤, 마지막 다시 마하야나의 크고 넓고 곧은 길에 온갖 중생이 함께 나아가길 권유한다.

삼세보살이 대승 의지함을 보여 닦도록 권함〔示三世菩薩依此大乘勸修衆生〕

지난 옛날의 보살이 이미 이 법을 의지해 깨끗한 믿음을 이루었고, 현재의 보살도 지금 이 법을 의지해 깨끗한 믿음을 이루며, 아직 오지 않은 뒷날의 보살도 이 법을 의지해 깨끗한 믿음 이룰 것임을 마땅히 알아야 한다. 그러므로 중생은 마땅히 부지런히 닦아 배워야 한다.

當知過去菩薩 已依此法 得成淨信 現在菩薩 今依此法得成淨信 未來菩薩 當依此法得成淨信 是故衆生應勤修學

해 설

마지막으로 다시 마하야나에 믿음을 내서 닦도록 권함이다. 곧 앞의 뜻 세우는 가름〔立義分〕에서 '이 마하야나란 온갖 모든 부처님이 본래 타시던 바이며, 온갖 보살들이 모두 이 법의 수레 타고 여래의 땅에 이르기 때문이다〔一切諸佛本所乘故 一切菩薩皆乘此法到如來地〕'라고 한 말을 다시 끝에 받아 이 법이 온갖 보살의 의지처가 됨을 밝혀 중생이 반드시 이 법에 믿음을 내 닦도록 하는 것이다.

여러 부처님은 이미 이 법 의지해 성불했고 옛날의 보살과 현재의 보살과 뒤에 올 보살이 모두 이 법 의지해 해탈의 길에 닦아 행함이 있고 해탈경계에 노님이 있는 것이다. 그러므로 아직 믿지 못하고 닦지 못한 온갖 중생 또한 마땅히 이와 같은 법을 이와 같이 믿고 이와 같이 닦아 행해야 무명의 어두운 길을 버리고 해탈의 길에 들어설 수 있는 것이다.

법계인 마하야나는 중생의 자기 실상이자 지금 해탈의 길로 나아가는 실천이 수레이니, 지금 닦아 행하는 이들이 중생과 부처가 본래 둘 없는 마하야나를 의지할 때만 온갖 부처님 보살과 더불어 함께 손잡고 진여법계의 바다〔眞如法界海〕에서 밑 없는 배〔無底船〕를 타고 노닐 수 있는 것이다.

【실차난타역】

옛날의 보살도 이 법을 의지해 대승의 깨끗한 믿음을 얻었고, 현재의 보살도 지금 이루며, 아직 오지 않은 뒷날의 보살도 마땅히 이룰 것이다. 그러므로 스스로를 이익되게 하고 남을 이익되게 하는 빼어난 행을 이루려는 자는 마땅히 이 논을 부지런히 닦아 배워야 한다.

過去菩薩 依此得成大乘淨信 現在今成 未來當成 是故欲成自利利他殊勝行者 當於此論 勤加修學

널리 세상에 회향하리〔流通分〕

한마음인 법계의 역사적 구현자인 삼보께 목숨 다해 돌아가고, 마하야나의 크나큰 해탈의 길을 모두 열어보인 뒤, 마지막 이 모든 공덕을 널리 중생계에 돌이킨다.

이는 왜 그런가. 마하야나의 크나큰 해탈의 길을 통해 돌아가는 바 진여법계에 머물러야 할 법계의 모습이 없어 진여법계에 돌아감〔實際廻向〕은 온전히 오늘 중생의 고통받는 역사현실에 되돌아옴〔衆生廻向〕이기 때문이다.

말씀의 비밀한 곳간〔秘密藏〕을 열어 나와 더불어 사는 뭇 삶들이 함께 해탈의 땅에서 자재의 삶을 살도록 하는 것, 이것이 기신론주(起信論主)의 뜻이자 오늘 『기신론』을 받아 지녀 읽고 외우며 남을 위해 설하는〔受持讀誦解說〕 보살법사(菩薩法師)의 삶의 길이다.

유통하는 게〔流通偈〕

부처님의 깊고 깊으며 넓고 큰 뜻을
내가 이제 뜻을 따라 모두 말했네.
이 공덕을 법성처럼 회향하나니
널리 중생계가 이익되어지이다.

**諸佛甚深廣大義　我今隨分總持說
廻此功德如法性　普利一切衆生界**

해 설

이 게송은 논의 깊고 깊은 가르침의 비밀한 뜻을 거두어 법계와 중생에 모두 회향함이다. 앞의 두 구절 가운데 앞의 구절은 논이 가르치고 있는 마하야나의 뜻을 거두어 맺음이고, 다음의 한 구절은 마하야나의 뜻을 남김없이 펼쳐낸 논의 이 글을 맺음이며, 뒤의 두 구절은 문자반야행을 진여법계와 중생계에 회향함이다.

이 논의 종지는 마하야나이며, 진여법계인 마하야나는 바탕과 모습과 작용의 큰 뜻을 갖추어 깊고 깊으며 넓고 크다〔甚深廣大〕. 이제 이 마하야나의 깊고 깊은 뜻을 진리의 뜻 그대로 모두 설해 마쳤으니, 이 논은 팔만법장의 골수가 되며 여래의 비밀장이 되는 것이다.

논을 지음은 본래 믿지 못하는 중생으로 하여금 바른 법에 의심과 삿된 집착을 없애도록 해서 마하야나에 믿음을 내도록 하기 위함이다. 이 논의 뜻을 따라 중생과 내가 함께 마하야나의 실천을 통해 진여법계에 나아가면 이것이 깨달음에 돌아감〔菩提廻向〕이고 진여인 법의 성품〔眞如法性〕에 회향함이며 나고 사라짐이 없는 실상의 세계에 회향함〔實際廻向〕이다. 그리고 가르침을 따라 스스로 실상에 돌아가면 실상에는 머물러야 할 진리의 모습이 따로 없어서 끝내 널리 중생계에 공덕을 돌이켜 주고 중생을 마하야나에 이끌어주게 되니, 이것이 중생에 회향함〔衆生廻向〕이다.

저 중생은 진여법계 밖에 따로 있는 중생이 아니다. 그러므로 법의 성품에 공덕을 돌이키면 온갖 중생에게 공덕을 돌림 없이 돌려 중생을 이익되게 하는 것이니, 이 뜻을 논은 '이 공덕을 법의 성품과 같이 회향하여 널리 중생계를 이롭게 한다'고 한다.

그러므로 참된 회향에는 능히 돌이켜 향함〔能廻向〕과 돌이켜 향하는 바〔所廻向〕가 따로 없으니, 오직 마하야나의 큰 길에 두려움 없이 나아가는 자, 그의 걸음걸음이 그대로 진여법계행이 되며, 걸음걸음이 보디의 행이 되며, 중생회향의 행이 되는 것이다.

【실차난타역】
깊고 깊으며 넓고 큰 뜻을
제가 이제 이미 풀이하옵고
중생에게 이 공덕 베푸니
진여법 보게 하여지이다.

我今已解釋　甚深廣大義
功德施群生　令見眞如法

찾아보기

〔가〕

가관(假觀) 265, 397, 488
각운동(覺運動) 34, 35, 366
감산덕청 298
고관(苦觀) 513
공관(空觀) 265, 397, 488, 493, 494
관행위(觀行位) 431
구경각(究竟覺) 19, 20, 25, 27, 32
근본무명 99, 337, 338, 343
근본지(根本智) 317
『금강경』 17, 28
금당선원 17, 18

〔나〕

남악혜사선사 18, 19, 33
『능가경』 21, 218, 220, 233, 331, 332
『능엄경』 17, 18

〔다〕

대비관(大悲觀) 512
『대승기신론(大乘起信論)』 17, 18, 19, 23, 38, 484
『대승지관(大乘止觀)』 18, 19
대원관(大願觀) 175, 512, 516

『대지관(大止觀)』 491
『대품반야경』 33
돈오돈수(頓悟頓修) 19, 20, 33
돈오점수(頓悟漸修) 19

〔마〕

마명(馬鳴) 21, 190
만법유색(萬法唯色) 19
만법유식(萬法唯識) 19
문자반야 195, 198, 203, 536, 540, 550

〔바〕

『반야심경』 41, 190, 256, 271
방편수연지(方便隨緣止) 488
법상관(法相觀) 512
법장(法藏) 189
법집(法執) 39, 261, 337
『법화경』 27, 28, 211, 357, 486
변계소집상(遍計所執相) 254, 257, 290, 295, 329
변계소집성(遍計所執性) 233
부정관(不淨觀) 513

〔사〕

사제법(四諦法) 18, 256, 257

상온(想蘊) 285
생멸문(生滅門) 227, 230, 232, 233, 248, 366, 521
『섭대승론(攝大乘論)』 21, 480
성언량(聖言量) 298
세간법(世間法) 39, 218, 317, 412, 514
『소지관(小止觀)』 18, 491
『수능엄경(首楞嚴經)』 499
『수습지관좌선법요(修習止觀坐禪法要)』 485, 487, 490, 522
수온(受蘊) 285
『승만경』 21
식온(識蘊) 285
실상법(實相法) 453
실상반야(實相般若) 198, 203
실재론 38, 404, 406
실차난타 38, 190
십이처 18, 39, 195, 217, 232, 237, 298, 396
십주 27, 31, 32, 310, 311, 444
십지 26, 27, 29, 31, 32, 342, 361, 427, 450, 455, 532
십팔계설 18, 217, 281, 301
십행 27, 31, 32, 311
십회향 27, 31, 32, 311, 427

〔아〕

아라야식 233, 252, 253, 254, 270, 275, 288, 292, 293, 294, 295, 297, 298, 332
아뢰야식 28, 62, 80, 248, 249, 251, 252, 253, 295, 332
아집(我執) 261, 284, 294, 297, 311
여래장 18
역사회향 20
연기론 20, 38, 244
영가선사 247
오중현의〔明體宗用教〕 23, 203, 221
『원각경』 17
원성실상(圓成實相) 254, 290
원성실성(圓成實性) 233, 237, 257, 279
원효(元曉) 18, 20, 21, 22, 23, 24, 189, 190, 220, 240, 298, 315
『유가사지론』 498
유식행(唯識行) 257
유전연기(流轉緣起) 250, 251, 254, 325
육경(六境) 217, 218, 275, 279,

281, 301, 397, 414, 491,
492
육근(六根) 217, 218, 275, 279,
281, 301, 397, 414, 491
육식(六識) 217, 218, 275, 279,
282, 301, 361, 388, 397,
414, 444, 491, 492
의타기상(依他起相) 254, 256,
257, 263, 290, 293, 295
의타기성(依他起性) 233, 237,
257
일상삼매(一相三昧) 497
일심삼관(一心三觀) 23
일행삼매(一行三昧) 165, 496,
497

〔자〕

정진관(精進觀) 175, 512, 518
정혜등지(定慧等持) 17, 485
제7마나스식 284
제7식 18, 284, 294, 297,
298, 301, 311
제8아라야식 252, 281
조사선 17
중관(中觀) 22
중도관(中道觀) 265, 397
『중론』 22, 234

중생회향 20, 551
『증도가』 247
지관구행(止觀俱行) 18, 19, 485
지관쌍운(止觀雙運) 17, 22
지말무명 338, 343
지위점차설 19, 25
진여관(眞如觀) 262, 265
진여문(眞如門) 27, 31, 33, 124,
125, 227, 230, 232, 233,
251, 288, 295, 366, 393,
394, 395, 397, 401, 402,
407, 518, 521
진여법계 19, 31, 33, 34, 86,
190, 192, 279, 286, 308,
314, 339, 346, 384, 385,
393, 394, 395, 401, 403,
461, 473, 474, 478, 509,
517, 530, 531, 537, 538,
540, 541, 543, 546, 549,
550, 551
진제(眞諦) 37, 38, 43, 386

〔차〕

차별지(差別智) 317
『천태소지관』 17, 491
『천태수습지관좌선법요(天台修
習止觀坐禪法要)』 17

출세간법(出世間法) 39, 218, 226
『치문』 18

〔타〕

탄허선사 18

〔하〕

행온(行蘊) 285
현수법장(賢首法藏) 23, 24, 230, 298
화신(化身) 257, 386, 389
『화엄경』 25, 27, 32, 257, 286, 461, 467
화엄교학 23
환멸연기(還滅緣起) 250, 251, 254

『대승기신론직해』를 우리말로 옮기고 해설한 학담(鶴潭) 스님은 1970년 도문화상(道文和尙)을 은사로 출가하여 동헌선사(東軒禪師)의 문하에서 몇 년의 선 수업을 거친 뒤 상원사, 해인사, 봉암사, 백련사 등 제방선원에서 정진하였다.

90년 이후 각운동(覺運動)의 이름으로 선(禪)의 대중화, 선(禪)과 사회적 실천[行]의 하나됨을 제창하며, 용성선사(龍城禪師)의 활구참선만일결사회(活句參禪萬日結社會)와 삼장역회(三藏譯會)의 유업을 계승하기 위해 서울 종로 계동에 대승사(大乘寺)를 설립 수선(修禪) 및 전법운동에 매진하고 있다. 역저서에『원각경관심석』,『육조법보단경해의』,『돈오입도요문론』,『간화결의론』,『문수설반야경』등 다수가 있다.

대승기신론직해(大乘起信論直解)

제1판 1쇄 인쇄 / 2002년 4월 20일
제1판 1쇄 발행 / 2002년 4월 20일

편 역 / 학 담

펴낸이 / 배 환 우
펴낸곳 / 도서출판 큰 수 레
        서울 종로구 계동 15-14 대승사
전 화 / 747-5589
팩 스 / 3673-5741
출판 등록 / 101-90-22365(2000. 8. 10)

값 20,000원

ISBN 89-87258-13-0 04220

* 잘못된 책은 바꾸어 드립니다.